Russische Erzählungen
von der Oktoberrevolution
bis zur Gegenwart

Russische Erzählungen von der Oktoberrevolution bis zur Gegenwart

HERAUSGEGEBEN VON
BODO ZELINSKY

PHILIPP RECLAM JUN. STUTTGART

Universal-Bibliothek Nr. 8475 [5]

Gesamtherstellung: Reclam, Ditzingen. Printed in Germany 1988
ISBN 3-15-008475-X (kart.) ISBN 3-15-028475-9 (geb.)

Inhalt

Isaak Babel

Der Grusinier, der Kerenskij-Rubel und die Generalstochter

Etwas Zeitgenössisches

Zwei traurige Grusinier gehen ins Restaurant »Palmira«. Der eine ist alt, der andere jung. Der Junge heißt Owanes.

Die Geschäfte gehen schlecht. Der Tee ist dünn. Der Junge betrachtet die russischen Frauen. Er hat Frauen gern. Der Alte betrachtet das Orchestrion. Dem Alten ist traurig zumute, und es ist ihm warm.

Der Junge will das Terrain erkunden.

Er hat es erkundet. Er zieht seine Volkstracht an und weiche kaukasische Stiefel und bindet sich einen Krummsäbel um.

Der Horizont erhellt sich. Im Restaurant »Palmira« bietet man dem Jungen Rosinen und Mandeln an. Owanes kauft. Eine Bekannte von ihm aus dem staatlichen Kontrollamt bereitet zu Hause Gusinaki.

Die Ware wirft Profit ab.

Tage und Wochen vergehen. Owanes betreibt auf der Machowstraße eine orientalische Konditorei.

Owanes hat ein Geschäft auf dem Newskij-Prospekt. Der Knabe Petja, der bedient, paradiert in glänzenden neuen Galoschen. Vor den ihm bekannten Dienstmädchen verbeugt sich Owanes nicht, sondern begrüßt sie militärisch. Dem Vorsitzenden der Hausgemeinschaft schenkt er zum Namenstag eine Schokoladentorte. Alle achten Owanes.

Zu dieser Zeit wohnt in der Kirotschnaja-Straße General Orlow. Sein Nachbar ist der pensionierte Arztgehilfe Burischkin.

Als Orlows Tochter Galitschka von der Tertia in die Untersekunda überwechselte, küßte sie die Zarin, die dem Mädchenlyzeum einen Besuch abstattete, auf die Wange. Alle Verwandten und Bekannten waren überzeugt davon, daß Galitschka einen Eisenbahningenieur heiraten würde. Galitschka hat lange, schlanke Beine, die in enganliegenden hohen Schuhen aus Antilopenleder stecken.

Der Arztgehilfe Burischkin hat schon unter allen Regimen gedient. Burischkin wartet. Er trägt Watte in den Ohren und grobe Stiefel. Man kann ihm nicht beikommen.

Einmal findet man doch etwas gegen ihn. Burischkin wird gefeuert. Er hat viel Freizeit. Er spürt den Frühling, schreibt ein Gesuch. Er hat eine schöne Schrift.

Ein Blitz aus heiterem Himmel: Galitschka zieht zu Owanes.

Dem General fällt es schwer, mit Burischkin Freundschaft zu schließen. Es gibt wenig Lebensmittel. Der Magistrat gibt Trockenfisch aus. Mit der Tochter geht er nicht um.

Eines Morgens wacht der General auf und denkt: Lauter Weichlinge! Nur die Bolschewiken sind richtige Männer! Kaum hat er das gedacht, schläft er wieder ein, zufrieden mit seinen Gedanken.

Galitschka sitzt bei Owanes an der Kasse. Ihre Freundinnen aus dem Mädchenlyzeum arbeiten bei ihr als Verkäuferinnen. Es geht sehr lustig zu. Kunden gibt es im Überfluß. In der Konditorei geht es ebenso zu wie in der Konditorei von

Abrikossow. Alle verachten die Kunden. Die Freundinnen heißen Lida und Schura. Schura ist sehr lustig, betrügt ihren Unterleutnant. Galitschka organisiert jeden Tag eine warme Mahlzeit zum Frühstück. Im Ernährungsministerium, wo sie früher gearbeitet hat, war es genauso: Alle Angestellten bekamen täglich eine warme Mahlzeit zum Frühstück, die sie gemeinsam bezahlten.

Der General denkt öfter nach.

Der General versöhnt sich mit der Tochter. Der General ißt jeden Tag Schokolade. Galitschka ist zärtlich und ungewöhnlich schön. Owanes hat sich einen Nikolaj-Mantel gekauft. Der General wundert sich darüber, daß er sich nie für Grusinier interessiert hat. Der General studiert die Geschichte Grusiniens und der Kaukasischen Kriege. Burischkin ist vergessen.

Der Magistrat gibt Trockenfisch aus. Die Pension wird in Kerenskij-Rubeln bezahlt.

Es ist Frühling. Galitschka und ihr Vater fahren in einer Kalesche über den Newskij-Prospekt. Burischkin irrt umher und denkt darüber nach, was er essen soll. Es gibt kein Brot.

Burischkin entschließt sich, Gusinaki zu kaufen, um seinen Hunger zu stillen.

Die Konditorei von Owanes ist voller Leute. Der Arztgehilfe stellt sich an. Lida und Schura verachten ihn. Der General erzählt Owanes Anekdoten und lacht. Der Grusinier lächelt servil. Burischkin ist völlig bedeutungslos.

Owanes will dem Arztgehilfen auf seinen Kerenskij-Rubel nicht herausgeben. Dabei hat Owanes Kleingeld.

»Haben Sie das Dekret über das Wechselgeld nicht gelesen?« fragt Burischkin.
»Ich spucke auf die Dekrete«, erwidert der Grusinier.
»Ich habe kein Kleingeld«, flüstert Burischkin.
»Wenn du kein Kleingeld hast, dann gib die Gusinaki zurück.«
»Willst du zur Roten Armee?«
»Ich spucke auf die Rote Armee!«
»Aha!«

Burischkin geht zum Stab. Burischkin packt aus. Der Kommissar schickt fünfzig Mann aus.

Das Kommando besetzt die Konditorei. Schura fällt in Ohnmacht. Der blaß gewordene General rückt mit zitternder Hand würdig seinen Zwicker zurecht.

Hausdurchsuchung bei Owanes. Man findet: Weizenmehl, Maismehl, Zucker, Stangengold, schwedische Kronen, Trockenei Marke »Ego«, Sohlenleder, Reisstärke, alte Münzen, Spielkarten und Parfum »Modern«. Alles ist aus.

Owanes sitzt. Nachts träumt er, es sei nichts geschehen; er sitze im Restaurant »Palmira« und betrachte die Frauen.

Burischkin ist voll Energie. Er ist Zeuge.

Galitschkas Abortus ist gut abgelaufen. Sie ist schwach und zart. Schuras Mann ist Instrukteur in der Roten Armee geworden. Er hat an irgendwelchen Kämpfen an der Inneren Front teilgenommen, faßt ein Pfund Brot täglich, ist sehr lustig; er ist mit einer Geschlechtskrankheit heimgekehrt. Schura läßt sich von einem teuren Arzt kurieren und nörgelt. Der Unterleutnant sagt, heutzutage seien alle krank.

Der General lernt den Apotheker Leibsohn kennen. Der General ist schwach; er ist mager geworden. Der jüdische Unternehmungsgeist beginnt ihm zu gefallen.

Lida besucht Galitschka, die sich von ihrem Abortus nicht erholt hat. Sie ist häßlich geworden, arbeitet als Sekretärin im Smolnyj. Der Frühling wirkt stark auf sie. Sie sagt, eine Frau könne heute schwer Arbeit finden; die Eisenbahnen verkehren nicht, man könne nicht aufs Land hinausfahren.

Jefim Sosulja

Die Geschichte von Ak und der Menschheit

Es wurden Plakate angeklebt

Häuser und Straßen sahen nicht anders aus als gewöhnlich. Über ihnen blaute werktäglich der Himmel mit seinem ewigen Einerlei. Und die grauen Masken der Steine des Straßenpflasters waren wie stets undurchdringlich und gleichgültig, als völlig kopflos gewordene Menschen, denen die Tränen von den Gesichtern tropften und in die Kleistereimer fielen, diese Plakate anklebten.

Ihr Text war einfach, erbarmungslos und unausweichlich. Er lautete: »An alle ohne Ausnahme!

Die Überprüfung des Rechtes auf Leben wird von Sonderausschüssen, die jeweils aus drei Mitgliedern des Gremiums der Höchsten Entschlußfreude bestehen, bezirksweise an allen Stadtbewohnern vorgenommen. Die medizinische Untersuchung und die Analyse des Geistes erfolgt ebendort. Einwohner, die als wertlos für das Leben erkannt werden, sind verpflichtet, dasselbe binnen vierundzwanzig Stunden zu verlassen. Innerhalb dieser Frist kann Berufung eingelegt werden. Appellationen müssen dem Präsidium des Gremiums der Höchsten Entschlußfreude in schriftlicher Form übergeben werden. Die Beantwortung erfolgt im Zeitraum von drei Stunden. An wertlosen Menschen, die aus Willensschwäche oder aus Liebe zum Leben nicht abgehen können, wird das Urteil des Gremiums der Höchsten Entschlußfreude von Freunden, Nachbarn oder bewaffneten Sonderabteilungen vollstreckt.

Anmerkungen: 1. Die Einwohner der Stadt sind verpflichtet, sich den Handlungen und den Anordnungen aller Mitglieder des Gremiums der Höchsten Entschlußfreude in absoluter

Ergebenheit zu fügen. Sämtliche Fragen müssen wahrheitsgetreu beantwortet werden. Zu jedem Fall eines wertlosen Menschen wird das Protokoll seiner Beurteilung angefertigt.
2. Die vorliegende Anordnung wird mit unerbittlicher Strenge durchgesetzt. Der Menschentrödel, der die Umgestaltung des Lebens nach den Grundsätzen der Gerechtigkeit und des Glücks behindert, muß erbarmungslos ausgemerzt werden. Die gegebene Verfügung betrifft ausnahmslos alle Bürger, Männer, Frauen, Reiche und Arme.
3. Die Ausreise aus der Stadt ist jedem Einwohner ohne Ansehung der Person während der Dauer der Arbeiten zur Überprüfung des Rechtes auf Leben unter allen Umständen verboten.«

Die ersten Wogen der Erregung

»Haben Sie gelesen?«
»Haben Sie gelesen?!«
»Haben Sie gelesen?!!«
»Haben Sie gelesen!!! Haben Sie gelesen?!!!«
»Haben Sie gesehen! Schon gehört?«
»Schon gelesen???!!!«
In vielen Stadtteilen bildeten sich Menschenansammlungen. Der städtische Verkehr stockte und kam fast zum Erliegen. Fußgänger lehnten sich in plötzlichem Schwächeanfall an die Hauswände. Viele weinten. Andere fielen in Ohnmacht. Gegen Abend war die Zahl der Ohnmächtigen riesenhaft angewachsen.
»Haben Sie gelesen?«
»Wie furchtbar! Es ist unerhört und abscheulich.«
»Aber wir haben das Gremium der Höchsten Entschlußfreude doch selbst gewählt. Wir selbst haben es mit den höchsten Vollmachten ausgestattet.«
»Ja. Das ist wahr.«
»Wir sind selbst schuld an diesem ungeheuerlichen Versehen!«

»Ja. Das ist wahr. Wir sind selbst schuld daran. Aber wir wollten doch ein besseres Leben aufbauen. Wer von uns hat denn gewußt, daß das Gremium dieses Problem so einfach und schreckenerregend anpacken würde!«

»Aber was für Namen sind in das Gremium eingezogen! Ach, was für Namen!«

»Woher wissen Sie das? Ist die Liste sämtlicher Gremiumsmitglieder denn schon veröffentlicht worden?«

»Ich habe es von einem Bekannten. Ak ist zum Vorsitzenden gewählt worden!«

»Oh! Was Sie nicht sagen! Ak? Was für ein Glück!«

»Ja. Ja. Es stimmt.«

»Was für ein Glück! Das ist doch eine integre Persönlichkeit!«

»Ja, natürlich. Da brauchen wir uns keine Sorgen zu machen: Da wird tatsächlich nur der Menschentrödel das Leben verlassen. Und es wird keine Ungerechtigkeit geben.«

»Sagen Sie bitte, werter Bürger, was meinen Sie: Ob ich am Leben bleiben kann? Ich bin ein sehr guter Mensch. Wissen Sie, damals, als die Schiffskatastrophe war, da hatten sich zwanzig Passagiere mit einem Boot gerettet. Aber das Boot hielt die übergroße Last nicht aus, und allen drohte der Untergang. Damit fünfzehn gerettet wurden, mußten fünf ins Meer springen. Ich gehörte zu diesen fünf. Ich bin freiwillig ins Meer gesprungen. Sehen Sie mich nicht so argwöhnisch an! Ich bin jetzt alt und schwach. Aber damals war ich noch jung und beherzt. Haben Sie nicht von der Sache gehört? Alle Zeitungen haben darüber geschrieben. Meine vier Kameraden sind ertrunken. Aber ich bin wie durch einen Zufall gerettet worden. Was meinen Sie? Ob ich am Leben bleiben kann?«

»Und ich, Bürger? Und ich? Ich habe meinen ganzen Besitz und mein Kapital an die Armen verteilt. Das ist schon lange her. Ich habe Dokumente darüber.«

»Ich weiß es wirklich nicht. Es hängt alles von dem Standpunkt und von den Zielen des Gremiums der Höchsten Entschlußfreude ab.«

»Erlauben Sie mir, verehrte Bürger, Ihnen zu versichern, daß die primitive Nützlichkeit eines Menschen für die ihm Nahestehenden sein Vorhandensein auf der Welt durchaus noch nicht rechtfertigt. Da hätte ja jede schwachköpfige Kinderfrau schon das Recht aufs Dasein. Dieser Standpunkt ist veraltet. Wie weit Sie zurückgeblieben sind!«

»Aber worin besteht denn der Wert des Menschen?«

»Ich weiß es nicht.«

»Ach, Sie wissen es nicht! Was belästigen Sie uns mit Ihren Erklärungen, wenn Sie es selbst nicht wissen!«

»Entschuldigen Sie. Ich erkläre es, so gut ich kann.«

»Bürger! Bürger! Seht nur! Seht! Die Leute rennen! Was für eine Verwirrung! Die reinste Panik bricht aus!«

»Ach, mein Herz, mein Herz ... Aah! Rettet euch! Rettet euch!«

»Halt! Stehenbleiben!«

»Macht die Panik nicht noch größer!«

»Halt!«

Sie rannten

Sie rannten in Scharen durch die Straßen. Es rannten rotwangige junge Männer, denen grenzenloses Entsetzen in den Gesichtern stand. Kleine Angestellte aus Büros und Verwaltungen. Bräutigame mit makellosen Manschetten. Sänger aus Laienchören. Lackaffen. Anekdotenerzähler. Billardspieler. Besucher abendlicher Filmvorstellungen. Karrieristen, Ganoven, Hochstapler mit weißer Stirn und lockigem Haar. Schweißtriefende lüsterne Dickerchen, verwegene Saufkumpane. Spaßvögel, Vagabunden, Schönlinge, Träumer, Liebhaber, Radfahrer. Breitschultrige Kampfhähne aus Langeweile, Schwätzer, Betrüger, langhaarige Heuchler, melancholische Nichtsnutze mit traurigen schwarzen Augen, die hinter ihrem jugendlichen Aussehen eine kalte Leere verbar-

gen. Junge Geizhälse mit vollen, lächelnden Lippen, haltlose Abenteurer, Absahner, Skandalbrüder, gutmütige Pechvögel, geriebene Halunken.
Es rannten fette, faule, gefräßige Weiber. Dürre, fade, zudringliche Xanthippen, sich ödende Weibchen, Frauen von Dummköpfen und Schlawinern, Klatschtanten, Fremdgängerinnen, Neidische und Habsüchtige, alle gleichermaßen angstverstört. Anmaßende dumme Gänse, gutmütige Schafe, die sich aus Langeweile die Haare färbten, gleichgültige Betthäschen. Einsame, Hilflose, Unverfrorene, Bittende, Flehende, die vor Entsetzen die alles verhüllende Schönheit ihrer Formen eingebüßt hatten.
Es rannten Dickwänste, runzlige Greise, Zwergwüchsige, Große, Schöne und Mißgestalte.
Hausverwalter, Pfandhaustaxatoren, Eisenhändler, Zimmerleute, Meister, Knastologen, Kolonialwarenhändler, liebenswürdige Puffinhaber, stattliche grauhaarige Lakaien, ehrenwerte Familienväter, die von Gemeinheit und Betrug rundlich geworden waren, ehrwürdige Falschspieler und fettleibige Kanaillen.
Sie rannten in dichter, ungestümer, eisenharter, brutaler Masse. Pudschwere Stofflappen umhüllten ihre Körper und ihre Gliedmaßen. Heißer Dampf schlug aus ihren Mündern. Die getarnte Gleichgültigkeit der verlassenen Gebäude schallte von Zetern und Klagen.
Viele rannten mitsamt ihrem Hab und Gut. Sie schleppten mit krallenhaft gebogenen Fingern Kissen, Schachteln und Kästen fort. Sie rafften Wertsachen, Kinder und Geld, sie schrien, kehrten um, hoben entsetzt die Arme und rannten von neuem los.
Doch sie wurden zurückgeholt. Alle, ausnahmslos. Leute ihres Schlages schossen auf sie, kamen ihnen zuvor, schlugen mit Stöcken, Fäusten, Steinen auf sie ein, bissen und stießen furchtbare Schreie aus, und die Menschenmassen zogen sich zurück, sie hinterließen Verletzte und Getötete.
Gegen Abend nahm die Stadt wieder ihr gewöhnliches Aus-

sehen an. Die flatternden menschlichen Leiber suchten ihre Wohnungen auf und ließen sich auf die Betten niederfallen. In den schmalen, glühenden Schädeln klopfte verzweifelt eine winzige, nadeldünne Hoffnung.

Das Verfahren war einfach

»Ihr Name?«
»Boss.«
»Wie alt?«
»Neununddreißig.«
»Was arbeiten Sie?«
»Ich stopfe Hülsen mit Tabak.«
»Sprechen Sie die Wahrheit!«
»Ich sage die Wahrheit! Vierzehn Jahre lang arbeite ich ehrlich in meinem Beruf und ernähre meine Familie.«
»Wo ist Ihre Familie?«
»Hier ist sie. Das ist meine Frau. Und das ist mein Sohn.«
»Doktor, untersuchen Sie die Familie Boss!«
»Sofort!«
»Nun, wie steht es mit ihr?«
»Der Bürger Boss ist blutarm. Allgemeinzustand durchschnittlich. Die Frau leidet an Migräne und Rheumatismus. Der Junge ist gesund.«
»Gut. Sie können gehen, Doktor. Bürger Boss, welche Vorlieben haben Sie? Was mögen Sie gern?«
»Ich mag die Menschen und das Leben überhaupt.«
»Genauer, Bürger Boss, wir haben nicht so viel Zeit!«
»Was ich gern mag? . . . Nun, was ich mag . . . Ich mag meinen Sohn . . . Er kann so schön Geige spielen . . . Ich esse gern, obwohl ich wirklich kein Vielfraß bin . . . Ich mag die Frauen . . . Es ist angenehm zu sehen, wie schöne Frauen und Mädchen durch die Straßen spazieren . . . Am Abend, wenn ich müde bin, spanne ich gern aus . . . Ich stopfe gern Hülsen . . . Ich schaffe 500 Stück pro Stunde . . . Und auch noch vieles andere habe ich gern . . . Ich liebe das Leben . . .«

»Beruhigen Sie sich, Bürger Boss! Hören Sie auf zu weinen! Sie haben das Wort, Kollege Psychologe.«
»Das ist Tinnef, Kollege. Reiner Schund. Durchschnittlichste Existenzen. Kümmerliches Dasein. Temperament – halb phlegmatisch, halb sanguinisch. Aktivität – schwach entwikkelt. Letzte Güteklasse. Hoffnungen auf Verbesserung: keine. Passivität – gleich 75%. Bei Madame Boss noch höher. Der Junge ist fad, aber möglicherweise ... Wie alt ist Ihr Sohn, Bürger Boss? Hören Sie auf zu heulen!«
»Dreizehn ...«
»Machen Sie sich keine Sorgen! Ihr Sohn bleibt vorläufig noch. Fünf Jahre Aufschub. Sie aber ... Das ist übrigens nicht meine Angelegenheit. Entscheiden Sie bitte, Kollege.«
»Im Namen des Gremiums der Höchsten Entschlußfreude, in der Absicht, das Leben von überflüssigem Menschentrödel, von indifferenten, den Fortschritt aufhaltenden Existenzen zu reinigen, befehle ich Ihnen, Bürger Boss, und Ihrer Ehehälfte, binnen vierundzwanzig Stunden das Leben zu verlassen. Ruhe! Schreien Sie nicht! Sanitäter, beruhigen Sie die Frau! Rufen Sie die Wache! Die kommen bestimmt nicht ohne Hilfe zu Rande.«

Die Beurteilungen der wertlosen Existenzen
wurden im Grauen Schrank verwahrt

Der Graue Schrank stand im Korridor der Hauptverwaltung des Gremiums der Höchsten Entschlußfreude. Er hatte das gewöhnliche, solide, dümmlich-versonnene Aussehen, das alle Schränke auszeichnet. Er maß keine drei Arschin in der Höhe und in der Breite, und doch war er das Grab von einigen zehntausend Existenzen. Zwei lakonische Aufschriften prangten auf dem Schrank: »Katalog der Wertlosen«.
Und: »Protokolle der Beurteilungen«.
Der Katalog enthielt zahlreiche Abteilungen, zum Beispiel folgende:

»Eindrücke aufnehmende, aber nicht klarsehende Personen«, »Unbedeutende Nachahmer«, »Passive«, »Zentrumslose«. Und so weiter.

Die Beurteilungen waren knapp und objektiv. Manchmal hatten sich allerdings auch schneidende Formulierungen eingeschlichen, und in diesen Fällen schimmerte von der Rückseite des Blattes unerbittlich der rote Stift Aks, des Vorsitzenden des Gremiums, hindurch, der angemerkt hatte, daß man die Wertlosen nicht beschimpfen dürfe.

Und hier sind ein paar Charakteristiken:

Wertloser Nr. 14741

Durchschnittlich gesund. Besucht Bekannte, ohne daß er für sie notwendig oder interessant ist. Erteilt Ratschläge. Hat in seinen besten Jahren ein Mädchen verführt und es sitzenlassen. Hält die Anschaffung von Möbeln zur Ausstattung seiner Wohnung nach der Hochzeit für das größte Ereignis in seinem Leben. Gehirn träge, mürbe. Arbeitsfähigkeit gleich null. Nach Aufforderung, das Interessanteste zu schildern, was er vom Leben weiß und was ihm vor Augen gekommen ist, erzählt er vom Restaurant »Quasisana« in Paris. Ein Geschöpf von simpelster Art. Unterste Klasse des Spießbürgers. Herztätigkeit schwach. Binnen 24 Stunden.

Wertloser Nr. 14623

Arbeitet in einer Böttcherei. Qualität mittelmäßig. Liebe zur Arbeit gleich null. Sein Denken geht in allen Bereichen den Weg des geringsten Widerstandes. Physisch gesund, aber seelisch infiziert von der Krankheit der Primitivisten: Hat Angst vor dem Leben. Angst vor der Freiheit. An Feiertagen, wo er nicht arbeiten muß, betäubt er sich mit Alkohol. Hat während der Revolution Tatkraft bewiesen: Trug eine rote Schleife, hamsterte Kartoffeln und alles, was er kriegen konnte. Hatte Angst, daß es nicht reicht. War stolz auf seine proletarische Herkunft. Hat die Revolution nicht aktiv mitgemacht, aus Angst. Hat saure Sahne gern. Schlägt seine Kinder. Lebenstempo: gleichförmig-mutlos. Binnen 24 Stunden.

Wertloser Nr. 15201
Beherrscht acht Sprachen, redet aber so, daß man schon bei der ersten vor Langeweile umkommt. Liebt raffinierte Manschettenknöpfe und Feuerzeuge. Äußerst selbstbewußt. Schöpft Selbstvertrauen aus den Sprachkenntnissen. Fordert Achtung. Schwatzt. Öchsisch gleichgültig gegenüber dem wirklichen lebendigen Leben. Hat Angst vor Bettlern. Aus Feigheit zuckersüß im Umgang. Tötet gern Fliegen und andere Insekten. Empfindet nur selten Freude. Binnen 24 Stunden.

Wertloser Nr. 4356
Brüllt aus Langeweile ihre Diener an. Nascht den Rahm von der Milch und die oberste Fettschicht von der Bouillon. Liest Boulevardromane. Wälzt sich tagelang auf der Couch herum. Ihr größter Wunschtraum: sich ein Kleid mit gelben Ärmeln nähen zu lassen, das an den Seiten ausgestellt ist. Wurde zwölf Jahre lang von einem begabten Erfinder geliebt, wußte aber nicht, was er machte, glaubte, er sei Elektrotechniker. Sie verließ ihn und heiratete einen Lederhändler. Kinder keine. Ist sehr launisch und heult oft. Nachts wacht sie auf, befiehlt, den Samowar aufzustellen, trinkt Tee und ißt dazu. Wertlose Existenz. Binnen 24 Stunden.

Bei der Arbeit

Um Ak und das Gremium der Höchsten Entschlußfreude scharte sich eine Gruppe fest angestellter Spezialisten. Es waren dies Doktoren, Psychologen, Beobachter und Schriftsteller. Alle arbeiteten ungewöhnlich rasch. Es kam vor, daß wenige Spezialisten binnen einer Stunde ein gutes Hundert Leute ins Jenseits beförderten. Und in den Grauen Schrank flogen dann hundert Beurteilungen, in denen die Prägnanz des Ausdrucks mit der absoluten Selbstsicherheit der Autoren wetteiferte.
Die Arbeit lief in der Hauptverwaltung vom Morgen bis zum

Abend auf Hochtouren. Wohnungskommissionen kamen und gingen, Trupps von Urteilsvollstreckern marschierten ein und aus, und hinter den Schreibtischen saßen wie in einem riesigen Redaktionssaal Dutzende Leute und schrieben mit harten, raschen, unbedenklichen Fingern.
Ak jedoch sah diesem ganzen Treiben mit schmalen, festen, undurchdringlichen Blicken zu und hegte einen nur ihm allein verständlichen Gedanken, unter dem sich sein Körper krümmte und sein großer, ungebärdiger, eigensinniger Kopf grauer und grauer wurde.
Etwas wucherte empor zwischen ihm und seinen Angestellten, als wollte es sich wie eine Trennwand zwischen sein angespanntes schlafloses Denken und die blinden unbedenklichen Hände der Vollstrecker schieben.

Aks Bedenken

Eines Tages kamen Mitglieder des Gremiums der Höchsten Entschlußfreude in die Verwaltung, um Ak den routinemäßigen Bericht zu erstatten.
Ak war nicht an seinem gewohnten Platz. Sie suchten nach ihm und fanden ihn nicht. Sie schickten Boten nach ihm aus, sie telefonierten und fanden ihn trotz allem nicht.
Erst zwei Stunden danach entdeckten sie ihn zufällig im Grauen Schrank.
Ak saß im Schrank auf den Sterbeakten der Vernichteten und dachte mit einer selbst bei ihm nie dagewesenen Anspannung nach.
»Was machen Sie denn hier?« fragte man Ak.
»Sie sehen doch, ich denke nach«, antwortete Ak erschöpft.
»Aber weshalb denn im Schrank?«
»Es ist der geeignetste Ort. Ich denke an die Menschen, und direkt auf den Akten ihrer Vernichtung sitzend, kann man fruchtbringend über die Menschen nachdenken. Erst dann, wenn man auf den Unterlagen über die Ausrottung eines

Menschen sitzt, kann man sein höchst sonderbares Leben studieren.«
Irgend jemand lachte platt und nichtssagend auf.
»Lachen Sie nicht!« sagte Ak aufschreckend und fuchtelte mit einer Beurteilung herum. »Lachen Sie nicht! Allem Anschein nach ist das Gremium der Höchsten Entschlußfreude in eine Krise geraten. Die eingehende Beschäftigung mit den Umgekommenen hat mich auf die Suche nach neuen Wegen zum Fortschritt gebracht. Ihr alle habt gelernt, die Wertlosigkeit dieses oder jenes Menschenwesens rasch und schneidend nachzuweisen. Sogar die Unbegabtesten unter euch leisten dies auf überzeugende Weise mit wenigen Sätzen. Und nun sitze ich hier und denke darüber nach, ob unser Weg richtig gewesen ist.«
Wieder versank Ak in Nachdenken, dann seufzte er bitter und sagte leise: »Was sollen wir tun? Wo ist der Ausweg? Studiert man die lebenden Menschen, so kommt man zu dem Schluß, daß sie zu drei Vierteln ausgerottet werden müssen, aber wenn man die Hingemetzelten studiert, dann weiß man nicht, ob man sie nicht eher lieben und bemitleiden müßte? Eben hier gerät die Menschen-Frage in die Sackgasse, in die unheilvolle Sackgasse der menschlichen Geschichte.«
Ak versank in trübsinniges Schweigen, er vergrub sich in den Wust der Toten-Charakteristiken und wurde von der Lektüre der grauenvoll-lakonischen Protokolle völlig in den Bann geschlagen.
Die Mitglieder des Gremiums zogen sich zurück. Keiner widersprach ihm. Denn erstens war es sinnlos, Ak zu widersprechen. Und zweitens wagten sie nicht zu widersprechen. Aber sie alle spürten, daß ein neuer Entschluß heranreifte, und fast alle waren unzufrieden. Offensichtlich sollte jetzt eine einmal in Gang gekommene, klar umrissene Sache durch eine andere ersetzt werden. Aber durch welche?
Was würde dieser kindisch gewordene Mensch, der eine so unerhörte Macht über die Stadt hatte, wohl noch alles ersinnen?

Die Krise

Ak war verschwunden.

Er pflegte stets zu verschwinden, wenn er ins Grübeln kam. Überall wurde er gesucht, doch man fand ihn nicht. Irgend jemand sagte, Ak säße vor der Stadt auf einem Baum und weine. Dann hieß es, er liefe in seinem Garten auf allen vieren herum und kaue Erde.

Die Tätigkeit des Gremiums der Höchsten Entschlußfreude erlahmte. Mit Aks Verschwinden kam seine Arbeit irgendwie ins Stocken. Die Einwohner brachten an ihren Wohnungstüren eiserne Riegel an und ließen die Kontrollkommissionen einfach nicht mehr herein. In mehreren Bezirken wurden die Fragen der Gremiumsmitglieder nach dem Recht auf Leben mit Gelächter beantwortet, und in manchen Fällen kam es sogar so weit, daß wertlose Menschen Vertreter des Gremiums der Höchsten Entschlußfreude am Schlafittchen packten, an ihnen das Recht auf Leben überprüften und ihnen höhnische Beurteilungsprotokolle schrieben, die sich kaum von denen unterschieden, die im Grauen Schrank aufbewahrt wurden.

In der Stadt brach ein Chaos aus. Die Wertlosen, die Menschennullen, denen man noch nicht den Garaus gemacht hatte, wurden derartig dreist, daß sie sich offen auf den Straßen zeigten, daß sie begannen, sich zu vergnügen, allen möglichen Zerstreuungen zu frönen und sogar Ehen zu schließen.

Auf den Straßen beglückwünschten sich die Leute:

»Es ist vorbei! Vorbei! Hurra!«

»Die Überprüfung des Rechts auf Leben ist eingestellt worden!«

»Finden Sie nicht, Bürger, daß das Leben anziehender geworden ist? Es ist nicht mehr soviel Menschentrödel da! Sogar atmen kann man jetzt besser!«

»Daß Sie sich nicht schämen, Bürger! Glauben Sie denn, nur die sind aus dem Leben geschieden, die kein Recht darauf

hatten? O nein! Ich kenne Leute, die nicht das Recht haben, eine einzige Stunde zu leben, und sie leben und werden noch viele Jahre leben. Aber andererseits, wie viele der wertvollsten Persönlichkeiten sind zugrunde gegangen! Oh, wenn Sie wüßten, wie viele!«
»Das hat nichts zu bedeuten. Fehler sind ja unvermeidlich. Sagen Sie, wissen Sie nicht zufällig, wo Ak ist?«
»Nein, ich weiß es nicht.«
»Ak sitzt vor der Stadt auf einem Baum. Er weint.«
»Ak läuft auf allen vieren herum und kaut Erde.«
»Soll er nur weinen!«
»Soll er ruhig Erde kauen!«
»Ihr freut euch zu früh, Bürger! Zu früh! Heute abend kommt Ak zurück, das Gremium der Höchsten Entschlußfreude nimmt die Arbeit wieder auf.«
»Woher wissen Sie das?«
»Ich weiß es! Es ist noch viel zuviel Menschenplunder übriggeblieben. Man muß weiter säubern, säubern und nochmals säubern!«
»Wie grausam Sie sind, Bürger!«
»Da spuck ich drauf!«
»Bürger! Bürger! Seht nur! Seht!«
»Sie kleben wieder Plakate an!«
»Seht!«
»Bürger! Was für eine Freude! Welch ein Glück!«
»Bürger, lest!«
»Lest!«
»Lest! Lest!«
»Lest!!!«

Es wurden Plakate angeklebt

Ganz außer Atem, rannten Leute mit Kleistereimern durch die Straßen. Dicke Packen riesiger rosafarbener Plakate entrollten sich mit freudigem Rascheln und Knistern und blieben an den Häuserwänden kleben. Der Text auf den Plakaten war klar umrissen und höchst einfach. Er lautete:

»An alle ohne Ausnahme.
Mit Bekanntgabe dieser Erklärung ist allen Bürgern unserer Stadt das Leben gestattet. Lebt und mehret Euch und füllet die Erde! Das Gremium der Höchsten Entschlußfreude hat seine unerbittlichen Pflichten erfüllt und wird nunmehr Gremium der Höchsten Rücksichtnahme heißen. Ihr alle seid schön, Bürger, und Euer Recht auf Leben ist unantastbar.
Das Gremium der Höchsten Rücksichtnahme überträgt Sonderkommissionen von jeweils drei Mitgliedern die Aufgabe, Tag für Tag von Wohnung zu Wohnung zu gehen, die Mieter zur Tatsache ihres Seins zu beglückwünschen und ihre Beobachtungen in besonderen ›Freudenprotokollen‹ niederzulegen.
Die Mitglieder der Kommission sind berechtigt, die Bürger zu befragen, wie sie leben, und die Bürger können, sofern sie es wünschen, ausführlich antworten. Letzteres ist sogar begrüßenswert. Alle freudigen Beobachtungen werden in dem Rosaroten Schrank für die Nachwelt aufbewahrt.«

Das Leben normalisierte sich

Alle Türen, Fenster und Balkons wurden aufgetan. Laute Stimmen, Lachen, Musik und Gesang drangen ins Freie. Dicke untalentierte Fräulein lernten Klavier spielen. Von morgens bis abends kreischten die Grammophone. Auch Geige, Klarinette und Gitarre wurden gespielt. Die Männer zogen abends die Jacketts aus, saßen mit gespreizten Beinen auf den Balkons und rülpsten vor Wohlbehagen. Der städtische Verkehr nahm auffallend zu. In Droschken und Automobilen jagten die jungen Männer mit ihren Damen vorbei. Keiner hatte mehr Angst, auf die Straße zu gehen. In Konditoreien und Süßwarenbuden wurden Törtchen und Erfrischungsgetränke verkauft. In den Galanteriewarenhandlungen wurde ein steigender Absatz von Spiegeln vermerkt. Die Leute kauften Spiegel und besahen sich darin mit Genugtuung. Die Maler und Fotografen bekamen Aufträge, Porträts anzufertigen. Die Porträts wurden gerahmt, und dann schmückte man die Wände der Zimmer damit. Dieser Porträts wegen kam es sogar zu einem Mord, über den in den Zeitungen viel geschrieben wurde. Ein junger Mann, der in einer Wohnung ein Zimmer gemietet hatte, verlangte, daß die Inhaber der Wohnung die Bilder ihrer Eltern aus seinem Zimmer entfernten. Die Wirtsleute, die sich gekränkt fühlten, brachten den jungen Mann um, indem sie ihn – aus dem vierten Stockwerk – hinauswarfen.

Selbstbewußtsein und Eigenliebe kamen zu voller Entfaltung. Alle möglichen Zänkereien und Zusammenstöße waren bald an der Tagesordnung. Neben dem üblichen Geschimpf konnte man folgendes zum Klischee gewordene Gespräch hören, in dem die Kontrahenten einander auf den Leib rückten: »Sie verdanken Ihr Leben offenbar einem Irrtum. Das Gremium der Höchsten Entschlußfreude scheint ziemlich nachlässig gearbeitet zu haben ...«

»Sogar überaus nachlässig, wenn ein Subjekt Ihres Schlages am Leben bleiben konnte ...«

Doch im allgemeinen ging dieses Gezänk im normalen Ablauf des Lebens unter. Die Leute sorgten jetzt besser für ihren Mittagstisch, sie kochten Warenje. Die Nachfrage nach warmer wollener Unterwäsche stieg beträchtlich, denn alle achteten sehr auf ihre Gesundheit.

Die Mitglieder des Gremiums der Höchsten Rücksichtnahme gingen gewissenhaft von einer Wohnung zur andern und fragten die Mieter nach ihrem Wohlergehen.

Viele antworteten, es gehe ihnen gut und man solle sich selbst davon überzeugen.

»Sehen Sie«, sagten sie, während sie selbstzufrieden lachten und sich die Hände rieben, »wir salzen Gurken ein, he, he ... Und wir haben marinierten Hering. Neulich hab ich mich gewogen: Ich hab ein halbes Pud zugelegt, Gott sei Dank ...«

Andere beschwerten sich über Unzulänglichkeiten und klagten, das Gremium der Höchsten Entschlußfreude habe zu

wenig getan: »Verstehen Sie, gestern fahre ich mit der Straßenbahn, und – stellen Sie sich das mal vor! – alle Plätze waren besetzt ... Die reinste Niedertracht! Nicht nur ich, sondern auch meine Frau mußte stehen! Es gibt noch viel überflüssiges Volk in der Stadt. Überall lungern sie herum, aber der Teufel weiß, warum! Ganz umsonst ist dieses Gelichter damals nicht beseitigt worden ...«
Andere wieder empörten sich: »Halten Sie sich vor Augen, niemand hat mich am Mittwoch und am Donnerstag zur Tatsache des Seins beglückwünscht! Eine richtige Flegelei ist das! Was soll das denn heißen! Soll ich mir vielleicht noch meine Glückwünsche bei Ihnen abholen, was?«

Ende der Geschichte

In Aks Kanzlei lief die Arbeit wie seit eh und je auf Hochtouren. Leute saßen an den Tischen und schrieben. Der Rosarote Schrank war mit Freudenprotokollen und Beobachtungen der Freude gefüllt. Sorgfältig und ausführlich waren die Namenstage, die Hochzeiten, die Spaziergänge, die Mittagessen und Abendbrote, die Liebesgeschichten und alle erdenklichen Ereignisse beschrieben worden, und viele Protokolle hatten den Charakter und die Form von Romanen und Novellen angenommen. Die Einwohner baten die Mitglieder des Gremiums der Höchsten Rücksichtnahme, sie als Bücher herauszugeben, und über diesen Büchern vergaßen sie alles andere.
Ak schwieg.
Nur sein Rücken krümmte sich noch stärker, und sein Haar wurde noch grauer. Manchmal schlüpfte er in den Rosaroten Schrank und blieb lange darin sitzen, wie er früher im Grauen Schrank die Zeit versessen hatte.
Aber eines Tages sprang Ak aus dem Rosaroten Schrank und brüllte: »Niedermetzeln muß man! Niedermetzeln! Niedermetzeln! Niedermetzeln!«
Doch als er die weißen, flink übers Papier huschenden Hände

seiner Beamten sah, die jetzt genauso dienstbeflissen die lebenden Einwohner der Stadt beschrieben, wie sie dereinst die toten beschrieben hatten, winkte er ab, rannte aus der Kanzlei und – verschwand.
Er verschwand für immer und ewig.
Viele Legenden spannen sich um Aks Verschwinden, allerlei Gerüchte wurden darüber verbreitet, doch Ak war trotz allem nicht wiederzufinden.
Und die Menschen, die so zahlreich waren in jener Stadt, die Menschen, die Ak zuerst vernichtet und die er danach bemitleidet hatte und die er am Ende wieder vernichten wollte, diese Menschen, unter denen es sowohl wahre und schöne gibt als auch viele unnütze, sie leben bis zum heutigen Tage immer noch so, als hätte es Ak niemals gegeben und als hätte niemand je die große Frage nach dem Recht auf das Leben berührt.

Jewgenij Samjatin

Die Höhle

Eisberge, Mammute, Einöden. Nächtliche, schwarze, an Häuser erinnernde Felsen. In den Felsen sind Höhlen, und man weiß nicht, wer nachts auf dem Steinpfad zwischen den Felsen trompetet und, die Spur schnüffelnd, den weißen Schneestaub aufwirbelt, vielleicht ein graurüsseliges Mammut, vielleicht der Wind, vielleicht ist auch der Wind das eisige Geheul eines Über-Mammuts. Eins ist sicher: es ist Winter, und man muß die Zähne noch fester zusammenbeißen, damit sie nicht klappern. Man muß Holz mit dem Steinbeil spalten, man muß die ganze Nacht das Feuer von einer Höhle in die andere tragen, immer tiefer hinein in den Felsen. Und man muß immer mehr zerlumpte Tierhäute um sich wickeln.

Zwischen den Felsen, wo Ewigkeiten früher Petersburg war, trottet nachts das graurüsselige Mammut. Und eingehüllt in Felle, Decken und Lumpen ziehen die Höhlenmenschen von Höhle zu Höhle. In der Pokrow-Straße zerhackten Martin Martinytsch und Mascha das Arbeitszimmer; in der Kasan-Straße zogen sie aus dem Eßzimmer und verschanzten sich im Schlafzimmer. Weiter zurück geht es nicht mehr. Hier müssen sie die Belagerung aushalten oder sterben. In dem Petersburger Höhlenschlafzimmer sieht es aus wie unlängst in der Arche Noah – von der Flut aufgestörte reine und unreine Wesen: ein Schreibtisch aus Mahagoni, Bücher, steinhart gebrannte Fladen, Skrjabin Opus 74, ein Bügeleisen, fünf Kartoffeln mit liebevoll weiß gewaschener Schale, die Nickelgitter der Betten, eine Axt, ein Frisiertisch, Brennholz. Und im Zentrum dieser Welt kurzbeinig, mit rötlichem Rost bedeckt, untersetzt, gierig: der Höhlengott – der eiserne Ofen.

Der Gott singt laut. In der dunklen Höhle ist er das große

feurige Wunder. Die Menschen, Martin Martinytsch und Mascha, strecken ihm beglückt mit dankbarem Schweigen die Hände entgegen. Auf eine Stunde ist in der Höhle Frühling. Auf eine Stunde werfen sie die Tierfelle ab, die Krallen, die Hauer, und durch die vereiste Hirnschale sprießen grüne Hälmchen – die Gedanken.

»Mart, du hast vergessen, daß morgen ... nun, ich sehe, du hast es vergessen!«

Im Oktober, wenn die Blätter schon gelb sind, und glanzlos und welk, kann es Tage geben, an denen der Himmel blauäugig strahlt; wenn man an einem solchen Tag den Kopf zurückwirft, um die Erde nicht mehr zu sehen, kann man glauben: noch herrscht Freude, noch ist Sommer. So ist es mit Mascha: die Augen schließen, und ihr zuhören, dann kann man glauben, sie sei die frühere, gleich wird sie lachen, sie wird vom Bett aufstehen und ihn umarmen, und vor einer Stunde – wie wenn ein Messer über Glas fährt ... – das war nicht ihre Stimme, überhaupt nicht sie selbst.

»Ach Mart, Mart, wie alles ... früher hast du es nicht vergessen. Der Neunundzwanzigste: der Tag der Maria, mein Namenstag.«

Der eiserne Gott singt. Licht gibt es wie gewöhnlich nicht. Es geht erst um zehn an. Die dunklen Wölbungen der Höhle schwanken ungewiß. Martin Martinytsch hat sich hingehockt, ein immer enger und enger zusammengeschnürtes Bündel. Er wirft den Kopf zurück und blickt in den Oktoberhimmel, um nicht die verwelkten, matten Lippen zu sehen. Da sagt Mascha:

»Denke doch, Mart, wenn wir morgen von früh an heizen könnten, daß es den ganzen Tag wie jetzt wäre. Wieviel haben wir noch? Es muß doch ungefähr noch ein halber Klafter im Arbeitszimmer sein?«

Bis zu dem Polararbeitszimmer kann Mascha schon lange nicht mehr gehen und weiß nicht, daß dort ... noch enger den Knoten um das Bündel, noch enger.

»Ein halber Klafter? Mehr! Ich glaube, dort ...«

Plötzlich Licht. Es ist genau zehn. Ohne den Satz zu beenden, kneift Martin Martinytsch die Augen zu. Er wendet sich ab. Im Licht ist es schwerer als im Dunkel. Und bei Licht ist deutlich zu sehen: sein Gesicht ist zerfurcht, lehmgrau. (Viele haben jetzt lehmgraue Gesichter: zurück – zu Adam.)
Mascha sagt:
»Weißt du, Mart, ich könnte versuchen – vielleicht kann ich aufstehen, wenn du vom Morgen an heizt.«
»Sicher, Mascha, sicher ... solch ein Tag ... selbstverständlich, vom Morgen an.«
Der Höhlengott wird still, sinkt in sich zusammen, glüht kaum noch, erlischt. Man hört: unten bei den Obertyschews spalten sie mit dem Steinbeil Holz, das von einer Barke stammt. Mit dem Steinbeil spalten sie auch Martin Martinytsch: eine Hälfte Martin Martinytschs lächelt lehmgrau zu Mascha und mahlt auf der Kaffeemühle getrocknete Kartoffelschalen für Fladen, die andere Hälfte Martin Martinytschs ist wie ein Vogel, der sich aus der Freiheit in ein Zimmer verflogen hat: er stößt sich sinnlos, blind an den Scheiben, den Wänden – wo könnte Holz sein, wo könnte Holz sein, wo könnte nur Holz sein. –
Martin Martinytsch zieht den Mantel an und bindet einen Ledergürtel um (die Höhlenbewohner glauben an den Mythos, daß der Mantel dadurch wärmer hält), in der Ecke bei dem Frisiertisch klappert er mit dem Eimer:
»Wohin gehst du, Mart?«
»Nach unten, Wasser holen.«
Auf der dunklen, von Wasserspritzern vereisten Treppe bleibt Martin Martinytsch stehen, schwankt, stöhnt und geht mit dem an der Kette scheppernden Eimer nach unten zu den Obertyschews. Bei ihnen läuft das Wasser noch. Obertyschew selbst öffnet die Tür. In einen Mantel gehüllt, um den er einen Bindfaden gebunden hat, lange nicht rasiert, gleicht sein Gesicht einer Steppe, die mit rötlichem, staubbedeckten Gras bewachsen ist. Durch das Steppengras scheinen gelbe, steinerne Zähne, und zwischen den Steinen wie ein flüchtiges Eidechsenschwänzchen – wird ein Lächeln sichtbar.

»Ah, Martin Martinytsch, Sie kommen nach Wasser? Bitte, bitte, bitte!«
In dem engen Verschlag zwischen der äußeren und inneren Tür kann man sich mit dem Eimer nicht umdrehen. In diesem Verschlag liegt das Holz der Obertyschews. Der lehmgesichtige Martin Martinytsch stößt sich mit der Seite an einem Stück Holz. Es gibt im Lehm eine tiefe schmerzhafte Druckstelle und eine noch tiefere im dunklen Korridor, an der Ecke einer Kommode.
Durch das Speisezimmer. Im Speisezimmer sitzen das Obertyschewweibchen und drei Obertyschewjunge. Das Weibchen bedeckt hastig eine Schüssel mit einer Serviette. Da ist ein Mensch aus einer anderen Höhle, Gott weiß, vielleicht wird er sich plötzlich auf sie stürzen und ihr die Schüssel entreißen.
In der Küche öffnet Obertyschew den Hahn und lächelt mit seinen steinernen Zähnen.
»Nun, wie geht es Ihrer Frau? Wie geht es Ihrer Frau?«
»Ach, Alexej Iwanytsch, immer dasselbe, schlecht. Und morgen ist ihr Namenstag, und ich habe nichts zu heizen.«
»Aber Martin Martinytsch, haben Sie denn schon alles verbraucht: Stühle, Schränke, Bücher? Bücher brennen ganz ausgezeichnet.«
»Aber Sie wissen doch: die Möbel in der Wohnung gehören nicht uns, nur das Klavier.«
»Ach so, ach so, ach so, bedauerlich, sehr bedauerlich.«
In der Küche hört man den Vogel, der sich verflogen hat: er schlägt mit den Flügeln, flattert nach rechts, nach links und plötzlich mit verzweifeltem Ansatz mit der Brust gegen die Wand.
»Alexej Iwanytsch, ich wollte ... Alexej Iwanytsch ... kann ich nicht bei Ihnen ... vielleicht fünf oder sechs Scheite ...«
Gelbe, steinerne Zähne im Steppengras. Gelbe Zähne wachsen aus den Augen, Zähne bedecken den ganzen Obertyschew – gelbe, lange Zähne.

»Aber ich bitte Sie, Martin Martinytsch, ich bitte Sie. Wir haben selbst ... Sie wissen, wie jetzt alles ist. Sie wissen selbst, Sie wissen selbst.«

Den Knoten noch enger schnüren, enger, noch enger. Martin Martinytsch gibt sich einen Ruck, nimmt den Eimer auf – und durch die Küche, durch den dunklen Korridor, durch das Eßzimmer. An der Schwelle des Eßzimmers gibt ihm Obertyschew auf einen Augenblick eine flüchtige Eidechsenhand.

»Nun, 'n Abend, Martin Martinytsch, aber vergessen Sie nicht: die Tür fest zuschlagen, vergessen Sie es nicht, beide Türen, beide, beide, sonst wird es überhaupt nicht warm.«

Auf dem dunklen vereisten Vorplatz stellt Martin Martinytsch den Eimer ab, dreht sich um und schlägt fest die erste Tür zu. Er lauscht, er hört nur ein trockenes, knöchernes Zittern in sich und seinen zitternden, kurzen, in punktweisen Stößen gehenden Atem. Im engen Verschlag zwischen den beiden Türen streckt er die Hand aus und fühlt – ein Scheit und noch eins, noch eins ... nein! Er reißt sich zusammen, tritt auf den Vorplatz, schließt die Tür. Jetzt noch einmal fester zuschlagen, damit das Schloß einschnappt ...

Und da – hat er nicht die Kraft dazu. Er kann nicht vor Mascha das Morgen zuschlagen. Und auf der Linie, die von den kaum wahrnehmbaren Punkten seines stoßweisen Atems gezeichnet ist, ringen zwei Martin Martinytschs auf den Tod miteinander: der eine, der ehemalige mit Skrjabin, der weiß, man darf nicht – und der neue, der Höhlenbewohner, der weiß, man muß. Der Höhlenbewohner knirscht mit den Zähnen, zermalmt, zerdrückt – Martin Martinytsch bricht sich beim Öffnen der Tür die Nägel ab, langt mit der Hand in das Holz ... ein Scheit, das vierte, das fünfte, unter den Mantel, hinter den Gürtel, in den Eimer – er schließt die Tür – und nach oben mit großen, tierhaften Sprüngen. Auf der Treppe, auf einer vereisten Stufe, bleibt er plötzlich stehen, preßt sich an die Wand. Unten hat die Tür geklappt, er hört die belegte Stimme Obertyschews:

»Wer ist dort, wer ist dort, wer ist dort?«
»Ich bin es, Alexej Iwanytsch, ich ... ich hatte die Tür vergessen ... ich wollte ... ich kam zurück, um die Tür fester ...«
»Sie? Hm ... das dürfen Sie nicht machen. Passen Sie besser auf. Es wird jetzt so viel gestohlen, Sie wissen selbst, Sie wissen selbst. Wie konnten Sie so?«
Der Neunundzwanzigste. Vom Morgen an ein niedrighängender, löcheriger Flauschhimmel. Durch die Löcher stürzt Eis. Aber dem Höhlengott wurde vom Morgen an der Bauch gefüllt, vom Morgen an singt er gnädig, und wenn es auch Löcher im Himmel gibt und wenn auch der mit Zähnen überwachsene Obertyschew die Scheite zählt, soll er, es ist gleich. »Morgen« ist ein unfaßbarer Begriff in der Höhle. Nur nach einer Ewigkeit werden ihre Bewohner wissen, was »Morgen«, was »Übermorgen« bedeutet.
Mascha ist aufgestanden, in einem unsichtbarern Wind schwankend, kämmt sie ihr Haar wie früher: über die Ohren, den Scheitel in der Mitte – noch einmal flattert das letzte vergilbte Blatt am kahlen Baum hin und her. – Aus dem Mittelkasten des Schreibtisches nimmt Martin Martinytsch Papiere, Briefe, ein Thermometer, ein blaues Fläschchen (er schiebt es hastig wieder zurück, damit es Mascha nicht sieht) – und holt endlich aus dem letzten Winkel ein schwarzes Lackkästchen. Darin ist noch ein wenig echter, ja, in der Tat, ganz echter Tee. Martin Martinytsch wirft den Kopf zurück und hört eine Stimme, die der früheren ähnelt:
»Mart, erinnerst du dich, mein kleines blaues Zimmer und das Klavier mit dem Überzug, und auf dem Klavier ein Holzpferdchen, ein Aschenbecher, und ich spielte und wendete dir den Rücken zu, und du tratest zu mir ...«
Ja, an diesem Abend entstand eine Welt! Die sonderbare, weiße Schnauze des Mondes, das Schluchzen der Nachtigall, das man laut im Korridor hörte ...
»Und erinnerst du dich, Mart, das Fenster stand offen, ein grüner Himmel, und von unten aus einer anderen Welt der Leiermann ...

Leiermann, wunderbarer Leiermann, wo bist du?
Und am Ufer – erinnerst du dich? – die Zweige waren noch kahl, das Wasser schimmerte rötlich, eine letzte blaue Eisscholle schwamm an uns vorüber wie ein Sarg. Und wir mußten lachen über den Sarg, weil wir doch niemals sterben würden. Erinnerst du dich?«
Unten fangen sie an, mit der Steinaxt Holz zu hacken. Plötzlich hören sie auf: Herumlaufen, Geschrei. Und in zwei Hälften gespalten, sieht Martin Martinytsch mit einer Hälfte den unsterblichen Leiermann, das unsterbliche hölzerne Pferdchen, die unsterbliche Eisscholle, und mit der anderen, in kurzen Stößen atmend, zählt er zusammen mit Obertyschew die Holzscheite. Jetzt hat Obertyschew durchgezählt, jetzt zieht er den Mantel an, jetzt wirft er, ganz überwachsen von Zähnen, die Tür zu und ...
»Warte, Mascha, es scheint, es scheint, es hat bei uns geklopft.«
– Nein, niemand. Noch ist niemand da. Noch kann er atmen, noch kann er den Kopf zurückwerfen, der Stimme zuhören, die ganz der früheren gleicht. –
Es dämmert. Der neunundzwanzigste Oktober ist alt geworden. Unverwandte, trübe, greisenhafte Augen der Dämmerung, und alles biegt sich, beugt sich, krümmt sich unter ihrem unverwandten Blick. Auch die Decke scheint sich zu krümmen und herunterzusenken: die Sessel, der Schreibtisch, Martin Martinytsch, die Betten werden flach – und auf dem Bett ganz flach wie eine papierene Hülle – Mascha.
In der Dämmerung kommt Selichow, der Hausobmann. Früher war er ein Mann von sechs Pud, jetzt ist er auf die Hälfte zusammengeschrumpft, er hängt im Gehäuse seines Jacketts wie die Nuß in einer Kinderrassel. Aber wie früher hat er sein lautes Lachen.
»Hallo, Martin Martinytsch, als erstes, als zweites herzlichste Glückwünsche für Ihre Gattin, ich gratuliere Ihrer Gattin zum allerhöchsten Namenstag. Aber sagen Sie, sagen Sie ... Mir hat Obertyschew gemeldet ...«

Martin Martinytsch reißt es vom Sessel hoch, aufgeregt überstürzt er sich etwas zu sagen, nur irgend etwas zu sagen ...
»Möchten Sie Tee? Sofort – diesen Augenblick – wir haben heute echten. Denken Sie, echten. Eben habe ich ...«
»Tee? Ach wissen Sie, ich würde Sekt vorziehen, Sie haben keinen? Aber so was, pfui, pfui, pfui. Denken Sie, vor ein paar Tagen habe ich mit einem Freund aus Hoffmannstropfen Schnaps gebraut. Das war ein Spaß! Er hat ein bißchen zu viel getrunken. Er sagte: ›Ich bin Sinowjew, auf die Knie!‹ War das komisch! Dann bin ich nach Hause gegangen. Auf dem Marsfeld kam mir ein Mensch, nur mit einem Jackett bekleidet, entgegen. ›Du lieber Gott, was ist mit Ihnen los‹, sagte ich, ›nichts‹, sagte er, ›man hat mich eben ausgezogen. Ich gehe nach Hause auf die Wassilewskij-Insel.‹ War das komisch!«
Zusammengefallen, papierdünn lacht Mascha auf dem Bett. In ein noch engeres Bündel zusammengeschnürt, lacht Martin Martinytsch immer lauter, um Selichow mit seinen eigenen Witzen hinzuhalten, damit er nur nicht aufhört, damit er nur nicht aufhört, damit er noch über irgend etwas ...
Selichow hört auf, schnauft noch etwas, verstummt. In seinem Jackengehäuse schaukelt er nach rechts und links; er steht auf.
»Nun, geben Sie mir Ihre Hand, Festtagskind! Tschik! Wie, Sie kennen das nicht? Das heißt in ihrer Sprache: ich habe die Ehre, mich zu verabschieden – Tsch-i-k. Ist das nicht komisch?«
Er lärmt im Korridor, im Vorzimmer. Die letzte Sekunde: gleich wird er weggehen, oder ...
Der Boden schwankt kaum merklich, er dreht sich unter Martin Martinytschs Füßen. Lehmig lächelnd hält sich Martin Martinytsch am Türpfosten. Selichow schiebt schnaufend die Füße in riesige Überschuhe.
In den Überschuhen, dem Pelz – ein Mammut – richtet er sich auf, hält den Atem an.
Dann ergreift er schweigend Martin Martinytschs Arm,

schweigend öffnet er die Tür zum Polararbeitszimmer, schweigend setzt er sich auf den Diwan.
Der Fußboden im Arbeitszimmer ist wie ein Gletscher, der Gletscher birst – es ist kaum zu hören –, treibt vom Ufer ab und trägt, sich hin und her drehend, Martin Martinytsch davon. Vom weitentfernten Diwanufer kann er Selichows Stimme kaum noch vernehmen.
»Erstens und zweitens, mein Herr, muß ich Ihnen sagen: am liebsten würde ich diesen Obertyschew wie eine Nisse ... aber Sie wissen es selbst: wenn er offiziell Anzeige erstattet, wenn er sich beschwert, muß ich morgen zum Gericht gehen. Diese Nisse! Ich kann Ihnen nur das eine raten: heute noch – jetzt gleich – zu ihm, und drücken Sie ihm den Hals mit den Holzscheiten zu!«
Die Eisscholle dreht sich immer schneller. Winzig klein, plattgedrückt, kaum sichtbar, ein kleiner Span, spricht Martin Martinytsch mit sich selbst – nicht über die Scheite, die Scheite – was bedeuten die schon –, nein, über etwas anderes:
– nun gut, heute, jetzt gleich ... –
»Ausgezeichnet, ausgezeichnet. Er ist so eine Nisse, so eine Nisse, sage ich Ihnen.«
In der Höhle ist es noch dunkel. Lehmgesichtig, kalt, blind stößt sich Martin Martinytsch, ohne es zu bemerken, an Gegenständen – sie liegen in der Höhle herum wie von einer Flut durcheinandergespült. Er seufzt. Eine Stimme, ähnlich der Maschas, der früheren ...
»Was hast du mit Selichow gesprochen? Was? Über die Zuteilungskarten? Ach ja, Mart, ich habe beim Liegen immer nur gedacht, wenn ich doch ganz schnell irgendwohin könnte, in die Sonne ... ach, wie laut du bist, als ob du absichtlich ... du weißt doch, ich kann nicht, ich kann nicht, ich kann nicht.«
Wie wenn ein Messer über Glas fährt ... Aber das ist jetzt gleich. Seine Hände und Füße bewegen sich mechanisch. Um sie zu heben und zu senken, braucht er Ketten, eine Winde wie Schiffshebebäume. Doch ein Mensch allein kann die

Winde nicht drehen. Drei sind dazu nötig. Mühsam die Ketten schleppend, setzt Martin Martinytsch den Teekessel und eine Kasserolle auf den Ofen, in den er die letzten Scheite von Obertyschew wirft.
»Hörst du, ich rede mit dir. Warum schweigst du, hörst du?«
Das ist nicht Mascha, nein, das ist nicht ihre Stimme. Immer langsamer bewegt sich Martin Martinytsch, die Beine bleiben in losem Sand stecken, es wird immer schwerer, die Winde zu drehen. Plötzlich reißt die Kette von irgendeiner Rolle ab, der Hebel, die Hand fällt zu Boden, stößt ungeschickt an den Teekessel, die Kasserolle, alles klirrt auf den Boden, der Höhlengott zischt wie eine Schlange. Und von jenseits, vom weitentfernten Ufer, vom Bett eine fremde, schneidende Stimme:
»Das hast du absichtlich getan! Geh weg! Gleich! Ich brauche niemanden, nichts, nichts, nichts, geh weg!«
Der neunundzwanzigste Oktober ist gestorben, es starben der unsterbliche Leiermann, die Eisscholle auf dem vom Sonnenuntergang rötlichen Wasser, und auch Mascha ist gestorben. Es ist gut und notwendig, daß es kein glaubhaftes Morgen gibt, keinen Obertyschew und keinen Selichow, keine Mascha und keinen Martin Martinytsch, es ist gut, daß bald alles zu Ende sein wird.
Mechanisch verrichtet Martin Martinytsch noch dieses und jenes. Vielleicht, daß er von neuem den Ofen anzündet, die Kasserolle vom Boden aufhebt und das Wasser im Teekessel zum Kochen bringt, vielleicht sagt er auch Mascha etwas – er hört es nicht: er fühlt nur dumpf die wunden Stellen, die irgendwelche Worte, die Ecken des Frisiertisches, die Ecken der Stühle, des Schreibtisches in seinem Lehmkörper hinterlassen haben.
Martin Martinytsch nimmt langsam ein Bündel Briefe, ein Thermometer, ein Stück Siegellack, das Schächtelchen mit Tee und von neuem Briefe aus dem Schreibtisch; als letztes holt er von irgendwoher, aus dem untersten Fach ein dunkelblaues Fläschchen.

Zehn Uhr: das elektrische Licht wird eingeschaltet: ein nacktes, grelles, weißes, unerbittliches Licht wie das Leben, die Höhle, der Tod. Und ebenso unerbittlich neben dem Bügeleisen, dem Opus 74, dem Fladen – das blaue Fläschchen. Der eiserne Ofen bullert gnädig, genährt vom gelblich-pergamentfarbenen, hellblauen, weißen Papier der Briefe. Der Teekessel bringt sich in Erinnerung: er klopft an den Deckel. Mascha wendet sich um:

»Hat der Tee gekocht? Mart, Lieber, gib mir ...«

Eine Sekunde, durchbohrt von dem harten, nackten, grausamen elektrischen Licht – und sie hat alles erfaßt: den vor dem Ofen hockenden Martin Martinytsch, die Briefe, rötlich beschienen wie das Wasser beim Sonnenuntergang – das blaue Fläschchen.

»Mart, Lieber, gib mir ...«

Gleichmütig summt der eiserne Ofen vor sich hin, unsterbliche, bittere, zärtliche, weiße, blaue Worte verschlingend. Und so einfach, wie sie um Tee bat ...

»Mart, Lieber, gib mir – ...«

Martin Martinytsch lächelt wie abwesend:

»Aber du weißt doch, Mascha, das dort reicht nur für einen.«

»Mart, mich gibt es doch nicht mehr; das bin doch nicht mehr ich, ich werde ja doch bald ... Mart, du verstehst doch – Mart, habe Mitleid mit mir, Mart!«

Ach, dieselbe Stimme! Und wenn er jetzt den Kopf nach oben würfe ...

»Mascha, ich habe dir nicht die Wahrheit gesagt. Wir haben im Arbeitszimmer kein einziges Scheit mehr. Und ich bin zu Obertyschew gegangen, dort zwischen den Türen ... ich habe gestohlen, verstehst du? Und Selichow hat mir ... ich soll die Scheite sofort zurückbringen, aber ich habe alles verbrannt, alles verbrannt, alles. Ich rede nicht von den Scheiten, was sind Scheite, was sind sie schon? Du verstehst doch!«

Gleichmütig dämmert der eiserne Gott dahin. Verlöschend erzittern kaum merklich Häuser, Felsen, Mammute, Mascha.

»Mart, du liebst mich doch noch . . . ach, Mart, erinnere dich. Mart, Lieber, gib mir . . .«
Das unvergeßliche Holzpferd, der Leiermann, die Eisscholle. Und diese Stimme . . . Mühsam erhebt sich Martin Martinytsch von den Knien. Mühsam dreht er die Winde, nimmt das blaue Fläschchen vom Tisch und gibt es Mascha.
Sie wirft die Decke zurück, setzt sich im Bett auf, rosig, voller Leben, unvergeßlich wie damals das Wasser beim Sonnenuntergang, sie ergreift das Fläschchen, sie lacht:
»Siehst du, es war nicht umsonst, daß ich mich so oft von hier weggewünscht habe. Zünde die Lampe an, hier auf dem Tisch. Gut – jetzt lege noch im Ofen nach. Ich möchte, daß das Feuer . . .«
Ohne aufzublicken sucht Martin Martinytsch das restliche Papier aus dem Schreibtisch zusammen und wirft es in den Ofen.
»Jetzt geh ein bißchen spazieren. Ich glaube, draußen ist Mondschein. Mein Mond – weißt du noch? – Vergiß nicht, nimm den Schlüssel mit, sonst, wenn die Tür zu ist . . .«
Nein, der Mond scheint nicht. Tiefe, dunkle, lastende Wolken wie Wölbungen einer ungeheuren lautlosen Höhle. Enge, endlose Durchgänge zwischen den Wänden, an Häuser erinnernde dunkle, vereiste Felsen, und in den Felsen tiefe, rötlich erleuchtete Löcher. Dort in den Löchern neben dem Feuer kauern Menschen. Ein leichter, eisiger Wind bläst weißen Staub unter den Füßen auf, und niemand im weißen Staub, zwischen den Eisklumpen, in den Höhlen mit den hingekauerten Menschen hört den schweren, gleichmäßigen Tritt des Über-Mammuts.

Alexander Grin

Der Rattenfänger

In Chillons tiefem Kerker sieht
Man sieben gotische Pfeiler stehn,
Von festem Stein, grau anzusehn.
Byron

1

Im Frühling des Jahres 1920, genauer gesagt im März, genau am zweiundzwanzigsten – wir wollen der Genauigkeit dieses Opfer darbringen als Eintrittsgeld in das Reich der eingeschworenen Dokumentalisten, widrigenfalls würde der wißbegierige Leser von heute in den Redaktionen nachfragen – ging ich auf den Markt. Ich ging also am zweiundzwanzigsten März, und ich wiederhole, im Jahre 1920 auf den Markt. Es war der Heumarkt. Leider kann ich nicht angeben, in welcher Ecke ich stand, auch erinnere ich mich nicht, was an diesem Tag die Zeitungen berichteten. Ich stand auch in keiner Ecke, weil ich auf dem Pflaster rund um das zerstörte Marktgebäude hin und her ging. Ich verkaufte einige Bücher – das letzte, was ich noch hatte.

Die Kälte und der feuchte Schnee, der sich über den Köpfen der Menge zu weißen Funkenwolken zusammenballte, gaben dem Bild etwas Widerwärtiges. Alle Gesichter waren von Müdigkeit und Kälte gezeichnet. Ich hatte kein Glück. Ich trabte mehr als zwei Stunden herum und traf dabei nur auf drei Menschen, die danach fragten, wieviel ich für die Bücher haben möchte, aber auch sie fanden den Preis von fünf Pfund Brot unverhältnismäßig hoch. Unterdessen begann es zu dämmern – ein äußerst ungünstiger Umstand für den Verkauf von Büchern. Ich trat auf den Gehsteig und lehnte mich an die Wand.

Rechts von mir stand eine alte Frau in einer Pelerine und

einem abgetragenen, mit Jett bestickten Hut auf dem mechanisch zitternden Kopf. Mit ihren schwieligen Fingern nestelte sie an einem Paar Kinderhäubchen, Bändern und einem vergilbten Kragenbündel. Links stand, mit der freien Hand ein graues warmes Tuch an das Kinn pressend, ein junges Mädchen mit ziemlich selbstbewußter Miene und hielt genau das gleiche wie ich in der Hand – Bücher. Ihre kleinen, recht ordentlichen Stiefel, der Rock, der dezent bis zur Schuhspitze hinabhing, nicht so, wie die bis zum Knie reichenden schwingenden Röckchen, die damals sogar von alten Frauen getragen wurden – die Tuchjacke, warme Handschuhe, aber alt und löchrig, aus denen die Fingerspitzen lugten, aber auch die Art, wie sie auf die Vorbeigehenden blickte – ohne aufdringliches Lächeln, wie sie manchmal gedankenverloren ihre langen Wimpern senkte, wie sie die Bücher hielt und wie sie sich umblickte, von Zeit zu Zeit räusperte und verhalten seufzte, wenn ein Passant, der einen Blick auf ihre Hände und dann auf ihr Gesicht geworfen hatte, weiterging, als sei er über irgend etwas äußerst verwundert, wobei er sich Sonnenblumenkerne in den Mund stopfte – all das gefiel mir außerordentlich, und mir war, als würde es dadurch auf dem Markt etwas wärmer.

Wir interessieren uns im allgemeinen für Menschen, von deren Lage wir eine ungefähre Vorstellung haben, deshalb fragte ich das Mädchen, wie das Geschäft ginge. Sie hüstelte, wandte mir den Kopf zu, heftete ihre aufmerksamen graublauen Augen auf mich und sagte: »So wie Ihres.« Wir tauschten unsere Meinungen über den Handel im allgemeinen aus. Anfangs sprach sie gerade soviel, wie nötig war, um verstanden zu werden, dann kaufte ein Mann mit blauer Brille und Breeches von ihr den »Don Quijote«, und sie wurde lebhafter.

»Niemand weiß, daß ich Bücher von zu Hause verkaufe«, sagte sie und zeigte mir zutraulich einen gefälschten Geldschein, den der umsichtige Herr geschickt unter die anderen gemischt hatte, und schwenkte ihn zerstreut. »Das heißt, ich stehle sie nicht, aber ich nehme sie von den Regalen, wenn der Vater schläft. Die Mutter lag im Sterben ... wir hatten alles verkauft damals, fast alles. Wir hatten kein Brot, kein Brennholz, kein Petroleum. Verstehen Sie? Aber mein Vater wird sich ärgern, wenn er erfährt, daß ich hierherkomme. Und ich komme immer wieder und trage sie heimlich her. Schade um die Bücher, aber was tun? Gott sei Dank sind es viele. Haben Sie auch viele?«

»N-nein«, sagte ich zitternd (schon damals war ich erkältet und ein wenig heiser), »ich glaube nicht, daß es viele sind. Jedenfalls ist das alles, was ich habe.« Sie blickte mich mit naiver Aufmerksamkeit an – so schauen die in einer Hütte zusammengedrängten Dorfkinder auf einen durchreisenden Beamten, der gemütlich seinen Tee trinkt –, streckte die Hand aus und berührte mit der nackten Fingerspitze meinen Hemdkragen. Er hatte, wie auch der Kragen meines Sommermantels, keine Knöpfe, denn ich hatte sie verloren und keine anderen angenäht, weil ich mich schon seit langem gehenließ und sowohl auf die Vergangenheit wie auf die Zukunft pfiff.

»Sie werden sich erkälten«, sagte sie, zog instinktiv ihr Tuch enger, und ich wußte, daß der Vater dieses Mädchen lieben mußte, daß sie verwöhnt und launig, aber gutherzig war. »Sie werden sich erkälten, wenn sie mit offenem Kragen herumlaufen. Gestatten Sie.« Sie schob sich die Bücher unter den Arm und trat unter einen Torbogen. Hier hob ich mit einem verlegenen Lächeln den Kopf und bot ihr meinen Hals dar. Das Mädchen war graziös, aber weitaus kleiner als ich. Bevor sie das Nötige aus der Tasche hervorholte, mit jenem rätselhaft abwesenden Blick, der den Frauen eigen ist, wenn sie sich mit einer Sicherheitsnadel zu schaffen machen, legte das Mädchen die Bücher auf den Prellstein, eine Weile lang fingerte sie an ihrem Jackenfutter herum, stellte sich auf die Zehenspitzen, aufmerksam und vor Aufregung heftig atmend, und knüpfte die beiden Ränder meines Hemdes und meines Mantels mit einer weißen Sicherheitsnadel so fest, daß sie sicher halten würde.

»Turteln wie die Täubchen«, murrte im Vorbeigehen ein dikkes Frauenzimmer.

»So.« Das Mädchen prüfte ihr Werk mit einem kritischen Blick und lächelte. »Das wär's. Jetzt können Sie spazierengehen.« Ich lachte vor Staunen laut auf. Selten noch bin ich einer solchen Schlichtheit begegnet. Wir glauben entweder nicht an sie oder nehmen sie nicht wahr; leider bemerken wir sie erst, wenn es uns schlechtgeht.

Ich nahm ihre Hand, drückte sie, dankte und fragte nach ihrem Namen. »Den kann ich Ihnen sagen«, antwortete sie und blickte mich traurig an. »Aber wozu? Es lohnt sich nicht. Übrigens, notieren Sie sich unsere Telefonnummer, vielleicht werde ich Sie einmal bitten, meine Bücher zu verkaufen.«

Ich notierte die Nummer, blickte lächelnd auf ihren Zeigefinger, mit dem sie, die restlichen zur Faust gepreßt, in der Luft eine Ziffer nach der anderen malte, die sie im Ton einer Lehrerin aufsagte. Hierauf umringte und trennte uns eine Menschenmenge, die vor eine Razzia berittener Polizei davonlief. Ich ließ die Bücher fallen, und als ich sie wieder aufgehoben hatte, war das Mädchen verschwunden. Die Panik war nicht so groß, als daß sie den Markt leergefegt hätte, und einige Minuten später kaufte mir ein Greis mit einem Ziegenbart und einer runden Brille, der aussah, als wäre er den Werken Andrejews entstiegen, die Bücher ab. Er zahlte nicht viel, aber ich war's zufrieden. Erst als ich mich meinem Haus näherte, merkte ich, daß ich auch das Buch verkauft hatte, in dem die Telefonnummer aufgezeichnet war, und daß ich sie für immer vergessen hatte.

2

Anfangs war ich ein wenig bedrückt, wie gewöhnlich, wenn man einen kleinen Verlust erleidet. Der noch immer nicht gestillte Hunger war stärker als dieses Gefühl. Versonnen kochte ich Kartoffeln in dem Zimmer mit dem vermoderten

Fenster, über das Wasser rann. Ich hatte einen kleinen eisernen Ofen. Brennstoff ... zu jener Zeit gingen viele auf die Dachböden, ich auch, ich schlich im schrägen Halbdunkel der Dächer hinauf, hörte zu, wie der Wind um die Schornsteine pfiff, und betrachtete durch ein ausgeschlagenes Dachfenster den bleichen Fleck des Himmels, der den Müllhaufen mit Schneeflocken besäte. Ich fand hier Späne, die vom Zerhacken der Dachsparren übriggeblieben waren, alte Fensterrahmen, zerbrochene Gardinenstangen und trug das alles nachts zu mir in den Keller, horchte dabei auf den Treppenabsätzen, ob nicht vielleicht der Türriegel knirschte, der einen verspäteten Besucher entließ. Hinter der Zimmerwand wohnte eine Wäscherin; ganze Tage hörte ich der kräftigen Bewegung ihrer Arme im Waschtrog zu – ein regelmäßiges Rascheln, wie bei einem kauenden Pferd. Dort klopfte auch oft mitten in der Nacht – wie eine verrückt gewordene Uhr – eine Nähmaschine. Ein kahler Tisch, ein kahles Bett, ein Schemel, eine Schale ohne Untertasse, eine Bratpfanne und ein Teekessel, in dem ich meine Kartoffeln kochte – aber Schluß mit diesen Erinnerungen. Der Geist des Lebens wendet sich oft von dem Spiegel ab, der ihm von Menschen mit tadelloser Erziehung, die ebenso erfolgreich nach der neuen wie nach der alten Orthographie ihre Zoten zu reißen vermögen, so eifrig untergeschoben wird.

Als die Nacht hereinbrach, erinnerte ich mich an den Markt, und als ich meine Sicherheitsnadel betrachtete, erlebte ich das Ganze abermals. Carmen hat nicht viel getan, sie hat nur einem faulen Soldaten eine Blume zugeworfen. Etwas Ähnliches war hier geschehen. Schon seit langem erging ich mich in Gedanken über Begegnungen, den ersten Blick, die ersten Worte.

Sie bleiben im Gedächtnis haften und graben eine tiefe Spur ein, wenn es dabei nichts *Überflüssiges* gab. Bedeutsame Augenblicke bergen eine so makellose Reinheit in sich, daß man sie in Strophen oder in einer Zeichnung festhalten kann – und sie ist eben das im Leben, was Kunst hervorbringt. Ein echtes Ereignis, in die ungetrübte Schlichtheit eines natürlichen, wahren Tones gekleidet, nach dem wir bei jedem Schritt mit ganzem Herzen dürsten, ist immer voller Zauber. So wenig braucht man, damit der Eindruck in vollem Klang zu tönen beginnt.

Deshalb nahm ich viele Male die Sicherheitsnadel in die Hand und wiederholte im Gedächtnis jedes Wort, das zwischen mir und dem Mädchen gefallen war. Schließlich schlief ich ein und erwachte, aber als ich wieder aufstand, fiel ich sogleich hin und verlor das Bewußtsein. Damit begann der Typhus, und am Morgen brachte man mich ins Krankenhaus. Doch mein Gedächtnis und Bewußtsein reichten noch aus, um meine Sicherheitsnadel in eine Blechschachtel zu legen, die als Tabakdose diente, und ich trennte mich bis zum Schluß nicht von ihr.

3

Als die Temperatur auf einundvierzig Grad stieg, begannen mich in meinen Fieberphantasien Menschen zu besuchen, von denen ich schon seit Jahren keinerlei Nachricht hatte. Ich führte lange Gespräche mit ihnen und bat alle, mir Sauermilch zu bringen. Aber, so als hätten sie sich verschworen, beteuerten alle, Sauermilch sei mir vom Arzt verboten worden. Unterdessen erwartete ich insgeheim, daß sich mitten unter ihren wie in einem Dampfbad zerfließenden Gesichtern das Gesicht einer neuen Krankenschwester zeigen werde, die keine andere sein sollte als das Mädchen mit der Sicherheitsnadel. Von Zeit zu Zeit sah ich sie hinter der Wand vorübergehen, inmitten hochstengeliger Blumen, mit einem grünen Kranz, vor dem Hintergrund eines goldenen Himmels. So sanft, so heiter leuchteten ihre Augen. Auch wenn sie nicht erschien, so war doch das Krankenzimmer, in dem ein gedämpftes Licht flackerte, erfüllt von ihrer unsichtbaren Anwesenheit, und von Zeit zu Zeit berührte ich mit den Fingern die Sicherheitsnadel in der Schachtel. Bis zum Morgen verschieden fünf Menschen, und rotwangige Sanitäter schafften sie auf Tragbahren fort, mein Thermometer aber zeigte etwas über sechsunddreißig an; bald kehrte mein Bewußtsein wieder, es begann der matte und nüchterne Zustand der Genesung. Man entließ mich drei Monate nach meiner Erkrankung aus dem Krankenhaus, als ich schon gehen konnte, obzwar mit Schmerzen in den Beinen. Ich stand nun ohne Dach über dem Kopf da. In meinem früheren Zimmer hatte sich ein Invalide einquartiert, und von einer Behörde zur anderen zu gehen und sich um ein Zimmer zu bemühen, dazu war ich moralisch nicht imstande.

Jetzt mag es vielleicht an der Zeit sein, etwas über mein Äußeres zu sagen, wobei ich mich eines Briefabschnittes meines Freundes Repin an den Journalisten Fingal bediene. Ich tue das nicht deshalb, weil ich daran interessiert wäre, meine Züge auf den Seiten eines Buches festzuhalten, sondern aus Gründen der Anschaulichkeit. »Er ist dunkelhäutig«, schreibt Repin, »sein ebenmäßiges Gesicht trägt einen Ausdruck der Niedergeschlagenheit, das Haar ist kurz geschnitten, er spricht langsam und mit Mühe.« Das ist wahr, aber diese Art zu sprechen war keine Folge der Krankheit, sie rührte von dem traurigen Gefühl her, dessen wir uns selten genug bewußt werden, daß unser Innenleben kaum jemanden interessiert. Ich hingegen interessierte mich lebhaft für jede andere Seele, weshalb ich selten meine Meinung äußerte und lieber zuhörte. Wenn sich also einige Personen versammelten, die eifrig bemüht waren, so oft als möglich einander zu unterbrechen, um möglichst viel Aufmerksamkeit auf sich selbst zu lenken – saß ich gewöhnlich abseits.

Drei Wochen nächtigte ich bei Bekannten und bei den Bekannten dieser Bekannten – als Paket, das mitleidig weitergereicht wird. Ich schlief auf dem Fußboden, auf Sofas, auf dem Küchenherd und auf leeren Kisten, auf zusammengestellten Stühlen und einmal sogar auf einem Bügelbrett. In dieser Zeit sah ich eine Menge interessanter Dinge, die zum Ruhme des Lebens geschahen, das hartnäckig um ein bißchen

Wärme, um die Nächsten und um einen Löffel Nahrung kämpft. Ich sah, wie der Ofen mit einer Kredenz geheizt wird, wie man einen Teekessel auf einer Lampe zum Kochen bringt, wie man Pferdefleisch in Kokosöl brät und wie man Holzbalken aus zerstörten Gebäuden stiehlt. Aber das alles – und vieles mehr – wurde schon von Federn beschrieben, die diese ersten Keime in kleine Stücke zerrissen haben; wir werden also einen schon angeknabberten Bissen nicht berühren. Etwas anderes zieht mich an – das, was mit mir geschah.

4

Gegen Ende der dritten Woche begann ich an akuter Schlaflosigkeit zu leiden. Wie die ersten Symptome waren, läßt sich schwer sagen, ich erinnere mich nur, daß ich mit immer größerer Mühe einschlief und immer früher aufwachte. Zu dieser Zeit sicherte mir eine zufällige Begegnung eine zweifelhafte Unterkunft. Während ich am Mojka-Kanal umherirrte und mir die Zeit damit vertrieb, daß ich beim Angeln zusah – ein Kerl mit einem Netz an einer langen Stange ging um den Granitsockel herum, tauchte es von Zeit zu Zeit ins Wasser und zog eine Handvoll kleiner Fische heraus –, begegnete ich einem Krämer, bei dem ich vor einigen Jahren Lebensmittel kreditiert bekommen hatte. Dieser Mann stand jetzt in staatlichen Diensten; amtlich-wirtschaftliche Angelegenheiten verschafften ihm den Zutritt zu vielen Häusern.
Ich erkannte ihn nicht sogleich: keine Schürze, kein Kattunhemd mit türkischem Muster, kein Vollbart, nicht einmal ein Schnurrbart. Der Krämer trug nun einen Anzug von strengem militärischem Schnitt, war sorgfältig rasiert und erinnerte an einen Engländer, allerdings mit Jaroslawer Einschlag. Obwohl er eine dicke Aktentasche trug, hatte er doch nicht die Macht, mich nach seinem Gutdünken unterzubringen. Deshalb schlug er mir das leerstehende Gebäude der

Zentralbank vor, wo zweihundertsechzig Zimmer wie Wasser im Teich stehen, still und öde.
»Vatikan«, sagte ich, und zuckte bei dem Gedanken an ein solches Logis zusammen. »Soll das heißen, daß dort niemand wohnt? Oder kommt dort jemand hin, und wenn dem so ist, wird mich nicht der Hausmeister auf die Polizei bringen?«
»Aber!« sagte der Ex-Krämer nur, »das Haus ist nicht weit entfernt; gehen Sie und sehen Sie es sich an.«
Er führte mich in einen großen Hof, der von den Schwibbögen der anderen Höfe begrenzt war, blickte sich um, und da wir niemanden im Hof antrafen, trat er festen Schrittes in einen dunklen Winkel, wo eine schwarze Treppe nach oben führte. Er blieb am dritten Treppenabsatz vor einer gewöhnlichen Wohnungstür stehen. Unter dem Türspalt war Kehricht zu sehen, der Treppenabsatz war dicht mit schmutzigem Papier übersät. Es schien, eine leblose Stille, die hinter der Tür lauerte, sickere durch das Schlüsselloch in Wellen einer riesigen Leere. Hier erklärte mir der Krämer, wie man ohne Schlüssel öffnen konnte: zuerst an der Klinke ziehen, dann rütteln und nach oben drücken, dann gingen beide Türflügel auf, da es keine Riegel gab.
»Schlüssel gibt es«, sagte der Krämer, »nur habe ich ihn nicht. Wer das Geheimnis, wie die Tür geöffnet wird, weiß, kommt ungehindert hinein. Aber sprechen Sie zu niemandem davon, und schließen kann man sowohl von innen als auch von außen, man braucht nur die Tür zuzuschlagen. Wenn Sie hinaus wollen – sehen Sie zuerst nach der Treppe. Dafür gibt es ein Fenster (und wirklich war an der Wand neben der Tür in Gesichtshöhe ein Guckloch mit zerschlagenem Glas zu sehen). Ich gehe nicht mit Ihnen hinein, Sie sind ein gebildeter Mensch und werden selbst sehen, wie Sie es sich hier am besten häuslich machen können. Ich füge nur hinzu, daß man hier eine ganze Kompanie verbergen kann. Übernachten Sie hier etwa dreimal; sobald ich eine Unterkunft finde, werde ich Sie unverzüglich benachrichtigen. In diesem Zusammenhang – entschuldigen Sie, daß ich ein heikles Thema berühre,

aber essen und trinken muß jeder – geruhen Sie, bis zur Besserung Ihrer Umstände ein Darlehen anzunehmen.«
Er öffnete eine dicke Brieftasche, schob in meine reglos gesenkte Hand einige Geldscheine, wie einem Arzt für seine Visite, wiederholte seine Anweisungen und ging weg, und ich setzte mich, nachdem ich die Tür zugemacht hatte, auf eine Kiste. Sogleich begann mich die Stille, die wir immer in uns hören, wie ein Wald mit den Klängen des Lebens zu locken. Sie verbarg sich hinter der halbgeschlossenen Tür des Nachbarzimmers. Ich stand auf und begann umherzugehen. Ich durchschritt der Reihe nach die Türen der hohen, großen Säle mit dem Gefühl eines Menschen, der auf das erste Eis tritt. Rings um mich war es geräumig, jedes Geräusch rief ein Echo hervor. Kaum hatte ich eine Tür hinter mir gelassen, schon sah ich gegenüber und zu beiden Seiten andere Türen, die in eine trüb schimmernde Perspektive mit noch dunkleren Eingängen führten. Die Parkettböden waren mit Papier bedeckt wie eine Straße mit schmutzigem Schnee im Frühjahr. Die Menge des Papiers erinnerte an Schneewehen, die beim Straßenkehren umgewälzt werden. In einigen Räumen mußte man gleich von der Tür an durch bewegliche Papierhaufen waten, die bis zu meinen Knien reichten.
Papier aller Art, für alle Verwendungszwecke und in allen Farben verbreitete hier seine Allgegenwärtigkeit mit wahrhaft elementarem Schwung. Sein Geröll wurde an den Wänden hochgeschwemmt, es hing von den Fensterbrettern hinab, von einem Parkett zum anderen ergoß sich seine weiße Flut, es strömte aus weit aufgerissenen Kästen, füllte die Ecken aus, bildete stellenweise Barrieren und umgegrabene Felder. Notizblöcke, Formulare, Hauptbücher, Einbandetiketten, Ziffern, Linien, gedruckte und handschriftliche Texte – der Inhalt von Tausenden Kästen lag vor den Augen ausgebreitet –, erdrückt von diesen Ausmaßen, wußte man nicht, wo man hinsehen sollte. Jedes Rascheln, das Hallen der Schritte und sogar mein eigener Atem drangen direkt ans Ohr – so groß, so überwältigend war diese Wüstenstille. Die

ganze Zeit über verfolgte mich ein fader Staubgeruch; die Fenster hatten doppelte Rahmen. Wenn ich durch ihr abendliches Glas blickte, sah ich bald die Bäume am Kanal, bald die Dächer des Hofes oder die Fassaden des Newskij-Prospekts. Das bedeutete, daß die Fenster dieses Hauses auf ein ganzes Stadtviertel hinausgingen, aber da der Raum dicht war, ermüdend greifbar, durch nicht enden wollende Wände und Türen geteilt, schien es, daß man viele Tage lang herumgehen müßte, um das ganze Gebäude zu durchmessen – ein Gefühl, diametral dem entgegengesetzt, wenn wir sagen: »kleine Straße« oder »kleiner Platz«. Kaum daß ich meinen Rundgang begonnen hatte, mußte ich an ein Labyrinth denken. Alles war einförmig – die Berge alten Papiers, überall die gleiche Leere, markiert durch Fenster oder Türen, und die Erwartung vieler anderer Türen, durch die sich keine Menschenmengen drängen. So könnte ein Mensch, wenn er es vermöchte, sich wie innerhalb eines Spiegelbildes fortbewegen, wenn zwei Spiegel bis zur Stumpfsinnigkeit den von ihnen erfaßten Raum wiedergeben, und es fehlte nur mein eigenes Gesicht, das aus der Tür wie aus einem Rahmen herausblickte.

Höchstens zwanzig Säle hatte ich durchschritten, als ich den Weg verlor und mir die unterschiedlichen Merkmale einzuprägen begann, um mich nicht zu verirren: hier ein Kalkhaufen auf dem Boden, dort ein zerbrochenes Schreibpult, eine herausgerissene und an die Wand gelehnte Tür; ein Fensterbrett, vollgestopft mit lilafarbenen Tintenfässern, ein Drahtkorb, Bündel abgenützten Löschpapiers; ein Kamin; mancherorts ein Kasten oder ein umgeworfener Stuhl. Aber auch die Erkennungszeichen begannen sich zu wiederholen; ich sah mich um und merkte mit Erstaunen, daß ich manchmal dorthin gelangte, wo ich schon war, und konstatierte meinen Irrtum erst durch eine Reihe anderer Gegenstände. Mehrmals stieß ich auf einen Geldschrank aus Stahl, dessen schwere Tür geöffnet war wie die eines leeren Ofens; einen Telefonapparat, der in dieser Wüste einem Postkasten oder einem Pilz auf

einer Birke glich; eine tragbare Leiter; ich fand sogar einen schwarzen Hutblock, der weiß Gott wie und wann in dieses Inventar geraten war.
Schon umfing die Dämmerung die Säle mit ihren in der Tiefe schimmernden Papierstapeln, die Korridore und anliegenden Räume verschwammen im Nebel, und trübes Licht durchschnitt mit Rhomben das Parkett in den Türen, nur die Wände an den Fenstern leuchteten noch hie und da im intensiven Glanz des Sonnenuntergangs. Die Erinnerung daran, was ich hinter mir gelassen hatte, gerann wie Milch, sobald neue Eingänge vor mir auftauchten, und im Grunde war mir nur bewußt, daß ich durch eine Reihe von Wänden über Müll und Papier ging. An einer Stelle mußte ich hinaufklettern und Haufen von glitschigen Aktendeckeln mit den Füßen kneten – es raschelte wie im Gebüsch. Während ich weiterschritt, blickte ich mich zitternd um – so zäh heftete sich in dieser Stille der geringste Laut an mich, als schleiften meine Füße trockene Reisigbündel, ich hörte hin, ob nicht irgendwelche fremde Ohren meine Schritte vernehmen könnten. Anfangs schritt ich über dies Nervengewebe der Bank und zertrat die schwarzen Ziffernkörner mit dem Gefühl, als zerstörte ich die Noten eines Orchesters, das von Alaska bis zum Niagara zu hören war. Ich suchte nicht nach Vergleichen: hervorgerufen von dem unvergeßlichen Schauspiel, tauchten sie auf und verschwanden wieder wie eine Kette nebelhafter Figuren. Es schien mir, als watete ich am Boden eines Aquariums, aus dem das Wasser ausgelassen worden war, oder inmitten von Eis, oder auch noch deutlicher und düsterer, als wanderte ich in vergangenen Jahrhunderten, die sich in die Gegenwart verwandelt hatten. Ich ging durch einen inneren Korridor, so gewunden und lang, daß man auf ihm mit dem Fahrrad hätte fahren können. An seinem Ende befand sich eine Treppe, ich stieg in die nächste Etage hinauf und ging auf einer anderen Treppe wieder herunter, vorbei an einem Saal mittlerer Größe, auf dessen Boden verschiedene Geräte herumlagen. Es gab dort Mattglaskugeln, tulpen- und glockenförmige

Lampenschirme, Bronzelüster, schlangenartig gewundene Kabelrollen, haufenweise Fayence und Kupfergeschirr.
Der nächste verwinkelte Korridor brachte mich ins Archiv, wo in der dunklen Enge der Regale, die den Raum parallel durchschnitten und vom Boden bis zur Decke reichten, ein Durchkommen undenkbar war. Ein Durcheinander von Kopierbüchern erreichte Schulterhöhe; nicht einmal umsehen konnte ich mich mit der gebührenden Aufmerksamkeit – so unentwirrbar war alles vermischt.
Ich ging durch eine Seitentür und orientierte mich im Halbdunkel an den weißen Wänden, bis ich eine große bogenförmige Wölbung erblickte, die die Korridore mit der Fläche des Hauptsaales verband, in dem sich eine Doppelreihe schwarzer Säulen erhob. Am oberen Ende der Säulen erstreckte sich in einem riesigen Viereck die Brüstung einer Alabastergalerie; die Decke war kaum sichtbar. Ein Mensch, der an Agoraphobie leidet, würde mit verhülltem Gesicht fliehen, so weit war der Weg bis zum anderen Ende dieses Säulengetümmels, wo die Türen, klein wie Spielkarten, schwarz schimmerten. Tausend Menschen hätten hier tanzen können. In der Mitte befand sich ein Springbrunnen, und seine Masken, die Münder in höhnischer oder tragischer Grimasse aufgerissen, sahen aus wie eine Ansammlung lebloser Köpfe. An die Säulen grenzte eine massive Platte, langgestreckt wie die Barriere einer Arena, bedeckt mit Mattglasscheiben, auf denen in goldenen Lettern die Aufschriften von Kassen und Buchhaltungen prangten. Zerbrochene Zwischenwände, eingestürzte Kabinen, an die Wand geschobene Tische waren wegen der Größe des Saales kaum zu sehen. Nur mit Mühe konnte der Blick die Gegenstände erfassen, die wie alles andere hier von der leblosen Verwüstung zeugten. Ich stand reglos da und sah mich um. Ich begann an diesem Schauspiel Gefallen zu finden, seinen Stil zu erfassen. Wieder vermochte ich die gehobene Stimmung des Betrachters eines Großbrandes zu verstehen. Der Zauber des Ruins erklang in poetischen Eingebungen: vor meinen Augen erstreckte sich eine eigenartige

Landschaft, eine Gegend, ja ein ganzes Land. Sein Kolorit war von einer so suggestiven Natürlichkeit, wie ein originelles Motiv in der Musik. Man konnte sich nur mit Mühe vorstellen, daß sich hier einst eine Menge mit Tausenden Angelegenheiten in den Aktentaschen und in den Köpfen bewegt hatte. Auf allem lag der Stempel der Verwesung und der Stille. Der übermütige, unbändige Luftzug des Elements der Zerstörung fuhr von Tür zu Tür und zermalmte auf seinem Weg alles mit derselben Leichtigkeit, wie eine Eischale unter den Füßen zermalmt wird. Diese Eindrücke riefen ein eigenartiges Kribbeln unter der Schädeldecke hervor und zwangen mich, über die Katastrophe mit einer magischen Kraft des Herzens zu denken, die uns dazu drängt, in einen Abgrund zu blicken. Es schien, nur ein dem Echo vergleichbarer Gedanke umfasse hier alle Formen und bohre sich in die Ohren mit dem aufdringlichen Motto:
»Es ist vollbracht – der Rest sei Schweigen.«

5

Schließlich wurde ich müde. Nur mit Mühe konnte ich die Korridore und Treppen ausmachen. Ich hatte Hunger und keine Hoffnung, den Ausgang zu finden, um mir irgendwo an der Ecke etwas zum Essen zu kaufen. In einer der Küchen stillte ich meinen Durst am Wasserhahn. Zu meiner Überraschung begann das Wasser zu rinnen, zwar schwach, aber immerhin, es rann, und dieses schwache Lebenszeichen flößte mir etwas Mut ein. Dann begann ich mir ein Zimmer zu suchen. Das nahm noch einige Minuten in Anspruch, bis ich auf ein schmales Zimmer mit einer Tür stieß, einem Kamin und einem Telefon. Möbel gab es fast nicht; das einzige, worauf man liegen oder sitzen konnte, war eine skalpierte Couch ohne Füße; Fetzen zerschnittenen Leders, Federn und Roßhaare ragten nach allen Seiten. In einer Wandnische befand sich ein hoher Kleiderschrank aus Nußholz, er war verschlos-

sen. Ich rauchte eine Zigarette – dann eine zweite, bis ich ein relatives Gleichgewicht erreichte, und ging dann daran, mein Nachtlager einzurichten.
Schon seit langem kannte ich nicht mehr das selige Gefühl der Müdigkeit – und des tiefen und ruhigen Schlafes. Solange es hell war, dachte ich an den Einbruch der Nacht mit der Ängstlichkeit eines Menschen, der ein volles Gefäß mit Wasser trägt; ich war bemüht, mich nicht aufzuregen, war beinahe überzeugt, diesmal werde die Erschöpfung die quälende Nüchternheit des Geistes besiegen. Aber kaum wurde es Abend, bemächtigte sich meiner die Angst, nicht einschlafen zu können, und ich quälte mich, sehnte mich nach dem Einbruch der Nacht, um zu versuchen, schließlich einzuschlafen. Leider, je näher es auf Mitternacht zuging, um so deutlicher überzeugten mich meine Sinne von ihrer unnatürlichen Wachheit; eine beunruhigende Lebhaftigkeit, dem Aufblitzen von Magnesium im Dunkel ähnlich, zurrte meine Nerven zu einer beim geringsten Eindruck vibrierenden gespannten Saite zusammen, als würde ich nach einem Tag zu einer langen Wanderung im Innern meines unruhigen Herzens geweckt. Die Müdigkeit zerstreute sich, die Augen stachen wie von trockenem Sand, der Beginn jedes Gedankens entfaltete sich augenblicklich in eine komplizierte Kette von Bildern, und die bevorstehenden langen Stunden der Schlaflosigkeit, voller Erinnerungen, riefen ohnmächtige Empörung hervor, wie eine fruchtlose Zwangsarbeit, der man nicht entrinnen kann. Ich rief den Schlaf herbei, wie ich nur konnte. Gegen Morgen fühlte sich mein Körper an wie mit kochendem Wasser vollgepumpt, und mich zum Gähnen zwingend, sog ich die trügerische Anwesenheit des Schlafes ein, aber, sobald ich die Augen schloß, verspürte ich genau das gleiche, was wir empfinden, wenn wir unnötig am Tag die Augen schließen – die Sinnlosigkeit dieser Tat. Ich probierte alle Mittel: ich suchte nach Punkten an der Wand, zählte, lag reglos da, wiederholte immer wieder denselben Satz – alles vergebens.

Ich hatte einen Kerzenstummel, eine unentbehrliche Sache in jener Zeit, da Treppen nicht beleuchtet wurden. Sein mattes Flämmchen erhellte ein wenig den hohen ungemütlichen Raum. Ich stopfte die Löcher der Couch mit Papier zu und klopfte aus Papier ein Kissen zurecht. Der Mantel diente mir als Decke. Ich hatte Lust, den Kamin zu heizen, um ins Feuer schauen zu können. Außerdem war es, obwohl es Sommer war, nicht warm genug. Jedenfalls hatte ich mir eine Beschäftigung ausgedacht und freute mich darüber. Bald schon loderten die Stöße von Rechnungen und Büchern in dem Kamin lichterloh auf und fielen zu Asche geworden durch den Rost. Die Flamme versetzte die Finsternis in den offenen Türen in Bewegung und verschwand in der Ferne in einer stillen glänzenden Pfütze.

Aber das zufällige Feuer brannte geheimnisvoll und erfolglos. Es erhellte nicht die Gegenstände, die uns vertraut sind und bei deren Anblick im phantastischen Widerschein rotgoldener Kohlen wir in die innere Wärme und Helligkeit der eigenen Seele eintauchen. Es war ungemütlich wie das Lagerfeuer eines Diebes. Ich stützte den Kopf auf die gefühllos gewordene Hand, ohne jeden Wunsch, einzuschlummern. Alle meine Anstrengungen in dieser Richtung wären der Vorstellung eines Schauspielers gleichgekommen, der sich vor den Augen des Publikums gähnend ins Bett legt. Außerdem hatte ich Hunger, und um den Hunger zu unterdrücken, rauchte ich oft.

Ich lag da und betrachtete faul das Feuer und den Schrank. Da kam mir plötzlich in den Sinn, daß der Schrank wohl nicht ohne Grund abgesperrt war. Was aber mochte in ihm verborgen sein, wenn nicht dieselben Stapel abgestorbener Dinge? Gab es etwas, das man von hier noch nicht weggeschleppt hatte? Die traurige Erfahrung mit den ausgebrannten Glühbirnen, von denen ich einen ganzen Haufen in einem ebensolchen Schrank gefunden hatte, erregte in mir den Verdacht, daß auch dieser Schrank ohne jeden Grund abgesperrt war, der Schlüssel wurde einfach aus Gewohnheit umgedreht.

Nichtsdestoweniger starrte ich auf die massiven Schrankflügel, solide wie ein Tor, und dachte ans Essen. Ich hatte keine große Hoffnung, etwas Eßbares zu finden. Aber blind trieb mich der Magen, der einen immer zwingt, nach einem Klischee zu denken, das nur ihm eigen ist – wie er auch beim Anblick des Essens das Wasser im Mund zusammenrinnen läßt. Um mich abzulenken, durchforschte ich einige nahe gelegene Zimmer, aber obwohl ich dort beim Licht des Kerzenstummels herumtappte, fand ich nicht einmal ein Krümchen trockenen Brotes. Ich kehrte zurück, immer neugieriger, was der Schrank enthalten mochte. Im Kamin verglomm düster die Asche. Ich dachte nach. Meine Gedanken wandten sich mir ähnlichen Vagabunden zu. Hat nicht irgendeiner von ihnen in diesem Schrank einen Laib Brot eingeschlossen, und vielleicht auch einen Teekessel, Tee und Zucker? Diamanten und Gold werden an anderen Plätzen aufbewahrt, das war offensichtlich. Ich glaubte mich berechtigt, den Schrank aufzubrechen, weil ich ja keine Gegenstände berühren würde, die hier eingeschlossen sein mochten, nur auf Eßbares, was immer der Buchstabe des Gesetzes dazu sagte – darauf hatte ich jetzt, jetzt ein Recht.

Ich leuchtete mit dem Kerzenstummel, war aber nicht darauf erpicht, meinen Entschluß einer Überprüfung zu unterziehen, um nicht der moralischen Rechtfertigung verlustig zu gehen: Deshalb nahm ich ein stählernes Lineal, schob es in die Spalte auf der Höhe des Schlosses, drückte darauf und zog es heraus. Das Schloß sprang klirrend auf, der Schrank knarrte mühsam und öffnete sich – ich aber trat zurück, denn ich erblickte etwas Ungewöhnliches. Ich warf das Lineal mit einer heftigen Bewegung weg, erschauerte und schrie nur deshalb nicht, weil ich dazu nicht imstande war. Ich stand wie betäubt, als hätte mich jählings Wasser aus einem Faß begossen.

6

Das erste Zittern der Entdeckung war gleichzeitig das Erzittern eines flüchtigen, aber schrecklichen Zweifels. Doch es war keine Sinnestäuschung. Ich erblickte ein Lager mit wertvollen Lebensmitteln – sechs Fächer, die unter dem Gewicht der mehr als reichlichen Last weit in den Schrank hineinreichten. Sie bestand aus Dingen, die zur Seltenheit geworden sind – erlesenen Lebensmitteln eines wohlbestellten Tisches, deren Geschmack und Geruch schon zu nebelhafter Erinnerung geworden waren. Nachdem ich den Tisch an den Schrank gerückt hatte, begann ich mit der Besichtigung.
Zuerst schloß ich die Türen, denn ich hatte Scheu vor den leeren Räumen und vor argwöhnischen Augen; ich ging sogar hinaus, um zu lauschen, ob sich nicht so einer wie ich innerhalb dieser Mauern befand. Das Schweigen beantwortete meine Zweifel.
Ich begann die Besichtigung von oben. Den oberen Teil, also das fünfte und sechste Fach, nahmen vier große Körbe ein, von welchen, kaum daß ich sie berührt hatte, eine riesige fuchsrote Ratte heraussprang und auf den Boden plumpste, kreischend, daß einem davon übel werden mochte. Krampfhaft riß ich die Hand weg, vor Ekel erstarrt. Meine nächste Bewegung bewirkte die Flucht von zwei weiteren Scheusalen, großen Eidechsen ähnlich, die zwischen meinen Füßen weghuschten. Da schüttelte ich den Korb, schlug gegen den Schrank und sprang zur Seite – vor Angst, ein Regen dieser dunklen Leiber mit geringelten Schwänzen würde sich aus dem Schrank ergießen. Aber die Ratten, falls dort noch einige waren, waren wahrscheinlich durch die hintere Wand des Schrankes in der Mauer geflohen, und im Schrank war es ruhig.
Natürlich war ich erstaunt über die Art, Essensvorräte an einem Ort zu verbergen, wo sich Mäuse (Muridae) und Ratten (Mus decumanus) wie zu Hause fühlen mußten. Aber meine Begeisterung verdrängte alle Grübeleien; nur spärlich

sickerten sie, wie Wasser vor einem Wehr, durch diesen apotheotischen Wirbelwind. Man sage nicht, daß die Gefühle, die mit dem Essen zusammenhängen, niedrig seien, daß der Appetit den Menschen auf die gleiche Stufe mit einer Amphibie stelle. In Augenblicken, wie ich sie durchlebt habe, wird unser ganzes Wesen beflügelt und die Freude ist nicht minder erhaben, als beim Anblick eines Sonnenaufgangs von einem Berggipfel. Die Seele schwingt sich auf wie bei den Klängen eines Marsches. Ich war schon trunken vom Anblick dieser Schätze, um so mehr, als jeder Korb ein Sortiment der gleichen, verschiedentlich zusammengestellten Köstlichkeiten enthielt. In einem Korb befand sich Käse, ja eine Kollektion von Käsesorten – von einem trockenen grünen bis zu Rochester und Brie. Im zweiten, nicht weniger reichlich gefüllten, roch es wie in einem Wurstladen. Schinken, Würste, geräucherte Zunge und faschierte Truthähne drängten sich dicht neben einem anderen Korb mit wie Schrapnelle ragenden Konservendosen. Im vierten türmten sich Eier. Ich kniete mich nieder, denn nun wollte ich die anderen Fächer besichtigen. Hier entdeckte ich acht Zuckerhüte und eine Kiste mit Tee; ein mit Kupferreifen beschlagenes Fäßchen war mit Kaffee gefüllt; ein Korb mit Backwerk, Torten und Zwieback. Die zwei untersten Fächer erinnerten an das Buffet eines Restaurants, denn ihre Fracht bestand ausschließlich aus Weinflaschen, dicht gedrängt wie Brennholz. Ihre Etiketten nannten alle Geschmacksrichtungen, alle Marken sowie die berühmten Spezialitäten aller Weinberge.

Eile tat nicht not, aber jedenfalls war es angebracht, mit dem Essen zu beginnen, weil verständlicherweise ein solcher Schatz an frischem und wohldurchdachtem Vorrat nicht dazu hiergelassen worden war, um einem zufälligen Besucher das Vergnügen eines riesigen Fundes zu bereiten. Am Tag oder nachts konnte ein Mensch hier auftauchen, ein Geschrei erheben und mit Fäusten, wenn nicht gar mit einem Messer auf mich losgehen. Alles sah nach einem üblen Scherz des Zufalls aus. Vieles hatte ich in diesen öden Räumen zu befürchten, denn ich war auf etwas Unbekanntes gestoßen. Unterdessen sprach der Hunger in seiner eigenen Sprache, ich schloß also die Schranktür, machte es mir auf den Resten der Couch bequem und breitete die Leckerbissen in Ermangelung von Tellern auf großen Papierbogen aus. Ich aß das Nahrhafteste, das heißt Zwieback, Schinken, Eier und Käse, hierauf Kuchen und trank Portwein und hatte bei jedem Schluck das Gefühl eines Wunders. Anfangs konnte ich den Schüttelfrost und mein quälendes nervöses Lachen nicht beherrschen, aber als ich mich ein wenig beruhigt und an den Besitz dieser herrlichen Sachen gewöhnt hatte, von denen ich vor weniger als einer Viertelstunde noch nicht einmal geträumt hätte, wurde ich auch meiner Bewegungen und Gedanken Herr. Das Gefühl der Sattheit trat schnell ein, schneller, als ich es mir vor dem Essen vorgestellt hatte, und zwar infolge der Aufregung, die selbst den Appetit schwächen kann. Aber ich war zu entkräftet, um in Resignation zu verfallen, und das Gefühl der Sattheit erfüllte mich mit wahrer Wonne, ohne jene träge Benommenheit, die den täglichen Verzehr üppiger Mähler begleitet. Nachdem alles aufgegessen war, was ich mir genommen hatte, und ich die Reste des Festmahls säuberlich beseitigt hatte, fühlte ich – es war ein herrlicher Abend.

Unterdessen, sosehr ich mich auch in Mutmaßungen erging, sie kratzten nur, gleich einem stumpfen Messer, an der Oberfläche des Geschehens, sein wesentlicher Inhalt blieb dem unbefugten Auge verborgen. Während ich in dem schlafenden riesigen Bankgebäude herumging, habe ich wohl ziemlich genau erraten, was meinen Krämer mit diesem Lebensmittel- und Papier-Klondyke verband: Von hier konnte man Hunderte Fuhren mit Packpapier forttragen, die Händler, die beim Wiegen schwindeln, so sehr brauchen. Außerdem konnten die elektrischen Leitungskabel und die Geräte so manches Bündel Banknoten einbringen; nicht ohne Grund waren hier die Drähte und Stecker fast überall aus den Wänden, die ich sah, herausgerissen. Deshalb hielt ich den Krämer nicht für den Eigentümer des geheimen Lebensmittelvorrats. Er hatte seinen höchstwahrscheinlich anderswo. Aber ich kam keinen Schritt voran, alle meine weiteren Forschungen führten zu keiner Spur, wie gewöhnlich, wenn man einen Fund macht. Daß ihn schon längere Zeit niemand berührt hatte, bewiesen die Rattenspuren; ihre Zähne hatten auf Schinken und Käse tiefe Löcher hinterlassen.

Als ich satt war, begann ich den Schrank sorgfältig zu durchsuchen und bemerkte vieles, was ich in den ersten Augenblikken der Entdeckung übersehen hatte. Inmitten der Körbe lagen Pakete von Messern, Gabeln und Servietten; hinter den Zuckerhüten stand ein silberner Samowar; in einer Kiste drängte sich klirrend eine Menge von Kelchen, Gläschen und reich verzierten Gläsern. Offensichtlich versammelte sich hier eine Gesellschaft, die sich Vergnügungen hingab oder verschwörerische Ziele verfolgte, sicher, hier Abgeschiedenheit und die Garantie der Geheimhaltung zu finden, vielleicht eine mächtige Organisation mit Kenntnis und Teilnahme der Hauskomitees. In diesem Fall mußte ich auf der Hut sein. So gut ich vermochte, räumte ich den Schrank auf, in der Hoffnung, das von mir zum Abendbrot Verzehrte würde kaum bemerkt werden. Allerdings (ich war mir deshalb keiner Schuld bewußt) nahm ich noch manches andere zusammen mit einer weiteren Flasche Wein heraus, wickelte es in eine feste Papiertüte und versteckte alles unter einem großen Papierstapel in einer Biegung des Korridors.

Selbstverständlich hatte ich in diesem Augenblick keine Lust zu schlafen, nicht einmal mich niederzulegen. Ich zündete mir eine angenehm duftende Zigarette aus hellem, faserigem Tabak mit einem langen Mundstück an – es war der einzige Fund, dem ich die volle Ehre erwies, indem ich mir mit diesen wunderbaren Zigaretten die Taschen vollstopfte. Ich war in der Stimmung einer berauschenden musikalischen Erregung und sah mich als einen Menschen, dem eine Reihe der unglaubwürdigsten Dinge begegnet. Mitten in diesem jähen Aufruhr der Gefühle erinnerte ich mich des Mädchens mit dem grauen Tuch, das meinen Kragen mit einer Sicherheitsnadel geschlossen hatte – hätte ich denn diese Geste vergessen können? Sie war der einzige Mensch, an den ich in schönen Worten der Rührung dachte. Es wäre nutzlos, diese hier anzuführen, weil sie, einmal verklungen, ihr bestrickendes Aroma verlören. Dieses Mädchen, dessen Namen ich nicht einmal wußte, war verschwunden und hatte eine Spur hinterlassen, ähnlich einem Lichtstreifen auf dem Wasser, der dem Sonnenuntergang zustrebt. Dieses sanfte Bild hatte sie durch eine gewöhnliche Sicherheitsnadel und den leisen Atem, als sie sich andächtig auf die Zehenspitzen stellte, hervorgerufen. Das eben ist die wahrhafteste weiße Magie. Weil das Mädchen auch in Armut lebte, verspürte ich den leidenschaftlichen Wunsch, sie mit meinem prachtvollen Schatz zu bewirten. Aber ich wußte nicht, wo sie sich befand, und konnte sie nicht anrufen. Selbst die Barmherzigkeit des Gedächtnisses, hätte es mir diese von mir vergessene Telefonnummer plötzlich zugerufen, wäre zu nichts nütze gewesen – obwohl es hier viele Telefone gab, und einem von ihnen wandten sich unwillkürlich meine Augen zu: sie funktionierten nicht, konnten aus augenscheinlichen Gründen gar nicht funktionieren. Ich aber blickte dennoch auf den Apparat, mit einer prüfenden Unsicherheit, an der die Vernunft keinen Anteil hatte. Etwas zog mich zu ihm wie einen Spieler. Der Wunsch, eine Dummheit zu begehen, ließ mich nicht los, verschönt, wie jeder nächtliche Spuk, von den Trugbildern der schlaflosen Phantasie.

Ich redete mir ein, ich müßte mir die Nummer ins Gedächtnis zurückrufen, sobald ich die physischen Umstände eines Telefongesprächs schaffe. Außerdem hielt ich diese rätselhaften Wandpilze mit ihrem Kautschukmaul und ihrem Metallohr schon seit langem für unerklärliche Gegenstände – eine Art Aberglauben, den uns, unter anderem, die »Atmosphäre« Flammarions in seiner Erzählung über den Blitz eingeflüstert hatte. Ich rate allen, dieses Buch zu lesen und über die Merkwürdigkeiten elektrischer Entladungen während

eines Gewitters nachzusinnen, besonders über die Wirkung des Kugelblitzes, der zum Beispiel ein Messer in die Wand stößt und daran eine Bratpfanne oder einen Schuh hängt oder ein Ziegeldach so umstülpt, daß die Dachziegel in umgekehrter Anordnung mit planmäßiger Genauigkeit zu liegen kommen, gar nicht zu reden von den Fotografien auf den Körpern der vom Blitz Erschlagenen, Fotografien von Umständen, unter denen das Unglück geschehen ist. Sie sind immer bläulich, ähnlich den alten Daguerrotypien. »Kilowatt« und »Ampère« sagen mir wenig. In dem Vorfall mit dem Apparat ging es nicht ohne Vorahnung ab, nicht ohne jenes seltsame Gefühl angenehmer Mattigkeit, diese Verschleierung des Bewußtseins, welches die Mehrzahl der von uns begangenen Absurditäten begleitet. So erkläre ich es mir jetzt, damals aber ging es mir nur wie dem Eisen vor dem Magneten.
Ich nahm den Hörer ab. Kälter erschien er mir, als er in Wirklichkeit war, stumm vor einer gleichgültigen Wand. Ich führte ihn mit keiner größeren Erwartung als eine zerbrochene Uhr ans Ohr und drückte auf den Knopf. War das ein Klingeln im Kopf oder nur die Erinnerung an einen Laut, aber ich zuckte zusammen, hörte das Summen einer Fliege, jenes Vibrieren elektrischer Leitungen, das dem Gesumm der Insekten ähnelt, das sich aber unter diesen Umständen eben als Absurdität erwies, so wie dieses ganze Vorhaben.
Der bohrende Wunsch zu *verstehen* zernagt wie ein Wurm sogar den Marmor einer Skulptur und beraubt alle Empfindungen, die aus geheimnisvollen Quellen fließen, der Kraft. Der brennende Wunsch, das Unverständliche zu verstehen, gehörte nicht zu meinen Tugenden. Aber ich unterzog mich einer Prüfung. Ich nahm den Hörer ab, vergegenwärtigte mir in der Vorstellung dieses charakteristische Geräusch und hörte es wieder, als ich erneut den Hörer ans Ohr legte. Das Geräusch zuckte nicht, riß nicht ab, wurde nicht schwächer und auch nicht stärker. Im Hörer summte, ganz gewöhnlich, ein unsichtbarer Raum, der auf einen Kontakt wartete. Trübe und seltsame Bilder erschienen vor meinen Augen, so seltsam

wie das Surren in der Leitung, die in diesem toten Haus noch funktionierte. Ich sah die Knoten verwickelter Leitungsdrähte, zerzaust von Stürmen, und doch an unsichtbaren Stellen ihres Chaos eine Verbindung zulassend. Elektrische Funkenbündel, die über den gekrümmten Rücken über die Dächer springender Katzen hochschnellten; magnetische Lichtstrahlen von Straßenbahnlinien; Gewebe und Herz der Materie in Form spitzeckiger futuristischer Zeichnungen. Solche Hirngespinste dauerten nicht länger als der Schlag eines Herzens, das sich aufgebäumt hatte; es schlug und klopfte in einer unübersetzbaren Sprache die Gefühle dunkler Mächte.

Da trat aus den Wänden klar wie der zunehmende Mond das Bild jenes Mädchens hervor. Konnte ich denn ahnen, daß dieser Eindruck sich als so lebhaft und beständig erweisen würde? Das Hundertfache menschlicher Kraft regte sich und hallte in mir, als ich, auf die verwischte Nummer des Apparates blickend, mein Gedächtnis durch einen Wirrwarr von Ziffern führte und versuchte, sie vergeblich so anzuordnen, daß sie mir die vergessene Nummer ins Gedächtnis zurückbrachte. Trügerisches, untreues Gedächtnis! Es schwört, keine Zahlen noch Nummern zu vergessen, keine Tage, nicht eine Kleinigkeit, noch ein geliebtes Gesicht, und mit unschuldigem Blick begegnet es dem Zweifel. Aber es kommt die Zeit, da der Leichtgläubige sieht, daß er einen Vertrag mit einem schamlosen Affen geschlossen hat, der für eine Handvoll Nüsse einen Brillantring hergibt. Unvollständig, traurig sind die Züge des Gesichts, an das man sich erinnern will, aus der Zahl fällt eine Ziffer heraus, die Umstände verwirren sich, und vergeblich preßt der Mensch die Hände an die Schläfen im Ringen mit der Erinnerung, die ihm entgleitet. Aber wenn wir uns alles im Gedächtnis bewahren könnten, wenn wir uns an alles erinnern könnten, welcher Verstand würde straflos sein ganzes, in einem einzigen Augenblick enthaltenes Leben ertragen können, besonders wenn es um Gefühle geht?

Gedankenlos wiederholte ich die Ziffern und bewegte die

Lippen, um deren Richtigkeit herauszufühlen. Schließlich blitzte eine Zahlenreihe auf, die beim ersten Eindruck der vergessenen Nummer ähnlich war: 107-21. »Hundertsieben einundzwanzig«, sagte ich und lauschte, aber ich wußte nicht genau, ob ich mich nicht schon wieder geirrt hatte. Ein plötzlicher Zweifel befiel mich, als ich wieder auf den Knopf drückte, aber es war schon zu spät, das Summen wuchs zu einem dumpfen Getöse an, irgend etwas knirschte, veränderte sich in dem telefonischen Fernen, und direkt auf die Wangenhaut prallte das nüchterne Wort einer müden weiblichen Altstimme: »Fernsprechamt.« »Fernsprechamt!« wiederholte die Stimme ungeduldig, aber auch da begann ich nicht sofort zu sprechen, so kalt preßte es mir die Kehle zusammen, denn im Innersten meines Herzens spielte ich doch immer noch.

Da ich nun einmal die Geister beschworen und gerufen hatte – ob sie sich nun aus der »Atmosphäre« oder aus den »Kilowatts« der Gesellschaft des 86er Jahres herleiteten –, so habe ich eben gesprochen, und man hat mir geantwortet. Die Räder der kaputten Uhr begannen sich zu drehen. Über meinem Ohr bewegten sich die stählernen Zeigerstrahlen. Wer auch immer dem Pendel einen Stoß versetzt hatte, der Mechanismus begann regelmäßig zu ticken. »Hundertsieben einundzwanzig«, sagte ich dumpf und blickte auf die inmitten des Plunders verlöschende Kerze. »In der Gruppe A«, ertönte die unzufriedene Stimme, und der Schlag einer müden Hand in der Ferne durchschnitt das Rauschen.

Ich spürte eine Flamme im Kopf. Ich drückte eben jenen Knopf mit dem Buchstaben A; folglich funktionierte nicht nur das Telefon, sondern es unterstrich diese erstaunliche Tatsache noch dadurch, daß die Leitungen durcheinandergeraten waren – eine Ungeheuerlichkeit für ein ungeduldiges Herz! In der Absicht, mich mit A zu verbinden, hatte ich auf B gedrückt, und da drangen in das Heulen des entfesselten Stromes, wie aus einer plötzlich aufgerissenen Tür, scharfe Stimmen, die an das Stammeln eines Grammophontrichters erinnerten, unbekannte Schreier, die in meiner um den Hörer gepreßten Hand miteinander rauften. Sie unterbrachen einander mit der Eile und Härte von Menschen, die auf die Straße hinausgelaufen waren. Das Stimmengewirr erinnerte an ein Konzert von Saatkrähen – »A-la-la-la!« heulte das unbekannte Wesen vor dem Hintergrund eines Baritons, der langsam und umständlich redete, unterbrochen von Pausen und Interpunktionszeichen, mit honigsüßem Ausdruck. – »Kann ich nicht geben.« – »Falls Sie sehen werden.« »Einmal« ... – »Ich sage, daß« ... »Hören Sie« ... »Größe fünfunddreißig.« »Ende« ... »Das Auto wurde hinausgeschickt« – »Ich verstehe nicht« – »Legen Sie den Hörer auf« ... In diesem Jahrmarktsrummel mischten sich leise, wie das Sirren von Mücken, Stöhnen, Weinen, Kichern, Schluchzen, Geigentakte, das gemächliche Hallen von Schritten, Rascheln und Flüstern. Wo, auf welchen Straßen ertönten diese sorgenvollen, drohenden, eindringlichen und klagenden Worte? Endlich klickte etwas sachlich, die Stimmen verstummten, und im Rauschen der Leitung erklang die gleiche Altstimme: »Gruppe B.« »A! Geben Sie mir A«, rief ich, »die Leitungen sind durcheinandergeraten!«

Nach einem Schweigen, währenddessen das Rauschen zweimal verstummte, verkündete eine neue Stimme melodisch und leise: »Gruppe A.«

»Hundertsieben einundzwanzig«, sagte ich so deutlich wie nur möglich.

»Hundertacht null eins«, korrigierte mich aufmerksam, aber teilnahmslos die Telefonistin, und ich griff rechtzeitig nach der schicksalsschweren Korrektur, die mir zu entwinden drohte. Dieser Fehler berichtigte zweifellos die vergessene Nummer – kaum daß ich sie gehört hatte, erkannte ich sie, ich erinnerte mich ihrer, wie wir ein einst gesehenes Gesicht wiedererkennen.

»Ja, ja«, sagte ich in äußerster Aufregung, hoch über dem Rand eines schwindelerregenden Abgrundes. »Ja, genau so – hundertacht null eins.«

Sofort erstarrte alles in mir und rings um mich. Der Klang der Verbindung preßte das Herz wie eine heranflutende kalte Welle zusammen: Ich hörte nicht einmal das übliche »Ich rufe an«, oder »Ich verbinde«, ich weiß nicht mehr, was gesagt wurde. Ich hörte nur das zauberhafte Trillern von Vögeln. Der Erschöpfung nahe, lehnte ich mich an die Wand. Dann, nach einer Pause, die eine einzige Grausamkeit war, sagte ein frisches resolutes Stimmchen, frisch wie die Luft, vorsichtig:
»Ich überprüfe es. Ich spreche in ein nicht funktionierendes Telefon, denn du hast ja gehört, daß es geläutet hat? Wer ist am Apparat?« sagte sie, offensichtlich ohne eine Antwort zu erwarten, im Ton mutwilliger Strenge.
Ich sprach fast schreiend:
»Ich bin der, der mit Ihnen auf dem Markt gesprochen hat und mit der Sicherheitsnadel weggegangen ist. Ich habe Bücher verkauft. Erinnern Sie sich doch, ich bitte Sie! Ich weiß Ihren Namen nicht, bestätigen Sie es doch, daß Sie es sind.«
»Unerhört«, antwortete nach einem kurzen Räuspern die Stimme nachdenklich. »Warten Sie, legen Sie nicht auf. Ich verstehe, Alterchen, hast du je so etwas gesehen?«
Das letztere war nicht an mich gerichtet. Undeutlich antwortete ihr eine Männerstimme, offensichtlich aus dem Nebenzimmer.
»Ich erinnere mich an die Begegnung«, wandte sie sich wieder an mich. »Aber ich kann mich nicht erinnern, welche Sicherheitsnadel Sie da meinen. Ach ja! Ich habe nicht vermutet, daß Sie ein so gutes Gedächtnis haben. Aber es kommt mir seltsam vor, daß ich mit Ihnen spreche – unser Telefon ist nämlich abgeschaltet. Was ist passiert? Von wo sprechen Sie?«
»Hören Sie mich gut?« antwortete ich, als hätte ich die Frage nicht verstanden, um nicht den Ort nennen zu müssen, wo ich mich befand, und nachdem sie bestätigt hatte, daß sie mich hörte, fuhr ich fort: »Ich weiß nicht, ob unser Gespräch

lange dauern wird. Es gibt Gründe, derentwegen ich nicht weiter darauf eingehen möchte. Ich verstehe, wie Sie, viele Dinge nicht. Deshalb geben Sie mir bitte unverzüglich Ihre Adresse an, ich kenne sie nicht.«
Einige Zeit ertönte ein gleichmäßiges Summen, als ob meine letzten Worte die Verbindung unterbrochen hätten. Wieder lag wie eine blinde Wand die Entfernung zwischen uns – ein widerliches Gefühl des Ärgers und verschämter Sehnsucht hatte mich so aus dem Gleichgewicht gebracht, daß ich bereit war, mich in komplizierten und unzeitgemäßen Betrachtungen über die Natur von Telefongesprächen zu ergehen, die es nicht erlauben, mit aller Ungezwungenheit die Nuancen der einfachsten und natürlichsten Gefühle auszudrücken. Unter gewissen Umständen bilden Gesicht und Wort eine untrennbare Einheit. Vielleicht dachte sie dasselbe, deshalb dauerte das Schweigen so lange. Dann hörte ich:
»Wozu? Na gut. Also, notieren Sie«, nicht ohne eine gewisse Verschmitztheit sagte sie dieses »notieren Sie«, »notieren Sie sich meine Adresse: 5. Straße, Nr. 97, Tür 11. Aber wozu brauchen Sie meine Adresse? Das, offen gesagt, verstehe ich nicht. Am Abend bin ich in der Regel zu Hause.«
Die Stimme klang unverändert bedächtig, aber plötzlich wurde sie leise und dumpf, als käme sie aus einer Kiste. Ich hörte, daß das Mädchen sprach, irgend etwas erzählte, aber ich konnte die Worte nicht unterscheiden. Immer ferner und unklarer wurde die Stimme, bis sie einem murmelnden Regen glich – endlich klickte es kaum hörbar in der Leitung – alles war zu Ende. Die Verbindung war unterbrochen, der Apparat schwieg. Vor mir befanden sich die Wand, die Kiste und der Hörer. An die Scheiben klopfte der nächtliche Regen. Ich drückte auf den Knopf, er gab einen klirrenden Laut von sich und blieb stecken. Der Zauber war verflogen, und doch hatte ich gehört, *gesprochen*, was geschehen war, konnte nicht ungeschehen gemacht werden. Die Eindrücke dieser wenigen Augenblicke waren vorbei, verschwanden wie ein Wirbelwind, dessen Echo mich noch erfüllte, und ich setzte mich

und verspürte plötzlich Müdigkeit, als wäre ich eine steile Treppe hinaufgeklettert.
Indessen stand ich erst an der Schwelle der Ereignisse. Ihre Entwicklung begann mit dem Poltern ferner Schritte.

7

Von weitem, vielleicht vom Anfang des von mir zurückgelegten Weges – oder gar von der anderen Seite, in beträchtlicher Entfernung von dem Ort, wo ich zum ersten Mal diesen Laut aufgeschnappt hatte – waren die Schritte eines Unbekannten zu hören. Ich konnte feststellen, daß da nur eine Person ging, eilig und leicht, auf einem ihr bekannten Weg mitten in der Dunkelheit, die sich wohl mit einer Laterne oder einer Kerze diesen Weg beleuchtete. Mit den Augen der Vorstellungskraft sah ich jemand, der im Dunkel vorsichtige Schritte machte und um sich blickte. Ich weiß nicht, warum ich mir das so vorstellte. Ich saß da wie erstarrt und in höchster Panik, als hätte man mich von weitem mit riesigen Zangen gepackt. Das Warten brachte fast mein Herz zum Zerspringen, meine Schläfen schmerzten, vor panischer Angst war ich unfähig, etwas zu tun. Ich hätte mich beruhigt, wenn sich die Schritte entfernt hätten, aber ich hörte sie immer deutlicher, sie kamen immer näher, und ich zermarterte mir das Gehirn, welches Ziel diese das Gehör peinigende, unerträglich lange Wanderung durch das öde Gebäude verfolgte. Schon die Vorahnung, dieser Begegnung nicht entrinnen zu können, ließ mein Bewußtsein erschauern. Ich stand auf, setzte mich wieder, ohne zu wissen, was ich tun sollte. Mein Puls folgte exakt dem gemessenen Rhythmus und den Pausen der Schritte, aber schließlich überwand mein Herz die düstere Stumpfheit des Körpers und pochte wieder kräftig, und jeder Herzschlag brachte mir meine Lage zu Bewußtsein. Meine Absichten waren nicht mehr eindeutig; ich schwankte, ob ich die Kerze auslöschen oder brennen lassen sollte, zugleich schien mir, daß nicht das Gebot der Vernunft, sondern irgendeine Tat das beste Mittel sei, der gefährlichen Begegnung zu entgehen. Ich bezweifelte nicht, daß diese Begegnung gefährlich oder furchterregend sein würde. Ich fand meine Ruhe wieder inmitten der leblosen Wände, und bemüht, mich mäuschenstill zu verhalten, dürstete ich danach, die nächtliche Illusion nicht zu verscheuchen. Ab und zu trat ich vor die Tür, um zu prüfen, in welchem der anliegenden Zimmer ich mich verbergen könnte, so als wäre dieses Zimmer, in dem ich saß und mit dem Rücken den Kerzenstummel verdeckte, für den Besucher bestimmt und als wüßte jemand, daß ich mich darin befand. Schließlich wurde mir klar, daß ich durch dieses Herumgehen nur wie ein Roulettespieler handeln würde, der, nachdem er auf eine andere Zahl gesetzt hat, zu seinem Kummer feststellt, daß er nur deshalb verloren hat, weil er seiner alten Zahl untreu geworden ist. Am vernünftigsten schien es, sitzenzubleiben und bei gelöschtem Licht zu warten. Das tat ich denn auch und wartete im Dunkeln.

Unterdessen bestand nicht der geringste Zweifel mehr, daß die Entfernung zwischen mir und dem unbekannten Ankömmling mit jedem Herzschlag kürzer wurde. Jetzt trennten ihn von mir nicht mehr als fünf oder sechs Wände, er lief von einer Tür zur anderen, nicht allzu schnell, mit leichtem Schritt. Ich duckte mich, von seinen Schritten an den sich wie ein Automobil heranrasenden Augenblick festgenagelt, wo unsere Blicke einander begegnen würden – Aug in Aug, und betete zu Gott, daß es keine Augen sein mögen mit der wahnsinnigen Strieme eines weißen Augapfels über dem von innen hervorschießenden Glanz. Ich wartete nicht mehr, ich wußte, daß ich ihn erblicken würde. Der Instinkt, der in diesem Augenblick an die Stelle der Vernunft getreten war, sprach die Wahrheit, als er mit seinem blinden Antlitz in die Schneide der Angst stürzte. Gespenster tauchten in der Dunkelheit auf. Ich sah den zottigen Leib aus der dunklen Ecke des Kinderzimmers, ein Phantom der Dämmerung, und – was das Schrecklichste war, schlimmer als ein Sturz von einer großen Höhe – ich wartete darauf, daß die Schritte an der Tür verstummen, daß niemand erscheinen und diese Abwesenheit von wem auch immer mein Gesicht wie ein Lufthauch berühren würde. Sich einen Menschen wie mich vorzustellen, dazu reichte die Zeit nicht mehr. Die Begegnung stand unmittelbar bevor; verbergen konnte ich mich nirgends. Plötzlich verstummten die Schritte, hielten ganz nahe vor der Tür inne, und ich hörte außer dem Geraschel der Mäuse, die in den Papierhaufen herumliefen, so lange nichts, daß ich nur mit Mühe einen Schrei unterdrücken konnte. Ich bildete mir ein, jemand schleiche insgeheim, geduckt, über die Türschwelle, um mich zu packen. Das Entsetzen über einen wahnsinnigen Schrei, der die Dunkelheit zerriß, ließ mich wie ein Windstoß mit ausgestreckten Armen nach vorne stürzen. Ich sprang zur Seite, das Gesicht mit den Händen bedeckend. Ein Licht blitzte auf, das den ganzen dem Blick zugänglichen Raum von Tür zu Tür übergoß. Es war hell wie am Tag. Ich wurde von einer Art Nervenschock erfaßt, aber nur eine Weile lang, dann ging ich gleich wieder weiter. Da ertönte hinter der nächsten Wand eine Frauenstimme: »Kommen Sie her!« Darauf erfolgte ein leises, herausforderndes Lachen.

Bei all meiner Verblüffung – ein solches Ende meiner Qual, die ich fast eine Stunde lang ertragen mußte, hatte ich nicht erwartet. »Wer ist da?« flüsterte ich und näherte mich vorsichtig der Tür, hinter der mit einer so schönen und sanften Stimme eine Unbekannte ihre Anwesenheit verraten hatte. Bei diesem Klang stellte ich mir ihr Äußeres vor, das wohl so anmutig war wie die Stimme, und vertrauensvoll schritt ich weiter, auf eine abermalige Aufforderung wartend: »Kommen Sie doch her, kommen Sie!« Aber hinter der Wand sah ich niemand. Die matten Glaskugeln und Lüster glänzten unter den Decken und streuten Tageslicht zwischen die schwarzen Fenster der Nacht. So fragte ich und erhielt jedesmal dieselbe Antwort von jenseits der Wand des nächsten Raumes: »Kommen Sie, ach kommen Sie schnell!« Ich durchmaß fünf oder sechs Zimmer, erblickte mich in einem von

ihnen im Spiegel, die Augen aufmerksam von einer Leere auf die andere gerichtet. Es schien mir, daß die Schatten in den Tiefen des Spiegels voll waren von gebückten, hintereinander dahinschleichenden Frauen in Mantillen und ans Gesicht gedrückten Schleiern, die ihre Züge verbargen, und nur ihre schwarzen lächelnden Augen unter den neckisch zusammengezogenen Brauen leuchteten und zwinkerten kaum merklich. Das war jedoch nur eine Illusion, denn ich drehte mich so schnell um, daß auch das flinkste Geschöpf in diesem Haus nicht hätte fliehen können. Müde und in meiner Aufregung etwas wirklich Schreckliches in dieser stummen, grell erleuchteten Leere fürchtend, rief ich schließlich ungestüm:
»Zeigen Sie sich endlich, oder ich gehe keinen Schritt weiter. Wer sind Sie, und weshalb rufen Sie mich?«
Ich erhielt keine Antwort, das Echo dämpfte meine Worte mit einem undeutlichen dumpfen Dröhnen. Angst und Sorge waren aus den Worten der geheimnisvollen Frau herauszuhören, als sie mir aus einer Ecke, die ich nicht ausmachen konnte, zurief: »Beeilen Sie sich, zögern Sie nicht. Kommen Sie doch, sträuben Sie sich nicht!« Es schien, als seien diese Worte dicht neben mir gesprochen worden, rasch wie ein Plätschern und melodisch, ganz nah bei meinem Ohr. Aber vergeblich eilte ich voll hastiger Ungeduld von einer Tür zur anderen, riß sie auf oder schlängelte mich durch die verwinkelten Korridore, um irgendwo mit den Augen die enteilende Frau zu erhaschen – überall stieß ich nur auf Leere, Türen und Licht. So ging das weiter, wie ein Versteckspiel, und einige Male seufzte ich schon erbittert, unschlüssig, ob ich weitergehen oder stehenbleiben, entschieden stehenbleiben sollte, solange ich nicht sähe, mit wem ich von weitem so erfolglos spräche. Wenn ich schwieg, suchte die Stimme mich; immer inniger und beunruhigter klang sie, wies mir sofort die Richtung und rief leise hinter der nächsten Wand:
»Hierher, kommen Sie schnell hierher!«
Sosehr ich auch im allgemeinen ein Gefühl für die Nuancen von Stimmen habe – und erst recht unter diesen Umständen

höchster Anspannung –, so konnte ich aus diesen Rufen, aus den beharrlichen Aufforderungen der lautlos enteilenden Frau keinerlei Hohn oder Verstellung heraushören, obwohl sie sich mehr als ungewöhnlich verhielt. Einstweilen hatte ich keinen Grund, etwas Böses oder Unheilverkündendes zu verdächtigen, kannte ich doch nicht die Beweggründe ihres Verhaltens. Eher konnte man vermuten, daß sie mir unbedingt in aller Eile etwas mitteilen oder zeigen wollte und daß die Zeit für sie ungemein teuer war. Wenn ich mich irrte und nicht in das richtige Zimmer gelangte, aus dem zusammen mit dem Rascheln und dem schnellen Atem wieder die melodische Stimme zu hören war, wurde mein Irrtum berichtigt und der Weg mit einem einschmeichelnden und sanften »Hierher!« gewiesen. Ich war schon zu weit gegangen, um zurückzukehren. Gebannt vom beunruhigenden Reiz dieser Unbekannten, eilte ich im Laufschritt über die ausgedehnten Parkettböden, die Augen immer dorthin gerichtet, woher die Stimme kam.

»Ich bin hier«, sagte schließlich die Stimme im Ton der Endgültigkeit. Das war an einer Kreuzung eines Korridors mit einer Treppe, deren wenige Stufen in den nächsten, höher gelegenen Korridor führten.

»Gut, aber das ist das letzte Mal«, warnte ich.

Sie erwartete mich am Beginn des Korridors, rechts, wo das Licht weniger stark leuchtete; ich hörte ihr Atmen, als ich die Treppe hinaufstieg und mich wütend im Halbdunkel umblickte. Natürlich hatte sie mich wieder betrogen. An beiden Wänden des Korridors türmten sich Bücherstapel und ließen nur einen schmalen Durchgang frei. Bei einer Lampe, die nur schwach die Treppe und den Anfang des Weges beleuchtete, konnte es passieren, daß ich sie nicht bemerkte.

»Wo sind Sie denn?« sagte ich, bemüht, mit meinem Blick das Dunkel zu durchdringen. »Bleiben Sie stehen, warum eilen Sie so? Kommen Sie hierher!«

»Ich kann nicht«, antwortete die Stimme leise. »Aber sehen

Sie mich denn wirklich nicht? Ich bin hier. Ich bin müde und habe mich hingesetzt. Treten Sie doch näher!«
Und wirklich hörte ich ihre Stimme ganz nahe. Ich mußte nur um die Ecke biegen. Dahinter herrschte Dunkelheit, durch den hellen Fleck einer Tür begrenzt. Ich stolperte über Bücher, glitt aus, geriet ins Wanken, und im Fallen stieß ich einen schwankenden Stapel Bücher um. Er stürzte in die Tiefe. Ich fiel auf die Hände, fühlte unter ihnen eine senkrechte Leere und wäre beinahe selber in den Abgrund gestürzt, von wo auf meinen unwillkürlichen Schrei das Getöse einer Bücherlawine antwortete. Ich konnte mich nur deshalb retten, weil ich zufällig vorher hingefallen war, bevor ich den Rand des Abgrunds erreicht hatte. Wenn Erstaunen und Angst in diesem Moment alle Mutmaßungen verdrängten, so erklärte das Lachen, ein kaltes zynisches Lachen jenseits der Falle, augenblicklich die Situation. Das Lachen entfernte sich, sein grausamer Ton verklang, ich hörte es nicht mehr.
Ich sprang nicht auf, machte auch beim Kriechen keinen Lärm, der die Vermutung, ich sei hineingefallen, zerstreut hätte; ich durchschaute den heimtückischen Streich und rührte mich nicht, um meine Gegner glauben zu machen, der Streich sei gelungen. Allerdings war es angezeigt, einen Blick auf das mir bereitete Ruhelager zu werfen. Vorderhand wies nichts darauf hin, daß ich beobachtet wurde, ich strich mit äußerster Vorsicht ein Zündholz an und erblickte eine Öffnung im Fußboden, tief wie ein Schacht. Das Licht reichte nicht bis hinunter, doch wenn ich mir die Pause vergegenwärtigte, die zwischen dem Umstoßen der Bücher und ihrem Aufprall lag, so konnte ich eine ungefähre Fallhöhe von etwa zwölf Metern ausmachen. Folglich war auch der Boden des darunterliegenden Stockwerks symmetrisch zum oberen Loch durchbohrt. Ich war irgend jemandem im Weg. Das war mir klar, da ich dafür gewichtige Beweise hatte, aber ich konnte nicht verstehen, wie selbst die geschickteste Frau über ein so breites Loch springen konnte, dessen Wände keine

hervorstehenden Ränder hatten, an denen man sich festhalten konnte; die Breite betrug an die sechs Meter.
Ich wartete ab, bis der ganze Zwischenfall seine bedrohliche Unmittelbarkeit verloren hatte, dann kroch ich zu der Stelle zurück, wo das von weitem hereinsickernde Licht es gestattete, die Wände zu erkennen, und richtete mich auf. Ich wagte nicht, zu den beleuchteten Räumen zurückzukehren. Aber ich war jetzt auch nicht imstande, die Szene zu verlassen, auf der sich beinahe das Finale des fünften Aktes abgespielt hätte. Ich hatte etwas zu Ernstes berührt, um zu versuchen weiterzugehen. Ohne zu wissen, wo ich beginnen sollte, ging ich vorsichtig in umgekehrter Richtung und verbarg mich manchmal hinter Wandvorsprüngen, um auszuforschen, ob sich auch niemand hier befand. In einem der Vorsprünge befand sich ein Spülstein. Vom Hahn tropfte Wasser; auch ein Handtuch mit den feuchten Spuren eben erst getrockneter Hände hing da. Das Handtuch *bewegte sich* noch; hier war jemand weggegangen, der, vielleicht zehn Schritte von mir entfernt, durch einen Zufall ebenso unbemerkt von mir blieb wie ich von ihm. Solche Plätze sollten nicht auf die Probe gestellt werden. Ich erstarrte beim Anblick des Handtuchs, das fast vor meinen Augen berührt worden war, ging schließlich mit angehaltenem Atem weiter und erblickte mit Erleichterung im Schatten eines Vorsprungs eine schmale Seitentür, die fast zur Gänze mit Papier verschüttet war. Zwar kostete es einige Mühe, aber man konnte das Zeug ein wenig beiseite schieben, um sich durchzuzwängen. Ich schob mich in dieses Schlupfloch wie in eine Wand und geriet in einen beleuchteten, stillen und leeren Korridor, der ziemlich eng war und knapp vor mir um die Ecke bog. Ich wagte nicht, hinzusehen, sondern schmiegte mich an die Wand einer Nische.
Kein Laut, keine den Sinnen zugängliche Erscheinung wäre mir in diesen Augenblicken entgangen, so sehr war ich im Innern angespannt, ganz Ohr und atemlos. Es schien, als sei das Leben auf der Erde erstorben – eine solche Stille blickte

mir mit dem reglosen Licht eines weißen hohlen Korridors in die Augen. Es war nur zu deutlich, alles Leben war von hier verschwunden oder hatte sich verborgen. Ich war der Erschöpfung nahe, sehnte mich mit der Ungeduld der Verzweiflung nach irgendeinem Geräusch, nur um diesem erstarrten Licht zu entrinnen, das mit seinem Schweigen das Herz zusammenpreßte. Plötzlich ertönten mehr Geräusche als zu meiner Beruhigung nötig waren – wenn man so »die Ruhe vor dem Sturm« nennen kann –, eine Vielzahl von Schritten hallte tief unten hinter der Wand. Ich konnte Stimmen unterscheiden, Rufe. Zu diesen Lauten, die eine unbekannte Belebung ansagten, gesellten sich Klänge von Instrumenten, die gestimmt wurden; scharf kratzte die Violine, das Violoncello, die Flöte und die Baßgeige spielten einige unharmonische Takte, die durch das Verrücken von Möbelstücken übertönt wurden.
Mitten in der Nacht – ich wußte nicht, wie spät es war – erweckten diese Lebenszeichen drei Etagen unter mir nach dem schon von mir Durchlittenen den Verdacht einer neuerlichen Bedrohung. Vielleicht hätte ich, unermüdlich suchend, einen Ausgang aus diesem endlosen Haus gefunden, aber nicht jetzt, da ich nicht wußte, was hinter der nächsten Tür lauern mochte. Ich konnte meine Situation nur in den Griff bekommen, wenn ich festgestellt hatte, was da unten vor sich ging. Aufmerksam lauschte ich, um die Entfernung zwischen mir und diesen Stimmen zu berechnen. Sie war ziemlich groß, endete ganz unten, jenseits der gegenüberliegenden Wand.
Ich stand so lange in meiner Türnische, bis ich es schließlich wagte nachzusehen, ob ich nicht etwas unternehmen könnte. Leise machte ich mich auf den Weg, da bemerkte ich rechts von mir eine mit Glas verschlossene Öffnung in der Wand, nicht größer als ein Guckloch. Es befand sich über meinem Kopf, nicht zu hoch, so daß ich es berühren konnte. Ein wenig weiter lag eine tragbare Doppelleiter, von der Art, wie sie Zimmermaler beim Anstreichen der Decke verwenden.

Vorsichtig hob ich die Leiter hoch, ohne anzustoßen, ohne die Wände auch nur zu streifen, und stellte sie unter die Öffnung. Das Glas war auf beiden Seiten mit Staub bedeckt, aber ich wischte mit der Hand darüber und strengte die Augen an, sah aber dennoch nur wie durch Nebel hindurch. Meine Vermutung, die mir der Gehörsinn nahelegte, wurde bestätigt: Ich schaute in denselben Hauptsaal der Bank, wo ich am Abend gewesen war, aber ich konnte ihn nicht ganz überblicken: das Fensterchen ging auf die Galerie hinaus. Ganz nahe schwebte die großflächige Stuckdecke; eine Balustrade direkt vor meinen Augen verdeckte die Tiefe des Saales, nur von weitem waren die Säulen auf der gegenüberliegenden Seite zu sehen, und auch sie nur kaum zur Hälfte. Auf der ganzen Galerie war keine Menschenseele, unten dagegen, peinigend durch seine Unsichtbarkeit, brodelte fröhliches Leben. Ich hörte Lachen, Schreie, ein Stuhlrücken, undeutliche Gesprächsfetzen, das gleichmäßige Zuschlagen von Türen. Geschirr klirrte und klapperte sorglos, Husten, Schneuzen, Stampfen und Trippeln schwerer und leichter Schritte und melodische, scherzhafte Intonation von Stimmen – ja, es war ein Bankett, ein Ball, eine Versammlung, Gäste, ein Jubiläum – was auch immer, aber nicht mehr die frühere kalte und riesige Leere mit ihrem im Staub versickernden Echo. Die Lüster warfen ihr Flammenmuster hinunter, und obwohl es in meinem Schlupfwinkel auch hell war, fiel das grellere Licht des Saales auf meine Hand.

Fast überzeugt, daß niemand hierherkommen werde, in diesen Winkel, der eher mit einem Dachboden als mit der Magistrale des unteren Korridors etwas gemein hatte, wagte ich es, das Glas zu entfernen. Sein Rahmen, von zwei krummen Nägeln gehalten, wackelte leicht. Ich bog die Nägel zur Seite und nahm das Hindernis heraus. Jetzt war das Lärmen deutlich wie der Wind im Gesicht. Bevor ich mich daran gewöhnte, begann die Musik einen Schlager zu spielen, aber seltsam leise, als könnte oder wollte es nicht voller erklingen. Es spielte nur gedämpft, wie auf eine besondere Anordnung hin. Aber die von ihm übertönten menschlichen Stimmen wurden lauter, schwollen an, erreichten meinen Zufluchtsort, ohne ihren Sinn ganz zu enthüllen. Soweit ich sie verstehen konnte, drehte sich das Interesse der verschiedenen Gruppen im Saal um anrüchige Geschäfte, aber wegen der Entfernung konnte ich nicht verstehen, worum es ging. Manche Sätze erinnerten an ein Wiehern, andere an ein grausames Quieken, ein schweres, sachliches, dröhnendes Lachen vermischte sich mit einem Zischen. Die Frauenstimmen hatten ein düsteres angespanntes Timbre, von Zeit zu Zeit gingen sie in verführerische Koketterie über, an den betörenden Duft von Kamelien erinnernd. Manchmal brachte irgendeine emphatisch vorgetragene Bemerkung das Gespräch auf den Preis von Gold und Edelsteinen; manche Worte ließen mich erschauern, da sie einen Mord oder ein anderes, nicht minder brutales Verbrechen andeuteten. Ganovensprache, die Schamlosigkeit der nächtlichen Straße, der Talmiglanz riskanter Intrigen und der lebhafte Wortschwall einer nervös suchenden verirrten Seele vermengten sich mit den Klängen eines anderen Orchesters, dem das erste subtile, kokette Repliken zuspielte.

Es trat eine Pause ein; einige Türen öffneten sich unten irgendwo weit von mir, und es hatte den Anschein, als würden neue Gesichter auftauchen. Augenblicklich wurde das feierlich und lautstark bekräftigt. Nach den undeutlichen Beratungen wurden Ankündigungen und Bitten um Ruhe laut. Unterdessen plätscherte irgend jemandes Rede ruhig dahin und bahnte sich in langsamen Zügen ihren Weg wie ein Käfer in den Nadeln des Waldes.

»Hoch lebe der Erretter!« erdröhnte es im Chor.

»Tod dem Rattenfänger!«

»Tod!« stimmten düstere Frauenstimmen ein.

Das Echo antwortete mit einem langgezogenen Geheul und verstummte. Ich weiß nicht, warum ich, obwohl völlig von dem Gehörten gefangengenommen und entsetzt, mich in diesem Augenblick umdrehte, als spürte ich jemandes Blick in meinem Rücken. Aber ich stieß einen befreienden Seufzer aus – niemand stand hinter mir. Ich hatte gerade noch Zeit, mir zu überlegen, wie ich mich verstecken konnte: hinter der Biegung gingen deutlich hörbar zwei Personen vorbei, die mich anscheinend nicht bemerkten. Sie blieben stehen. Ihr heller Schatten legte sich quer über meinen Schlupfwinkel, aber ich konnte nur einen Fleck erkennen. Sie unterhielten sich mit der Sorglosigkeit von Menschen, die sich ungestört glauben. Wahrscheinlich war das die Fortsetzung eines früher begonnenen Gesprächs. Als diese Leute näher kamen, hatte einer von ihnen eine Frage gestellt, die nun beantwortet wurde. Wort für Wort erinnere ich mich an diese unklare, bedrohliche Ankündigung.

»Er wird sterben«, sagte einer der Unbekannten, »aber nicht sofort. Hier die Adresse: 5. Straße, Nr. 97, Tür 11. Bei ihm wohnt seine Tochter. Das wird die große Tat des Befreiers werden. Der Befreier ist von weitem gekommen. Seine Reise ist beschwerlich, denn man erwartet ihn in vielen Städten. Heute nacht sollte alles erledigt sein. Komm und schau dir den Gang genau an. Wenn dem Befreier nichts droht, wird der Rattenfänger sterben, und wir werden seine leeren Augen sehen.«

8

Ich lauschte dieser rachsüchtigen Tirade und hatte schon mit einem Fuß den Boden berührt, weil ich, kaum hatte ich die genaue Adresse des Mädchens gehört, dessen Namen ich heute nicht in Erfahrung bringen konnte, blindlings nach unten stürzte – um loszurennen, mich zu verbergen und die Nachricht in die fünfte Straße zu bringen. Selbst beim logischsten Überlegen konnten mir die Hausnummern und der Name der Straße keinen Aufschluß darüber geben, ob in dieser Wohnung noch eine andere Familie wohnte – es reichte, daß ich an die *eine* dachte und daß dieses Mädchen sich dort befand. In diesem Zustand panischer Angst und quälender Hast, wie während einer Feuersbrunst, berechnete ich nicht den letzten Schritt nach unten; knarrend fiel die Leiter um, meine Anwesenheit verratend, und im ersten Augenblick lag ich reglos da wie ein umgestürzter Sack. Sofort verlöschte das Licht, verstummte die Musik, und ein wütendes Geschrei holte mich ein, als ich blindlings durch den Korridor rannte, bis ich, ich weiß nicht mehr wie, mit der Brust auf jene Tür stieß, durch die ich hereingekommen war. Mit mir unerklärlicher Kraft, mit einem einzigen Stoß fegte ich den Plunder, der den Durchgang versperrte, beiseite und lief auf den denkwürdigen Korridor, wo sich der Abgrund auftat. Ich war gerettet! Die Dämmerung brach an und ließ mit ihrem ersten fahlen Licht eine Menge Türen erkennen; ich rannte, daß mir der Atem in der Brust stockte. Aber instinktiv suchte ich den Weg nicht hinunter, sondern hinauf, übersprang mit einem Satz die Treppen und die leeren Korridore. Manchmal wußte ich nicht weiter, drehte mich im Kreis, hielt die eben hinter mir gelassene Tür für eine neue, oder geriet in eine Sackgasse. Das war schrecklich, ein Alptraum, um so mehr, als ich verfolgt wurde – ich hörte vor und hinter mir eilige Schritte, den Lärm einer psychischen Hetzjagd, der ich nicht entrinnen konnte. Der Lärm war unregelmäßig wie der Straßenverkehr, manchmal so nahe, daß ich hinter eine Tür sprang, dann wieder von der Seite, dicht neben mir, als wollte er jeden Augenblick über mich herfallen. Ich wurde immer schwächer, starr vor Angst und vom ununterbrochenen lauten Knarren der Fußböden. Aber ich lief schon zwischen den Mansarden. Die letzte Treppe, die ich sah, führte zu einer quadratischen Öffnung in der Decke. Ich rannte sie hinauf mit dem Gefühl, gleich werde ich einen Schlag in den Rücken bekommen – man hetzte von allen Seiten hinter mir her. Ich befand mich nun im schwülen Dunkel des Dachbodens und warf blitzschnell alles, woran ich Hand legen konnte, auf die Luke; es war ein Haufen Fensterrahmen, den nur die Kraft der Verzweiflung so schnell aufheben und wegdrücken konnte. Sie fielen kreuz und quer und bildeten ein undurchdringliches Dickicht. Nach verrichtetem Werk lief ich zu dem fernen Fleck des Dachfensters, wo Fässer und Bretter herumlagen. Der Weg war mit Gerümpel übersät. Ich sprang über Balken, Kisten, Mauerkanten inmitten von Gruben und Schornsteinen, dicht wie ein Wald. Schließlich stand ich beim Fenster. Der weite, erfrischende Raum war in einem Tiefschlaf versunken. Hinter einem fernen Dach schwebte ein rosiger verschwommener Schatten; aus den Schornsteinen stieg kein Rauch auf, Passanten waren nicht zu hören. Ich kletterte hinaus und gelangte zur Dachrinne. Sie schwankte, die Klammern krachten, als ich an der Rinne hinunterglitt; auf halber Höhe war ihr kaltes Blech feucht vor Tau, und ich hielt mich krampfhaft an ihr fest, nur mit Mühe gelang es mir, Halt an einer Klammer zu finden. Endlich berührten meine Füße den Gehsteig. Ich eilte zum Fluß, in der Angst, die Brücke könnte schon hochgezogen sein. Sobald ich Atem geschöpft hatte, rannte ich los.

9

Kaum war ich um die Ecke gebogen, mußte ich stehenbleiben, denn ich erblickte einen weinenden, wunderhübschen Knaben von etwa sieben Jahren mit tränenbleichem Gesichtchen; jämmerlich rieb er sich mit seinen kleinen Fäusten die Augen und schluchzte. Von Mitleid ergriffen, was bei einer solchen Begegnung nur natürlich ist, neigte ich mich zu ihm hinab und fragte: »Mein Junge, woher kommst du? Hat man dich im Stich gelassen? Wie kommst du hierher?«
Er schluchzte und schwieg, blickte mich nur mißtrauisch an. Ich war entsetzt. Ringsum keine Menschenseele. Der schmächtige Körper zitterte, die bloßen Füße waren schlammbefleckt. Obwohl ich es eilig hatte, dorthin zu kommen, wo Gefahr drohte, konnte ich dieses Kind nicht allein lassen, um so weniger, als es aus Angst oder Müdigkeit demütig schwieg, bei jeder meiner Fragen zusammenzuckte und

sich wie vor einer Drohung duckte. Ich streichelte ihm über den Kopf und blickte ihm in die tränenden Augen, doch ich konnte nichts erreichen. Er ließ nur den Kopf hängen und weinte. »Freundchen«, sagte ich, entschlossen, an irgendein Haus anzuklopfen, wo man sich des Knaben annehmen würde, »bleib hier ein Weilchen sitzen, ich komme gleich zurück, und wir werden deine Rabenmutter finden.« Aber zu meiner Überraschung klammerte er sich fest an meine Hand und ließ sie nicht los. Es lag etwas Gemeines und Rohes in dieser Berührung. Er rutschte sogar vom Gehsteig herunter und kniff mit aller Kraft die Augen zusammen, als ich, plötzlich mißtrauisch geworden, meine Hand losriß. Sein hübsches Gesicht war verzerrt, von Spannung erstarrt. »He, du!« rief ich und versuchte meine Hand zu befreien, »laß los!« Und ich stieß ihn weg. Er weinte nicht mehr, aber schwieg noch immer und durchbohrte mich mit seinen großen schwarzen Augen; dann richtete er sich auf, lachte höhnisch und marschierte los – so schnell, daß ich vor Verblüffung zusammenfuhr. »Wer bist du?« schrie ich ihn drohend an. Er kicherte, beschleunigte den Schritt und verschwand hinter der Ecke, aber ich blickte ihm noch lange nach, als hätte mich eine Schlange gebissen, dann besann ich mich und lief so geschwind wie ein Mensch, der hinter einer Straßenbahn herjagt. Mein Atem setzte aus. Zweimal blieb ich stehen, dann ging ich so schnell wie möglich weiter, begann von neuem zu laufen – wieder atemlos, schlug ich ein wahnsinniges Tempo an, wie ein Schnelläufer.

Ich war schon am Boulevard der Reiterarmee, als ein Mädchen an mir vorbeiging, mich flüchtig anblickte, mit einem Ausdruck, als wollte sie sich an etwas erinnern. Sie ging weiter, aber in diesem Augenblick erkannte ich sie mit einem Gefühl, das der Freude über die Rettung gleicht. Mein Aufschrei und ihre leise Stimme ertönten gleichzeitig, worauf sie stehenblieb und in einem rührenden, mitleidigen Ton sagte: »Das sind ja Sie! Wieso habe ich Sie nicht erkannt? Ich wäre vorbeigegangen, hätte ich nicht gefühlt, daß Sie beunruhigt sind. Wie erschöpft und bleich Sie aussehen!«

Eine große Verlegenheit, aber auch eine große Ruhe überkam mich. Ich blickte auf dieses verloren geglaubte Gesicht, der komplizierten Bedeutung des Zufalls bewußt. – Freude und heiße Rührung stiegen in mir auf. Ich war so benommen, innerlich so gehemmt, gerade als ich zur ihr wollte und die Phantasie mir im vorhinein die Umstände der Begegnung ausmalte, daß ich das Gefühl hatte, als wäre etwas zerrissen – um wieviel lieber wäre es mir gewesen, ich wäre zu ihr gekommen, *dorthin*.
»Hören Sie«, sagte ich und konnte den Blick nicht von ihren vertrauensvollen Augen wenden. »Ich bin auf dem Weg zu Ihnen. Es ist noch nicht zu spät.«
Sie unterbrach mich, ergriff meinen Ärmel und führte mich zur Seite.
»Jetzt ist es noch zu früh«, sagte sie bedeutungsvoll, »oder zu spät, wie Sie wollen. Es ist schon hell, aber noch immer Nacht. Kommen Sie am Abend zu mir, hören Sie? Ich werde Ihnen alles erzählen. Ich habe lange darüber nachgedacht, was uns verbindet. Eines sollen Sie wissen: Ich liebe Sie.«
Es geschah etwas Ähnliches, wie wenn plötzlich eine Uhr stehenbleibt. Im Nu verschloß sich mein Herz vor ihr. Sie konnte doch nicht, ja durfte das nicht so sagen. Seufzend ließ ich ihre kleine kühle Hand, die die meine umfaßt hielt, los und entfernte mich von ihr. Ihr Gesicht verriet eine kaum verhaltene Ungeduld. Dadurch wurden ihre Züge verzerrt. Zärtlichkeit verwandelte sich in Stumpfheit, der Blick wurde unstet, ich aber lachte fürchterlich auf und drohte ihr mit dem Finger.
»Nein, du wirst mich nicht irreführen«, sagte ich. »Sie ist dort. Sie schläft jetzt, und ich werde sie aufwecken. Fort, du Schlange, wer immer du bist!«
Das Schwenken des Tuches, mit dem sie sich hastig das Gesicht verbarg, war das letzte, was ich deutlich, zwei Schritte von ihr entfernt, sah. Dann flitzten die schmalen Lichtstreifen zwischen den Bäumen an mir vorbei – einmal schien mir, daß ich eine fliehende Frauengestalt in ihnen sehe,

dann wieder, ich sei es, der mit aller Kraft läuft. Schon sah man die Uhr auf dem Platz. Die Brücke hatte Schranken. In der Ferne, auf der gegenüberliegenden Seite der Uferstraße, rauchte ein schwarzer Schleppdampfer und zog an einem Tau einen Lastkahn hinter sich her. Ich überquerte die Schranken und die Brücke im letzten Augenblick, als sich die beiden Teile der Zugbrücke schon einen Spalt öffneten, der die Straßenbahngeleise entzweischnitt. Mein Luftsprung wurde von den Brückenwächtern mit einem Hagel von Schimpfworten quittiert, ich aber, einen flüchtigen Blick auf den unter mir glänzenden Wasserstreifen werfend, war schon weit von ihnen entfernt, und ich lief, bis ich das Tor erreichte.

10

Da, oder genauer gesagt, erst nach einer Weile trat der Augenblick ein, von dem an ich detailliert, in umgekehrter Reihenfolge die bisherigen in einen Nebel gehüllten Ereignisse rekonstruieren könnte. Vor allem sah ich das Mädchen lauschend an der Tür stehen, die Hand mir entgegengestreckt, wie man es tut, wenn man um etwas bittet oder wortlos Ruhe fordert. Sie hatte einen Sommermantel an; ihr Gesicht war voller Unruhe und Trauer. Sie hatte geschlafen, bis ich hier aufgetaucht war. Das wußte ich, aber die Umstände meines Erscheinens hier waren zerronnen wie Wasser in der hohlen Hand, kaum daß ich den bewußten Versuch unternahm, augenblicklich alles in einen Zusammenhang zu bringen. Ich gehorchte dieser Geste der Unruhe und blieb unbeweglich sitzen, und wartete, wie das gespannte Lauschen enden würde. Ich war bemüht, seinen Sinn zu begreifen, aber vergeblich. Es fehlte nur wenig, und ich hätte meine Schwäche überwunden und gefragt, was in diesem großen Zimmer vorgehe, aber als hätte sie meine Absicht erraten, wandte das Mädchen, die Brauen runzelnd, den Kopf ab und drohte mir mit dem Finger. Da erinnerte ich mich, daß sie

Susi hieß, daß sie jemand so genannt hatte, der von hier herausgetreten war und gesagt hatte: »Bitte um vollkommene Stille.« Schlief ich oder war ich nur geistesabwesend? Um auf diese Frage zu antworten, senkte ich automatisch den Blick und sah, daß mein Mantelschoß zerrissen war. Aber der Mantel war noch ganz, als ich hinterhergeeilt war. Von einem Zweifel fiel ich in den anderen. Plötzlich erzitterte alles, es war, als wäre alles geflohen und trübe das Licht; das Blut schoß mir in den Kopf. Ein ohrenbetäubendes Dröhnen ertönte, wie ein Schuß direkt am Ohr, dann ein Schrei. »Halt!« schrie irgendwer hinter der Tür. Ich sprang auf und schöpfte tief Atem. In der Tür erschien ein Mann in einem grauen Morgenrock, zeigte dem zurückweichenden Mädchen ein kleines Brett, auf dem, von einer Drahtrolle erwürgt, eine riesige, fast in zwei Teile zerschnittene schwarze Ratte hing. Sie fletschte die Zähne, der Schwanz hing schlaff herab.

Da, durch Lärm und Geschrei aus einem wahrlich schrecklichen Zustand gerissen, überwand mein Gedächtnis den dunklen Abgrund. Augenblicklich erfaßte ich viele Dinge und ihren Zusammenhang. Die Gefühle begannen sich zu regen. Mit meinem inneren Auge sah ich den Anfang der Szene, die Kette der Ereignisse rollte vor mir ab. Ich erinnerte mich, wie ich über das Tor geklettert war, weil ich Angst hatte anzuklopfen, um nicht eine neue Gefahr auf mich zu ziehen, wie ich die Türen prüfte und an der Klingel im dritten Stock zog. Nur das Gespräch an der Türschwelle – ein langes und beunruhigendes Gespräch, in dem eine weibliche und eine männliche Stimme miteinander stritten, ob sie mich einlassen sollten – habe ich vollständig vergessen. Ich rekonstruierte es erst später.

Alle diese noch nicht ganz zueinander passenden Kettenglieder zogen so schnell vorbei wie ein Blick aufs Fenster. Der Alte, der die Rattenfalle hereingetragen hatte, hatte dichtes graues Haar, das kurz gestutzt um seinen Kopf lag und an eine Eichelhülse erinnerte, eine schmale Nase, dünne Lippen ohne Bartwuchs mit dem Ausdruck einer Art Trotz, helle verblichene Augen und die Fransen eines Backenbarts um das rosige Gesicht, das mit einem hervorspringenden, in einem blauen Schal steckenden Kinn endete – all das könnte das Interesse eines Porträtmalers wecken, den charakteristische Typen anziehen.

Er sagte:

»Hier sehen Sie die sogenannte schwarze Guinea-Ratte. Ihr Biß ist sehr gefährlich. Er ruft ein langsames Verfaulen bei lebendigem Leib hervor und verwandelt den Gebissenen in eine Kollektion von Geschwülsten und Geschwüren. Diese Nagetierart ist selten in Europa, manchmal wird sie von Schiffen mitgebracht. Die Öffnung, von der Sie in der Nacht gehört haben, ist ein Wanddurchbruch nahe der Küche, der mir zu Experimenten mit verschiedenen Fallen dient; in den letzten zwei Tagen war diese Öffnung wirklich frei, weil ich in die Lektüre von Ert Ertrus ›Die Vorratskammer des Rattenkönigs‹ versunken war, ein Buch, das ein weißer Rabe ist. Es wurde vor vierhundert Jahren in Deutschland herausgegeben. Der Autor wurde in Bremen als Ketzer auf dem Scheiterhaufen verbrannt. Ihre Erzählung . . .«

Kurz, wie ich hergekommen bin, habe ich schon erzählt. Aber ich hatte noch meine Zweifel. Ich fragte:

»Haben Sie Vorsichtsmaßnahmen ergriffen? Wissen Sie, welcher Art diese Gefahr ist, denn ich weiß noch immer nicht Bescheid.«

»Vorsichtsmaßnahmen?« fragte Susi. »Von welchen Maßnahmen sprechen Sie?«

»Die Gefahr . . .«, begann der alte Herr, hielt aber inne, als er auf seine Tochter blickte. »Ich verstehe nicht.«

Die Situation wurde etwas heikel. Alle drei tauschten wir fragende Blicke aus.

»Ich sage«, begann ich unsicher, »daß Sie auf der Hut sein sollten. Ich glaube, ich habe schon davon gesprochen, aber verzeihen Sie, ich kann mich nicht an alles erinnern, was ich

gesagt habe. Ich glaube, ich war in einer Art Dämmerzustand.«
Das Mädchen blickte auf den Vater, dann auf mich und lächelte ungläubig:
»Ist das denn möglich?«
»Er ist müde, Susi«, sagte der Alte. »Ich weiß, was das heißt, Schlaflosigkeit. Sie haben alles gesagt, und die Vorsichtsmaßnahmen habe ich ergriffen. Wenn ich diese Ratte«, er ließ die Falle zu meinen Füßen sinken mit der zufriedenen Miene eines Jägers, der gute Beute gemacht hat, »mit dem Wort ›Befreier‹ bezeichne, so werden Sie wissen, worum es geht.«
»Das ist ein Scherz«, entgegnete ich, »ein Scherz freilich, der der Beschäftigung eines Rattenfängers entspricht.«
Bei diesen Worten erinnerte ich mich an ein kleines Täfelchen, über dem die Klingel hing.
Darauf stand geschrieben:
»Rattenfänger«
Vertilgung von Ratten und Mäusen.
O. Jensen
Tel. 1-08-01
Ich hatte es beim Eintreten gesehen.
»Sie scherzen wohl, denn ich glaube nicht, daß *dieser* ›Befreier‹ ihnen so viele Sorgen bereitet hat.«
»Er scherzt nicht«, sagte Susi, »er weiß es.«
Ich verglich diese beiden Blicke, die ich in diesem Moment mit einem Lächeln, das meine vergebliche Mühe zu verstehen verriet, erwiderte, den Blick der Jugend, voll aufrichtiger Überzeugung, mit dem Blick der alten, aber klaren Augen, die ein Schwanken ausdrückten, ob das Gespräch fortgesetzt werden sollte.
»Mag Ihnen statt meiner Ert Ertrus über diese Dinge etwas sagen.« Der Rattenfänger ging hinaus und kam mit einem alten Buch in Ledereinband und in rotem Schnitt zurück.
»Hier ist die Stelle, über die Sie lachen oder nachsinnen mögen, wie es Ihnen beliebt.«

»... Diese heimtückischen und finsteren Wesen verfügen über die Kräfte des menschlichen Verstandes. Sie kennen auch die Geheimnisse der unterirdischen Höhlen, in denen sie sich verbergen. Es steht in ihrer Macht, ihr Äußeres zu verändern, menschliche Gestalt anzunehmen – als vollständiges, wenn auch falsches Ebenbild der Menschen. Die Ratten können auch unheilbare Krankheiten verursachen und bedienen sich dabei nur ihnen bekannter Mittel. Seuchen, Hunger, Krieg, Überschwemmungen und Invasionen sind ihre Helfer. Dann versammeln sie sich unter dem Zeichen geheimer Metamorphosen, handeln als Menschen, jeder kann mit ihnen sprechen, ohne zu wissen, wer sie sind. Sie stehlen und verkaufen mit einem Gewinn, der einen ehrlich arbeitenden Menschen in Erstaunen versetzt, durch den Glanz ihrer Kleider und ihre sanfte Sprache führen sie jeden irre, morden und legen Brände, betrügen und legen Fallen; sie umgeben sich mit Luxus, essen und trinken reichlich und haben alles im Überfluß. Gold und Silber sind die Beute, die sie bevorzugen, aber auch Edelsteine, für die sie Schatzkammern unter der Erde eingerichtet haben.«

»Aber genug des Lesens«, sagte der Rattenfänger, »Sie werden sicher erraten können, warum ich gerade diese Stelle übersetzt habe. SIE WAREN VON RATTEN UMZINGELT.«

Aber ich hatte schon verstanden. In gewissen Fällen ziehen wir es vor zu schweigen, damit die Empfindungen, von anderen Eindrücken und Gedanken aus dem Gleichgewicht gebracht und zerrissen, einen Rückhalt finden. Mittlerweile begannen die Möbelüberzüge in dem immer stärker durch das Fenster scheinenden Licht heller zu werden, und die ersten Stimmen auf der Straße klangen so deutlich wie im Zimmer. Ich versank wieder ins Nichts. Die Gesichter des Mädchens und ihres Vaters entfernten sich, wurden zu verschwommenen Phantomen, eingehüllt in einen durchsichtigen Nebel.

»Susi, was ist los mit ihm?« ertönte eine laute Frage. Das Mädchen trat an mich heran, sie war irgendwo nah, aber wo, wußte ich nicht, weil ich nicht einmal fähig war, den Kopf zu wenden. Plötzlich fühlte ich die Wärme einer Frauenhand auf meiner Stirn – in demselben Augenblick verschwammen die Konturen von allem, was mich umgab, vermischten sich miteinander und versanken im Chaos eines geistigen Kollapses. Ein wilder, unbezwingbarer Schlaf bemächtigte sich meiner. Ich hörte ihre Stimme:

»Er schläft«, Worte, mit denen ich nach dreißig nichtexistierenden Stunden erwachte. Man brachte mich in das enge benachbarte Zimmer in ein echtes Bett, und später erfuhr ich, daß ich »für einen Mann sehr leichtgewichtig« sei. Man erwies mir Mitleid: ein Zimmer in der Nachbarwohnung wurde mir am nächsten Tag zur ausschließlichen Verfügung gestellt.

Die Erzählung hat keine Fortsetzung. Es hängt nur von mir ab, daß es so wird, wie in dem Augenblick, da ich die warme Hand auf meinem Kopf verspürt hatte. Ich muß ihr Vertrauen gewinnen . . .

Und später – darüber kein Wort mehr.

Michail Bulgakow

Die Abenteuer Tschitschikows

Poem in zehn Punkten mit Prolog und Epilog

»Halt, halt, du Rindvieh!« schrie Tschitschikow und meinte Selifan.
»Ich zieh dir eins mit meiner Plempe über!« schrie ein berittener Feldjäger, der ihnen im Galopp entgegenkam, ein Kerl mit ellenlangem Schnauzbart.
»Mach die Augen auf, verfluchter Satansbraten – das ist ein kaiserlicher Wagen!«

Prolog

Wunderlicher Traum ... Im Reich der Schatten, über dessen Eingang ein Ewiges Lämpchen mit der Aufschrift »Tote Seelen« blinkt, hat ein ausgelassener Satan die Türen geöffnet. Das Totenreich gerät in Bewegung, eine endlose Reihe zieht heraus.
Manilow im Schafpelz, auf großen Bären, Nosdrjow in einer fremden Equipage, Dershimorda auf einem Feuerwehrschlauch, Selifan, Petruschka, Fetinja ...
Und als letzter kommt er, Pawel Iwanowitsch Tschitschikow, in seiner berühmten Chaise.
Und die ganze Schar bewegt sich gen Sowjetrußland, wo sich nun erstaunliche Begebenheiten zutragen. Was für welche, dazu folgen nun die Punkte ...

1

Nachdem Tschitschikow in Moskau aus seiner Chaise in ein Automobil umgestiegen war, sauste er durch die Moskauer Straßenklüfte und schmähte Gogol mit fürchterlichen Flüchen: »Unter beiden Augen sollen dem Satanskerl Beulen wachsen, so groß wie Heuschober! Hat der mir doch die Reputation dermaßen verdreckt und versaut, daß ich meine Nase nirgendwo mehr zeigen kann. Wenn jetzt rauskommt, daß ich Tschitschikow bin, feuern sie mich natürlich im Nu zu des Satans Großmutter! Und wenn sie mich bloß rausschmeißen, kann ich von Glück reden, verhüte Gott, daß ich in die Lubjanka zu sitzen komm. Alles Gogols Schuld, da soll doch ihm und seiner ganzen Sippe ...«

Unter solcherlei Betrachtungen fuhr er in das Tor desselben Gasthauses, aus dem er hundert Jahre zuvor abgereist war.

Hier war entschieden alles wie früher: Aus den Ritzen lugten Schaben, und es schienen ihrer noch mehr geworden, doch es gab auch ein paar kleine Veränderungen. So hing statt des Schildes »Gasthaus« ein Plakat mit der Aufschrift »Gemeinschaftswohnung Nummer soundso«, und selbstverständlich war da so viel Dreck und Müll, daß selbst Gogol sich das nicht hätte vorstellen können.

»Ein Zimmer!«

»Bitte die Einweisung!«

Der geniale Tschitschikow verlor keinen Moment die Fassung. »Den Verwalter!«

Ei potz! Der Verwalter war ein alter Bekannter: der Onkel Lyssyj Pimen, der früher die »Akulka« betrieben hatte und jetzt in der Twerskaja ein Café auf russischer Grundlage mit deutschen Ideen unterhielt: Nischen, Säften und natürlich Prostituierten. Gast und Verwalter wechselten den Begrüßungskuß und tuschelten, und schon war die Sache auch ohne Einweisung in Butter. Tschitschikow verspeiste, was Gott bescherte, und sauste los, um sich auf seinem Posten zu etablieren.

2

Er suchte alle Welt auf und bezauberte jedermann mit seiner ein wenig seitlichen Verbeugung sowie mit seiner enormen Belesenheit, durch die er sich schon immer ausgezeichnet hatte.
»Füllen Sie den Fragebogen aus.«
Sie gaben ihm das Formular, fast einen Meter lang, darin wimmelte es von heimtückischen Fragen: woher, wo gewesen, warum?
Tschitschikow saß keine fünf Minuten darüber, dann hatte er alles ausgefüllt. Nur seine Hand zitterte ein wenig, als er ihn abgab. So, dachte er, jetzt werden sie ihn lesen und sehen, was ich für ein Schatz bin, und dann . . .
Aber es passierte rein gar nichts.
Erstens las den Fragebogen kein Mensch, zweitens geriet er einem Fräulein in die Hände, einer Registratorin, und die verfuhr mit ihm wie üblich: buchte ihn statt in die Eingänge in die Ausgänge und verkramte ihn dann sogleich irgendwo, wo er versank wie in Wasser.
Tschitschikow grinste und begann sein Angestelltendasein.

3

Von nun an ging es immer leichter. Tschitschikow sah sich zunächst mal um und entdeckte, überall, wo man auch hinspuckte, saß ein Bekannter. Er sauste in eine Behörde, wo Lebensmittelrationen ausgegeben werden sollten, und hörte:
»Ich kenne euch Halunken: Ihr nehmt eine lebendige Katze und zieht sie ab und gebt sie frech als Ration aus! Ich will eine Hammellende mit Grütze. Die Froschschenkel, die ihr hier als Ration verteilt, die nehm ich nicht in den Mund, und wenn ihr sie mit Zuckerguß serviert, und eure verfaulten Heringe schon gar nicht!«
Tschitschikow schaute hin – Sobakewitsch.

Der war, kaum angekommen, als erstes eine Ration fordern gegangen. Und hatte sie gekriegt! Aß sie auf und verlangte Nachschlag. Kriegte. Zuwenig! Da kriegte er noch einen; er war ein einfacher Mann – sie gaben ihm Stoßarbeiterrationen. Zuwenig! Da gaben sie ihm eine Ration, die anderweitig reserviert war. Er verschlang sie und verlangte noch mehr. Und schlug Krach dabei! Beschimpfte alle als Christusverkäufer, behauptete, da sitze ein Spitzbube auf dem andern, und es gebe nur einen einzigen anständigen Kerl hier, den Geschäftsführer, und auch der, wenn man's bei Licht besehe, sei ein Schweinehund!

Da gaben sie ihm die Ration für Akademiemitglieder.

Tschitschikow hatte kaum gesehen, wie Sobakewitsch die Rationen vereinnahmte, schon etablierte er sich selbst. Natürlich war Sobakewitsch gegen ihn ein kleines Licht. Er empfing für sich selbst, für seine nicht existierende Frau nebst Kind, für Selifan, für Petruschka, für den bewußten Onkel, von welchem Betristschew zu erzählen pflegte, und für seine alte Mutter, die längst nicht mehr auf Erden weilte. Und alles Akademierationen. So kam es, daß man die Lebensmittel per Lastwagen bei ihm vorfuhr.

Nachdem er solchermaßen die Ernährungsfrage gelöst hatte, zog er gegen andere Institutionen aus, um Stellungen zu erhalten.

Als er einmal im Automobil den Kusnezkij Most entlangfuhr, traf er Nosdrjow. Der teilte ihm als erstes mit, daß seine Uhr nebst Kette bereits futsch seien. Uhr und Kette waren tatsächlich nicht vorhanden. Aber Nosdrjow ließ nicht den Kopf hängen. Er erzählte, welches Glück er in der Lotterie gehabt habe, indem er ein halbes Pfund billiges Öl, ein Lampenglas und Sohlen für Kinderschuhe gewann, später jedoch habe er kein Glück mehr gehabt und – Gemeinheit – noch sechshundert Millionen draufzahlen müssen. Dem Außenhandel habe er angeboten, eine Partie echter kaukasischer Dolche ins Ausland zu liefern, das habe er auch getan. Und er würde einen Haufen Geld daran verdient haben, wenn nicht die Engländer, diese Schufte, angesichts der eingravierten Schrift »Meister Sawelij Sibirjakow« sie für Ausschuß erklärt hätten. Er schleppte Tschitschikow mit in sein Hotelzimmer und setzte ihm einen angeblich aus Frankreich erhaltenen herrlichen Kognak vor, der freilich intensiv nach Selbstgebranntem schmeckte. Zu guter Letzt verstieg er sich zu der Beteuerung, man habe ihm achthundert Arschin Stoff, ein blaues Automobil mit Goldleisten und eine Wohnraumeinweisung für ein Gebäude mit Säulen ausgefolgt.

Als nun sein Schwager Mishujew Zweifel äußerte, beschimpfte er ihn, nannte ihn aber nicht Sofron, sondern einfach Schweinehund.

Kurz und gut, Tschitschikow hatte ihn bald so satt, daß er nicht wußte, wie er von ihm wegkam.

Aber Nosdrjows Flunkereien hatten ihn auf den Gedanken gebracht, sich gleichfalls auf den Außenhandel zu verlegen.

4

Gesagt, getan. Wieder füllte er einen Fragebogen aus, begann zu agieren und zeigte sich in vollem Glanz. Er brachte Hammel mit doppeltem Vlies über die Grenze, dazwischen lagen Brabanter Spitzen; er schmuggelte Brillanten, versteckt in Rädern, Deichseln, Ohren und an sonstigen Stellen.

Binnen kurzem sah er sich im Besitz von etwa fünfhundert Millionen Kapital.

Aber er ließ nicht ab, er reichte an entsprechender Stelle ein Gesuch ein, daß er einen Betrieb pachten wolle, und malte in leuchtenden Farben aus, was für Vorteile dies dem Staat bringen werde.

In der Behörde riß man die Münder auf, denn die Vorteile waren in der Tat kolossal. Man bat ihn, ihnen den Betrieb zu zeigen. Bitte sehr. Er liege am Twerskoij-Boulevard, genau gegenüber vom Strastnoj-Kloster, man brauche nur die Straße zu überqueren, und der Betrieb heiße Puschdenk am

Twerboul. Man erkundigte sich an entsprechender Stelle, ob es dort so ein Ding gebe. Antwort: Das gebe es und sei in ganz Moskau bekannt. Wunderbar.

»Reichen Sie einen technischen Voranschlag ein.«

Tschitschikow hatte ihn schon in der Tasche.

Man gab ihm die Pacht.

Daraufhin verlor Tschitschikow keine Zeit, er sauste zu der entsprechenden Stelle.

»Ich bitte um Vorschuß.«

»Bringen Sie eine Personalliste in drei Exemplaren mit den vorgeschriebenen Unterschriften und Stempeln.«

Keine zwei Stunden vergingen, da legte er die Liste vor. In aller Form. Darauf waren so viele Stempel wie Sterne am Himmel. Auch die Unterschriften fehlten nicht.

»Der Leiter – Nëuwashaj-Koryto, der Sekretär – Kuwschinnoje Rylo, der Vorsitzende der Tarifkommission – Jelisawet Worobej.«

»In Ordnung. Holen Sie sich die Anweisung.«

Dem Kassierer blieb die Luft weg, als er die Endsumme sah.

Tschitschikow quittierte und transportierte das Geld mit drei Droschken ab.

Dann zu einer anderen Behörde.

»Ich bitte um ein Darlehen auf meine Waren.«

»Zeigen Sie die Waren.«

»Seien Sie so gut, geben Sie mir einen Agenten mit.«

»Man gebe ihm einen Agenten!«

Sieh an, ein wohlbekannter Agent: Jemeljan Rotosej.

Tschitschikow nahm ihn mit, brachte ihn in den erstbesten Keller und zeigte. Jemeljan guckte – eine unermeßliche Menge von Lebensmitteln.

»Tja, das gehört alles Ihnen?«

»Ja, alles.«

»Nun«, sagte Jemeljan, »dann gratuliere ich. Sie sind ja kein Millionär, sondern ein Trillionär!«

Nosdrjow, der ihnen nicht von der Seite wich, goß Öl ins Feuer.
»Siehst du da drüben das Auto voller Stiefel zum Tor reinfahren?« sagte er. »Die Stiefel gehören auch ihm.«
Dann kam er in Fahrt und zog Jemeljan auf die Straße.
»Siehst du die Läden? Das sind alles seine. Auf dieser ganzen Straßenseite gehören sie alle ihm. Die auf der anderen Seite auch. Siehst du die Straßenbahn? Seine. Die Laternen? Seine. Siehst du? Siehst du?«
Und er drehte sich nach allen Seiten.
Jemeljan konnte nur noch flehen: »Ich glaub's ja! Ich seh's ja! Laß mich bloß in Ruhe.«
Sie fuhren zurück auf die Behörde.
Hier fragte man: »Na, wie ist es?«
Jemeljan machte nur eine Handbewegung.
»Unbeschreiblich!«
»Na, wenn's unbeschreiblich ist, zahle man ihm n+1 Milliarde.«

5

Tschitschikows Karriere nahm einen schwindelerregenden Charakter an. Was er alles anstellte, ging auf keine Kuhhaut. Er gründete einen Trust zur Eisengewinnung aus Sägespänen und bekam auch darauf ein Darlehen. Er trat als Teilhaber in eine riesige Genossenschaft ein und verpflegte ganz Moskau mit Wurst aus dem Fleisch krepierter Tiere. Die Gutsbesitzerin Korobotschka, als sie hörte, jetzt sei in Moskau »alles erlaubt«, wünschte Liegenschaften zu erwerben; daraufhin bildete Tschitschikow mit Samuchryschkin und Uteschitelny eine Gesellschaft und verkaufte ihr die Manege gegenüber der Universität. Er ging einen Kontrakt ein zwecks Elektrifizierung einer fernen Stadt, wo sich die Füchse gute Nacht sagten, und nachdem er mit einem ehemaligen Stadthauptmann Kontakt aufgenommen, riß er einen alten Zaun ab, stellte Markierungspfähle auf, damit es nach Planierung aussah, und

was das Geld für die Elektrifizierung betraf, so schrieb er, es sei ihm von den Banden des Hauptmanns Kopejkin weggenommen worden. Kurzum, er vollbrachte wahre Wunder.
In Moskau verbreitete sich bald das Gerücht, daß Tschitschikow Trillionär sei. Die Behörden rissen sich um ihn als Spezialisten. Schon hatte Tschitschikow für fünf Milliarden eine Fünfzimmerwohnung gemietet, schon speiste er mittags und abends im »Empire«.

6

Aber plötzlich kam es zum Krachen.
Tschitschikows Verderben war, wie Gogol es richtig vorausgesagt hat, Nosdrjow, und den Rest gab ihm die Korobotschka. Nosdrjow wollte ihm gar keine Gemeinheit antun, aber im Suff schwatzte er beim Pferderennen die Geschichte von den Sägespänen herum, erzählte auch, Tschitschikow habe nicht existierende Betriebe gepachtet, und endete mit den Worten, Tschitschikow sei ein Gauner und gehöre erschossen.
Das Publikum kam ins Nachdenken, und wie ein Funke raste die geflügelte Fama los.
Nun drang auch noch die Korobotschka, diese dumme Gans, in eine Behörde vor und erkundigte sich, wann sie in der Manege eine Bäckerei eröffnen könne. Vergeblich beteuerte man ihr, daß die Manege ein staatliches Gebäude und unverkäuflich sei, auch einen Laden darin zu eröffnen komme gar nicht in Frage – das blöde Weib begriff nicht.
Die Gerüchte über Tschitschikow wurden immer fürchterlicher. Schon fragte man sich, was dieser Tschitschikow für ein Vogel sei und wo er herkomme. Tratsch entstand, immer böser, immer ungeheuerlicher. Unruhe nistete sich in den Herzen ein. Telefone klingelten, Beratungen begannen ... Es tagten die Baukommission mit der Kontrollkommission, die Kontrollkommission mit dem Wohnungsamt, das Woh-

nungsamt mit dem Volkskommgesund, das Volkskommgesund mit der Hauptverkleinindust, die Hauptverkleinindust mit dem Volkskommaufklär, das Volkskommaufklär mit dem Proletkult und so weiter.
Man stürzte zu Nosdrjow. Das war natürlich dumm. Alle Welt wußte, daß Nosdrjow ein Lügner war und man ihm kein Wort glauben dürfe. Aber er wurde befragt, und er antwortete auch in allen Punkten.
Er erklärte, Tschitschikow habe in der Tat einen nicht existierenden Betrieb gepachtet, und er, Nosdrjow, sehe keinen Grund, dies nicht zu tun, wo es doch alle täten. Auf die Frage, ob Tschitschikow am Ende ein weißgardistischer Spion sei, antwortete er, ja, Tschitschikow sei ein Spion, und man habe ihn kürzlich sogar erschießen wollen, jedoch aus irgendwelchen Gründen davon abgesehen. Auf die Frage, ob Tschitschikow womöglich ein Falschmünzer sei, antwortete er, ja, Tschitschikow sei ein Falschmünzer, und knüpfte daran eine Anekdote, welche Tschitschikows besondere Abgefeimtheit illustrieren sollte. Der habe erfahren, daß die Regierung neue Scheine herausgeben wolle, habe daraufhin eine Wohnung in Mariina Rostscha gemietet und von dort aus falsche Scheine im Wert von achtzehn Milliarden in Umlauf gesetzt, und das zwei Tage ehe die echten herauskamen, und als man bei ihm eindrang und die Wohnung versiegelte, habe er in einer einzigen Nacht das Falschgeld mit echtem vermengt, so daß hernach selbst der Teufel nicht mehr herausgefunden hätte, welche Scheine echt und welche falsch waren. Auf die Frage, ob es stimme, daß Tschitschikow für seine Milliarden Brillanten eingekauft habe, um ins Ausland zu fliehen, antwortete Nosdrjow, ja, das stimme, und er selbst habe dabei geholfen und mitgewirkt, weil ja ohne ihn überhaupt nichts daraus geworden wäre.
Nach Nosdrjows Geschichten breitete sich Verzweiflung aus. Man sah keinerlei Möglichkeit, herauszufinden, wer Tschitschikow war. Und wer weiß, wie all das ausgegangen wäre, hätte sich nicht einer gefunden, der freilich Gogol

ebensowenig je zur Hand genommen hatte wie die andern, dafür eine kleine Dosis gesunden Menschenverstand besaß.
»Wißt ihr, was Tschitschikow ist?« rief er aus.
Und als alle im Chor brüllten: »Was denn?«, sprach er mit Grabesstimme: »Ein Betrüger.«

7

Da ging allen ein Licht auf. Fieberhaft wurde nach dem Fragebogen gesucht. Nicht da. In den Eingängen. Nichts. Im Schrank – nichts. Zur Registratorin. »Woher soll ich das wissen? Bei Iwan Grigorjewitsch.«
Zu Iwan Grigorjewitsch: »Wo?«
»Nicht meine Sache. Fragt den Sekretär« und so weiter und so fort.
Plötzlich wurde der Fragebogen gefunden – im Ablagekasten für überflüssige Papiere.
Man las und war perplex.
Name? Pawel. Vatersname? Iwanowitsch. Nachnahme? Tschitschikow. Titel? Handelnde Person bei Gogol. Womit vor der Revolution befaßt? Mit dem Aufkauf toter Seelen. Einstellung zur Wehrpflicht? Nicht so, nicht anders, weiß der Teufel wie. In welcher Partei? Sympathisierender (mit wem – unbekannt). Vorbestraft? Welliger Schnörkel. Anschrift? Hof, zweiter Stock rechts, nachzufragen im Auskunftsbüro der Stabsoffiziersgattin Podtotschina, die wisse Bescheid.
Eigenhändige Unterschrift? Pustekuchen!
Man las, erstarrte.
Der Instrukteur Bobtschinskij wurde gerufen.
»Fahr zum Twerskoj-Boulevard zu dem Betrieb Puschdenk, den er gepachtet hat, und auf den Hof, wo seine Waren sind, vielleicht stellt sich da was heraus!«
Bobtschinskij kam zurück. Kugelrunde Augen.
»Ein besonderes Vorkommnis!«

»Na?«
»Kein Betrieb dort. Er hat die Adresse des Puschkin-Denkmals angegeben. Und die Vorräte gehören nicht ihm, sondern der American Relief Administration.«
Nun heulten alle auf: »Ach du liebe Güte! So ein Vogel ist das! Und dem haben wir Milliarden gegeben! Jetzt werden wir ihn fangen müssen!«
Und man machte sich auf die Suche.

8

Ein Druck auf den Knopf.
»Den Boten.«
Die Tür ging auf, Petruschka erschien. Er war längst von Tschitschikow weggegangen und als Bote in die Behörde eingetreten.
»Nehmen Sie sofort diesen Brief, und gehen Sie sofort los.«
»Zu Befehl!« sagte Petruschka.
Er nahm sofort den Brief, ging sofort los und verlor ihn sofort.
Anruf bei Selifan in der Garage.
»Einen Wagen. Schnell!«
»Sfort.«
Selifan fuhr zusammen, hüllte den Motor in eine warme Hose, zog die Jacke an, sprang auf den Sitz, stieß einen Pfiff aus, hupte und sauste los.
Welcher Russe liebt nicht schnelles Fahren?
Auch Selifan liebte es, darum hatte er kurz vor der Einfahrt in die Lubjanka die Wahl zwischen einer Straßenbahn und der Spiegelscheibe eines Ladens. Im Handumdrehen entschied er sich für das letztere, wich der Straßenbahn aus und brauste wie ein Wirbelwind mit dem Schrei »Rettet euch!« durchs Fenster in den Laden.
Nun riß selbst Tentetnikow, der sämtliche Selifans und Petruschkas unter sich hatte, die Geduld: »Beide achtkantig rausschmeißen!«

Man schmiß sie raus. Schickte sie zur Arbeitsbörse. Von dort kam das Kommando: Auf Petruschkas Stelle kommt Proschka von der Pljuschkina, auf Selifans Stelle kommt Grigorij Dojeshaj-ne-Dojedesch. Inzwischen aber schlug der Fall weitere Blasen!
»Das Vorschußamt!«
»Bitte sehr!«
»Nëuwashaj-Koryto möchte herkommen.«
Das erwies sich als unmöglich. Nëuwashai-Koryto war zwei Monate zuvor aus der Partei herausgesäubert worden, und aus Moskau hatte er sich danach selbst hinausgesäubert, denn er hatte entschieden nichts mehr in der Stadt verloren.
»Kuwschinnoje Rylo?«
In irgendeinen Krähwinkel abgereist, um dort die Gouvernementsabteilung zu instruieren.
Nun wollte man Jelisawet Worobej befragen. So einen gab es nicht. Es gab eine Stenotypistin namens Jelisaweta, aber die hieß nicht Worobej. Und es gab einen Assistenten des stellvertretenden Hilfsgeschäftsführers namens Worobej, aber der hieß nicht Jelisawet!
Man setzte der Stenotypistin zu: »Sie?«
»Ich? Wieso ich? Ich heiße Jelisaweta mit a, oder etwa nicht?«
Sie brach in Tränen aus. Man ließ sie in Ruhe.
Während man sich mit Worobej herumplagte, ließ der Rechtsbeistand Samoswistow Tschitschikow unterderhand wissen, daß sein Fall Staub aufwirble, woraufhin Tschitschikow begreiflicherweise spurlos verschwand.
Vergeblich wurde ein Wagen zu der Adresse gejagt: Hof rechts, doch da war natürlich kein Auskunftsbüro, da war nur eine verlassene und verfallene Kantine für öffentliche Beköstigung. Die Putzfrau Fetinja trat den Besuchern entgegen und sagte, es sei niemand dahier.
Daneben freilich, Hof links, fand man ein Auskunftsbüro, doch dort saß keine Stabsoffiziersgattin, sondern eine gewisse

Podstega Sidorowna, die selbstverständlich nicht mal ihre eigene Adresse kannte, geschweige denn die von Tschitschikow.

9

Verzweiflung befiel alle. Der Fall war dermaßen verwickelt, daß selbst der Teufel keinen Geschmack daran gefunden hätte. Die Sägespäne vermengten sich mit der nicht existierenden Pacht, die Brabanter Spitzen mit der Elektrifizierung, die Brillanten mit der Erwerbung der Korobotschka. Nosdrjow hing auch mit drin, ferner waren verwickelt der Sympathisant Jemeljan Rotosej und der parteilose Dieb Antoschka, und dann kam noch die unsaubere Affäre mit den Lebensmittelrationen Sobakewitschs heraus. Und schließlich traf schriftliche Nachricht aus dem Gouvernement ein!

Samoswistow arbeitete emsig und mengte in das allgemeine Gewirr auch noch Reisen wegen Truhen und den Fall mit falschen Reisekostenabrechnungen (allein hierin waren fünfzigtausend Personen verwickelt) und so weiter und so fort. Kurz und gut, ein wahres Teufelskarussell rotierte. Diejenigen, denen Tschitschikow die Milliarden aus der Nase gezogen hatte, und diejenigen, die sie jetzt suchen mußten, rasten entsetzt herum und hatten nur einen unwiderleglichen Fakt vor Augen.

»Die Milliarden waren da, jetzt sind sie weg.«

Endlich stand ein gewisser Onkel Mitjaj auf und sagte: »Hört zu, Leute, ich glaube, wir kommen nicht drum herum, eine Untersuchungskommission einzusetzen.«

10

Und jetzt (was träumt man nicht alles!) tauchte als Deus ex machina ich auf und sagte: »Gebt mir den Auftrag.«

Verwunderung.

»Werden Sie ... denn das ... schaffen?«
Ich: »Keine Sorge.«
Zögern. Dann mit roter Tinte: »Beauftragen.«
Nun legte ich los (noch nie hatte ich einen schöneren Traum).
Von allen Seiten kamen 35000 Motorradfahrer zu mir gerast.
»Was haben Sie für Wünsche?«
Ich: »Keine Wünsche. Bleibt bei eurer Beschäftigung. Ich schaff das selbst. Ganz allein.«
Holte tief Luft und brüllte, daß die Fenster klirrten: »Verbindet mich mit Ljapkin-Tjapkin! Sofort! Per Telefon!«
»Unmöglich ... Das Telefon ist kaputt!«
»Aha! Kaputt! Leitung gerissen? Damit sie nicht sinnlos baumelt, hängt den daran auf, der da spricht!«
Du lieber Gott! Nun war was los!
»Ich bitte Sie ... Was machen Sie denn ... Sofort ... hähä ... gleich ... He! Handwerker her! Draht her! Wird sofort repariert!«
Im Nu war das Telefon in Ordnung, und man reichte mir den Hörer.
Ich tobte weiter: »Ljapkin-Tjapkin? Schschurke! Festnehmen den Gauner! Die Gehaltslisten zu mir! Was? Nicht fertig? In fünf Minuten fertigmachen, sonst findet ihr euch in den Totenlisten wieder! Wer ist das? Die Frau von Manilow als Registratorin? Raus! Ulinka Betristschewa ist Stenotypistin? Raus! Sobakewitsch? Festnehmen! Bei euch arbeitet der Halunke Musofejkin? Der Falschspieler Uteschitelnyj? Festnehmen! Und den, der sie eingestellt hat, auch! Festnehmen. Auch den! Und den da! Und jenen! Fetinja raus! Den Dichter Trjapitschkin, Selifan und Petruschka zur Registrierungsabteilung. Nosdrjow in den Keller! Sofort! Unverzüglich! Wer hat die Listen unterschrieben? Her mit der Kanaille, und wenn ihr ihn vom Meeresgrund holen müßt!«
Ein Donner ging durch die Hölle ...

»Das ist ein Satan! Wo habt ihr den hergeholt?«
Ich: »Tschitschikow zu mir!«
»U-u-unmöglich zu finden. Der Herr haben sich versteckt ...«
»Ach, versteckt? Wunderbar! Dann seid ihr dran.«
»Erbarm ...«
»Ruhe!«
»Sofort ... sof ... Augenblickchen. Wird gesucht.«
Gleich darauf war er gefunden!
Vergeblich warf sich Tschitschikow mir zu Füßen, raufte sich die Haare, zerfetzte seine Joppe und beteuerte, er habe eine nichtarbeitsfähige Mutter.
»Mutter!« brüllte ich. »Mutter? Wo sind die Milliarden? Wo ist das Geld des Volkes? Dieb! Aufschneiden, den Schurken! Er hat die Brillanten im Bauch!«
Man schnitt ihn auf. Da waren sie.
»Alle da?«
»Ja, alle.«
»Bindet ihm einen Stein an den Hals und schmeißt ihn in ein Eisloch!«
Es wurde still und sauber.
Ich rief an: »Alles sauber.«
Man antwortete mir: »Danke. Sie können sich was wünschen.«
Ich machte einen Luftsprung am Telefon. Beinahe hätte ich alle meine Wünsche in den Hörer gesprochen, die mich schon seit langem quälten.
Eine Hose ... ein Pfund Zucker ... eine 25-Watt-Birne ...
Aber dann fiel mir plötzlich ein, daß ein ordentlicher Schriftsteller uneigennützig zu sein hat, ich erschlaffte und murmelte in den Hörer: »Nichts, nur Gogols Werke, gebunden; ich habe meine Ausgabe kürzlich auf dem Trödelmarkt verkauft.«
Und – bums! Schon lagen Gogols Werke mit Goldschnitt auf meinem Tisch!

Ich freute mich über meinen Gogol, der mich in ärgerlichen, schlaflosen Nächten so manches Mal getröstet hatte, freute mich so sehr, daß ich schrie: »Hurra!«
Und ...

Epilog

... wachte natürlich auf. Und da war nichts: kein Tschitschikow, kein Nosdrjow und vor allem kein Gogol ...
Hehe, dachte ich und zog mich an, und das Alltagsleben hatte mich wieder.

Ilja Erenburg

Die Bierstube »Zur Roten Rast«

Auf Analyse kommt es an, Analyse vor allem, Bürger; notwendig ist eine gründliche Analyse. Bei näherer Betrachtung wird alles offenbar. Was ist die vielgepriesene »Liebe«, diese Bändchen der »Weltliteratur«, geheftet oder kartoniert? Begattungsakte kapitalistischer Haifische. Schon hat man die Toxine der Ermüdung entdeckt. Sucht weiter, und ihr findet die Mikroben des Lebens. In eine bestimmte Lösung getaucht, kann ein Ohr, ein abgeschnittenes Ohr, ausgezeichnet weiterleben, allein, ohne den Kopf, und in ihm leben nach wie vor das Rasseln der Straßenbahnen und die Agonie seines längst verwesten Besitzers. Man kann endlich auch ganz außerhalb der Zeit leben: man braucht dazu nur einen Motor, dessen Geschwindigkeit der des Lichtes gleich ist. Hier beginnt die Ewigkeit, nicht der Betrug der Shiwzen, die unter der Flagge des sozialen Mitleids immer noch das alte Opium verzapfen, nein, die wirkliche, streng wissenschaftliche Ewigkeit. Beschäftigt euch mit Analyse in euren arbeitsfreien Stunden, Bürger! Wenn aber die Überspannung des Intellekts ein angemessenes Durstgefühl hervorruft, so kommt in die Bierstube. Eine Flasche kostet vierzig Kopeken. Die Analyse kann inmitten der arbeitenden und nicht arbeitenden Elemente fortgesetzt werden, an den reduzierten Problemen der eingeweichten Erbsen.

»Rote Rast«? Rast? Glaubt das nicht! Hier ist angestrengteste Arbeit des Hirns, der Muskeln, der Magensäure. Rasten gibt es überhaupt nicht. Sogar der Schlaf ist produktives Wirken der Nebenströmungen des Lebens: der Phantasie (Formel?), des Traums (Basis?), der Kunst (?). Selbst der Tod ist rationelle Düngung des Bodens und Räumung der bewohnbaren Fläche. In der Bierstube wird bis drei Uhr früh die Luft dick von der Intensität der Prozesse. Noch ein Fläschchen! Ein Bürger, bis zum Halse voll von Malz und Energie, macht sich um einen Unbekannten zu schaffen, dessen Gesinnungstüchtigkeit schon in den angenähten weißen Unterhosenknöpfen zum Ausdruck kommt oder in dem ängstlichen Berühren des Bierschaumes (läßt sich das vereinbaren?). Eine Partie einheitlicher Staatsfahnen nach vorgeschriebenem Muster. Mit darauf gesticktem Emblem. Messingspitzen. Größe 15 mal 30. Hundert Stück fünfundzwanzig Tscherwonzen. Fünf Prozent Kommissionsgebühr. Ferner Trommeln. Ausgezeichnete Trommeln für Pioniere, höchste Qualität. Auskunft kann Meyerhold geben. In Westeuropa tanzen sie Foxtrott. Wir aber haben das rote Stadion. An der Bierstube ziehen die Komsomolzen in roten Badehosen vorüber. Die Stupsnasen sind emporgerichtet zur Sonne und zum Siege. Wenn der uralte Großpapa, genannt Waffel, auch vor Entsetzen sterben sollte, so käme das nur von seiner mangelhaften Entwicklung. Rote Körperkultur – das ist die Losung des Tages.

Bier kann jeder bekommen – der Kommissionär, der Bescheidene, die Komsomolzen, der alte Waffel (der nicht mehr von dieser Welt ist), die Rabkoren, ich, du. Vierzig Kopeken die Flasche. Der Rabkor »enthüllt«: es wird Naphtha geklaut, am hellen, lichten Tage klauen sie es aus den Tanks. Auf ein liniertes Blättchen malt er fast mehr mit der Zungenspitze als mit dem Penkalastift: »Dieser Klassenegoismus oder, um die ganze Wahrheit zu sagen, dieses ungehemmte Raubzeug, so daß wir Sie bitten, Genosse Schriftleiter, ihn auf die schwarze Liste zu setzen und nachher dahin, wo Fuchs und Hase sich gute Nacht sagen.« Der Mann mit den Trommeln sieht sich ängstlich um: augenscheinlich sind die Begriffe »Trommel« und »Sibirien» nicht zu vereinbaren. Was fängt man dort an mit einer Fahne nach vorgeschriebenem Muster, Größe 15 mal 30? Die Ellbogen schwenkend, ziehen die Komsomolzen die Straße entlang. Man hört sie laut atmen. Das Leben ist voll Lärm. Und Bier kriegt ein jeder. Sogar der Konstrukteur. Sogar der Finanzinspektor. Sogar die Shiwzen. Nur die Heiligen kriegen kein Bier und keine Erbsen, denn sie sind nicht vorhanden, sie sind eine Fiktion, ein Betrug.

Am häufigsten erschien in der Bierstube »Zur Roten Rast« Alexander Iljitsch Sacharow, seines Zeichens Kunsttischler, vierundfünfzig Jahre alt, Gewerkschafter, parteilos, aber ein eifriger Vorkämpfer positiver, aufbauender Kulturarbeit. Er nannte sich selbst »Bürger Adamant« und verlangte auch von den anderen, daß sie ihn so nennen. Im Biertrinken war er mäßig, es war ihm nur um die Förderung des Denkprozesses zu tun, wenn er zwischen zwei Schlucken das kleine Witzblatt »Der Lacher« oder die »Wissenschaftliche Chronik« der Zeitung »Iswestija« las. Er unterhielt sich mit jedem, den er gerade vor sich hatte, hauptsächlich aber mit den Wirtsleuten, da die Besucher der Bierstube fortwährend wechselten und seine Sentenzen so lang waren, daß sie beim fünften oder sechsten Nebensatze durch das Verschwinden des Zuhörers meist ein ganz plötzliches Ende fanden. Mit dem Wirt spielte er sogar Dame. Alles ging gut. Die Analyse vertiefte sich. Trotz der hohen Steuern hinterließ das Bier, wenn es durch die Kehlen sickerte, einen netten Bodensatz von Tscherwonzen beim Wirt. Dazu kam nun ein Ereignis, das an sich ein freudiges genannt werden mußte. Eine gewisse metaphysische Rundung der Formen ließ erkennen, daß die Gattin des Wirtes, Njusja Fedosejewna (worauf sie doch alles kam!), Familienzuwachs erwartete. Da hätte man sich nun freuen sollen ... Und sie freuten sich auch. Es freute sich der Wirt, Iwan Jegorowitsch, es freute sich auch der Bürger Adamant. Der letztere nicht ganz selbstlos: er lebte vom Analysieren und wollte nun den Geist der Forschung auch in das friedliche Familienereignis in der Schablowkastraße hineintragen. Das Ergebnis lag bald klar zutage. Doch von dem Ergebnis reden wir später.

Das ganze lichtscheue Gesindel der Pfaffen, Nonnen, Hostienbäckerinnen, das Heer der Parasiten im Bunde mit den Bankiers der City ist bekanntlich gehörig eingeschüchtert worden. Im vorigen Winter verkehrte in der Bierstube so ein Geschwür am Volkskörper, ein offenkundiger Mystiker, der ganz sicher damit beschäftigt war, Heiligenbilder zu restaurieren oder Reliquien auszustopfen, die mit ihrer Haut aus Schweinepergament und ihren Schöpfen aus Pferdehaar halbverrückte Weiber ganz verrückt machen. Dieser Mann sah in dem ganz natürlichen Übergang zum Gregorianischen Kalender eine satanische Verschwörung: die dreizehn Tage waren gestohlen worden, um – wie es im Kino »Spartakus« gezeigt wurde – im Inkubator »Rote Teufel« aus dem kalten Samen des Schriftgelehrten Leonardus auszubrüten. Aber was bleibt übrig von derartigen Subjekten, wenn man sie im Lichte der nüchternen Wissenschaft betrachtet? Der Prophet wurde in der Bierstube von der Polizei verhaftet, weil er aus dem Lager des Mosselprom eine Kopierpresse gestohlen und außerdem drei Abtreibungen vorgenommen hatte, zu denen er nicht berechtigt war. Beim Verhör war vom Brutapparat keine Rede mehr; der Parasit winselte nur mit dummem Gesicht: »Ich gehe in die Häuser, um Ratten und Mäuse auszutreiben, und ich bete für alle, einschließlich der nationalen Minderheiten.«

Von solchen Leuten lohnt sich's überhaupt nicht zu reden. Motten, den grauen Staub der Reliquien und der Gehirne vertreibt man durch Elektrifizierung. Wenn der Bürger Adamant etwas am neuen Kalender auszusetzen hatte, so war es, daß auch dieser nicht ganz vollkommen war. Auch der neue Stil bleibt zurück! Der Kalender muß bis aufs letzte Tippelchen genau sein! In der Zahl liegt das Wesen der Dinge. Das sind die letzten Errungenschaften. Gewiß, die Diktatur des Proletariats und der ärmsten Bauern ist eine Tatsache des Fortschritts, aber man muß sie auf einen hohen Nenner bringen. Man heilt den Krebs und gibt den Genossen auf anderen Planeten Signale – alles mit Hilfe bestimmter Tabellen. In der Finsternis des Leiblichen gibt es nichts als Schweiß und Rülpsen, da fliegen Späne – Bruchstücke von Haaren, von Zähnen, von Gefühlen. So macht man schlechte Tische für Teebuden, in denen die Leute bloß schwitzen sollen. Wenn aber mit Zahlen operiert wird, dann entsteht ein Dreadnought – das Metall schwimmt auf dem Wasser wie ein Angelkorken. Die

Anerkennung der Räterepublik durch Frankreich? Sehr angenehm! Iwan Jegorowitsch, ein Fläschchen und Erbsen dazu! Vielleicht wird auch der Bürger Adamant in seinem vierundfünfzigsten Lebensjahr von irgend jemand anerkannt werden, und es wird heißen, daß dieses Molekül tatsächlich vorhanden ist. Aber kann man sich für solche Kleinigkeiten interessieren, wenn immer noch die negative Tatsache der unbewußten Umdrehung der Erde besteht, die keiner vernünftigen Kontrolle unterworfen ist?! Wenn man auch sie in bestimmte Bahnen lenken könnte! Und ebenso die Ab- und Zunahme der Bevölkerung, das prozentuale Verhältnis von Geburts- und Todesfällen, indem man den Rohstoff, das heißt die Gewebe, im Laboratorium entsprechend verarbeitet!

Das waren die Probleme, die den Bürger Adamant beschäftigten. Es ist also selbstverständlich, daß die Unterhaltungen mit Iwan Jegorowitsch, ja selbst das unschuldige Damespiel die Luft in der Bierstube mit einem ungeheuren Gewimmel von Denkbazillen durchschwängerten.

»Die Dame ist wie die Idee, sie bewegt sich in der Diagonale, ohne sich um die elementare Arithmetik zu kümmern. Das Vordringen der Zahl und dein völliger Zusammenbruch an der Aufklärungsfront, Iwan Jegorowitsch! Ergib dich!«

Der arme Iwan Jegorowitsch! Konnte er das ruhig anhören? Leichter noch erträgt man die ungerechten Steuerbescheide des Finanzinspektors und den ungeheuren Durst der Milizsoldaten und das Gerede vom Ende des NEP und die vielen Geldstrafen, ja sogar die Geldstrafen – alles eher als diese Geistestiefen! Der Arme kam aus der Fassung, wurde verlegen, machte dem Gast ungeschickte Angebote:

»Magst du nicht geräucherten Schellfisch, Bürger Adamant?«

Aber schon, wenn er diese Worte sprach, merkte er, daß sie nicht am Platze waren. »Adamant« und daneben »Schellfisch«! . . . Wie, wenn das Bier hier in der Tat nichts zu sagen hatte? Nach sieben Jahren an der Front konnte das Hirn nicht einmal den Abreißkalender verdauen, auf dessen Blättern die Verdienste des großen Führers Friedrich Engels in populärer Form dargestellt wurden. Das Zählen der Bierflaschen sowie Debatten über den Charakter des neuen Chefs der Miliz hätten seine Tage völlig ausgefüllt, wenn dieser Bürger Adamant nicht gekommen wäre und seine qualvollen Probleme in dem Kopf des Schenkwirts zwangseinquartiert hätte. Dann erwachte in dem Herzen des Kleinbürgers aus Kaluga eine atavistische Sehnsucht und das »Gespräch der drei Heiligen«, die Geschichte vom Bart Adams und dem der Ziege, ja sogar die drei Walfische, auf die sich das Weltgebäude stützt, vermengten sich mit dem rätselhaften »Elektrophon« und den X-Strahlen. Er litt. Er aß den Schellfisch selber und krümmte sich vor Durst, trank aber aus Sparsamkeit kein Bier, sondern Wasser, warmes, verdächtiges Wasser, das nach Metall schmeckte, jenem Metall, das dank den Zahlen auf dem Wasser schwimmt wie das Hölzchen an der Angelschnur. Oh ... »Herr, mein Gott«? Nein, so einer war Iwan Jegorowitsch nicht. »Oh, großer Tribun!« ...

Erlösung sollte das oben erwähnte freudige Familienereignis bringen. Mit dem Leib von Njusja Fedosejewna wuchs auch das Vatergefühl ihres Gatten. Das Sparen der Tscherwonzen bekam eine lyrische Nuance. Die »Rote Rast« hätte zu einer wirklichen Erholungsstätte werden können. Allein der Geist des Bürgers Adamant, der universale, ewig geschäftige, war auch hier sofort zur Stelle. Kaum hatte man ihm von den frohen Erwartungen Mitteilung gemacht, so fing er auch schon zu analysieren an. Statt vor Freude ein Fläschchen für vierzig Kopeken zu leeren – was doch Spaß gemacht und dem Papa in spe etwas eingebracht hätte –, fing er unverzüglich an:

»Wenn man, sagen wir, Klee sät, kann man keine Kürbisernte erwarten. So ist es auch mit dem menschlichen Nachwuchs. Weißt du, was dir beschert werden wird – ein Sohn oder eine Tochter?«

»Einen Jungen hätt' ich gern ...«

»Hätt' ich! Die Wissenschaft macht aus den Seufzern Tatsachen, und zwar handelt es sich nicht nur um die Geschlechtsbestimmung, sondern auch um die Veranlagung, also den ganzen künftigen Lebenslauf. Warum soll dein Sohn über den geweichten Erbsen hocken, wenn er Elektromathematiker werden kann? Dann werden alle Zahlen in seiner Hand sein. Das ist ein ander Ding als deine Bierflaschen.«

»Du flunkerst, Bürger Adamant! Was du vom Schiff gesagt hast, das glaube ich. Aber einem Frauenzimmer in den Leib hineinsehen – ist denn das denkbar?«

»Ich flunkere? Deine Rückständigkeit flunkert! Wäre nicht die Kulturarbeit der Räteregierung, hättest du mich auf dem Scheiterhaufen verbrannt. Was hat das mit dem Leib zu tun? Hier entscheidet nicht die Chirurgie, sondern die Zahl, das heißt der feste Wille. Du kannst dir durch die Staatsbuchhandlung eine Zeitschrift zusenden lassen, zwei Rubel vierteljährlich – da steht alles drin!«

Iwan Jegorowitsch seufzte verzweifelt und nahm Abschied von der letzten Hoffnung, von dem gemütlichen Kribbeln und Wimmeln des ewig unerklärlichen, dunkeln Seins (wie das in alten Zeiten gewesen war), und der Bürger Adamant ging ans Werk. Seine ganze Aufmerksamkeit war jetzt auf Njusja Fedosejewna gerichtet. Die rührende Unschuld ihrer Augen, die wie Milch und Gemüse waren und aus denen nichts sprach als das allmähliche Wachsen des neuen Lebens in ihr, machte den Bürger Adamant nicht irre. Er fing von dem einfachsten an, indem er die apathische Wirtin mit plötzlichen und deshalb – wie Theaterdonner – unwahrscheinlichen Sätzen aus dem Einmaleins aus ihrem Halbschlaf schreckte:

»Siebenmal neun ist dreiundsechzig!«

Njusja Fedosejewna erbebte, und die Erbsen rollten aus der Hand ihres Mannes, die schönen, gleichmäßigen Erbsen ...

Dann brachte er eines Tages ein auf dem Trödelmarkt beim Sucharewturm gekauftes Lehrbuch der Trigonometrie mit.

Und Njusja Fedosejewna sah sich in ihrer Sorge und Angst plötzlich von schauerlichen Zeichnungen umringt.
»Das verstehe ich doch gar nicht.«
»Gleichviel. Schauen Sie nur immer hin und geben Sie sich der Energie der Zahlen hin. Sie drängen sich ganz von selbst durch die Poren hinein wie die Lichtstrahlen.«
Als es Iwan Jegorowitsch einmal zuviel wurde, flehte er:
»Vielleicht ist es unnütz, Bürger Adamant? Kann er denn nicht auch Tischler werden wie du? Meine Kraft ist zu Ende...«
»Es ist zu spät, Iwan Jegorowitsch! Nun ist es schon in den Homunkulus eingedrungen, ganz bestimmt sitzt es schon drin.«
Und während er so redete, zog er ein Lotterielos aus der Tasche. Vor den Gras- und Milchaugen der hilflosen Njusja Fedosejewna erhob sich sofort die Nummer 685612.
»Es ist an dem!«
Nachts schrie Njusja Fedosejewna im Traum. Die eisernen Zahlen verschmolzen in ihren Gesichten mit der Mutter Gottes und dem Grün der Wiesen, auf denen Glockenblumen und Klee in ungestörter Heiterkeit blühten. Die Blumen sangen mit Diskantstimmen, wie der Chor in der Kirche, immer wieder: »Elektrophon« und »Homunkulus«. Das bedeutete, daß die Zahl durch die Poren eindrang, aus den Poren aber drang der böse Angstschweiß. Schon befürchtete man eine Frühgeburt. Aber es ging alles glatt ab, und am 12. Mai wurde dem Besitzer der Bierstube »Zur Roten Rast« ein Kind geschenkt, und zwar männlichen Geschlechts, wie man es ja auch hatte erwarten müssen. Iwan Jegorowitsch, der an die Wissenschaft nur halb glaubte, überlegte nun: das war kein Spaß. Statt sich zu freuen, starrte er nur erschrocken auf die engelhaft ausdruckslosen Augen des Neugeborenen und flüsterte:
»Da ist sie, die Elektromathematik!«
Das Fest der Namensgebung verlief düster und still. Nur als böses Omen konnte man es deuten, daß ein gewisser Z. aus

dem Ledertrust nach drei Flaschen sich für einen Astronomen zu halten begann und schrie:
»Epilepsie der Planeten und banaler Flirt der Trabanten! Den Statisten in der ›Aelita‹ sind je zwei Rubel gezahlt worden, obgleich sie in dem grellen Licht fast erblindet wären! Fragt sich, wie steht es mit der sozialen Gesetzgebung auf dem Mars? Und ist er überhaupt vorhanden, dieser Mars, oder ist er nur eine optische Täuschung meiner desorganisierten Phantasie?«
Nun sollte der Name gewählt werden. Alles wird heute umbenannt. Da gibt es eine Ferdinand-Lassalle-Straße. Die Hauptstadt von Norwegen heißt nunmehr Oslo. Eine Zigarettensorte nennt sich »Roter Diplomat«. Wem ist es noch nicht klar, daß der Name das künftige Schicksal seines Trägers mitbestimmt? Iwan Jegorowitsch bettelte lange:
»Wir nennen ihn Iljitsch. Es ist zwar ein Vatersname, aber es klingt doch klar und deutlich.«
Er sagte »wir«, denn er sah wohl ein, daß nicht er der wirkliche Vater war, er, der sich nur unbewußt, stumpfsinnig nachts mit Njusja Fedosejewna abgegeben hatte, in der dunkeln Kammer, die von Bierdunst und kleinbürgerlichen Träumen sauer roch – nein, nicht er war es, sondern jener andere, der durch Haut und Fleisch hindurchgeht wie die wüsten X-Strahlen.
»Wir nennen ihn Iljitsch!«
Allein der Bürger Adamant war unerbittlich.
»Sein Name soll ›Number‹ sein – das bedeutet die Unendlichkeit der Zahl und den endlichen Sieg. Er wird die Umdrehung der Erde regeln und beherrschen – jawohl!«
Number gab irrationale Quiektöne von sich: er war noch frei von allen Gedanken an seine großen Zukunftsaufgaben. Sein Nabel war trivial, aber ganz eigenartig, gleichsam korrigiert durch die vorgeburtliche Erziehung. Iwan Jegorowitsch konnte nichts anderes tun, als bei der Bitterkeit des Bieres – die ja nur ein Teil der universalen Bitterkeit, der Bitterkeit des Lebens ist – Trost suchen. Weil er jede Berührung mit den

Zahlen fürchtete, zählte er die Flaschen nicht. Der Rausch begann sich abzusetzen. In der gesättigten Lösung der Verzweiflung bildeten sich Kristalle. Die Besucher, die sich der Bedeutung der Zahl bewußt waren, unterstützten den Wirt durch Bestellung immer neuer Flaschen und durch einen abstrakten Sturm, einen interplanetarischen Sturm von Ausrufen, die strafrechtlich nicht anzugreifen waren. Der Konstruktivist Y., der letzte Mohikaner, hielt eine Rede:
»Trotz der Intrigen der Achrowzen dringen wir in die Produktion ein! Man sagt, auf meinem Stuhl könne man nicht sitzen. Unsinn! Er ist genau berechnet. Es stimmt alles, wie in einem mathematischen Lehrsatz. Schuld ist nur der Hintern, der menschliche Hintern, dieses stumpfsinnige, formlose Stück Fleisch. Nicht den Anforderungen des Sitzfleisches sollen wir unsere Konstruktionen anpassen, sondern das Leben in Produktionsvorgänge verwandeln und die Form des schlappen Fleisches umgestalten, den Hintern zu einem dynamischen Dreieck machen!«
Zum Verkauf angeboten wurde eine Partie marinierter Steinpilze, eine Jupiterlampe für Kinoaufnahmen, Schmirgel, Zapfen, Amateur-Radioapparate, Dachpappe und Verzweiflung, dunkel wie Porter.
Im hinteren Zimmer stöhnte Njusja Fedosejewna über den ausgestreuten Erbsen, und Number, der nicht einschlafen wollte, sondern seine Arbeit bereits aufgenommen hatte, schrie in seinem Sanskrit oder Zukunftsvolapük etwas von der Summe der Summen und von der vom Wahnsinn seitwärts gedrehten Acht, der vorausgesetzten Unendlichkeit.
»Wenn die Acht auf der Seite liegt, dann gibt es kein Ende«, bestätigte der Bürger Adamant.
Iwan Jegorowitsch fragte ihn stumpfsinnig:
»Kein Ende?«
Und darauf riß er ganz einfach, als handle es sich um die Stanniolkapsel an einer Bierflasche, seinem schrecklichen Sohn Number den Kopf ab. Die Erde hatte den Helden verloren, der ihre Umdrehung regulieren sollte. Die Gäste, die

noch nichts ahnten, fuhren fort, ihr Sodbrennen und ihr Weh mit Bier zu löschen.
»Holt die Miliz!«
Das schrie der Wirt selbst, der sonst ein amtliches Protokoll noch mehr fürchtete als die Steuern. Was war geschehen? Ein Diebstahl? Eine Keilerei? Nein, es handelte sich nur um die ungeheure menschliche Verlassenheit eines breitschultrigen Rüpels, um das Herzweh von fünf Pud und fünfunddreißig Jahren, Kalugaer Pfefferkuchen, geräucherten Schellfisch ... Ein Unglück war geschehen, ja, ein Unglück: tot war Number, der Erstling, Numbertschik oder Numbik.
Habt Mitleid mit ihm! Er hatte einen Nabel, einen ganz gewöhnlichen Nabel!
Man führte den Mörder fort. Vor der Bierstube »Zur Roten Rast« aber stand die ganze Nacht der Bürger Adamant und weinte. Wer vermag das spezifische Gewicht all dieser unermeßlichen Tränen zu bestimmen? Übrigens, die Analyse bringt alles fertig: sie ermittelt die Quantität des Wassers, der organischen Salze – kurz, das Ganze ist nur eine Ausscheidung, also ein kategorischer Blödsinn.

Jurij Olescha

Liebe

Schuwalow wartete im Park auf Lelja. Es war heißer Mittag. Auf einem Stein erschien eine Eidechse. Schuwalow dachte: Auf diesem Stein ist die Eidechse schutzlos, man entdeckt sie sofort. ›Mimikry‹ – ging es ihm durch den Kopf. ›Mimikry‹ – er mußte unwillkürlich an ein Chamäleon denken.

»Siehst du, da haben wir's«, sagte Schuwalow, »zum Chamäleon hat es eben nicht gelangt.«

Die Eidechse verschwand.

Schuwalow stand zornig von der Bank auf und ging rasch den Weg entlang. Er war verärgert und hatte plötzlich den Wunsch, sich gegen irgend etwas aufzulehnen. Er blieb stehen und sagte ziemlich laut:

»Zum Teufel! Warum denke ich an Mimikry und an ein Chamäleon? Lauter unnütze Gedanken.«

Er kam zu einer kleinen Wiese und setzte sich auf einen Baumstumpf. Die Insekten schwirrten. Die Grashalme zitterten. Der Flug der Vögel, Mücken und Käfer bildete eine imaginäre Architektur, doch man konnte feine, punktierte Linien erkennen, Bogen, Brücken, Türme und Terrassen – eine Stadt, die immer wieder an einen andern Ort verlegt wurde und alle Sekunden ihre Form änderte.

›Man beginnt, über mich zu verfügen‹, dachte Schuwalow. ›Mein Gesichtsfeld ist verschmutzt. Ich werde zum Eklektiker. Wer verfügt über mich? Ich fange an, Dinge zu sehen, die nicht sind.‹

Lelja kam nicht. Sein Aufenthalt im Park zog sich hin. Er spazierte lange umher. Er mußte sich von der Existenz vieler Insektenarten überzeugen. Über einen Grashalm kroch ein Käfer; er ergriff ihn und setzte ihn auf seine Hand. Mit einem Male blitzte der Bauch des Käfers auf.

»Zum Teufel! Noch eine halbe Stunde – und ich werde zum Naturforscher!« rief er wütend.
Die Halme, Blätter und Baumstämme waren alle verschieden geformt; er sah Grashalme mit knotigen Gelenken, wie Bambus; die Buntheit dessen, was man Rasen nennt, überraschte ihn; er hätte nie erwartet, daß der Boden selbst so viele verschiedene Farben hatte.
»Ich will aber kein Naturforscher werden!« sagte er. »Diese zufälligen Beobachtungen sind vollkommen überflüssig.«
Aber Lelja kam nicht. Er hatte bereits Statistiken aufgestellt und eine Klassifikation geschaffen. Schon konnte er sagen, daß in diesem Park Bäume mit dickem Stamm und Blättern in Form eines Treff-As vorherrschten. Er erkannte die einzelnen Insekten an ihrem Ton. Ohne daß er es wollte, füllte sich sein Gedächtnis mit Dingen, die völlig uninteressant für ihn waren.
Lelja kam nicht. Er war traurig und mißgestimmt. Statt Lelja erschien ein unbekannter Bürger mit schwarzem Hut und setzte sich neben Schuwalow auf die Bank. Der Fremde saß ein wenig niedergeschlagen da, die weißen Hände auf den Knien. Er war jung und still. Später stellte sich heraus, daß der junge Mann an Farbenblindheit litt. Sie kamen ins Gespräch.
»Ich beneide Sie«, sagte der junge Mann. »Es heißt, die Blätter seien grün. Ich habe noch nie grüne Blätter gesehen. Ich muß blaue Birnen essen.«
»Alles Blaue ist ungenießbar«, sagte Schuwalow, »mir würde schlecht von blauen Birnen.«
»Ich esse blaue Birnen«, wiederholte der Farbenblinde traurig.
Schuwalow schüttelte sich.
»Sagen Sie«, fragte er, »wenn die Vögel um einen fliegen, dann bilden ihre Flugbahnen eine Stadt, imaginäre Linien. Haben Sie das schon einmal bemerkt?«
»Nein, nie«, entgegnete der Fremde.
»Also sehen Sie die ganze Welt richtig, so, wie sie ist?«

»Die ganze Welt, außer ein paar farblichen Einzelheiten.« Der Farbenblinde kehrte Schuwalow sein blasses Gesicht zu. »Sind Sie verliebt?« fragte er.
»Ja, ich bin verliebt«, antwortete Schuwalow ehrlich.
»Ich verwechsle nur ein paar Farben, aber alles andere sehe ich ganz natürlich!« sagte der Farbenblinde vergnügt. Dabei machte er eine abwehrende Geste, die seinem Gesprächspartner galt.
»Aber blaue Birnen – das ist keine Kleinigkeit«, sagte Schuwalow lächelnd.
In der Ferne erschien Lelja. Schuwalow sprang auf. Der Farbenblinde erhob sich, lüftete den schwarzen Hut und ging davon.
»Sind Sie Geiger?« rief Schuwalow ihm nach.
»Sie sehen Dinge, die nicht sind«, antwortete der junge Mann. Schuwalow schrie wütend:
»Sie sehen aber wie ein Geiger aus!«
Ohne stehenzubleiben, entgegnete der Fremde etwas, und Schuwalow meinte zu hören:
»Sie sind auf einem gefährlichen Weg ...«
Lelja kam rasch näher. Er ging ihr ein paar Schritte entgegen. Die Zweige mit den Blättern, die wie ein Treff-As aussahen, schwankten. Schuwalow stand mitten auf dem Weg. Die Zweige rauschten. Sie kam, stürmisch begrüßt von raschelndem Laub. Der Farbenblinde bog rechts ab und dachte: ›Wie windig es heute ist‹ und blickte in die Höhe. Das Laub benahm sich wie alle vom Winde geschüttelten Blätter. Der Farbenblinde sah schaukelnde blaue Baumkronen, Schuwalow sah grüne Wipfel. Aber Schuwalow kam zu einem unnatürlichen Schluß; er dachte: ›Die Bäume begrüßen Lelja.‹ Der Farbenblinde irrte sich, doch Schuwalow irrte sich noch mehr.
»Ich sehe etwas, das nicht ist«, wiederholte er.
Lelja stand vor ihm. In der einen Hand hatte sie eine Tüte mit Aprikosen, die andere streckte sie ihm entgegen. Die Welt veränderte sich mit einem Schlag.

»Warum verziehst du das Gesicht?« fragte sie.
»Mir ist, als hätte ich eine Brille auf der Nase.«
Lelja nahm eine Aprikose aus der Tüte, brach die rosigen Backen auseinander und warf den Kern weg. Der Kern fiel ins Gras. Schuwalow schaute sich erschrocken um: an der Stelle, wo der Kern niedergefallen war, wuchs ein Baum, ein dünnes, schimmerndes Bäumchen, wie ein wunderlicher kleiner Sonnenschirm. Er sagte zu Lelja:
»So ein Unsinn! Ich beginne plötzlich in Bildern zu denken. Die Naturgesetze hören auf, für mich zu existieren. In fünf Jahren wird an dieser Stelle ein Aprikosenbaum stehen. Das ist durchaus möglich, das stimmt vollkommen mit der Wissenschaft überein. Aber allen Naturgesetzen zuwider erblicke ich diesen Baum schon fünf Jahre früher. So ein Blödsinn! Ich werde noch zum Idealisten.«
»Das macht die Liebe«, sagte sie, und Aprikosensaft rann über ihre Lippen.

Sie saß auf den Kissen und wartete auf ihn. Das Bett stand in der Ecke. Auf der Tapete leuchteten goldene Kränzchen. Er ging auf Lelja zu, sie umarmte ihn. Sie war so jung und leicht, daß sie, ausgezogen, im Nachthemd, unnatürlich entblößt schien. Die erste Umarmung war stürmisch. Ihr Kindermedaillon flatterte von ihrer Brust auf und blieb gleich einer goldenen Mandel in ihrem Haar hängen. Schuwalow neigte sich über ihr Gesicht, das langsam, wie das Gesicht einer Sterbenden, auf das Kissen sank.
Das Licht brannte.
»Ich mache es aus«, sagte Lelja.
Schuwalow lag an der Wand. Er fuhr mit dem Finger über die Tapete. An dem Teil der Wand, an dem er schlief, hatte das Tapetenmuster eine doppelte Existenz: eine am Tage, die nicht weiter bemerkenswert war – gewöhnliche kleine Kränze; eine andere, nächtliche, die man in den fünf Minuten, bevor man in Schlaf fiel, wahrnahm. Plötzlich traten die einzelnen Teile des Musters dicht an ihn heran, wurden grö-

ßer, detaillierter und veränderten sich. Zwischen Wachen und Schlaf war er kindlichen Empfindungen nahe, und deshalb protestierte er nicht gegen die Verwandlung gewohnter, natürlicher Formen, um so mehr, als diese Verwandlung etwas Rührendes hatte: statt der Schnörkel und Kränzchen sah er eine Ziege und einen Koch.

»Und hier ist ein Violinschlüssel«, sagte Lelja verstehend.

»Und ein Chamäleon . . .« murmelte er im Einschlafen.

Er erwachte am frühen Morgen. Sehr früh. Er wachte auf, schaute sich nach allen Seiten um und schrie auf. Ein freudiger Laut drang aus seiner Kehle. Die Veränderung der Welt, die am ersten Tage ihrer Bekanntschaft begonnen, hatte sich in dieser Nacht vollendet. Er erwachte auf einer neuen Erde. Der strahlende Morgen erfüllte das Zimmer. Er sah das Fenstersims und darauf die Blumentöpfe mit den bunten Blüten. Lelja schlief und kehrte ihm den Rücken zu. Sie lag zusammengekauert da, ihr Rücken war gerundet, unter der Haut zeichnete sich die Wirbelsäule ab, ein dünnes Rohr. ›Wie eine Angelrute‹, dachte Schuwalow, ›Bambus.‹ Auf dieser neuen Erde war alles rührend und komisch. Durch das offene Fenster drangen Stimmen herein. Die Leute sprachen von den Blumentöpfen vor Leljas Fenster.

Er stand auf, zog sich an und konnte sich nur mit Mühe auf der Erde halten. Die Anziehungskraft existierte nicht mehr. Er hatte die Gesetze dieser neuen Welt noch nicht begriffen und bewegte sich deshalb sehr vorsichtig, da er fürchtete, durch irgendeine unbedachte Handlung einen abnormen Effekt hervorzurufen. Einfach denken, die Dinge wahrnehmen – selbst das war riskant. Hatte er in dieser Nacht plötzlich die Fähigkeit gewonnen, seine Gedanken zu materialisieren? Er hatte allen Grund zu dieser Vermutung. Zum Beispiel hatten sich die Knöpfe seines Anzugs ganz von selbst geschlossen. Und als er die Bürste anfeuchten wollte, um sein Haar zu bürsten, hörte er plötzlich das Klingen fallender Wassertropfen. Er schaute sich um. An der Wand leuchtete ein buntes Bündel in der Sonne – Leljas Kleider.

»Hier bin ich«, rief die Stimme des Wasserhahns aus diesen Kleidern.
Darunter fand er den Kranen und das Waschbecken. Und einen rosa Seifenrest. Jetzt hatte Schuwalow Angst, sich irgend etwas Schreckliches vorzustellen. ›Ein Tiger ist im Zimmer‹, mußte er gegen seinen Willen denken, aber es gelang ihm, sich von diesem Gedanken zu befreien. Dennoch starrte er entsetzt auf die Tür. Die Materialisierung ging weiter, doch der Gedanke hatte keine endgültige Form gewonnen, und deshalb war das Ergebnis der Materialisierung der ursprünglichen Vorstellung nur entfernt ähnlich: eine Wespe flog zum Fenster herein ... sie war gestreift und blutdürstig.
»Lelja! Ein Tiger!« – schrie Schuwalow.
Lelja wachte auf. Sie sprang aus dem Bett. Die Wespe flog auf sie zu. Lelja fuchtelte mit beiden Händen in der Luft – die Wespe und das Medaillon schwirrten um ihren Kopf. Schuwalow schlug auf das Medaillon. Eine wilde Jagd begann. Schließlich deckte Lelja die Wespe mit ihrem knisternden Strohhut zu.
Schuwalow ging. Sie nahmen Abschied voneinander. Der Zugwind, der in dieser neuen Welt ungewöhnlich rührig und vielstimmig schien, riß die Tür unten im Flur auf. Er sang wie eine Waschfrau, fuhr durch die Blumen auf dem Fensterbrett, hob Leljas Hut hoch, befreite die Wespe und schleuderte sie in den Salat. Er trieb Leljas Haar zu Berg. Er pfiff.
Er hob Leljas Nachthemd in die Höhe.
Sie trennten sich, und Schuwalow, der vor lauter Glück die Stufen unter seinen Füßen nicht spürte, ging die Treppe hinunter und in den Hof. Ja, er spürte die Stufen nicht. Auch die Treppe vor dem Haus, die Steine, fühlte er nicht; da entdeckte er, daß das keine Illusion, sondern Wirklichkeit war, daß seine Füße in der Luft schwebten, daß er flog.
»Er fliegt auf den Flügeln der Liebe«, sagte jemand im Fenster.
Er glitt dahin, sein Tolstoj-Hemd verwandelte sich in eine

Krinoline, seine Lippen brannten wie im Fieber, er flog, mit den Fingern schnalzend.

Um zwei Uhr kam er in den Park. Erschöpft von Liebe und Glück schlief er auf einer grünen Bank ein.

Ein Unbekannter in einer Art Soutane, mit schwarzem Hut und dunkelblauer Brille, die Hände auf dem Rücken, schritt langsam und gemessen wie ein Priester über den Parkweg; bald senkte er den Kopf, bald blickte er auf.

Er ging auf Schuwalow zu und setzte sich neben ihn.

»Ich bin Isaak Newton«, sprach der Fremde und lüftete seinen schwarzen Hut. Durch die Brille sah er seine blaue, photographische Welt.

»Guten Tag«, stammelte Schuwalow.

Der große Gelehrte saß, die Ohren spitzend, kerzengerade da, wie auf Nadeln. Seine Ohren bebten leise, er lauschte, der Zeigefinger der linken Hand war emporgereckt, als wollte er einen unsichtbaren Chor zur Aufmerksamkeit rufen, der auf ein Zeichen dieses Fingers dröhnend einsetzen würde. Alles in der Natur hielt den Atem an. Schuwalow versteckte sich hinter der Bank. Der Kies knirschte leise unter seinem Absatz. Der berühmte Physiker lauschte dem großen Schweigen der Natur. In der Ferne, über dunklen Massen von Grün, erschien ein Stern am düsteren Himmel, und es wurde sehr kühl.

»Da!« rief Newton plötzlich. »Hören Sie?«

Ohne sich umzusehen, streckte er die Hand aus, packte Schuwalow am Rockschoß und zerrte ihn aus seinem Versteck hervor. Sie gingen über eine Wiese. Die großen Stiefel des Gelehrten ließen weiße Spuren im Gras zurück. Eine Eidechse, die sich immer wieder umblickte, lief vor ihnen her. Sie gingen durch dichtes Gestrüpp, das die eisernen Brillenränder des Gelehrten mit Marienkäfern und Vogelflaum schmückte. Sie kamen zu einer kleinen Lichtung. Dort erblickte Schuwalow das Bäumchen, das gestern erschienen war.

»Aprikosen?« fragte er.

»Nein«, entgegnete der Gelehrte gereizt, »das ist ein Apfelbaum.«
Das gitterähnliche Geäst des Bäumchens, leicht und zerbrechlich wie das Rahmenwerk einer Montgolfiere, schimmerte durch die spärliche Laubdecke. Alles war regungslos und still.
»Da!« sagte der Gelehrte und bückte sich. »Da!« Er hielt einen Apfel in der Hand. »Was bedeutet das?«
Man sah, daß er sich nicht oft bücken mußte: als er sich aufgerichtet hatte, bog er ein paarmal den Rücken nach hinten – eine Wohltat für sein Rückgrat, für den alten Bambus seines Rückgrats. Der Apfel ruhte auf einem Gestell aus drei Fingern.
»Was bedeutet das?« wiederholte Newton. »Wollen Sie mir nicht sagen, warum der Apfel gefallen ist?«
Schuwalow starrte auf den Apfel wie einst Wilhelm Tell.
»Das Gesetz der Schwerkraft ...« stotterte er kaum vernehmlich.
Nach einer kurzen Pause fragte der große Physiker:
»Mir scheint, Sie sind heute geflogen, Student?« Seine Brauen hoben sich über die Brille.
»Mir scheint, Sie sind heute geflogen, junger Marxist.«
Ein Marienkäfer kroch von Newtons Finger auf den Apfel. Newton schielte danach. Für ihn war der Marienkäfer leuchtend blau. Er runzelte die Stirn. Am höchsten Punkt des Apfels angekommen, zog der Käfer irgendwo hinten die Flügel heraus, wie man ein Taschentuch unter den Frackschößen herauszieht, und flog davon.
»Mir scheint, Sie sind heute geflogen.«
Schuwalow schwieg.
»Schwein«, sagte Isaak Newton.
Schuwalow erwachte.
»Schwein«, sagte Lelja, die vor ihm stand. »Du erwartest mich – und du schläfst?«
Sie nahm einen Marienkäfer von seiner Stirn und sah lächelnd, daß das Insekt einen metallisch schimmernden Bauch hatte.

»Zum Teufel!« fluchte Schuwalow. »Ich hasse dich. Früher wußte ich nur, daß das ein Marienkäfer ist, und weiter nichts. Aber seit ich dich kenne, ist irgend etwas mit meinen Augen geschehen. Ich sehe plötzlich blaue Birnen, ich finde, daß ein Fliegenpilz einem Marienkäfer ähnlich ist.«
Sie wollte ihn umarmen.
»Laß mich! Laß!« schrie er. »Ich habe genug! Es ist eine wahre Schande!«
Mit diesem Schrei rannte er davon. Schnaubend, in wilden Sätzen, suchte er das Weite, vor seinem eigenen Schatten fliehend und ängstlich über seine Schulter schielend. Schließlich blieb er keuchend stehen. Lelja war verschwunden. Er beschloß, alles zu vergessen. Er mußte die verlorene Welt zurückgewinnen.
»Leb wohl«, seufzte er, »wir werden uns nie wiedersehen.«

Er saß am Rand einer steilen Böschung und schaute auf eine weite, mit Villen übersäte Ebene hinaus. Er saß auf der Spitze eines Prismas, und seine Beine ruhten auf der abschüssigen Fläche.
Unter ihm kreiste der Schirm eines Eisverkäufers, was ihn irgendwie an ein Negerdorf erinnerte.
»Ich lebe im Paradies«, sagte der junge Marxist mit gepreßter Stimme.
»Sind Sie Marxist?« fragte jemand dicht neben ihm.
Der farbenblinde junge Mann mit dem schwarzen Hut saß ganz in seiner Nähe.
»Ja, ich bin Marxist«, entgegnete Schuwalow.
»Dann dürfen Sie nicht im Paradies leben.«
Der Farbenblinde spielte mit einer dünnen Gerte. Schuwalow seufzte.
»Was soll ich denn machen? Die Erde ist für mich zum Paradies geworden.«
Der junge Mann pfiff leise vor sich hin und kratzte sich mit der Gerte am Ohr.
»Wissen Sie«, fuhr Schuwalow in klagendem Ton fort, »wis-

sen Sie, wie weit es mit mir gekommen ist? Ich bin heute geflogen. Wenn Sie wollen, führe ich es Ihnen vor ... ich werde dorthin fliegen.« Er streckte den Arm aus.
»Nein, danke. Ich möchte nicht Zeuge Ihrer Schande sein.«
»Ja, es ist entsetzlich«, sagte Schuwalow nach einer kurzen Pause, »ich weiß, daß es entsetzlich ist. Ich beneide Sie«, setzte er hinzu.
»Wirklich?«
»Mein Ehrenwort! Wie schön muß es sein, wenn man die ganze Welt richtig sieht und sich nur in ein paar farblichen Einzelheiten täuscht, wie das bei Ihnen der Fall ist. Sie müssen nicht im Paradies leben. Für Sie ist die Welt nicht verschwunden. Alles ist in Ordnung. Und ich? Stellen Sie sich vor, ich bin ein vollkommen gesunder Mensch, ein Materialist ... und plötzlich vollzieht sich vor meinen Augen eine geradezu verbrecherische Deformierung der Materie und der Dinge, die jeder Wissenschaft ins Gesicht schlägt ...«
»Ja, das ist furchtbar«, sagte der Farbenblinde zustimmend. »Und alles wegen der Liebe.«
Schuwalow faßte mit jäher Heftigkeit die Hand seines Nachbarn.
»Hören Sie!« rief er. »Geben Sie mir Ihre Iris und nehmen Sie meine Liebe dafür!«
Der Farbenblinde kletterte den Abhang hinunter.
»Verzeihung«, sagte er, »ich bin in Eile. Auf Wiedersehen. Leben Sie glücklich in Ihrem Paradies.«
Als er ebenes Gelände erreicht hatte, schleuderte er seine Gerte weg, warf Schuwalow eine Kußhand zu und rief: »Grüßen Sie Ihre Eva!« und eilte davon.
Lelja schlief unterdessen. Eine Stunde, nachdem Schuwalow den Farbenblinden getroffen hatte, fand er sie im Herzen des Parks. Er war kein Naturforscher, er konnte nicht sagen, was für Sträucher ihn umgaben: Haselbüsche, Hagedorn, Holunder oder Heckenrosen. Von allen Seiten neigten sich Zweige und Gesträuch auf ihn herab, er schritt dahin wie ein Hausie-

rer, mit dem leichten Geflecht der Zweige beladen, das sich immer mehr verdichtete. Er warf diese Körbchen ab, die Blätter, Blüten, Dornen, Beeren und Vögel auf ihn ausgeschüttet hatten.
Lelja lag auf dem Rücken, im rosa Kleid, die Brust entblößt. Sie schlief. Er setzte sich neben sie.
Dann legte er den Kopf auf ihre Brust, seine Finger fühlten den Kattun ihres Kleides, sein Kopf ruhte auf ihrer schweißbedeckten Brust, er sah ihre rosigen Brustwarzen, ganz in feine Runzeln eingebettet, die wie die Haut auf der Milch waren. Er hörte nicht, wie die Zweige raschelten, ächzten, knackten.
Hinter dem Gesträuch tauchte der Farbenblinde auf. Das Gesträuch ließ ihn nicht durch.
»Hören Sie«, sagte er.
Schuwalow hob den Kopf.
»Warum laufen Sie wie ein Hund hinter mir her?« fragte Schuwalow.
»Hören Sie, ich bin einverstanden. Nehmen Sie meine Iris und geben Sie mir Ihre Liebe dafür . . .«
»Gehen Sie und essen Sie blaue Birnen«, antwortete Schuwalow.

Ossip Mandelstam

Die ägyptische Briefmarke

Schriftrollen liebe ich nicht. Manche von ihnen sind fettdurchtränkt von der Zeit und schwer wie die Trompeten der Erzengel.

1

Das polnische Dienstmädchen war in die Kirche Quarenghis gegangen, um ein wenig zu schwatzen und zur Mutter Gottes zu beten.

In der Nacht ein Traum: ein Chinese, mit Damenhandtaschen wie mit einer Kette Rebhühner behängt, und ein amerikanisches Duell, bei dem die Gegner mit Pistolen in Vitrinen mit Porzellan, in Tintenfässer und auf die Familienporträts schießen.

Meine liebe Familie, ich möchte dir ein Wappen vorschlagen: ein Glas abgekochtes Wasser. In dem Gummigeschmack des abgekochten Petersburger Wassers trinke ich die nie erreichte häusliche Unsterblichkeit. Die Zentrifugalkraft der Zeit hat unsere Wiener Stühle und die holländischen Teller mit den blauen Blumen auseinandergefegt. Nichts ist geblieben. Dreißig Jahre sind dahingegangen wie ein schwelender Brand. Dreißig Jahre leckte eine kalte, weiße Flamme über die Rückseite des Spiegels mit den Marken des Gerichtsvollziehers.

Aber wie soll ich mich von dir losreißen, geliebtes Ägypten der Dinge? Anschauliche Ewigkeit des Eßzimmers, Schlafzimmers und Arbeitszimmers. Wie soll ich meine Schuld wiedergutmachen? Wollt ihr die Lagerhallen von Kokorew als Walhall? Dort wird man euch aufbewahren. Schon tänzeln die Möbeltransporteure vor Schreck und heben den Zimmerflügel Marke Mignon hoch, der einem schwarzlackierten, vom Himmel gefallenen Meteor gleicht. Zeltplanen liegen wie Meßgewänder ausgebreitet. Der Trumeauspiegel schwimmt schräg die Treppe hinunter und manövriert auf den Treppenabsätzen in seiner ganzen palmengleichen Höhe.

Parnok hatte seinen Cutaway am Abend über die Lehne eines Wiener Stuhls gehängt, damit er sich über Nacht in den Schultern und in den Armausschnitten ausruhen und einen gesunden Cheviot-Schlaf schlafen sollte. Aber wer weiß – vielleicht schlug der Cutaway auf dem Wiener Stuhl Purzelbäume, benahm sich jung und übermütig und trieb allerlei Unfug? ... Der Cutaway, die rückgratlose Freundin junger Leute, hat Sehnsucht nach dem Spiegeltriptychon bei dem Schneider in der Bel étage ... Bei der Anprobe war der Cutaway ein einfacher Sack, halb Ritterpanzer, halb verdächtige ärmellose Jacke, doch der Schneider hat ihn mit pythagoräischen Kreidezeichnungen bedeckt und ihm Leben und Anmut eingehaucht:
»Geh, meine Schöne, und lebe! Zeige dich in Konzerten, halte Vorträge, liebe und irre!«
»Ach, Merwis, Merwis, was hast du getan! Warum hast du Parnok seiner irdischen Hülle beraubt, warum hast du ihn von seiner geliebten Schwester getrennt?«

»Schläft er?«
»Ja, er schläft! Dieser Bengel! Er ist nicht einmal wert, daß ihn das elektrische Licht bescheint!«
Die letzten Kaffeebohnen verschwanden im Krater der Kaffeemühle, dieser kreischenden Drehorgel.
Der Brautraub war geschehen.
Merwis hatte den Cutaway wie eine Sabinerin geraubt.

Wir rechnen nach Jahren, doch in Wirklichkeit zerfällt die Zeit in jeder Wohnung am Kamennoostrowskij in Dynastien und in Jahrhunderte.

Die Verwaltung eines Hauses hat immer etwas Grandioses. Man kann die einzelnen Abschnitte eines Lebens – vom Erlernen des deutschen gotischen Alphabets bis zu dem goldgelben Fett der Universitätspiroggen – nicht fassen.
Der stolze, empfindliche Duft des Benzins und der fette Geruch des gutmütigen Petroleums bewachen die Wohnung, die von der Küche her angreifbar ist: dort dringen die Hausknechte mit Katapulten von Brennholz ein. Staubige Lappen und Bürsten erwärmen das weiße Blut der Küche.
Im Anfang war die Werkbank und Iljins Karte der beiden Hemisphären.
Parnok schöpfte Trost aus ihr. Das unzerreißbare, auf kräftiges Leinen aufgezogene Papier beruhigte ihn. Er tippte mit dem Ende des Federhalters auf Meere und Kontinente und stellte grandiose Reiserouten zusammen. Er verglich die luftigen Umrisse des arischen Europa mit dem plumpen Stiefel Afrikas und mit dem ausdruckslosen Australien. An Südamerika, mit Patagonien angefangen, fand er auch einen gewissen Reiz.
Die Verehrung für Iljins Karte lag Parnok seit der mythischen Zeit im Blut, zu der er glaubte, daß die glühende Kanzlei im Erdinnern diese aquamarinblauen und ockergelben Halbkugeln zu ihrer Anschauungsmission bevollmächtigt hätte, und daß diese beiden großen Bälle im Netz der Breiten- und Längengrade gleich Nährpillen eine Kondensierung von Raum und Distanz enthielten.

Ist diese Empfindung nicht dasselbe wie das Gefühl, mit dem eine Sängerin italienischer Schule vor ihrer Tournee durch das noch junge Amerika die Landkarte mit der Stimme überfliegt, den Ozean mit metallischem Timbre mißt und den unsicheren Pulsschlag der Packbootmaschinen mit Rouladen und Tremolos kontrolliert? Auf ihrer Netzhaut erscheinen die beiden Amerika wie zwei auf dem Kopf stehende Jagdtaschen, die Washington und den Amazonas enthalten. Auf ihrer salzigen ersten Seereise gibt sie der Landkarte einen

neuen Sinn: sie sucht aus Dollarnoten und winterlich knisternden Hundertrubelscheinen die Zukunft zu erraten.
Das Zweite Kaiserreich hat sie enttäuscht. Kein Belcanto kann das wiedergutmachen. Überall dieselben, mit Stoff drapierten Zimmerdecken, niedrig wie ein verhangener Himmel, dieselben verräucherten Lesezimmer, dieselben im Mark des Jahrhunderts aufgepflanzten Schäfte mit den zusammengerollten »Times« und »Nachrichten«. Und schließlich Rußland ...
»Kreschtschatik«, »schtschastie« und »schtschawel« werden ihre kleinen Ohren kitzeln, der unmögliche Laut »bl« wird ihr den Mund bis zu den Ohren aufreißen.
Und dann werden die Gardeoffiziere zu ihrem Seelenamt in die Kirche Quarenghis eilen. Die vergoldeten Vögel, diese Aasfresser, werden die römisch-katholische Sängerin mit ihren Schnäbeln zerfleischen.
Wie hoch sie liegt! Ist das denn der Tod? In Anwesenheit des diplomatischen Korps wagt sich der Tod nicht zu mucksen.
»Wir werden sie mit Federbüschen, Gendarmen und Mozart zu Grabe geleiten!«
In diesem Augenblick flogen Fieberbilder aus Romanen von Balzac und Stendhal durch sein Hirn: junge Leute, die Paris erobern und sich mit dem Taschentuch den Staub von den Stiefeln wischen, bevor sie in eine Villa eintreten. Und er machte sich auf, den Cutaway zurückzuerobern.
Der Schneider Merwis wohnte in der Monetnaja, gerade neben dem Lyzeum; ob er aber für die Schüler des Lyzeums nähte, das war eine große Frage: es wurde stillschweigend vorausgesetzt, wie man annimmt, daß ein Rheinfischer Forellen und nicht Weißfische fängt. Man sah an allem, daß Merwis durchaus nicht nur das Schneiderhandwerk im Kopf hatte, sondern viel wichtigere Dinge. Nicht umsonst kamen Verwandte von weit und breit zu ihm gelaufen, während sich der Kunde verdutzt und reumütig zurückzog.

»Wer wird meinen Kindern Butter auf ihre Semmmeln geben?« sagte Merwis und machte eine Handbewegung, als wollte er Butter aus einem Topf herauspolken, und Parnok meinte in der phantastischen Atmosphäre der Schneiderwohnung nicht nur sternförmig geschnittene und mit tränenden Radieschenrosen verzierte Butter zu sehen, sondern ganze Bündel von Radieschen. Dann brachte Merwis geschickt das Gespräch auf den Advokaten Grusenberg, der im Januar eine Senatorenuniform bei ihm bestellt hatte, flocht ohne ersichtlichen Grund ein paar Bemerkungen über seinen Sohn Aaron ein, der das Konservatorium besuchte, wurde plötzlich verwirrt und ungeduldig und verschwand eiligst hinter der Trennwand.

»Nun ja«, dachte Parnok, »vielleicht mußte es so kommen, vielleicht ist mein Cutaway wirklich nicht mehr da, vielleicht hat er ihn wirklich verkauft, wie er sagt, um den Cheviot zu bezahlen.

Und außerdem hat Merwis ja keine Ahnung vom Schnitt eines Cutaway. Er macht immer wieder einen Gehrock, weil er den offenbar besser kennt.

Lucien de Rubempré trug Wäsche aus grobem Leinen und einen plumpen Anzug vom Dorfschneider. Er aß Kastanien auf der Straße und hatte Angst vor den Concièrges. Eines schönen Tages rasierte er sich – und aus dem Seifenschaum wurde die Zukunft geboren.«

Parnok stand verlassen da, von dem Schneider Merwis und seiner Familie vergessen. Sein Blick fiel auf die Trennwand, hinter der eine Altstimme summte wie zäher jüdischer Honig. Diese mit Bildern beklebte Wand bildete eine recht sonderbare Ikonostasis.

Da war Puschkin, mit verzerrtem Gesicht und im Pelzmantel. Herren, die wie Fackelträger aussahen, trugen ihn aus einer Kutsche, die eng war wie ein Schilderhaus, und wollten ihn offenbar in einen Torweg werfen, ohne sich um den verblüfften Kutscher mit seiner hohen Metropolitenmütze zu kümmern. Daneben sah man Santos Dumont, einen Luftschiffer des 19. Jahrhunderts, im zweireihigen Rock mit Breloques. Das Spiel der Elemente hatte ihn aus dem Korb seines Ballons herausgeschleudert, und nun hing er an einem Strick und beobachtete einen schwebenden Kondor. Sodann waren auf der Bilderwand Holländer auf Stelzen dargestellt, die wie Störche durch ihr kleines Land liefen.

2

Die Orte, wo sich die Petersburger zu einem Rendezvous treffen, sind nicht sehr zahlreich. Sie sind von der Zeit, dem Meergrün des Himmels und der Newa geheiligt. Man könnte sie auf dem Stadtplan zwischen den Gärten mit ihrem schweren grünen Vlies und den Pappkartonstraßen mit kleinen Kreuzen bezeichnen. Vielleicht haben sie sich im Lauf der Geschichte geändert, aber kurz vor dem Ende, als die Temperatur der Epoche auf siebenunddreißig drei emporschnellte und das Leben auf einen fingierten Anruf hin vorüberflog wie ein rasselnder Feuerwehrwagen über den nächtlichen weißen Newskij-Prospekt, konnte man sie an fünf Fingern herzählen:
Erstens der Empirepavillon im Ingenieurgarten, wo ein Fremder nicht hineinzuschauen wagte aus Angst, sich in anderer Leute Angelegenheiten zu mischen und sich plötzlich genötigt zu sehen, eine italienische Arie zu singen; zweitens die thebanischen Sphingen vor der Universität; drittens der unansehnliche Bogen am Anfang der Galernaja, der nicht einmal Schutz vor dem Regen zu gewähren vermag; viertens eine Seitenallee im Sommergarten, deren genaue Lage ich vergessen habe, die einem aber jeder Eingeweihte ohne weiteres zeigen kann. Das war alles. Nur Verrückte verabredeten sich am Ehernen Reiter oder an der Alexandersäule.

In Petersburg lebte ein kleiner Mann mit Lackschuhen, der von den Portiers und von den Frauen verachtet wurde. Er hieß Parnok. Wenn der Frühling kam, eilte er auf die Straße hinaus und trappelte wie ein Hammel über die noch nassen Trottoirs.
Er wollte gern Dragoman beim Außenministerium werden, Griechenland zu irgendeinem riskanten Schritt überreden und ein Memorandum schreiben.
Im Februar hatte er folgendes Ereignis beobachtet:
Durch die Stadt wurden schöne, feste Eisblöcke zur Ölmühle gefahren. Die geometrischen Eisstücke waren heil und gesund, noch unberührt vom Tod und vom Frühling. Aber auf dem letzten Lastschlitten glitt ein leuchtend grüner, in das blaßblaue Glas eingefrorener Tannenzweig vorüber; er sah aus wie eine junge Griechin in einem offenen Sarg. Der schwarze Zucker des Schnees gab unter den Füßen nach, und die Bäume standen in warmen Gruben getauter Erde.
Eine verrückte Parabel verband Parnok mit den prunkvollen Enfiladen der Geschichte und der Musik.
»Eines Tages wird man dich irgendwo hinauswerfen, Parnok, nach einem furchtbaren Skandal schmählich hinauswerfen. Man wird dich am Arm nehmen, und ffft! – hinaus aus dem Konzertsaal, aus der Gesellschaft der Freunde und Förderer des dernier cri, aus dem intimen Kreis für Grillenmusik, aus dem Salon der Madame Perepletnik. Wo du hinausfliegst, weiß man noch nicht, aber du fliegst bestimmt hinaus, beschimpft, blamiert . . .«
Er hatte unrichtige Erinnerungen: er war zum Beispiel fest davon überzeugt, daß er sich als Kind einmal in einen prunkvollen Konferenzsaal geschlichen und das Licht eingeschaltet hatte. Die Lampentrauben und die Kerzenbündel mit den kristallenen Eiszapfen waren alle zugleich wie ein toter Bienenstock aufgeflammt, und das elektrische Licht ergoß sich in so furchtbarem Strom, daß ihm die Augen schmerzten und er weinen mußte.
Liebes, blindes, egoistisches Licht.

Er liebte Holzstapel und Holzscheite. Im Winter muß ein trockenes Buchenscheit einen hellen Klang haben, muß leicht und leer sein. Und ein Birkenscheit muß innen zitronengelb sein und darf nicht schwerer wiegen als ein gefrorener Fisch. Er empfand ein Holzscheit wie etwas Lebendiges in seiner Hand.

Von Kindheit an hatte er sein Herz an unnütze Dinge gehängt und aus dem Straßenbahngebimmel des Lebens Ereignisse gemacht, und als er in das Alter kam, in dem man sich verliebt, hatte er den Frauen davon zu erzählen versucht, aber sie verstanden ihn nicht, und aus Rache sprach er in einer grotesken, schwülstigen Phantasiesprache mit ihnen und redete ausschließlich von erhabenen Gegenständen.

Schapiro hieß mit Vornamen Nikolaj und mit Vatersnamen Dawidowitsch. Wie er zum Namen »Nikolaj« gekommen war, wußte man nicht, aber seine Verbindung mit »Dawidowitsch« entzückte uns. Ich stellte mir vor, daß Dawidowitsch, das heißt Schapiro selbst, sich mit eingezogenem Kopf vor irgendeinem Nikolaj verbeugte und ihn bat, ihm Geld zu leihen.

Schapiro war von meinem Vater abhängig. Er pflegte lange in dem häßlichen Büro mit der Kopiermaschine und dem Sessel »style russe« zu sitzen. Von Schapiro wurde gesagt, er sei zwar ehrlich, aber ein »kleiner Mann«. Ich weiß nicht, warum ich fest davon überzeugt war, daß »kleine Leute« niemals mehr als drei Rubel ausgeben und unbedingt auf dem »Sand« wohnen. Nikolaj Dawidowitsch mit seinem großen Kopf war ein etwas ungehobelter, aber gutmütiger Gast, der sich unablässig die Hände rieb und schuldbewußt lächelte wie ein Briefträger, den man ins Zimmer geführt hat. Er roch nach Schneider und nach Bügeleisen.

Ich wußte ganz bestimmt, daß Schapiro ehrlich war, und da mich das sehr freute, wünschte ich im stillen, daß sich niemand außer ihm unterstehen sollte, ehrlich zu sein. Nur eine Gruppe von Leuten stand in der sozialen Hierarchie noch unter Schapiro: die Börsenkommis, jene geheimnisvollen Laufburschen, die zur Bank und zu Kaplan geschickt wurden. Von Schapiro gingen die Fäden aus, die uns durch die Laufburschen mit der Bank und mit Kaplan verbanden.

Ich liebte Schapiro, weil er meinen Vater brauchte. Der »Sand«, wo er wohnte, war eine Sahara, die die Weißnähwerkstatt seiner Frau umgab. Mir wurde schwindlig bei dem Gedanken, daß es vielleicht Leute gab, die von Schapiro abhängig waren. Ich hatte Angst, daß sich auf dem »Sand« plötzlich ein Tornado erheben und Schapiros weißzeugnähende Frau mitsamt ihrer einzigen Näherin und den Kindern mit den Halsgeschwüren wie eine Feder, wie einen Dreirubelschein, fortwehen würde ...

Abends, wenn ich beim blauen Schein der Nachtlampe in meinem Bett einschlief, überlegte ich, was ich für Schapiro tun könnte: ihm ein Kamel und eine Schachtel Datteln schenken, damit er auf dem »Sand« nicht zugrunde ging, oder ihn und Madame Schapiro, diese arme Märtyrerin, in die Kasaner Kathedrale führen, wo die zerlöcherte Luft schwarz und süß ist.

Es gibt eine obskure Heraldik moralischer Begriffe, die auf die Kindheit zurückgeht: der trockene Laut zerreißenden Leinens kann Ehrlichkeit bedeuten und die Kühle von Batist – Heiligkeit.

Der Friseur hielt eine pyramidenförmige Flasche mit »Pixaphon« über Parnoks Kopf und goß ihm die kalte, braune Brühe auf den Scheitel, der in den Konzerten Skrjabins kahl geworden war. Dann schüttete er ihm eisiges Myrrhenöl über den Nacken, und als Parnok den kalten Guß an den Schläfen spürte, wurde er lebendig. Ein leichter Schauer, wie im Konzert, rann über seine trockene Haut und – Mama, hab Mitleid mit deinem armen Sohn! – weiter bis unter den Kragen.

»Nicht zu heiß?« fragte der Friseur und goß ihm eine ganze Kanne kochendheißes Wasser über den Kopf, aber er kniff nur die Augen zusammen und neigte den Kopf noch tiefer

über das Waschbecken, diesen Richtblock aus weißem Marmor.
Dann wurde sein Kaninchenblut unter dem Frottiertuch rasch wieder warm.

Parnok war das Opfer seiner Vorurteile: er hatte eine bestimmte Konzeption, wie eine Liebesaffäre verlaufen muß.
Auf geripptem Papier, meine Herrschaften, auf geripptem englischen Papier mit Wasserzeichen und Büttenrand, teilte er seiner völlig ahnungslosen Dame mit, daß er den gesamten Raum zwischen der Millionnaja, der Admiralität und dem Sommergarten wie einen Diamantkarat geschliffen und in volle Kampfbereitschaft gebracht habe.
Auf solchem Papier, lieber Leser, hätten die Karyatiden der Eremitage einander ihr Beileid oder ihre Verehrung ausdrükken können.
Es gibt Menschen auf der Welt, die nie eine gefährlichere Krankheit als die Grippe hatten und die wie ein Kotillonschleifchen an der Gegenwart stecken, irgendwie schief. Solche Leute kommen sich nie erwachsen vor und fühlen sich noch mit dreißig Jahren immer gekränkt und beleidigt. Niemand hat sie besonders verzogen, aber sie sind so verwöhnt, als hätten sie ihr Lebtag eine Professorenration mit Ölsardinen und Schokolade bekommen. Sie sind Wirrköpfe und können die Schachfiguren nur durcheinanderbringen, aber sie spielen trotzdem, um zu sehen, was passiert. Sie sollten ihr Leben lang bei guten Freunden in der Datscha wohnen, um einen mit Tannenzapfen geheizten Samowar auf dem Balkon sitzen, dem Klang der Teetassen lauschen und sich mit Krebsverkäufern und Briefträgern unterhalten. Ich würde sie gern alle sammeln und in Sestrorezk ansiedeln, weil jetzt anderswo kein Platz mehr für sie ist.
Parnok war ein Mensch des Kamennoostrowskij-Prospekts, einer der leichtfertigsten und verantwortungslosesten Straßen

Petersburgs. Nach den Februartagen des Jahres 1917 war diese Straße mit ihren Dampfwäschereien, mit den grusinischen Läden, wo der Kakao immer rarer wurde, und mit den rasenden Autos der Provisorischen Regierung noch leichtfertiger geworden.

Biegt weder nach links noch nach rechts ab: dort ist das Chaos, dort ist eine Wildnis ohne Straßenbahnen. Doch auf dem Kamennoostrowskij entwickeln die Straßenbahnen eine unerhörte Geschwindigkeit. Der Kamennoostrowskij ist ein junger Luftikus, der seine zwei einzigen steinernen Hemden stärken ließ. In seinem Straßenbahnkopf pfeift der Seewind. Er ist ein Bruder Leichtfuß ohne Arbeit, der seine Häuser unter dem Arm trägt wie ein armer Stutzer sein luftiges Paket von der Wäscherin.

3

»Nikolaj Alexandrowitsch! Vater Bruni!« rief Parnok einem jungen bartlosen Priester zu, der aussah, als sei er noch nicht an den Priesterrock gewöhnt, und ein duftendes Päckchen frischgerösteten gemahlenen Kaffee in der Hand trug. »Vater Nikolaj Alexandrowitsch, bitte, begleiten Sie mich!«

Er faßte den Priester an dem weiten Lüsterärmel und zog ihn wie ein Schiffchen hinter sich her. Mit Vater Bruni zu sprechen war schwierig. Parnok hielt ihn für eine Art Dame.

Es war im Sommer Kerenskijs, und die Schattenregierung hielt ihre Sitzungen. Alles war für einen großen Kotillon vorbereitet. Eine Weile schien es, als würden die Bürger immer so bleiben, wie Katzen mit Seidenschleifen.

Aber schon begannen die Stiefelputzer, diese Aissoren, unruhig zu werden wie Krähen vor einer Sonnenfinsternis, und bei den Zahnärzten gab es keine Goldzähne mehr.

Ich liebe die Zahnärzte wegen ihrer Liebe zur Kunst, wegen ihres weiten Horizonts und ihrer Toleranz. Ich sündiger

Mensch liebe auch das Summen des Bohrers, der armen irdischen Schwester des Flugzeugs, das azurne Räume durchbohrt.

Die Wäschermädchen genierten sich vor Vater Bruni; der junge Vater Bruni wurde beim Anblick der duftigen Batistgebilde sehr verlegen, Parnok benutzte die Autorität der vom Staat getrennten Kirche und disputierte mit der Inhaberin der Wäscherei.

Es war eine schreckliche Zeit: die Schneider nahmen einem die Cutaways wieder ab, und die Wäscherinnen machten sich über junge Männer lustig, die ihren Wäschezettel verloren hatten.

Der frischgebrannte Mokka in Vater Brunis Tüte kitzelte die wütende Matrone in der Nase.

Sie drangen tiefer in den heißen Dampf der Wäscherei ein, wo sechs plappernde Mädchen Wäsche mangelten und bügelten. Diese listigen Seraphim nahmen den Mund voll Wasser und besprengten damit die Zephir- und Batistfrivolitäten. Sie ließen ihre schrecklich schweren Bügeleisen hin und hersausen und hörten keinen Augenblick auf zu schwatzen. Auf den langen Tischen lag schaumleichter Vaudevillefirlefanz und wartete, bis er an die Reihe kam. Laut zischend machten die Bügeleisen in den roten Mädchenhänden ihre Kreuzfahrten, Panzerschiffen ähnlich, die über Schlagsahne gleiten, und die Mädchen spritzten Wasser aus dem Mund.

Parnok hatte sein Hemd erkannt: mit leuchtender Piquébrust, gebügelt, mit Stecknadeln gespickt, mit feinen Streifen in der Farbe reifer Kirschen lag es auf dem Regal.

»Wem gehört dieses Hemd?«

»Dem Rittmeister Krzyżanowski«, antworteten die Mädchen in gewissenlosem Lügenchor.

»Väterchen«, sagte die Inhaberin zu dem Priester, der im Bewußtsein seiner Macht wie ein Fels im satten Dunst der Wäscherei stand, von Dampfwolken umwallt, die sich auf seinen schwarzen Rock wie auf einen Kleiderständer niederließen, »Väterchen, wenn Sie diesen jungen Mann kennen, dann reden Sie ihm einmal ins Gewissen! So einen Menschen habe ich nicht einmal in Warschau gesehen. Er kommt immer mit eiligen Aufträgen, der Teufel soll ihn holen mit seinen Eilaufträgen ... Mitten in der Nacht kommt er zum Hintereingang herein, als ob ich ein Pfarrer oder eine Hebamme wäre ... Ich bin nicht so verrückt, daß ich ihm die Wäsche des Rittmeisters Krzyżanowski gebe. Der ist nämlich kein Gendarm, sondern ein richtiger Leutnant. Dieser Herr hat sich nur drei Tage zu verstecken brauchen, dann haben ihn die Soldaten ins Regimentskomitee gewählt, und jetzt tragen sie ihn auf Händen!«

Darauf konnte man nichts erwidern, und Vater Bruni warf Parnok einen flehenden Blick zu.

Was mich angeht, so hätte ich jedem der Mädchen statt der Bügeleisen eine Stradivari, leicht wie ein Starenkasten, und eine Notenrolle gegeben. Das Ganze wartete nur auf einen Maler, der es auf einem Deckengemälde darstellte. Dann wäre der Priesterrock in den Dampfwolken zur Soutane eines dirigierenden Abbate geworden, und die sechs Münder hätten sich nicht wie die Löcher in den Petersburger Butterkringeln geöffnet, sondern wie die erstaunten, runden Mündchen des »Konzerts im Palazzo Pitti«.

4

Der Zahnarzt hängte den Rüssel der Bohrmaschine auf und trat ans Fenster.

»Ohoho – sehen Sie sich das an!«

Über die Gorochowaja bewegte sich eine Menschenmenge. Ihr Murmeln klang wie ein Gebet. In ihrer Mitte war ein freier Platz in Form eines Karrees. Aber dieser Luftschacht, durch den man das Schachbrettmuster des hölzernen Pflasters sah, hatte einen Sinn, ein System: dort marschierten fünf, sechs Männer, als seien sie die Zeremonienmeister dieser Pro-

zession. Sie gingen im Adjutantenschritt. Zwischen ihnen – wattierte Schultern und ein schuppenübersäter Kragen. Die Königin dieses sonderbaren Bienenstocks war ein Mensch, den die Adjutanten sanft vorwärtsstießen, vorsichtig dirigierten und wie eine Perle hüteten.
Kann man sagen, daß er kein Gesicht mehr hatte? Nein, sein Gesicht war noch da; obwohl Gesichter in der Menschenmenge keine Bedeutung haben: dort gibt es nur Nacken und Ohren, die ein eigenes Leben führen.
Schultern wie wattegepolsterte Kleiderbügel, reichlich mit Schuppen bestreute Röcke vom Trödelmarkt, zornige Nakken und Hundeohren gingen vorüber.
»All diese Leute sind Bürstenbinder«, konnte Parnok gerade noch denken.
Irgendwo zwischen dem Heumarkt und der Mehlgasse, im Dunkel von Drogerien und Gerbereien, in dieser wilden Brutstätte von Schuppen, Wanzen und abstehenden Ohren war diese sonderbare Unruhe entstanden, die Übelkeit erregte und wie eine Seuche um sich griff.
»Sie stinken nach aufgeblasenen Därmen«, dachte Parnok, und plötzlich fiel ihm das schreckliche Wort »Innereien« ein. Und es wurde ihm beinahe schlecht, als er sich erinnerte, daß er gestern in einem Laden mitangehört hatte, wie eine alte Frau »Lunge« verlangte. Aber in Wirklichkeit wurde ihm wegen der schrecklichen Ordnung übel, die diese Menschenmenge zusammenschmiedete.
Hier war eine gegenseitige Bürgschaft Gesetz: alle hafteten dafür, daß der schuppenbedeckte Kleiderständer heil und unversehrt zu dem Fischbehälter an der Fontanka geschafft wurde. Hätte irgend jemand gewagt, dem Besitzer des unglückseligen Kragens, der höher geschätzt wurde als Marder und Zobel, auch nur mit dem leisesten Ausruf zu Hilfe zu kommen, so hätte man ihn selber verdächtigt, für vogelfrei erklärt und in das leere Karree hineingezerrt. Der Böttcher, der hier arbeitete, war die Angst.
Die Bürger, die nur aus Nacken bestanden, bewegten sich in

zeremonieller Ordnung wie die Schiiten am Schakse-Wakse-Tag unerbittlich auf die Fontanka zu.
Und Parnok flog wie ein Kreisel die zerschrammte Treppe ohne Portier hinunter und ließ den verdutzten Zahnarzt bei seiner Bohrmaschine zurück, die wie eine schlafende Kobra dahing, und wiederholte gedankenlos:
»Knöpfe werden aus Tierblut gemacht!«

Zeit, du scheue Chrysalide, mehlbestäubter Kohlweißling, junge Jüdin vor dem Schaufenster eines Uhrmachers – schau lieber nicht her!
Nicht Anatole France tragen wir zu Grab auf einem Katafalk, der mit Straußenfedern geschmückt und hoch ist wie eine Pappel, hoch wie die Pyramide, die nachts durch die Stadt fährt, um die Straßenbahnmasten zu reparieren; wir führen einen Menschen zur Fontanka, zum Fischbehälter und wollen ihn ertränken – wegen einer amerikanischen Nickeluhr, einer Trambahneruhr, einer Lotterieuhr.
Du bist in der Schtscherbakow-Gasse spazierengegangen, mein Lieber, hast auf die schlechten tatarischen Metzgereien gespuckt, hast auf dem Trittbrett der Straßenbahn gehangen, bist zu deinem Freund Serjosha nach Gatschina gefahren, ins Dampfbad und in den Zirkus Ciniselli gegangen. Du hast gelebt – und genug!
Zuerst lief Parnok zu einem Uhrmacher. Der saß da wie ein buckliger Spinoza und betrachtete durch seine kleine jüdische Lupe Uhrfedern, die winzigen Käfern glichen.
»Haben Sie Telephon? Ich muß die Miliz anrufen!«
Aber wie kann ein armer jüdischer Uhrmacher in der Gorochowaja Telephon haben? Töchter hat er, traurig wie Marzipanpuppen, und Hämorrhoiden, und Tee mit Zitrone, und Schulden hat er auch, aber kein Telephon.
Parnok mischte hastig einen Cocktail aus Rembrandt, spanischer Malerei und Grillenzirpen und rannte weiter, ohne dieses Getränk gekostet zu haben.

Die eine Schulter vorgeschoben, stahl er sich das Trottoir entlang, überholte die solide Prozession der Lyncher und ging in einen der Spiegelläden, die bekanntlich alle in der Gorochowaja sind. Die Spiegel warfen einander die Abbilder von Häusern zu, die Büfetts glichen, und gefrorene Straßenstücke mit einer wimmelnden Kakerlakenmenge, die hier noch schrecklicher und wilder erschien.

Der Spiegelhändler, ein mißtrauischer, um die seit 1881 unbefleckte Ehre seiner Firma besorgter Tscheche, schlug Parnok die Tür vor der Nase zu.

An der Ecke des Wosnessenskij tauchte der Rittmeister Krzyżanowski höchst persönlich auf, mit pomadisiertem Schnurrbart. Er war im Soldatenmantel, aber mit Degen, und flüsterte ungeniert seiner Dame Gardekavalleriezärtlichkeiten ins Ohr.

Parnok stürzte auf ihn zu, wie auf seinen besten Freund, und flehte ihn an, den Degen zu ziehen.

»Ich respektiere den Augenblick«, entgegnete der krummbeinige Rittmeister kalt, »aber, entschuldigen Sie, ich bin in Damengesellschaft.« Und er nahm seine Begleiterin gewandt am Arm, klirrte mit den Sporen und verschwand in einem Café.

Parnok lief weiter, seine Lackschuhe klapperten wie Schafshufe auf dem Holzpflaster. Was er am meisten auf der Welt fürchtete, war, die Ungnade der Menge auf sich zu ziehen.

Es gibt Menschen, die der Menge mißfallen – warum, das läßt sich nicht sagen; sie entdeckt sie sofort, verhöhnt und verfolgt sie und haut ihnen auf die Nase. Sie gefallen weder den Kindern noch den Frauen.

Parnok war einer dieser Menschen.

Seine Schulkameraden hatten ihn oft gehänselt, sie hatten ihm »Schafskopf«, »Lackschuh«, »ägyptische Briefmarke« und andere beleidigende Namen nachgerufen. Die Buben hatten völlig grundlos das Gerücht verbreitet, er sei ein »Fleckenentferner«, das heißt, er kenne ein besonderes Mittel gegen Flekken aller Art, auch gegen Fett- und Tintenkleckse. Sie stahlen ihren Müttern irgendeinen scheußlichen alten Fetzen, brachten ihn in die Schule mit und sagten mit Unschuldsmiene zu Parnok: »Mach doch bitte den kleinen Fleck hier raus!«

Da war endlich die Fontanka, diese Undine der Lumpenhändler und hungrigen Studenten mit fettigen Zottelköpfen, diese Lorelei gesottener Krebse, die auf einem Kamm mit abgebrochenen Zinken bläst, diese Schutzgöttin des scheußlichen Kleinen Theaters mit seiner schäbigen, glatzköpfigen Melpomene, die wie eine Hexe aussieht und nach Patschuli duftet.

Was denn! Die Ägyptische Brücke hat nie etwas von Ägypten gerochen, und kein einziger anständiger Mensch hat Herrn Kalinkin je zu Gesicht bekommen.

Wie ein riesiger Heuschreckenschwarm, der Gott weiß woher gekommen war, schwärzte die Menschenmenge die Ufer der Fontanka, wimmelte um das Fischbassin, auf den holzbeladenen Kähnen, auf den Landungsstegen und Granittreppen, bis zu den Booten der Töpfer von Ladoga. Tausende von Augen blickten auf das ölige, regenbogenfarbige Wasser, das in allen Nuancen von Petroleum, perlmutterglänzendem Spülicht und Pfauenschwänzen schillerte.

Petersburg hatte sich zum Nero ausgerufen und war so ekelhaft, als hätte es eine Suppe aus toten Mücken gegessen.

Was machte das schon? Er telephonierte von einer Apotheke aus, er rief die Polizei an, die Regierung, den Staat, der verschwunden war, eingeschlafen wie ein Dachs.

Mit demselben Erfolg hätte er Proserpina oder Persephone anrufen können, zu denen noch keine Telephonleitung gelegt ist.

Die Telephone in den Apotheken sind aus dem besten Scharlachholz gemacht. Das Scharlachholz wächst im Klistierspritzenwald und riecht nach Tinte.

Telephoniere nie in einer Petersburger Apotheke: der Telephonhörer schält sich, und die Stimme erlischt. Denk daran, daß es noch keine Telephonleitung zu Proserpina oder Persephone gibt.

Meine Feder zeichnet eine schöne Griechin mit Schnurrbart und das Fuchskinn irgendeines Menschen. So tauchen auf den Rändern von Konzepten plötzlich Arabesken auf und leben ihr eigenes, reizvolles und hintergründiges Leben.
Männchen in Violinform trinken die Milch des Papiers.
Da ist Babel: ein Fuchskinn und die Bügel einer Brille.
Parnok: eine ägyptische Briefmarke.
Arthur Jakowlewitsch Hofmann – ein Beamter der griechischen Abteilung des Außenministeriums.
Die Waldhörner des Marientheaters.
Noch eine schnurrbärtige Griechin.
Und eine freie Stelle für die anderen.

Die Spatzen der Eremitage zwitscherten von der Sonne in Barbizon, von der Plein-air-Malerei, von einem Kolorit, das Spinat mit gerösteten Brotstückchen gleicht, mit einem Wort, von allem, was der düsteren, flämischen Eremitage fehlt.
Aber ich werde keine Einladung zu einem Frühstück in Barbizon bekommen, obwohl ich als Kind die sechseckigen Krönungslaternchen demontiert habe, obwohl ich den sandigen Kiefernwald und den Wacholder bald im aufreizenden Rot eines Trachoms, bald im Mittagsblau eines unbekannten Planeten, bald in kardinallila Nacht erscheinen ließ.

Meine Mutter machte den Salat mit Eigelb und Zucker an. Die zerrissenen, welken Ohren des Salats mit den feinen Knorpeln starben vom Essig und vom Zucker.
Luft, Essig und Sonne mischten sich mit den grünen Lappen zu einem Tag in Barbizon, zu einem Tag mit dem Flimmern von Salz, von Treillagen, Glasperlen, grauen Blättern, Lerchen und Libellen, und mit Tellerklappern.

Feuilletons und Zeitungsnotizen über stecknadelkleine Schauspielerinnen auf dem Gras ausstreuend und sich mit Zeitungen und Servietten fächelnd, ging der Sonntag in Barbizon seinem Zenit, dem Déjeuner, entgegen.

Gäste in weiten Hosen und eleganten Samtwesten strömten zu den Sonnenschirmen von Barbizon. Die Frauen schüttelten die Ameisen von ihren runden Schultern.

Die offenen Eisenbahnwagen gehorchten der Dampflokomotive nur schlecht. Sie ließen ihre Vorhänge flattern und spielten mit dem Kamillenfeld Lotto.

Die Lokomotive im Zylinder und mit Pleuelstangen, dünn wie Hühnerbeine, war über die Last der Chapeaux claques und des Musselins empört.

Ein Wasserfaß spritzte einen Fächer aus dünnen, zerbrechlichen Saiten auf die Straße.

Schon war die ganze Atmosphäre wie ein riesiger Bahnhof für üppige und ungeduldige Rosen.

Und die schwarzen, glänzenden Ameisen, den fleischfressenden Schauspielern und den Henkern des altchinesischen Theaters ähnlich, brüsteten sich mit ihren Terpentinbeinchen und schleppten einen noch nicht zerstückelten Insektenleib mit Gewalt fort. Sie wackelten mit ihren kräftigen, achatenen Hinterleibern wie Militärpferde, die in wogenden Staubwolken einen Hügel hinaufgaloppieren.

Parnok schüttelte sich.

Eine Zitronenscheibe ist eine Fahrkarte nach Sizilien, zu üppigen Rosen. Und die Parkettputzer tanzen mit ägyptischen Bewegungen.

Der Lift ist außer Betrieb.

Menschewiken gehen von Haus zu Haus und organisieren die Nachtwachen in den Hauseingängen.

Das Leben ist schrecklich und schön.

Parnok ist ein Zitronenkern, der in eine Spalte des Petersburger Granits geworfen wurde, und die heranstürmende Nacht wird ihn in schwarzem türkischem Kaffee trinken.

5

Im Monat Mai erinnert Petersburg irgendwie an ein Auskunftsbüro, das keine Auskünfte erteilt – besonders in der Gegend des Schloßplatzes. Hier ist alles in erschreckender Weise zur Eröffnung einer historischen Sitzung mit weißen Papierblättern, gespitzten Bleistiften und einer Karaffe mit abgekochtem Wasser bereit.

Ich wiederhole: die Größe dieses Ortes besteht darin, daß hier niemals und niemand irgendwelche Auskünfte erteilt werden.

In diesem Augenblick gingen Taubstumme über den Platz. Sie gestikulierten mit den Händen, als drehten sie mit großer Schnelligkeit einen Faden. Einer, der Meister, führte das Weberschiffchen. Die anderen halfen ihm bei der Arbeit. Ab und zu kam ein kleiner Junge zu ihnen gelaufen. Er hatte die Finger so weit auseinandergespreizt, als seien sie kreuz und quer mit Fäden umsponnen, und er schien die Männer zu bitten, ihm die Fäden abzunehmen, damit das Gewirk nicht beschädigt werde. Auf alle zusammen – sie waren vier – kamen offenbar fünf Spulen Garn. Eine davon war überflüssig. Sie sprachen die Sprache von Schwalben und bettelnden Kindern und nähten die Luft, unermüdlich, mit großen Stichen, und machten ein Hemd daraus.

Der zornige Meister verdarb das ganze Werk.

Die Taubstummen verschwanden unter dem Bogen des Generalstabs. Sie spannen ihren Faden weiter, aber bedeutend ruhiger, so, als schickten sie Brieftauben nach verschiedenen Richtungen aus.

Die Notenschrift schmeichelt dem Auge nicht weniger als die Musik selbst dem Ohr. Die schwarzen Viertelnoten steigen wie Lampenanzünder ihre Leitern hinauf und hinunter. Jeder Takt ist ein mit Rosinen und schwarzen Trauben beladenes Boot.

Eine Notenseite ist erstens eine Flottille von Segelschiffen in Schlachtordnung; zweitens ist sie ein Plan, nach dem die zu Pflaumenkernen organisierte Nacht sinkt.

Die phantastischen Hänge von Chopins Mazurken, die breiten Leitern von Liszts Etüden, Mozarts hängende Gärten mit ihren Blumenbeeten, leise auf ihren fünf Drähten bebend – sie alle haben nichts gemeinsam mit dem niedrigen Gesträuch von Beethovens Sonaten.
Die Fata-Morgana-Städte der Notenzeichen stehen gleich Starenkästen in siedendem Teer.
Der Notenweinberg Schuberts ist stets bis auf die Kerne abgepickt und sturmzerrissen.
Wenn Hunderte von Lampenanzündern durch die Straßen flitzen, mit kleinen Leitern, die an rostigen Haken hängen, die Wetterfahnen der Kreuzzeichen befestigen und ganze Ladenschilder langer, schmaler Takte abnehmen, so ist das natürlich Beethoven. Aber wenn die Kavallerie der Achtel und Sechzehntel mit Papierfederbüschen, Lanzenfähnchen und Standarten Attacke reitet, dann ist das auch Beethoven.
Ein Notenblatt ist eine Revolution in einer alten deutschen Stadt.
Kinder mit großen Köpfen. Stare. Man spannt dem Fürsten die Pferde aus. Aus den Kaffeehäusern kommen Schachspieler gerannt und schwingen Damen und Bauern. Da messen sich Schildkröten, die zarten Köpfe vorgestreckt, im Wettlauf: das ist Händel.
Aber wie kriegerisch sind die Seiten Bachs, diese erstaunlichen Bündel getrockneter Pilze.
In der Sadowaja, nicht weit von der Pokrow-Kirche, steht ein Wachtturm der Feuerwehr. Während der Januarfröste werden an diesem Turm ganze Trauben von Signalbällen gehißt, um die Mannschaften zu alarmieren. Nicht weit von dort hatte ich Klavierstunde.
Mag der träge Schumann seine Noten wie Wäsche zum

Trocknen aufhängen, mögen stolze Italiener, die Nase in den Wind gereckt, darunter spazierengehen! Mögen Liszts schwierige Passagen, ihre Krücken schwingend, Feuerwehrleitern hin und her ziehen!
Das Klavier ist ein kluges, gutmütiges Zimmertier mit faserigem hölzernen Fleisch, goldenen Adern und immer entzündeten Knochen. Wir schützten es vor Erkältungen und fütterten es mit Sonatinen, die leicht wie Spargel waren.

Herr Gott! Mach, daß ich nicht wie Parnok bin. Gib mir die Kraft, mich von ihm zu unterscheiden.
Ich habe ja auch in der schrecklichen, geduldigen Schlange gestanden, die zu dem gelben Schalter der Theaterkasse kriecht – zuerst in der Kälte, dann unter der niedrigen Badehausdecke im Vestibül des Alexandertheaters. Auch mir ist das Theater unheimlich, wie eine Bauernhütte ohne Rauchfang, wie ein dörfliches Badehaus, wo wegen eines Halbpelzes und eines Paares Filzstiefel ein viehischer Mord begangen wurde. Mein einziger Halt ist Petersburg, die Stadt der Konzerte, gelb, unheilverkündend, düster, winterlich.
Meine Feder gehorcht mir nicht: sie ist gespalten und spritzt ihr schwarzes Blut nach allen Seiten, wie die Federn auf dem Postamt, die am Schreibpult angebunden sind. Eine öffentliche Feder, von Schuften in Pelzmänteln besudelt, hat sie ihre Schwalbenschnörkel, ihren ursprünglichen Druck, gegen die »komm um Gottes willen«, »ich sehne mich nach dir« und »Gruß und Kuß« unrasierter Schweinigel eingewechselt, die ihre Telegrammtexte in ihre muffigen, von ihrem eigenen Atem verpesteten Pelzkragen flüstern.

Vor dem Spirituskocher war die Petroleumlampe. Ein Fensterchen aus Glimmer und ein Leuchtturm, den man kippen konnte. Der Turm der Lampe, schief wie der Turm von Pisa, entblößte die patriarchalischen Dochte, nickte Parnok zu und erzählte ihm gutmütig die Geschichte von den Jünglingen im Feuerofen.

Ich fürchte weder den Mangel an Zusammenhang, noch fürchte ich Streichungen.
Ich zerschneide Papier mit einer langen Schere.
Ich klebe Zettel wie Fransen an das Manuskript.
Ein Manuskript ist immer ein Sturm; es ist zerzaust, von Vogelschnäbeln zerhackt.
Es ist ein Entwurf zu einer Sonate.
Schmieren und Marat spielen ist besser als schreiben.
Ich fürchte weder die Flickarbeit noch das Gelb des Kleisters.
Ich flicke, ich faulenze.
Ich zeichne Marat in einem Strumpf.
Uferschwalben.

Bei uns hatte man große Angst vor dem »Ruß«, das heißt, vor dem Ruß der Petroleumlampen. Der Schrei »Ruß! Ruß!« klang wie »Feuer! Es brennt!« Alles rannte in das Zimmer, wo die Lampe Streiche gemacht hatte. Man schlug die Hände über dem Kopf zusammen, blieb stehen und schnupperte. Es wimmelte von Rußfäden mit langen Fühlern, die wie lebendige Teeblättchen in der Luft schwebten.
Die schuldige Lampe wurde bestraft, indem man den Docht etwas herunterschraubte.
Dann wurden unverzüglich die kleinen Klappfenster aufgerissen, und der Frost schoß wie Champagner herein. Wie ein Äther der Erkältung, wie ein Sublimat der Lungenentzündung erfüllte er rasch das ganze Zimmer, wo sich die Rußschmetterlinge auf den Piquédecken und auf den Kissenüberzügen niederließen.
»Bleib draußen ... das Klappfenster ...«, flüsterten meine Mutter und meine Großmutter.
Aber sie drang auch durchs Schlüsselloch ein, die verbotene Kälte, ein wunderbarer Gast aus dem Reich der Diphtherie.

Giorgiones Judith ist den Eunuchen der Eremitage entwischt.

Ein Traber wirft seine Knöchel hoch.
Die Millionnaja ist mit kleinen silbernen Gläsern angefüllt.
Verfluchter Traum! Verfluchte Straßen und Plätze dieser schamlosen Stadt!

Er machte eine schwache, bittende Handbewegung, ließ ein Blättchen gepudertes Papier fallen und setzte sich auf den Bordstein.
Er dachte an seine ruhmlosen Siege, an seine schimpflichen Rendezvous, bei denen er umsonst auf der Straße gewartet hatte, an die Telephonapparate in Bierkneipen, die schrecklich sind wie Krebsscheren, und an nicht mehr existierende Telephonnummern ...
Das luxuriöse Rasseln einer Kutsche zerrann in der Stille, die verdächtig war wie das Gebet eines Kürassiers.
Was tun? Bei wem sich beklagen? Welchen Seraphim eine ängstliche Seele anvertrauen, die Konzerte liebt und dem himbeerroten Paradies der Kontrabässe und der Hummeln gehört?

Skandal ist der Name eines Dämons, den die russische Prosa oder das russische Leben selbst um das Jahr 1845 entdeckt hat. Er ist keine Katastrophe, sondern nur ihre Karikatur, eine gemeine Metamorphose, durch die zwischen menschlichen Schultern plötzlich ein Hundekopf hervorwächst. Der Skandal lebt auf einen schmutzigen, abgelaufenen Paß, den die Literatur ihm ausgestellt hat. Er ist ihr Sproß, ihr Lieblingskind. Ein kleines Körnchen ist verschwunden, eine homöopathische Pille, eine winzige Dosis einer kalten, weißen Substanz ... In jenen fernen Zeiten, als das amerikanische Duell üblich war, bei dem die Gegner im dunklen Zimmer in Geschirrschränke, Tintenfässer und Familienporträts schießen, nannte man dieses winzige Körnchen Ehre.
Eines Tages kletterten bärtige Literaten in Hosen, die so weit waren wie pneumatische Glocken, in den Taubenschlag eines Photographen und ließen eine ausgezeichnete Daguerreoty-

pie von sich machen. Fünf saßen, vier standen hinter den Lehnen der Nußbaumstühle. Vor ihnen waren ein kleiner Junge im Tscherkessenrock und ein kleines Mädchen mit Ringellocken aufgenommen worden. Zwischen den Beinen der Gesellschaft strich ein Kätzchen herum. Man entfernte es. Alle Gesichter drücken dieselbe bange, tiefsinnige Frage aus: Was kostet heute ein Pfund Elefantenfleisch?
Am selben Abend machten die Herren Literaten in einer Villa in Pawlowsk einen armen Grünschnabel namens Ippolit furchtbar herunter. So gelang es ihm nicht, ihnen sein Wachstuchheft vorzulegen. Auch so ein Rousseau!
Sie sahen und verstanden Petersburg nicht, diese herrliche Stadt mit ihren klaren Linien, die den Linien eines Schiffes gleichen.
Aber der Dämon des Skandals hatte sich in der Rasjeshaja niedergelassen und ein Messingschild mit dem Namen eines Herrn Soundso an seine Tür geschraubt. (Diese Wohnung ist unversehrt geblieben und ist heute eine Art Museum wie das Puschkinhaus.) Er räkelte sich auf Ottomanen, stand in Vorzimmern herum – Leute, die unter dem Stern des Skandals leben, wissen nie, wann es Zeit ist zu gehen –, belästigte die Leute mit seinem Gejammer, verabschiedete sich eine Ewigkeit und verirrte sich in fremde Galoschen.
Meine Herren Literaten! Was für Ballerinen die Ballettschuhe sind, das sind für euch die Galoschen. Probiert sie an, vertauscht sie: das ist euer Tanz. Er findet in den Vorzimmern statt, unter strenger Beachtung einer Regel: mangelnder Respekt vor dem Herrn des Hauses.
Zwanzig Jahre dieses Tanzes bilden eine Epoche, vierzig sind Geschichte . . . Das ist euer Recht.

Johannisbeerlächeln der Ballerinen.

Stammeln der mit Talkum eingeriebenen Ballettschuhe.

Die streitbare, dreiste Menge der Geigen in der Mitte des Orchesters, das in seinem hell erleuchteten Graben versteckt ist, wo sich die Bogen der Musiker miteinander verflechten, wie die Zweige und Wurzeln von Dryaden.

Sklavischer Gehorsam des Balletts.

Großartige Verachtung der Mutterschaft gegenüber:

»Mit diesem König und dieser Königin, die nicht tanzen, ist gerade Sechsundsechzig gespielt worden.«

»Die jugendliche Großmutter von Gisèle verspritzt Milch – sicher ist es Mandelmilch ...«

»Jedes Ballett ist bis zu einem gewissen Grad eine Einrichtung der Leibeigenschaft. Nein, nein, widersprechen Sie mir nicht, das ist schon so.«

Der Januarkalender mit seinen kleinen Ballettmädchen, seiner Mustermilchwirtschaft von Myriaden Welten und dem Krachen von neuen Kartenspielen, die man aufreißt.

Von hinten zum Marientheater fahrend (dieses Gebäude hat eine geradezu unanständige Ähnlichkeit mit einem waterproof):
»He, ihr Polizeispitzel und Kartenverkäufer!
Warum treibt ihr euch hier in der Kälte herum?
Dir ein Logenplatz in der Bel étage,
und dir einen Hieb in die Visage.«

»Nein, Sie können sagen, was Sie wollen, die Grundlage des klassischen Tanzes ist die Einschüchterung. Hier macht sich der ›Eisblock des Staates‹ bemerkbar.«
»In welcher Loge hat Anna Karenina wohl gesessen? Was meinen Sie?«

»Beachten Sie bitte: die Antike hatte Amphitheater, und wir, das moderne Europa, haben Ränge. Sowohl auf den Fresken mit dem Jüngsten Gericht als auch in der Oper. Dasselbe Weltbild.«

Die Straßen mit den rauchenden Holzkohlenfeuern drehen sich wie ein Karussell.
»Kutscher! Zur ›Giselle‹! Ich wollte sagen, zum Marientheater.«

Der Petersburger Kutscher ist ein Mythos, ein Steinbock. Man müßte ihn in den Zodiakus versetzen. Er würde dort nicht untergehen mit seiner großen Geldtasche, seinen Schlittenkufen, die schmal sind wie die Wahrheit, und seiner Haferstimme.

6

Die Kutsche hatte klassischen, eher Moskauer als Petersburger Chic: ein hoher Wagenkasten, blitzende, lackierte Kotflügel und bis zum Platzen aufgepumpte Gummireifen. Sie sah einem altgriechischen Wagen zum Verwechseln ähnlich.
Der Rittmeister Krzyżanowski flüsterte in das schelmische rosa Öhrchen:
»Sie brauchen sich wirklich keine Gedanken um ihn zu machen. Ehrenwort! Er läßt sich nur einen Zahn plombieren. Ich will Ihnen noch etwas sagen: Heute ist ihm an der Fontanka die Uhr gestohlen worden, oder er selber hat eine Uhr gestohlen. Dieser Lümmel! Eine schmutzige Affäre!«

Die weiße Nacht war durch Kolpino und durch die Srednaja Rogatka geschritten und hatte Zarskoje Selo erreicht. Die Paläste standen schreckensbleich und starr wie Seidenkokons da. Dann wieder erinnerte ihr Weiß an einen flaumigen, in Seifenlauge gewaschenen Orenburger Wollschal. Im dunklen Grün surrten Fahrräder, die metallenen Wespen des Parks.

Alles war in Weiß getaucht; einen Augenblick noch, und diese Halluzination mußte zerfließen wie frische Sauermilch.
Eine schreckliche steinerne Dame mit »Booten Peters des Großen« an den Füßen geht durch die Straßen und spricht: »Kehricht auf den Plätzen ... Ein Samum ... Arabien ... Petersburg, du wirst dich verantworten müssen für deinen armen Sohn!
Für diesen ganzen Wust, für seine mitleiderregende Liebe zur Musik, für jedes Bonbon in der Papiertüte der Studentin, die im Saal der Adelsgesellschaft auf der Galerie sitzt, wirst du dich verantworten müssen, Petersburg!«

Die Erinnerung ist eine kranke junge Jüdin, die in der Nacht heimlich das Haus ihrer Eltern verläßt und zum Nikolaj-Bahnhof läuft: vielleicht findet sich jemand, der mich entführt?

Der »Versicherungsgroßvater«, der winzige Heschka Rabinowitsch, verlangte, kaum daß er geboren war, Formulare von Versicherungspolicen und Seife Marke »Rallé«. Er wohnte in einer winzigen Jungmädchenwohnung am Newskij-Prospekt. Alle Welt war über sein Verhältnis mit einem Mädchen namens Lisotschka tief gerührt. »Heinrich Jakowlewitsch schläft«, pflegte Lisotschka zu sagen, den Finger auf den Lippen und über das ganze Gesicht errötend. Sie hegte gewiß die wahnwitzige Hoffnung, daß Heinrich Jakowlewitsch noch wachsen und noch viele Jahre mit ihr leben würde, daß ihre rosige, kinderlose Ehe, die von den Erzpriestern des Cafés Filippow eingesegnet worden war, erst ein Anfang sei ...
Aber Heinrich Jakowlewitsch lief mit der Leichtigkeit eines Bologneserhündchens die Treppen hinauf und schloß Lebensversicherungen ab.

In jüdischen Wohnungen herrscht eine traurige, schnurrbärtige Stille.

Sie ist aus den Gesprächen des Uhrpendels mit den Brotkrumen auf der Wachstuchdecke und mit den silbernen Teeglashaltern zusammengesetzt.

Tante Vera kam manchmal zum Mittagessen und brachte ihren Vater mit, den alten Pergament. Hinter Tante Vera stand der Mythos von Pergaments Bankrott. Er hatte einmal ein Haus mit vierzig Zimmern am Kreschtschatik in Kiew bewohnt. »Sein Haus war eine volle Schale.« Vor den Fenstern der vierzig Zimmer scharrten Pergaments Pferde mit den Hufen. Er selbst »beschnitt Coupons«; das war alles, was er tat.

Tante Vera war Protestantin und sang in der roten lutherischen Kirche an der Mojka mit der Gemeinde. Sie hatte die Kälte einer Gesellschafterin, einer Vorleserin oder einer Krankenschwester, jener seltsamen Art von Menschen, die sich voller Feindseligkeit an ein fremdes Leben binden. Ihre schmalen lutherischen Lippen verurteilten unsere Lebensweise, und ihre Altjungfernlocken neigten sich mit leisem Abscheu über den Teller mit Hühnersuppe.

Sobald Tante Vera in unserem Haus erschien, wurde sie automatisch von Mitleid ergriffen und bot uns sofort ihre Rotkreuzdienste an. Es war, als wollte sie eine Rolle Verbandmull aufmachen und die Serpentinen einer unsichtbaren Binde aufwickeln.

Zweirädrige Wagen rollten die gepflasterte Straße entlang, und die Sonntagsjacken der Männer waren starr wie Eisenblech. Die zweirädrigen Wagen, die nach Weingeist und nach Quark rochen, fuhren so schnell von »Jarvi« zu »Jarvi«, daß die Kilometer wie Erbsen unter den Rädern kollerten. Die Wagen fuhren, einundzwanzig an der Zahl und noch vier, mit alten Frauen in schwarzen Hauben und steifen Tuchröcken beladen. Sie fuhren zur lutherischen Kirche mit dem Wetterhahn, sangen Psalmen, tranken dann schwarzen Kaffee mit einem Schuß reinen Alkohol und kehrten auf demselben Weg wieder nach Hause zurück.

Eine junge Krähe plusterte die Federn auf und krächzte wichtig: »Wir würden uns freuen, Sie auf unserer Beerdigung begrüßen zu können.«
»So lädt man nicht ein«, piepte ein Spatz vom Park Monrepos.

Da mischten sich hagere Krähen mit altersblauem, struppigem Gefieder in das Gespräch: »Karl und Amalie Blomquist teilen ihren Verwandten und Bekannten den Heimgang ihrer geliebten Tochter Elise mit.«
»Ja, das ist etwas anderes«, zwitscherte der Spatz vom Park Monrepos.

Zum Ausgehen wurden die kleinen Jungen wie Ritter zum Turnier gerüstet: Gamaschen, wattierte Hosen, Kapuzen, Ohrenschützer.
Die Ohrenschützer verursachten ein dumpfes Dröhnen im Kopf und machten einen taub. Wenn man jemand antworten wollte, mußte man zuerst die schmalen, ins Fleisch schneidenden Bänder unter dem Kinn aufbinden.
Er wand sich in seiner schweren Winterrüstung wie ein kleiner tauber Ritter und hörte seine eigene Stimme nicht mehr.
In den Ohrenschützern war die erste Isolierung von den Menschen und von sich selbst verkörpert, und, wer weiß, vielleicht auch das süße vorsklerotische Rauschen im Blut, das vorerst noch von dem rauhen Handtuch des siebten Lebensjahres frottiert wurde; und man stieß einen sechsjährigen wattierten Beethoven mit Gamaschen und mit Taubheit bewaffnet auf die Treppe hinaus.

Sie gingen würdevoll durch die Ofizerskaja und suchten in einem Laden eine Duchesse-Birne aus.
Eines Tages gingen sie in das Lampengeschäft Aboling am Wosnessenskij, wo sich prunkvolle Lampen mit roten Hüten, Festons und Fransen wie eine idiotische Giraffen-

herde drängten. Hier hatten sie zum erstenmal den Eindruck des Grandiosen und des »Waldes der Dinge«.
In das Blumengeschäft Eilers gingen sie nie.
Irgendwo in der Nähe hatte eine Ärztin namens Straschuner ihre Praxis.

7

Wenn ein Schneider eine fertige Arbeit abliefern geht, vermutet man nie, daß das, was er über dem Arm trägt, ein neues Kleidungsstück ist. Er erinnert irgendwie an einen Angestellten eines Beerdigungsinstituts, der mit dem Zubehör des Rituals in ein von Asrael gezeichnetes Haus eilt. So auch der Schneider Merwis. Parnoks Cut hatte sich nicht lange auf dem Kleiderbügel bei ihm gewärmt – nur zwei, drei Stunden – und vertrauten Kümmelduft gerochen. Merwis Frau gratulierte ihrem Mann zu dem Erfolg.
»Das ist noch gar nichts«, erwiderte der Meister geschmeichelt. »Mein Großvater pflegte zu sagen, ein richtiger Schneider müßte es fertigbringen, einem Kunden, der nicht zahlt, am hellichten Tag mitten auf dem Newskij den Rock auszuziehen.«
Dann nahm er den Cut vom Bügel, blies darüber wie über heißen Tee, wickelte ihn in ein sauberes Leintuch und trug ihn im weißen Leichenhemd und in schwarzem Kaliko zum Rittmeister Krzyżanowski.

Ich muß gestehen, daß ich Merwis liebe, ich liebe sein blindes Gesicht, das von sehenden Runzeln durchfurcht ist. Die Theoretiker des klassischen Balletts halten das Lächeln einer Tänzerin für sehr wichtig; sie sagen, es sei eine Ergänzung der Bewegung, eine Interpretation des Sprungs und des Fluges. Aber manchmal sieht ein gesenktes Augenlid mehr als ein Auge, und die Runzeln in einem Gesicht haben den Blick einer Schar von Blinden.
Dann gebärdet sich der Schneider, der so elegant aussieht, als

sei er aus Porzellan, plötzlich wie ein Zuchthäusler, der von der Pritsche hochgerissen und von seinen Kameraden verprügelt wird, wie ein schwitzender, abgehetzter Bademeister, wie ein Basardieb, der seinen letzten Schrei ausstößt, den Schrei, der ihn überführt.
Wenn ich mir Merwis vorstelle, tauchen folgende Bilder vor mir auf: ein griechischer Satyr, ein unglücklicher Kitharöde, manchmal die Maske eines euripideischen Schauspielers, manchmal die nackte Brust und der schweißbedeckte Körper eines geschundenen Sträflings, eines Nachtasylbewohners oder eines Epileptikers.

Ich eile, die volle Wahrheit zu sagen. Das Wort läßt, wie Aspirin, einen Kupfergeschmack im Mund zurück.
Fischtran ist eine Mischung von Brandgeruch, gelben Wintermorgen und Tran: ein Geschmack nach herausgerissenen Augen, ein bis zur Ekstase gesteigerter Geschmack des Ekels.

Ein blutunterlaufenes Vogelauge sieht auch die Welt – auf seine Art.

Die Bücher schmelzen wie Eisstücke, die man ins Zimmer mitnimmt. Alles schrumpft zusammen. Alle Dinge kommen mir wie Bücher vor. Wo ist der Unterschied zwischen Buch und Ding? Ich weiß nichts vom Leben: es wurde mir schon damals untergeschoben, als ich das Knirschen des Arsenik unter den Zähnen der schwarzhaarigen französischen Geliebten, der jüngeren Schwester unserer stolzen Anna, kennenlernte.
Alles schrumpft zusammen. Alles schmilzt. Auch Goethe schmilzt. Kurz ist die Frist, die uns gewährt ist. Der Griff des zerbrechlichen, von keinem Blutstropfen befleckten Degens, den man an einem frostigen Tag vom Wasserleitungsrohr löst, kühlt unsere Hand und entgleitet ihr.
Aber das Denken, scharf wie der Henkerstahl der Schlittschuhe »Nurmi«, die einst über das blaue, holprige Eis glitten, ist nicht abgestumpft.

So werden die Schlittschuhe, Lanzetten von Frische und Jugend, eins mit den unförmigen Kinderschuhen, den amerikanischen Schnürstiefeln, an die sie angeschraubt sind, und die stahlbewehrten Schuhe ziehen freudig ihr Gewicht nach und verwandeln sich in prächtige Flügelschuhe ohne Namen und ohne Preis.

Es wird immer schwerer, die Seiten des gefrorenen Buches umzublättern, das im Schein von Gaslaternen so grob wie mit der Axt gebunden wurde.

Ihr Holzstöße, schwarze Bibliotheken der Stadt – wir werden noch lesen, wir werden noch sehen!

Irgendwo in der Podjatscheskaja war die berühmte Bibliothek, aus der ganze Stöße von braunen Bändchen ausländischer und russischer Autoren in die Datscha exportiert wurden. Ihre Seiten wimmelten von Bazillen und waren so zerlesen, daß sie brüchiger Seide glichen. Häßliche Fräulein suchten sich Bücher auf den Regalen aus. Die einen Bourget, die anderen Georges Ohnet, und die dritten irgend etwas anderes aus der Rumpelkammer der Literatur.
Gegenüber war eine Feuerwehrkaserne mit festverrammeltem Tor und einer Alarmglocke unter einem Dach, das wie der Hut eines Pilzes aussah.
Manche Seiten waren durchsichtig wie Zwiebelschalen.
Und zwischen den Seiten hausten Masern, Scharlach und Windpocken.
In den Einbänden dieser Datscha-Bücher, die manchmal am Strand vergessen wurden, hatten sich die goldenen Schuppen des Meersandes eingenistet; man konnte sie herausschütteln, sooft man wollte, sie erschienen immer wieder.
Manchmal fiel auch ein gotisches Tannenbäumchen in Gestalt eines plattgedrückten, dürren Farnwedels oder die Mumie eines namenlosen nördlichen Blümchens aus diesen Büchern heraus.

Feuersbrünste und Bücher – das ist sehr gut.
Wir werden noch lesen, wir werden sehen.

Einige Minuten bevor die Agonie begann, rasselte die Feuerwehr über den Newskij-Prospekt. Alle liefen an die Fenster mit den quadratischen, beschlagenen Scheiben und überließen Angiolina Bosio aus Piemont, die Tochter eines armen Wanderkomödianten und basso comico, einen Augenblick sich selbst.
Die kriegerischen Koloraturen der Feuerwehrtrompeten, die wie das Brio eines unabwendbaren, triumphierenden Unheils klangen, drangen in das schlecht gelüftete Schlafzimmer im Demidowschen Hause. Von schweren Pferden gezogene Wagen, Wasserfässer und Feuerleitern polterten vorbei, und die Flammen der Fackeln züngelten über die Spiegel. In dem getrübten Bewußtsein der sterbenden Sängerin verwandelte sich dieser wilde Lärm, dieser rasende Galopp von Hammelpelzen und Feuerwehrhelmen, dieser Arm voll arretierter und unter Bewachung abgeführter Laute in eine Ouvertüre. In ihren unschönen kleinen Ohren erklangen die letzten Takte der Ouvertüre zu »Due Foscari«, jener Oper, in der sie in London debütiert hatte.
Sie richtete sich auf und begann zu singen, aber nicht mit der lieblichen, geschmeidigen Stimme, die ihr Ruhm gewesen war und die die Zeitungen gepriesen hatten, sondern mit der ungeschulten Bruststimme, die sie als fünfzehnjähriges Mädchen gehabt hatte, und mit unsauberer Stimmführung, Fehler, die Professor Cattaneo immer sehr getadelt hatte.
»Leb wohl, Traviata, Rosina, Zerlina . . .«

8

An diesem Abend ging Parnok nicht zum Essen nach Hause und trank keinen Tee mit Zwieback, den er liebte wie ein Kanarienvogel. Er horchte auf das Summen der Lötlampen, die ihre blendendweißen Stachelrosen langsam den Straßenbahnschienen näherten. Er hatte sämtliche Straßen und Plätze Petersburgs als noch feuchte Korrekturfahnen zurückbekommen und brach Straßen in Seiten um und broschierte Gärten.

Er kam zu offenen Brücken, die ihn daran erinnerten, daß alles ein jähes Ende nimmt, daß Leere und Abgrund eine prächtige Ware sind, daß die Trennung kommen wird und daß die Massen und die Jahre von trügerischen Hebeln in Bewegung gesetzt werden.

Er wartete, während sich auf beiden Seiten der Brücke Horden von Kutschen und Fußgängern wie zwei feindliche Stämme oder Generationen ansammelten, die sich um ein Buch aus Holzpflaster mit steinernem Einband und herausgerissener Mitte stritten.

Er dachte, daß Petersburg seine Kinderkrankheit sei, daß er nur zu sich zu kommen, die Augen zu öffnen brauchte – und schon würde dieser Spuk verschwinden. Er würde genesen, er würde wie die anderen sein und vielleicht gar heiraten ... Dann würde niemand mehr wagen, ihn »junger Mann« zu nennen, und er würde den Damen nicht mehr die Hand küssen. Schluß damit! Diese verdammten Weiber meinen wohl, sie wären im Trianon ... Da kommt irgendein Weibsstück, so ein häßliches Frauenzimmer oder eine alte Vettel, und hält ihm die Pfote vor die Lippen, und er, er küßt sie aus purer Gewohnheit. Genug! Dieses Jungehundealter muß ein Ende haben. Arthur Jakowlewitsch Hofmann hat ihm ja versprochen, ihn als Dolmetscher unterzubringen, in Griechenland zum Beispiel. Dann wird man schon sehen. Er wird sich einen neuen Cut machen lassen und von dem Rittmeister Krzyżanowski eine Erklärung verlangen, er wird es ihm schon zeigen.

Nur eins ist schlimm: er hat keinen Stammbaum, er weiß nicht, wo er einen hernehmen soll – einfach keiner da, und Schluß! Seine ganze Verwandtschaft besteht aus einer einzigen Tante, der Tante Johanna. Eine Zwergin. Eine Art Kaise-

rin Anna Leopoldowna. Sie spricht Russisch wie ein Dragoner, als ob Biron ihr Gevatter wäre. Kurze Ärmchen. Kann sich nichts allein zuknöpfen. Aber ihr Zimmermädchen Annuschka ist eine wahre Psyche.
Ja, mit so einer Verwandtschaft kommt man nicht weit. Übrigens, wieso hatte er denn keine Verwandtschaft? Erlauben Sie mal, er hatte eine. Hauptmann Goljadkin und Kollegienassessoren, denen »der liebe Gott ein bißchen mehr Verstand und Geld hätte geben können«. All die Leute, die man in der Mitte des vorigen Jahrhunderts die Treppe hinunterwarf und auf alle erdenkliche Weise beleidigte, all diese in Pelerinen gewickelten Brummler mit dünnen, fast durchgewaschenen Zwirnshandschuhen, all diese Leute, die in der Sadowaja und in der Podjatscheskaja in Häusern aus dunklem, an hartgewordene Schokolade erinnerndem Stein nicht wohnen, sondern nur existieren und vor sich hinmurmeln: »Wie ist das möglich! Ohne einen Pfennig, mit einer höheren Bildung!«
Man braucht nur ein dünnes Häutchen von der Petersburger Luft abzunehmen, und dann zeigt sich ihre verborgene Schicht. Unter dem Flaum des Schwanenkais und des Gagarinufers, unter den Wolken des Tutschkow, unter den sahnegefüllten Windbeuteln des Französischen Kais und hinter den spiegelnden Fenstern in den Wohnungen der Aristokraten und Lakaien kommt etwas völlig Unerwartetes zum Vorschein.
Aber die Feder, die dieses Häutchen wegzieht, ist wie der mit Diphtheriebelag verseuchte Teelöffel eines Arztes. Man sollte sie lieber nicht anrühren.

Die Mücke summte:
»Seht nur, was mit mir geschehen ist: ich bin der letzte Ägypter, ich bin ein Greiner, ein armer Wicht, ein Kosak ohne Pferd. Ich bin ein kleiner Prinz-Tolpatsch, ich bin ein blutdürstiger, bettelarmer Ramses. Im Norden bin ich ein Nichts geworden, ich bin nicht mehr ich selbst. Entschuldigen Sie. Ich bin der Fürst des Unglücks, ein Kollegienassessor aus der

Stadt Theben ... immer derselbe, habe mich kein bißchen geändert. Uh, ich fürchte mich hier, Verzeihung ... Ich bin nichts. Eine Bagatelle. Ich werde die Choleragranitblöcke bitten, mir für eine Kopeke ägyptischen Brei und für eine Kopeke Mädchenhals zu geben.
Keine Angst, ich werde bezahlen. Entschuldigen Sie.«

Um sich zu beruhigen, beschäftigte er sich mit einem kleinen, noch ungeschriebenen Wörterbuch, genauer gesagt, mit einem Verzeichnis familiärer Worte, die nicht mehr gebraucht wurden.
»Hufeisen« – das war eine Mohnsemmel.
»Fromuga« – so nannte seine Mutter das große Klappfenster, das wie der Deckel eines Konzertflügels zugeklappt wurde.
»Pfusch nicht!« – das sagte man vom Leben.
»Kommandiere nicht« – das war eins der Gebote.
Diese Worte genügten für den ersten Aufguß. Er roch daran wie an einer Prise Tee. Die Vergangenheit war erschreckend real geworden und stieg ihm in die Nase wie eine Sendung von frischem Tee aus Kjachta.

Kutschen fuhren durch eine verschneite Ebene. Darüber hing ein niedriger Himmel aus dickem Polizeituch, der karg bemessenes gelbes und irgendwie gemeines Licht durchließ.
Man hatte mich zu einer fremden Familie in eine fremde Kutsche gesetzt.
Ein junger Jude zählte neue, winterlich knisternde Hundertrubelscheine.
»Wohin fahren wir denn?« fragte ich eine alte Frau in einem Zigeunerschal.
»Nach Himbeerstadt«, antwortete sie mit so brennender Sehnsucht, daß sich mein Herz vor bösen Ahnungen zusammenkrampfte.
Die Alte wühlte in einem gestreiften Bündel und zog Tafelsilber, Leinen und Samtpantoffeln heraus.
Die schäbigen alten Hochzeitskutschen krochen weiter und

weiter und wackelten hin und her wie Baßgeigen. Darin saßen der Holzhändler Abrascha Kopeljanskij, der an der Brustbräune litt, und die Tante Johanna, sodann Rabbiner und Photographen. Ein alter Musiklehrer hielt eine stumme Klaviatur auf den Knien. Unter dem Biberpelz eines alten Mannes zappelte ein Hahn, der für den Schächter bestimmt war.
»Seht nur«, rief irgend jemand und streckte den Kopf zum Fenster hinaus, »da ist ja Himbeerstadt!«
Aber es war keine Stadt zu sehen, sondern nur ein riesiger Himbeerstrauch, der mitten im Schnee wuchs.
»Da ist ja ein Himbeerstrauch!« stammelte ich, außer mir vor Freude, lief zusammen mit den anderen darauf zu und füllte mir die Schuhe mit Schnee. Meine Schuhbänder lösten sich, und ich war so verwirrt darüber, als hätte ich eine schwere Schuld auf mich geladen.
Ich wurde in ein widerwärtiges Warschauer Zimmer geführt und gezwungen, Wasser zu trinken und Zwiebeln zu essen.
Ich bückte mich immer wieder, um meine Schuhbänder mit einer doppelten Schleife zuzubinden und mich in Ordnung zu bringen, aber vergebens. Ich konnte nichts nachholen oder wiedergutmachen: alles ging rückwärts, wie es immer im Traum ist. Ich warf die fremden Federbetten beiseite und floh in den Taurischen Garten. Ich hatte mein Lieblingsspielzeug mitgenommen, einen leeren, reich mit Stearin bedeckten Kerzenhalter, und befreite ihn von seiner weißen Kruste, die zart war wie ein Brautschleier.

Ein entsetzlicher Gedanke, daß unser Leben eine Erzählung ohne Fabel und ohne Held ist, aus Leere und Glas gemacht, aus dem heißen Gestammel von Abschweifungen, aus dem Petersburger Influenzadelirium.
Die rosenfingrige Aurora hat ihre Buntstifte abgebrochen. Jetzt liegen sie da wie kleine Vögel mit aufgesperrten leeren Schnäbeln. Aber mir scheint, daß dies alles die Keime meines geliebten Prosadeliriums in sich birgt.

Kennen Sie diesen Zustand? Es ist, als hätten alle Dinge Fieber; als seien sie alle freudig erregt und doch krank: die Schlagbäume auf der Straße, die abblätternden Plakate und die Konzertflügel, die sich beim Spediteur wie eine kluge Herde ohne Führer drängen, für Sonatenekstasen und abgekochtes Wasser geschaffen ...
Dann kann ich die Quarantäne nicht länger ertragen und gehe, das Thermometer zerbrechend, entschlossen durch das Infektionslabyrinth, das mit Nebensätzen wie mit lustigen Gelegenheitskäufen behängt ist. Und dann fliegen knusprige Lerchen, naiv wie die Plastik der ersten christlichen Jahrhunderte, in den aufgehaltenen Sack, und der Kalatsch, der gewöhnliche Kalatsch, verheimlicht mir nicht mehr, daß er eine russiche Lyra aus Teig und ohne Stimme ist, die ein Bäcker ersann.

Der Newskij im Jahr siebzehn – das ist eine Kosakenschwadron, die blauen Mützen auf dem Ohr und die Gesichter, einander so ähnlich wie Fünfkopekenstücke, schräg der Sonne zugewandt.
Selbst mit geschlossenen Augen merkt man sofort, daß da Reiter singen.
Die Lieder schaukeln in den Sätteln wie riesige, mit dem goldenen Flitter des Hopfens gefüllte Säcke. Sie sind eine Sonderration zu dem kurzen Trab, dem Sporenklirren und dem Schweiß.
Die Lieder erklingen in gleicher Höhe mit den spiegelnden Fenstern der ersten Etage, als gleite die Schwadron selbst auf dem Zwerchfell der Sänger vorüber, ihm mehr vertrauend als Sattelgurt und Schenkeln.

Vernichtet euer Manuskript, aber bewahrt das auf, was ihr aus Langerweile, aus Unvermögen und wie im Traum auf den Rand geschrieben habt. Diese zweitrangigen, unbeabsichtigten Schöpfungen eurer Phantasie werden der Welt nicht verlorengehen, sondern werden sich wie die dritten Geigen des

Marientheaters an ein Notenpult im Hintergrund setzen und aus Dankbarkeit ihrem Schöpfer gegenüber sogleich die Leonoren- oder die Egmont-Ouvertüre spielen.

Welch eine Freude für den Erzähler, von der dritten Person zur ersten überzugehen! Das tut einem genau sowohl, wie unbequeme, fingerhutgroße Gläser, die einem angeboten wurden, zum Teufel zu schicken und kaltes, unabgekochtes Wasser direkt aus dem Hahn zu trinken.

Die Angst nimmt mich an der Hand und führt mich. Ein weißer Zwirnshandschuh. Ein Handschuh ohne Finger. Ich liebe die Angst, ich verehre sie. Fast hätte ich gesagt: »Wenn die Angst bei mir ist, habe ich keine Angst.« Die Mathematiker hätten der Angst ein Zelt bauen müssen, weil sie die Koordinate von Zeit und Raum ist: sie haben teil an ihr wie der gewalkte Filz an einer kirgisischen Kibitka. Die Angst spannt die Pferde aus, wenn man abfahren muß, und schickt uns Träume mit grundlos niedrigen Stubendecken.
Mein Bewußtsein hat zwei, drei kleine Worte als Laufburschen: »und da«, »schon« und »plötzlich«. Sie rennen im halbdunklen Zug nach Sewastopol von Waggon zu Waggon und halten in den Durchgängen inne, wo zwei Bratpfannen donnernd zusammenstoßen und wieder auseinanderfahren.
Die Eisenbahn hat den Lauf, die Struktur und den Rhythmus unserer Prosa vollkommen geändert. Sie hat sie dem sinnlosen französischen Gestammel des Bauern in »Anna Karenina« ausgeliefert. Wie die Damenhandtasche dieses Bauern, dieses Vorboten des Todes, ist die Eisenbahnprosa mit Rangierwerkzeugen, Deliriumspartikeln und mit Präpositionen vollgestopft, die wie Dietriche sind und als Beweisstücke auf den Richtertisch gehören: sie ist aller Sorge um Schönheit und Ebenmaß enthoben.

Ja, dort, wo die fleischigen Kolbenstangen der Lokomotive mit heißem Öl begossen werden, dort ist sie zu Hause, die liebe, kleine Prosa, lang ausgestreckt, schamlos, mit falschem Maß messend, und rollt sämtliche sechshundertundneun Werst der Nikolaj-Bahnlinie und ganze Karaffen eisgekühlten Wodkas gierig auf ihre Ausbeuterelle auf.

Abends um halb zehn machte sich der Rittmeister Krzyżanowski zum Moskauer Schnellzug fertig. Er packte Parnoks Cutaway und Parnoks beste Hemden in seinen Koffer. Der Cut zog die Flossen ein und schmiegte sich wie ein übermütiger Cheviotdelphin, dem er durch seinen Schnitt und durch seine junge Seele verwandt ist, beinahe faltenlos in den Koffer.
In Ljuban und in Bologoje stieg der Rittmeister aus, trank Schnaps und sagte: »soirée-moirée-poirée« oder irgendeinen anderen Offiziersblödsinn. Er versuchte sogar, sich im Zug zu rasieren, aber es gelang ihm nicht.
In Klin trank er Bahnhofskaffee, der seit Anna Kareninas Zeiten unverändert nach demselben Rezept bereitet wird: aus Zichorie und einer Prise Friedhofserde oder irgendeinem ähnlichen Dreck.
In Moskau stieg er im Hotel Select ab, einem sehr guten Hotel in der Kleinen Lubjanka, wo er ein Zimmer bekam, das früher ein Laden gewesen war. Statt eines normalen Fensters hatte es ein schickes Schaufenster, das von der Sonne unerhört erwärmt wurde.

Iwan Katajew

Die Leningrader Chaussee

Der alte Sawwa Pantelejew wurde beerdigt.

Er starb zur Unzeit, kurz vor dem 1. Mai, in der Nacht zum Karsamstag. Zwei Feiertage, der alte und der neue, fielen in diesem Jahr auf einen Tag. Den Sarg konnte man gerade noch bestellen. Der Meister versprach, ihn am nächsten Tag zu liefern, weil man sich kannte, zumal sein Geschäft ganz in der Nähe lag, auf derselben Seite der Leningrader Chaussee: Zuerst kam Pantelejews Häuschen mit seinen vier Fenstern, dann ein staatseigenes Gasthaus, dann »Hafer- und Heuverkauf« und dann bereits das auffallende weiße Schild »Särge und Kränze in großer Auswahl«. Die alte Pantelejewa schaffte es noch, auf die andere Chausseeseite zum Friedhofspriester zu laufen. Nicht nur ein- oder zweimal hatte Sawwa ihr in den letzten Jahren eingeschärft: Wenn's soweit ist, dann laßt mich kirchlich beisetzen. Auch sie selbst wünschte es so, anständig, ruhig, gut – wie früher, so wie sie ihr ganzes Leben lang ihre Kinder, Verwandten, Nachbarn zu Grabe getragen hatte. Mit dem Priester vereinbarte sie, am zweiten Feiertag die Totenmesse zu lesen und Sawwa beizusetzen.

Der alte Sawwa starb vor Aufregung.

Den ganzen Winter über hatte ihm sein Untermieter, der Bürger Adolf Mogutschij, ein bekannter Verfasser von Couplets und Gewerkschaftsgedichten, wegen des Küchenzimmers keine Ruhe gelassen. Er hatte immer wieder damit gedroht, den Pachtvertrag der Pantelejews für das Haus platzen zu lassen und der böswilligen Ausbeutung ihrer beiden Untermieter in Höhe von jeweils fünfzehn Rubel monatlich ein Ende zu bereiten. Seit Anfang dieses Jahres hatte Mogutschij aus Protest gegen die Knechtschaft des Geldes überhaupt aufgehört, Miete zu zahlen. Nach dreimonatigen erfolglosen Verhandlungen und nach quälendem Nachdenken hatte Sawwa beim Gericht die Räumung beantragt. Das Gericht lehnte die Räumungsklage ab, weil es Adolf Mogutschijs nachgewiesene Verdienste an der Front der Künste berücksichtigte, forderte den Angeklagten jedoch auf, die Miete zu zahlen, und verurteilte ihn zur Erstattung der Gerichtskosten. Um sich zu rächen, bestellte Mogutschij einen Inspektor der Bezirksverwaltung. Am Freitag, als der Hausputz vor den Feiertagen in vollem Gange war, erschien der Beamte und inspizierte, von Mogutschij geleitet, das ganze Haus, vom Dachboden bis in den Keller, um den Verstößen gegen die Renovierungsbestimmungen im Pachtvertrag auf die Spur zu kommen. Es war nicht schwer, die Verstöße ausfindig zu machen: Trotz der von Sawwa liebevoll angebrachten Nägelchen, Stützen und kleinen Latten bröckelte der morsche Holzbau von Jahr zu Jahr wie ein trockenes, verschimmeltes Stück Brot.

In der Küche, zwischen den mit den Beinen nach oben gestellten Stühlen, den blutrotgestreiften Bettsäcken und den Strömen schäumenden Wassers, schrieb der Beamte auf dem quer über das Waschbecken gelegten Bügelbrett ein Protokoll voller Vorwürfe. Vergeblich murmelte Sawwa etwas von den hohen Kosten des Baumaterials und von der unregelmäßig bezahlten Miete, vergeblich hielt er dem Inspektor das Vollzugsschreiben des Gerichts, seinen Rentenbescheid mit dem Vermerk über eine monatliche Unterstützung von siebenunddreißig Rubel und eine schriftliche Bestätigung seiner vierzig Arbeitsjahre unter die Nase. Alle Mängel im Haus trug der Inspektor mit kratzender Feder unnachgiebig in die Akte ein, und was er als Zusammenfassung schrieb, ließ keinerlei Hoffnung. Adolf Mogutschij stand daneben und klärte den Beamten höflich darüber auf, daß Pantelejews Zugehörigkeit zum industriellen Proletariat mehr als fraglich wäre, da der Alte gegenwärtig mit allerhand altem Gerümpel auf dem Tischinskij-Markt handle, und daß die ganze Familie des Pächters überhaupt an der Grenze des moralisch-politischen Verfalls stünde. Dann senkte er die Stimme bis zum ehrfürchtigen Flüsterton und teilte mit, daß der älteste Sohn Pantelejews seinerzeit wegen Mitwirkung in der Opposition aus der Partei ausgeschlossen worden und erst vor einem Jahr nach Hause zurückgekommen sei. Der Inspektor hörte sich dies alles schweigend an, faltete das Protokoll zusammen, ließ das Aktenkofferschloß zuschnappen und begab sich zum Ausgang. Mogutschij stürzte in seinen Schnürstiefeln mit grauen Gamaschen leichtfüßig hinter ihm her, in der Tür drehte er sich jedoch schnell um, streckte Sawwa die Zunge heraus, drohte ihm mit der Faust und verschwand.

Der Alte schwieg den ganzen Tag. Am Abend schleppte er wie immer zwei Eimer Wasser vom Hydranten herbei, gab dem Ferkel im Holzschuppen Futter und legte sich dann in sein schmales Bett, wie immer mit dem Gesicht zur Wand. Die ganze Nacht über herrschte Bewegung im Zimmer. Zu später Stunde kam die jüngste Tochter, die Komsomolzin Sina, aus dem Kino; sie blickte verschmitzt aus den Augenwinkeln auf die schlafende Mutter und tanzte auf Zehenspitzen in ihre Ecke hinter dem Wandschirm. Der jüngste Sohn, Walka, Schüler der Mittelstufe, der infolge einer Kinderlähmung lahmte, einen großen Mund und die zärtlichen Augen eines Buckligen hatte, saß bis etwa zwei Uhr am Tisch über den »Drei Musketieren«. Er las das Buch zu Ende und blickte lang und regungslos vor sich hin. Ab und zu schnaufte er, und Strahlen eines gütigen Lächelns glitten über sein Gesicht; dann schlich er sich zu dem breiten, durchgesessenen, unebenen Sofa und schaltete das Licht aus. Ohne sich auszuziehen und zuzudecken, rollte er sich auf dem Sofa zusammen und schlief sofort ein. Mitten in der Nacht begann das sechsjährige Edwardinchen, die Enkelin und Omas Zögling, im Schlaf zu weinen. Die Alte stand auf, redete ihr lange zu, rückte ihre Decke zurecht, ging zum Sofa, berührte Walka an der Seite und machte, den Kopf schüttelnd, kurz das Licht an, um den Sohn mit seinem kleinen Mantel zuzudecken. Kaum brach sich gegen Morgen das ruhige, blaue Aprillicht in den Fenstern, da stand Alexej, der älteste Sohn, von seinem knarrenden Klappbett auf. Auch er machte das Licht an, um einen Blick auf den Wecker zu werfen, dann zog er sich an und ging in sein Bahndepot. Und die ganze Nacht über, wenn das Licht brannte, konnte man den dicken rosafarbenen Nacken des Alten mit dem dichten grauen Bürstenschnitt sehen. Ruhig und treuherzig lag, in den vergilbten Kopfkissenbezug gedrückt, sein kräftiger, runder Kopf.

Am Morgen stellte die Alte den Teekessel auf den Petroleumkocher, kam ins Zimmer zurück und rief wie eh und je ihren Mann:

»Steh auf, Sawwa, es ist schon nach sechs.«

Der Alte gab keine Antwort. Sie ging an sein Bett und schüttelte ihn leicht an der Schulter.

»Sawwa, es ist Zeit, steh auf.«

Schon allein die Berührung seiner Schulter rief in ihren Fingern ein merkwürdiges, schreckliches Gefühl von Unnachgiebigkeit, von etwas völlig Fremdem hervor. Mit stark zitternder Hand drehte sie den schwer gewordenen Körper auf den Rücken, betastete leidenschaftlich den feuchtkalten Hals, die Brust, die Wangen. Da fuhr sie vor Schreck zurück und schrie ...

Sawwa verschied im Schlaf, im lautlosen Sturm drohender Träume. Als die Nacht zu Ende ging, stieß sein erschüttertes Herz ganz schwach zum letztenmal das Blut aus und erstarrte.

Bereits kurz nach acht Uhr rief Walka, mit drei Zehnkopekenstücken in der feuchten Hand, aus der Apotheke von einem Münzfernsprecher in der Stadt an, in der Wohnung eines seiner Brüder, des Ingenieurs. Walka wurde beauftragt, die ganze Verwandtschaft zu benachrichtigen.

Früher war das verstaubte Fenster zur Diele von der hohen Sofalehne verstellt. Jetzt trug man das Sofa hinaus, und jeder, der zum Begräbnis kam und die Diele betrat, konnte gleich durch dieses Fenster eine Ecke des leuchtend ockerfarbenen Sargs, weiße Papierspitzen über dem breiten grauen Scheitel und dahinter verblichene Tapeten sehen, die durch die seltsam helle Leere weit entrückt schienen. Man hatte den Sarg hochgestellt, und er schien mit dem Kopfende nach vorn durch das Fenster hinauszufliegen.

Die ungewöhnliche Leere und das grelle Licht des Zimmers schlugen einem entgegen, auch dann, wenn man gleich hinter der Schwelle stehenblieb, nachdem man sich durch den Flur gezwängt hatte, und sich umschaute. Der helle festliche Morgen drang mit der ganzen Weite des Himmels und der ganzen Breite der leuchtenden Chaussee durch die drei weit geöffneten Fenster. Ein leichter frischer Wind wehte die Gazegardinen nach innen; die fast unsichtbaren Flammen der Kerzen bogen sich zurück und richteten sich wieder auf; manchmal schlug der lose Fensterflügel, und der Schatten einer Libelle verdeckte für einen Augenblick die gelbe Sonnenraute auf dem Fußboden. Die Straße flog an dem Haus und an dem Sarg vorüber, glitt durch die Weiten heller Luft, jagte mit klingelnden Straßenbahnen, rauschte und donnerte auf dem Asphalt. Die Leningrader Chaussee enteilte, weiter, immer weiter, durch die Gärten der Vororte, durch Parks und Wälder, Sümpfe und Moore, Hunderte von Kilometern weiter, in die Nebel des Nordens. Ihre Ausdehnung zeugte von der Unendlichkeit des Lebens, von der Verbundenheit seiner Augenblicke und Teilchen. Jeder Bus, der vorbeirauschte und in die Stille des Zimmers stürzte, schien dieses mit der Begeisterung eines gutmütigen, außer Atem geratenen Wesens mit sich zu ziehen.

Sawwa, in ein weißgestreiftes Kattunhemd mit Stehkragen und ein braunes Jackett gekleidet, ruhte würdevoll, bis zur Brust mit einem abgenutzten und zerknitterten Brokattuch bedeckt; sein weißes, nach hinten gesenktes Gesicht warf das Leuchten des Morgens zurück. Die greisenhafte Röte und die blauroten Äderchen waren von seinen Wangen verschwunden, die Stoppeln seines rasierten Kinns schimmerten silbern ... Sawwa hätte ganz wohlgestaltet ausgesehen, wären seine Lippen nicht so aufgeworfen gewesen, als ob sie launisch auf einen Kuß warteten.

Die alten Frauen aus der Vorstadt, die bei solchen Gelegenheiten immer dabei sind, und die Nachbarinnen, die ihr ständiges Schlangestehen kurz unterbrachen und mit ihren Einkaufstaschen vorbeikamen, drängten sich in einigem Abstand vom Sarg. Einzig Walka saß auf einem Stuhl neben dem Sarg – so, wie er immer war, mit aufgeknöpftem Hemdkragen, ohne Gürtel. Er beugte sich kurzsichtig über »Zehn Jahre später«, las und las immerfort. Seine älteren Schwestern und sein Bruder gingen an ihm vorbei hinter den Wandschirm, berührten Walka an der Schulter, strichen ihm mit der Hand über den Kopf, redeten halblaut auf ihn ein und baten, das Lesen zu lassen und mitzukommen: Es gehöre sich so nicht ... Ohne den Blick von seinem Buch zu wenden, schüttelte Walka schweigend den Kopf und rührte sich nicht von der Stelle.
Nachdem man hinter den Wandschirm gekommen war und die Angehörigen begrüßt hatte, erkundigte man sich als erstes nach Walka. Die Mutter, groß, aufrecht, verweint, mit einem von vielen Geburten vorstehenden Bauch, antwortete mit leiser Stimme und lächelte traurig und liebevoll:
»Vom frühen Morgen an sitzt er, ohne aufzustehen. Er denkt wahrscheinlich, es gehört sich so. Und warum er mit dem Buch sitzt, Gott weiß – vielleicht will er seine Abneigung der Religion gegenüber ausdrücken.«
Sie seufzte und sagte entschuldigend:
»Soll er doch so sitzen bleiben, man wird ihn nicht tadeln, er ist ja noch klein.«
Im nächsten Augenblick überfiel die zweite Tochter, Kapitolina, die neuen Gäste. Zornig flüsternd zog sie über Adolf Mogutschij her. Sie war Klubleiterin einer Süßwarenfabrik, rotwangig und stupsnasig, und sah mit ihrem Kneifer und im englischen Jäckchen wie eine Arzthelferin aus.
Sie kam heute früher als die anderen, umarmte die Mutter, und sie weinten zusammen. Danach führte die Mutter sie in die Küche und zeigte ihr ängstlich den Anschlag, den Mogutschij soeben mit einer Brotkrume an den Ofen geklebt hatte. Es wurde darauf bekanntgegeben, daß das Haus nach dem

Tod des Pächters Pantelejew der Mietergenossenschaft unterstände. Zwecks Bildung einer solchen Genossenschaft sollten alle Mieter auf einer Versammlung erscheinen, die in dieser Küche am 3. Mai dieses Jahres um achtzehn Uhr stattzufinden habe. Unterschrieben war der Anschlag von einer Initiative. Diese konnte nur aus Mogutschij selbst bestehen. Außer ihm und den Pantelejews wohnte im Haus noch die schmächtige Polin Maria, die alles verachtete, bettelarm und immer parfümiert war. Ihr Mann saß seit langem hoffnungslos irgendwo für irgendwas. Maria war jedoch noch vor den Feiertagen auf einen kurzen Urlaub in die Provinz gefahren. Und eine Zusage der Bezirksverwaltung hatte Mogutschij natürlich nicht bekommen können: Alle Ämter waren seit drei Tagen geschlossen.

Kapitolina riß den Anschlag ab und stürzte in Mogutschijs Zimmer. Der Coupletschreiber saß vor einem kleinen Spiegel und rasierte sich mit einem Rasierapparat. Kapitolinas Kneifer glänzte rachsüchtig, als sie das Papier in kleine Fetzen zerriß, die Fetzen im Zimmer zerstreute, mit den Füßen aufstampfte und schrie. Vergeblich versuchte Mogutschij sie mit »Entschuldigen Sie« und »Gestatten Sie« zu unterbrechen: Er wurde von ihrer erbarmungslosen Wut überrannt. Eine halbe Stunde später verließ er das Haus und schwenkte dabei vor Aufregung seinen Spazierstock.

»Gemeine, gemeine Willkür!« flüsterte Kapitolina mit französischem »r«. Sie glühte. »Den Alten zu Tode quälen und nicht einmal warten, bis der Sarg aus der Wohnung getragen wird! Ein abscheulicher, vulgärer Subprolet! ... Auf keinen Fall werde ich das so hinnehmen, wir müssen ihn unverzüglich wie einen Kriminellen vor Gericht bringen ...«

Der Bruder Sergej, ein junger Ingenieur und Direktor eines Forschungsinstituts, hörte sie mit freundlicher und zerstreuter Zustimmung an. »Weiß der Teufel, was das ist! Unfug! Welch eine Gemeinheit!« sprach er vor sich hin. Wie alle jüngeren Pantelejews war er kurzsichtig und trug eine starke, randlose Brille. Seine sanften Augen blickten durch die dicken, stark gewölbten Gläser wie aus dem Wasser, und seine erweiterten Pupillen flehten wie die der kleinen Meerjungfrau. Gekleidet wie ein Ausländer, schien er, Serjosha, Sergej Sawwitsch, ein Moskauer Rotgardist, Kommissar einer Nachrichtenkompanie, Hörer einer Arbeiterfakultät, mit seiner ganzen Erscheinung in irgendwelche nichtrussischen, geheimnisvollen, herrlichen Lande fortzuschweben. Die Mutter und Sergej küßten sich, und sie weinte an seiner Schulter. Er umarmte ihren vom Schluchzen geschüttelten Körper und tröstete sie verlegen:

»Ist gut, Mama, ist gut. Beruhigen Sie sich . . .«

Sie wich leicht zurück und versuchte heimlich ihre Tränen vom Revers seines lila Jacketts zu wischen. Mit unbewußtem Vergnügen sah sie auf seine modischen gelben Schuhe. Noch vor zwei Jahren hatte Sergej eine Feldbluse mit geflickten Ellbogen und eine abgewetzte Hose getragen.

Ihm folgte Dunja, seine Frau, eine Ingenieurin des Giprochim, eines Instituts für chemische Industrie. Sie watschelte hinter ihrem Mann her und sah aus wie immer in dieser ihr vertrauten Umgebung. Und in der Tat war dieses Haus für sie wie ihr eigenes. Als sie noch Arbeiterin war, hatte sie hier das Zimmer gemietet, in dem jetzt Mogutschij wohnte. Hier hatte sie Sergej kennengelernt. Früher, als sie noch ohne Kindermädchen waren, brachten sie ihren Jungen im Sommer bei der Großmutter unter. Auch ein wunderschöner Pullover aus Berlin, ein Geschenk ihres Mannes, konnte Dunjas Breite und Stämmigkeit, die den Frauen von Presnja eigen waren, nicht bezwingen. Wären nicht die Ernsthaftigkeit ihres unschönen, sommersprossigen Gesichts und die Trauer in ihren großen, furchtlos blickenden Augen gewesen, hätte man denken können, sie würde fünf Minuten später anfangen, »Barynja« zu tanzen und zu singen: »Ach Trog, du, mein Trog, voll bist du mit Wasser!« Dunja begrüßte die Schwiegermutter, sagte ihr das, was man in solchen Fällen zu sagen pflegt, seufzte und empörte sich, nachdem sie Kapitolina zugehört hatte. Dann zog sie Sina mit sich in die Ecke. Dort

begann sie, dem Mädchen Vorwürfe zu machen: Weshalb konnte Sina die Mutter nicht von einem kirchlichen Begräbnis abbringen?
»Eine Schlafmütze bist du, wahrhaftig!« tadelte Dunja. »Walka und du hättet nur etwas Druck ausüben müssen, ein bißchen überzeugen, und sie hätte bestimmt nachgegeben. Aber jetzt, ich bitte dich, müssen wir uns dieses näselnde Spektakel anhören ...«
Sina brauste auf. Sie konnte ihre Stimme kaum beherrschen:
»Warum fallt ihr alle über mich her? ... Jetzt du, vorher Kapitolina ... Wo wart ihr vorher? Ihr kommt wie wichtige Herrschaften vor dem Begräbnis angerollt. Am Dreißigsten zu kommen und mit ihr zu reden – das wär' doch was gewesen! Auf euch hätte sie gehört ... Glaubst du etwa, daß Walka und ich nicht auf sie eingeredet haben? Dann irrst du dich! Wir haben auf sie eingeredet, wir haben ihr dargelegt, daß alle ihre Kinder Kommunisten sind, daß die Totenmesse ein Aberglaube ist und so weiter ... Sie sagte nur immer wieder: ›Papa wollte es so, es ist nicht schön, gegen seinen letzten Willen zu verstoßen‹ ...«
»Und wie steht Alexej dazu?«
»Ach, Alexej!« – Sina winkte verächtlich ab. »Erstens kam er am Samstag spät abends und war ziemlich betrunken. Als er den Vater sah, war er sehr betroffen, ja er weinte sogar, aber mit der Mutter sprach er nur ein paar Worte, und dann legte er sich aufs Ohr. Seit gestern früh ist er wieder auf der Arbeit. Wir wissen nicht, ob er heute nach Hause kommt. Kann sein, daß er weggefahren ist ...«
Mit einem üppigen Strauß Flieder aus dem Gewächshaus erschien die älteste Tochter, Alexandra, Dichterin und Journalistin, eine geschiedene Frau, deren Leben hektisch und ungemütlich war. Sie rauschte mit der Schleppe ihres dunklen modischen Kleides vorbei, warf Blumen, Handschuhe und Handtasche auf den Tisch, lief zur Mutter, umarmte sie und drückte das Gesicht gegen deren Schulter. Dann riß sie sich

schnell los und nickte allen zu. Ihre zusammengekniffenen, blauumränderten Augen suchten nach der Tochter Edwardinchen, die bereits hinter ihr stand und sich brav an ihren Rockzipfel hängte. Alexandra drehte sich um, schrie leise auf, nahm das Töchterchen auf den Arm, küßte es stürmisch, herzte es, kitzelte es mit den Lippen und küßte es wieder. Beide lachten laut und glücklich, so daß Kapitolina sie sogar anzischte. Dann wurde aus der Tasche ein Schokoladenkonfekt gezogen. Edwardinchen steckte es sofort in den Mund, und die Mutter sah ihre Tochter mit feuchten Augen an und sprach vor sich hin:

»Wie groß du geworden bist, wie schön du bist, wie klug . . .«

Es fiel Alexandra nicht auf, daß das Mädchen mit seinen kurz geschnittenen Haaren und seinem dünnen Hals mager, blaß und schüchtern war und daß es ein langes, noch zu großes neues Flauschkleidchen dörflicher Machart anhatte. Alexandras mütterliche Fürsorge reichte seinerzeit nur soweit, die Tochter in die Welt zu setzen, sich für sie einen komplizierten Namen auszudenken und sie ein halbes Jahr später in die Obhut der Großmutter zu geben. Das Unterhaltsgeld kam von Alexandra mal aus Murmansk, mal aus dem Kaukasus, mal aus Oirotien; die Fristen wurden nicht immer eingehalten. Dreimal im Jahr besuchte Alexandra ihre Tochter. In solchen Augenblicken wie jetzt hielt sie ihr Edwardinchen auf dem Schoß. Gerührt dachte sie bei sich, sie sei doch keine schlechte, sondern eine liebevolle Mutter, und es sei ihr gelungen, die biologischen Instinkte mit den gesellschaftlichen Pflichten in Einklang zu bringen.

Zuletzt kam Kostja Muchin, Kapitolinas Mann, Brigadier in einer Uhrenfabrik, ein kurzbeiniger Bursche, in Schlips und Kragen, mit kahlem Kopf und einem pfiffigen und scharfen Blick.

»Fünfter Auftritt: dieselben und Muchin«, gab er bekannt – so laut und unangebracht, daß alle erschreckt abwinkten und ihn anzischten.

»Was denn?« wunderte sich Kostja. »Der Alte wird's doch nicht hören, und wir sind hier unter uns . . .«
Dennoch machte er ein strenges Gesicht, redete etwa fünf Minuten mit der Schwiegermutter, seufzte teilnahmsvoll und schüttelte den Kopf. Dann ging er von einem zum anderen und neckte jeden ein bißchen, vor Sina blies er bloß die Wangen auf und starrte sie mit weit aufgerissenen Augen an. Kapitolina belegte ihn für einige Zeit mit Beschlag. Zum wiederholten Mal, aber nun mit besonderem Eifer erzählte sie von Mogutschij, blickte ihrem Mann dabei erwartungsvoll in die Augen und drückte nervös seine Hand. Kostja seufzte wieder mitfühlend und sagte:
»Das ist vielleicht ein Früchtchen, wir müssen ihm eins auswischen«, und er küßte seine Frau schallend auf die Wange. Dann setzte er sie aufs Bett, umfaßte ihre Taille und fing mit ironischen Zärtlichkeiten an. Sie waren erst seit anderthalb Monaten verheiratet. Kennengelernt hatten sie sich an der Kommunistischen Swerdlow-Universität, wo beide abends im ersten Jahr studierten.
In der engen Kammer hinter dem Wandschirm war es voll und, sosehr man sich auch bemühte, die Stimme zu senken, unwillkürlich laut geworden. Die Pantelejews kamen nicht oft zusammen, und daß sich alle auf einmal trafen, so wie heute, das gab es zum erstenmal seit vielen Jahren. Alle genossen die verwandtschaftliche Freundlichkeit, musterten einander, stellten Fragen und gaben hin und wieder ein paar Scherze zum besten. Die Familienähnlichkeit schien wie Staubflocken in der Luft zu schweben; sie legte sich nieder in den Klangfarben der Stimmen, setzte mal an den Augenbrauen an, mal im kurzsichtigen Zukneifen der Augen, vor allem aber haftete sie an den Konturen der runden Wangen und an einer besonders weichen Linie des Kinns. Auch Dunja und Kostja wirkten nicht wie Fremde, als ob die natürliche Kraft so vieler Pantelejews auch diese zwei liebevoll in sich aufnähme und beginnen würde, sie auf eigene Art umzugestalten.

Einen Fremden hätte am meisten beeindruckt, wie sehr alle jungen Gesichter dem gütigen, erschöpften und schönen Gesicht der alten Mutter ähnelten und noch mehr dem Gesicht dessen, der so schwer und regungslos im anderen Zimmer lag. Dort im Sarg ruhten sein grober Schädel, seine formlose Nase, die aufgeworfenen Lippen – alles unterwürfig, plebejisch. Hier aber glänzte der Intellekt mit der Brille, druckreife Worte fielen, der Atem der Mädchen und Frauen erfüllte den Raum, und zarte Haut schimmerte.

Und alles, was sich hier versammelte, hatte seinen Ursprung in dem, der dort lag, und bewahrte seine unumstrittene Ähnlichkeit mit ihm: Ausgerechnet diese zart umrissenen, rosigfarbenen Wangen ähnelten jenen borstigen, gelben und diese gewölbten, glänzenden Stirnen jener mit den erstarrten, tiefen Falten.

Er, der so viele Leben in die Welt gesetzt hatte, der sie zeugte, während er betrunken und gedemütigt war, war von ihnen gegangen. Und sie, die jung waren, lebten weiter: Sie liefen herum, seufzten und witzelten ab und zu unauffällig.

Diese russische Arbeiterfamilie, die aus Westrußland stammte, hatte immer eng zusammengehalten. Mit ihrem ganzen Volk und mit ihrer Klasse hatte sie alle großen Wandlungen und Erschütterungen der beiden letzten Jahrzehnte durchgemacht. Das Jahr neunzehnhundertfünfzehn hatte die Familie ihrem Heimatboden entwurzelt und für lange Zeit zu Flüchtlingen werden lassen. Es jagte sie in Pferde- und Güterwagen durch das ganze gewittrige, finstere flache Land, um sie fern der großen Straßen in einem Städtchen voller Mühlen am Ufer der Wolga abzuwerfen. Ihren gesamten Hausrat, all die Dinge aus Holz, Stoff und Ton, hatte die Familie unterwegs nach und nach verloren; aus dem Westen brachte sie nur ihren Hang zur Ordnung mit, der zu jener Zeit qualvoll genug war, nur dieses distanzierte »Sie« zu den Eltern und den Brauch, die Kinder eines nach dem anderen auf die städtische Realschule zu schicken. Während der Vater, ein Gerber, sein handwerkliches Geschick auf einer Graupenmühle einzusetzen versuchte, während der älteste Sohn mit Militärtransporten zwischen Sysran und Wjasma pendelte und der zweite, der inzwischen nach Moskau übergesiedelt war, schäbige Flugzeuge bei Dux reparierte, beendeten zwei Töchter, dank der Flüchtlingsfürsorge, ihre Ausbildung und wuchs die jüngste Tochter heran. Die Herbststürme des Jahres neunzehnhundertsiebzehn und die folgenden Monate trieben die beiden Söhne noch weiter auseinander. Die ersten ausführlichen, langen Briefe kamen von dem einen aus der Gegend von Kasan, von dem anderen aus dem Stab des südlichen Schutzwalls. Dem letzten, im Revolutionsjahr geborenen Sohn war eine schwere Kindheit beschieden. Der Bürgerkrieg, Gedichte, der Jugendverband und die Freiheit offener, endloser Wege trennten auch die älteste Tochter von der Familie. Sie wohnte seitdem nicht mehr bei den Ihrigen. Und auch diese machten sich bald zum zweitenmal auf den Weg. Das Jahr einundzwanzig brachte in seinem furchtbaren Atem von jenseits der Wolga das asiatische Unheil mit. Es riß die Familie von allen Ankern wieder los und warf sie hierher, an den Rand der Vorstädte Moskaus, wo Sergej, zu jener Zeit bereits aus der Armee entlassen, dieses Häuschen auf den Namen seines Vaters gepachtet hatte. In ganz Rußland schlug die glückliche Stunde von Rückkehr, Wiedersehen, Ruhe und Besinnung. Auch die Pantelejews versammelten sich unter einem Dach, und sogar die unbesonnene Alexandra – sie trug damals einen Uniformmantel mit Gürtel – kam kurz vorbei. Aber man traf sich nur, um sich wieder zu trennen – für immer und ewig. Diesmal wurde man weniger durch die Entfernungen als durch die Verzweigungen der Schicksale auseinandergerissen. Die Alten blieben mit den beiden Jüngsten zurück, später nahmen sie die Enkelin auf, und so lebten sie zunächst von Sawwas Gehalt als Fabrikwächter und die letzten zwei Jahre von seiner Rente, auch von der Zimmervermietung und dem Geld, das ihnen die erwachsenen Kinder hin und wieder zusteckten. Sie lebten still und ängstlich, bis dem neue Umstände ein Ende setzten: Alexej, der alles verloren hatte, kehrte zurück. Seine früheren Arbeitsjahre galten nicht mehr; um der neuen willen fing er an, als Hilfslokführer bei der Windauer Eisenbahn zu arbeiten. Und in dem Küchenzimmer, hinter dem Ofen, begann Adolf Mogutschij sich zu schaffen zu machen.

Es wurde Zeit, den Sarg hinauszutragen. Und es stellte sich plötzlich heraus, daß es dafür nicht genug Männer gab: Es waren zwar viele Leute da, aber darunter nur zwei Männer – Sergej und Kostja. Die Schwestern und Dunja boten ihre Hilfe an, doch die Mutter widersetzte sich: Es gehöre sich nicht für Frauen, es wäre eine Unsitte, es sei besser, die Nachbarn um Hilfe zu bitten. Sergej warf einen Blick ins große Zimmer, aber auch dort waren außer Walka nur Frauen. Er ging durch das Zimmer und die Diele auf die Treppe hinaus, blieb dort stehen und überlegte sich, wen man rufen könnte.

Auf der Chaussee fuhr in leichtem Trab eine Droschke. Unerwartet lenkte der Kutscher um und kam auf Pantelejews Haus zu. Die Droschke ratterte über die Zufahrt, hinterließ tiefe Spuren in der noch feuchten Erde und hielt vor der Haustreppe. Der Droschkenkutscher, der entgegen der Gewohnheit keinen blauen Kittel trug, sondern eine Schirmmütze und einen Segeltuchmantel, befestigte die Zügel am Kutschbock. Als erster stieg sein Fahrgast, ein gebückter Mann mit Mütze und aufgeknöpftem Jackett, von der Droschke. Beide gingen auf Sergej zu und begrüßten ihn mit steifen Händen. Der vom Kutschbock Abgestiegene sagte gedehnt:

»Guten Tag, teuerster Sergej Sawwitsch.«

Sein Gesicht war breit und flächig, mit flaumigem rötlichem Bart. Er war klein und hager, und dennoch strahlte er Selbstvertrauen und Güte aus. Der andere war groß, mit eingefallener Brust. Sein graues Stirnhaar quoll unter der Mütze hervor, sein Kinn aber wies keine Spur von Bartwuchs auf. Er war ein finsterer und offensichtlich spöttischer Mensch: Von der Nase bis zu den Mundwinkeln zogen sich ausgeprägte Falten.

Beide gingen ins Haus.

Keiner von ihnen kam Sergej bekannt vor. Er folgte ihnen und überlegte, ob er dem einen oder dem anderen irgendwo begegnet sein konnte. Der Bärtige hob bereits die Finger, um sich vor dem Sarg zu bekreuzigen, und küßte darauf lange und innig den Verstorbenen. Sein Begleiter war mitten im Zimmer stehengeblieben und knüllte verärgert seine Mütze in den Händen. Er erwies dem Verstorbenen keinerlei äußere Ehren. Die Mutter kam hinter dem Wandschirm hervor und erklärte Sergej flüsternd: Der mit dem Bart sei ein alter Freund des Vaters, er sei sogar ein angeheirateter Verwandter schwesterlicherseits, lebe in Moskau und arbeite als Droschkenkutscher. Ihn, Sergej, kenne er von einer Photographie. Der andere sei ein einfacher Tischler, den der Vater irgendwann auf dem Markt kennengelernt habe. Ein paarmal seien sie zu dritt einen trinken gegangen.

Der Bärtige erwies sich als sehr nützlich und erfahren. Seine gut geputzten Stiefel glänzten nur so, als er ins Gasthaus lief. Dort konnte er drei Fuhrleute, die Ziegelsteine fahren mußten, für sich gewinnen. Sie sollten helfen, den Sarg in die Kirche zu tragen. Den einen setzte er in seine Droschke und forderte ihn auf, hinter dem Sarg herzufahren.

»Für die Parade«, war seine Erklärung.

Von der Witwe erbat er sechs Handtücher, band diese paarweise zusammen und steckte sie unter dem Sarg durch.

»Los, mein Junge, hilf mit!« sagte er dabei zu Walka, »leg doch deinen Psalter beiseite.«

Walka blickte ihn verdutzt an, stand auf, und, auf einem Bein hinkend, kam er ihm zu Hilfe.

Der Bärtige befahl den beiden Fuhrleuten, ihre mit dickem roten Staub bedeckten Schürzen abzulegen; dann stellte er sie, Sergej, Kostja und den Tischler an ihre Plätze und sich selbst ans Fußende. In all seinen Bewegungen kamen Ord-

nungsliebe, Eifer und eine fröhliche Begeisterung für seine Arbeit zum Ausdruck.
Der Sarg erwies sich als sehr schwer, und Sergej, der hinten, am Kopfende anfaßte, spürte, daß ihm die unerwartete Last des väterlichen Leichnams unangenehm und unheimlich war. Ein leichter Ekel befiel ihn, und er dachte: »Ja, es steckt schon einiges in diesem Körper.« Und wie als Erwiderung vernahm er von vorne die Stimme des Kutschers:
»Ja, man merkt schon, daß Sawwa Semjonytsch gestorben ist, ohne leiden zu müssen. Er ist gar nicht abgemagert.«
»Tatsächlich«, dachte Sergej, »wenn ein Sterbender leidet, nimmt er gewöhnlich ab ... Ein schlauer Kopf ist dieser Onkel.«
Die Mutter stöhnte laut und brach in Tränen aus: Man trug den Sarg leicht und vorsichtig aus dem Zimmer. Die Mutter wurde von Alexandra geführt, und alle anderen folgten ihnen.
Von der dunklen Diele aus, beim Blick durch den schwarzen Rahmen der weit geöffneten Tür, erschien der Morgen besonders frisch und leuchtend. Man sah ein Rechteck aus reiner Bläue, frühlingsklar und kühl. Sie gingen an dem Gasthaus vorbei, an den Pferden, die an Pfählen angebunden waren und mit dem Maul im Futtersack steckten, dann ging es hinauf zur Chaussee, und man zögerte ein wenig und wartete auf einen günstigen Augenblick, um die Chaussee überqueren zu können.
Die Chaussee, dieser glatte, matt schimmernde, lila Asphaltstreifen, eilte nach Moskau. Von dort sausten ihr Autos entgegen, wie schnell wachsende Pünktchen; die Sonnenlichter tanzten auf Glas und Lack, der Sand knirschte unter den Reifen, die Autos huschten vorbei und streiften mit dem Fahrtwind die Menschen, die am Chausseerand warteten; die Sirenen sangen voller Hochmut und Traurigkeit und verschwanden dann für immer. Vor den Augen wechselten Busse, Lastwagen und Radfahrer, es glänzten die eisernen Schienen der Fuhrwerke. Es machte Angst, dieses rasende

Fließband des Lebens zu betreten: Es wird den Boden unter den Füßen wegreißen und einen davontragen, zusammen mit dem schweren Sarg und den Handtüchern ...
Sie paßten den richtigen Augenblick ab und gingen hinüber. Von der Mitte der Chaussee aus hatte man einen weiten Blick wie bei Hochwasser: Für einen Moment tat sich Moskau auf. In Dunst und Wolkengebilden wirkte es hoch und aufgetürmt wie eine Gebirgslandschaft. Der Nebelstreifen am Rande des Petrowskij-Parks, die Fassaden der Neubauten, die Fabriken und Baustellen schnitten sich bis zum Herzen der Stadt ein. Moskau dehnte sich endlos aus, es verdeckte die Hälfte des Horizonts. Der Staat um Moskau herum und die Erdoberfläche waren noch grenzenloser.
Der gelbe Sarg überquerte die Chaussee, als schwämme er gegen die Strömung. Die Schuhsohlen schlurften schwerfällig über den Asphalt. Sergej und Kostja erinnerten sich plötzlich, wie sie gestern in den engen Reihen der Demonstranten nur schrittweise vorangekommen waren und sich Mühe gegeben hatten, nicht auf die Absätze des Vordermanns zu treten. Erst gestern war das gewesen, dort drüben, in den Moskauer Straßen. Der Körper hatte die wohlige Müdigkeit von dem mehrstündigen Herumlaufen auf dem sonnengewärmten Pflaster, dem fröhlichen Gedränge, den kindischen Spielereien und dem Singen aus voller Kehle nicht vergessen. Der Heidenlärm der Orchester, das schrille Blasen der Pionierhörner und die Laute und Geräusche der Menschenmenge klangen noch in den Ohren. Noch heute früh hatte man nach dem ersten langen Spaziergang in diesem Frühling den Staub von den Schuhen gewischt. Und schon ist das Gestrige irgendwohin entglitten. War es vielleicht doch vor einem Jahr? ...
Ab und zu, wenn der Wind leicht von der Seite kam, nahm Sergej einen warmen, süßlichen, üblen Geruch wahr. Beim Hinaustragen des Sargs hatte er noch nicht begriffen, woher dieser Geruch kam; erst auf der Straße, als es ihm klar wurde, schielte er mißmutig auf den Mull über der Nase des Vaters. Doch mehr noch roch es nach warmer Erde, Frische, Staub,

nahem Sommer, nach all dem, wonach die Moskauer Vorstadt an einem schwülen Tag riecht: ein wenig nach Mörtel, ein wenig nach Farbe, nach Kletten, Dachblech, Brennesseln und nächtlichem Regen. Unterhalb der Chaussee, wo an den Verkaufsbuden lange Schlangen nach Bier anstanden, steckten in der festgetretenen Erde Schalen von Sonnenblumenkernen, als seien sie eingestampft worden.

Man ging durch eine kleine Pappelallee. Die noch kahlen Bäume umgab bereits ein fast unsichtbares Graugrün. Auf der Freitreppe der Kirche warteten der Priester und der Küster. Sie begannen sofort zu singen, ohne einander zu hören. Der Priester, mit dickem, aufgedunsenem Gesicht und dunklen Ringen unter den Augen, fing an, das Weihrauchfaß zu schwenken. Der Küster wirkte ungewöhnlich; er sah aus wie ein Lehrer, glattrasiert, mit runder Brille und Stehkragen. Er sang ernsthaft und rundete seine Lippen. Seine Augen blickten aufmerksam und gerade durch die Brille auf die Träger des Sargs. Er war in der Kirchengemeinde als ein gelehrter Mann bekannt, der vor kurzem von den Solowezkij-Inseln gekommen war und jetzt den Glockenturm bewohnte.

Mit wachsendem Erstaunen sah sich Sergej diese schlichte Zeremonie an. An die Kirche hatte er nie gedacht, und er ahnte gar nicht, wie weit er sich von ihr entfernt, von ihr entwöhnt hatte. Es waren eigentlich keine antireligiösen Gedanken, die ihn in diesem Augenblick ergriffen. Der Anblick war zu weltentrückt, zu künstlich: hier der schwermütige, anscheinend kranke Mann in seinem goldenen konusförmigen Umhang, der blauen Rauch verbreitete, und dort der andere, der, seriös, mit Brille, ein unverständliches, wehmütiges Lied anstimmte. Diese beiden ließen all das, was sie verkörperten und was zu den Erinnerungen an die Kindheit gehörte – die halbdunkle Höhle der Kirche, die Heiligenbilder, den Kniefall, den Abendmahlskelch –, zu ganz unglaublichen Bildern aus der Urzeit werden. Sergej kamen

solche Wörter in den Sinn wie »Opferpriester«, »Assyrer«, »Kult«.
Wahrscheinlich fühlte auch Kostja Muchin etwas Ähnliches; denn er beugte sich über den Sarg zu Sergej und flüsterte geheimnisvoll: »To-ma-hawks! ...«
Und er zwinkerte ihm schelmisch zu und schüttelte den Kopf.
Der Priester und der Küster gingen inzwischen rückwärts von der Freitreppe in die Kirche. Man folgte dieser Aufforderung und trug den Sarg hinein. Es war in der Kirche so, wie Sergej es in Erinnerung hatte: feucht, kühl und dunkel, obwohl derselbe leuchtende Tag durch die gitterartigen Fenster und vor allem durch das hohe Altarfenster und die offene Königstür drang. Nachdem man den Sarg auf das Gerüst gestellt hatte, gingen Sergej und Kostja sofort hinaus, hinter den Zaun, wo alle anderen warteten, außer der Mutter und Alexandra. Die Kinder hatten vereinbart, daß Alexandra während der Totenmesse bei der Mutter bleiben sollte. Der Bärtige kam für einen Augenblick heraus, ließ die Fuhrleute gehen, band das Pferd an und ging wieder auf die Freitreppe. Dabei sagte er mitfühlend:
»Bleibt hier, Bürger, geht nicht zu weit weg, ich werde euch dann rufen ...«
Sein Begleiter, der schweigsame Tischler, ging, nachdem er den Sarg abgesetzt hatte, auch nach draußen und kehrte zum allgemeinen Erstaunen nicht mehr in die Kirche zurück. Seine langen Arme hin und her schlenkernd, ging er vom Tor aus den Weg entlang, stieg in eine kleine Schlucht hinab und legte sich an einem Hang nieder, wobei er sich die Mütze ins Gesicht schob.
Walka zog sein dickes Buch unter dem Hemd hervor, blätterte hastig darin, fand die gesuchte Seite, ließ sich am Zaunsockel nieder und begann zu lesen.
Dunja und Sina umarmten sich und gingen, sich lebhaft unterhaltend, die Pappelallee auf und ab. Sina hatte vor kurzem die Fachschule für Normtechniker in der Chemieindu-

strie absolviert; in ein paar Tagen sollte sie in Beresniki mit ihrer Arbeit anfangen. Und Dunja hatte sich vor einem Jahr ausgerechnet für das Chemiekombinat Beresniki an den Projektarbeiten beteiligt. Vor kurzem war sie dort gewesen. Jetzt kam sie sich selbst betagt und erfahren vor; sie lächelte über Sinas Jugend, über ihre Heftigkeit und ihre Unsicherheit, was die Chemieformeln betraf, sie erklärte ihr das Schema des Ammoniakprozesses und erzählte, wie es in der Fabrik mit Unterkunft und Verpflegung stand und wie die Menschen dort waren.

Sergej und Kostja lehnten sich an den Zaun, zündeten sich eine Zigarette an und blinzelten zufrieden in die Sonne. Kapitolina setzte sich still zu ihrem Mann und legte ihren Kopf auf seine Schulter. Er umarmte sie mit der Zigarette in der Hand. Sie sprachen über die gestrige Demonstration, darüber, wer wen auf dem Mausoleum gesehen hatte, über den Tod des Alten, über den schönen Frühling und über die Lage in der Mandschurei. Kostja fragte unbekümmert:

»Was meinst du, Sergej Sawwitsch, wird es wieder so weit kommen, daß wir unsere Uniformmäntelchen anziehen müssen und verladen werden – vierzig Mann, acht Pferde? . . .«

Sergej antwortete nach sorgfältigem Überlegen:

»Weiß der Teufel . . . Irgendwie scheint es mir, daß es diesmal nicht so weit kommen wird und wir verschont bleiben werden . . . das heißt, ich denke für ein halbes Jahr, höchstens für ein Jahr voraus. Was weiter kommt, das bleibt im dunkeln. Du weißt doch selbst: Die haben sich einiges eingebrockt . . .«

»Hast keine Lust, was?« hänselte Kostja.

Sergej richtete die glänzenden kristallenen Gläser seiner Brille auf ihn und lächelte:

»Wie soll ich dir sagen . . . Es hätte eigentlich nichts geschadet, sich an die alten Zeiten zu erinnern. Es waren schöne Zeiten, die besten überhaupt . . . Nur jetzt, verstehst du, ausgerechnet jetzt käme es absolut ungelegen . . . Dabei rede ich gar nicht vom ganzen Land – nur für mich persönlich sieht es

so aus: Solange ich mein Problemchen nicht gelöst habe, kann ich einfach an nichts anderes denken . . .«
»Was ist das für ein Problemchen?«
»Ich habe dir eben schon davon erzählt: Es geht um die Verbrennung von Staubkohle. Deswegen bin ich auch nach Sterowka gefahren.«
Kostja fing an zu lachen.
»Erledigst du ein Problemchen, dann kommt sofort ein neues. Das wird bei dir offenbar immer so weitergehen, mein Junge . . . Für den Krieg wird nie Zeit bleiben. Wenn es Krieg gibt, werde ich mich nicht in die Büsche schlagen, ist doch klar, aber auch ich habe meine Problemchen . . .«
Er schwieg ein Weilchen, dann tätschelte er seiner Frau das Knie und sagte:
»Und worauf bauen Sie, Kapitolina Sawwischna? . . . Gesetzt den Fall, Sie wären jetzt eine Soldatenfrau geworden? . . . Was würden Sie dazu sagen? . . . Oder sollte man damit noch etwas warten?«
Kapitolina lächelte gerührt und drückte ihre Wange noch fester an die Schulter ihres Mannes.
Alexandra kam auf die Freitreppe hinaus und winkte alle herbei. Man rief Dunja und Sina und ging in die Kirche hinein. Der Kutscher nagelte bereits sachkundig den Deckel an; die Schläge schallten flach gegen das Gewölbe und hallten unter der Kuppel wider. Den Sarg trugen jetzt, außer den Männern, auch Kapitolina und Sina sowie ein plötzlich aufgetauchter etwa fünfzehnjähriger Bursche. Dunkelhäutig und schwarzhaarig, erinnerte der Bursche an einen Stiefelputzer. Seine Lippen waren blutrot. Der Priester und der Küster schritten vorneweg.
Als sie durch die kleine Schlucht gingen, die die Kirche vom Friedhof trennte, kam seitwärts vom Hang der schwermütige Tischler; »Pardon«, sagte er dumpf zu Sina und nahm ihren Platz ein. Dann flüsterte Sina mit der Mutter und lief nach Hause, um die Blumen zu holen, die Alexandra gebracht hatte.

Man ging schwerfällig und vorsichtig über den dünnen Brettersteg, der den Bach in der Schlucht überspannte. Hier war alles still und unberührt; die gebeugten Silberweiden versprachen im Juni feuchte grüne Dichte, einen letzten Sonnenstrahl durch ihre Zweige und Schnaken wie eine Staubsäule über den Wasserlinsen. Der Bach murmelte leise, seine kleinen Wellen bewegten das Spiegelbild der schwarzen Bretter, sie spülten gegen eine verrostete Blechbüchse. In der Sonne, direkt am Wasser, stießen schon scharfe Gräser, Brennesseln und allerlei Dreigeblatt aus dem Boden. Auf der anderen Seite der Schlucht, auf den mit Stacheldraht eingezäunten Gemüsefeldern, waren schwarze, frisch umgegrabene Beete zu sehen. Der Sommer, der neue Sommer näherte sich Moskau. Er näherte sich den Hinterhöfen und Gemüsegärten mit seinem morgendlichen Vogelgezwitscher in den glänzenden Baumkronen, mit dem Dillgeruch und dem staubbedeckten Wegerich.

Der Friedhof war noch jung und sandig. Er grenzte an einen lichten dünnstämmigen Kiefernhain. Durch die Bäume schimmerte ein großes Feld. Die Dächer der Sommerhäuser einer neuen Siedlung glänzten wie Silber. Hinter den Gleisen der Stadtbahn, hinter den schwarzen Wäldern von Pokrowskoje-Streschnewo häuften sich weiße Wolken. Die unbegrasten Grabhügel wärmten sich in der Sonne. Alles war kahl, scharf umrissen und leer – es war die klare, tote Leere des Vorfrühlings. Der Westwind wurde stärker. Der Priester und der Küster murmelten und sangen immer noch, der Kutscher bekreuzigte und verbeugte sich oft, das junge Volk wandte den Blick ab, um zu zeigen, daß man nichts damit zu tun hatte. Die Mutter stand ganz vorne, am Rand des offenen Grabes. Ihr Rücken im langen altmodischen Mantel war gerade, die Spitzen ihres schwarzen, festlichen Kopftuches bewegten sich leicht. Als es soweit war, nahm sie als erste eine Handvoll des gelben, feuchten Sandes und warf ihn auf den Sarg hinab. Ein alter Totengräber und der Bursche mit den roten Lippen traten heran. Mit ihren Spaten schütteten sie eifrig das Grab zu, schaufelten einen kleinen Hügel und klopften ihn sorgfältig an den Seiten ab. Sina kam rechtzeitig, um die Zweige des zarten, halbausgeschlagenen, feuchten Flieders auf den Grabhügel zu streuen. Der schläfrige und mürrische Sawwa hatte sicher nie von so etwas Feinem und von solcher Ehrung geträumt.

Der Priester streckte einfach, wie gewohnt seine Hand aus, hob den Schoß seines Leibrocks und steckte die Geldscheine in die Hosentasche. Der Küster näherte sich mit strengem Gesicht, zählte das Geld nach und steckte es in seine gediegene Brieftasche. Der Rotlippige bekam auch etwas. Er lächelte betrübt, kratzte sich im Nacken und bat um die Einladung zum Leichenschmaus. Man nahm ihn mit. Unterwegs stellte sich heraus, daß er zu den Verwahrlosten gehörte, mit allen Wassern gewaschen war und jetzt am Friedhof wohnte.

Als man auf die Chaussee kam, gingen Sergej und Kostja in einen Genossenschaftsladen und kauften Schnaps – so war es vorher verabredet worden.

Im Hause gab es seit ewiger Zeit einen Hirtenjungen aus Porzellan – eine große, kitschig bemalte Figur, eine schäbige Verlockung des Fabrikgeschmacks der Jahrhundertwende. Wie diese Figur nach all den Strapazen und dem Umherirren der Familie heil bleiben konnte, war ein Wunder. Im Jahre Fünfzehn, als man hastig das Notwendigste und Wertvollste zu einem Bündel zusammengebunden hatte, während die deutschen Geschütze bereits den Himmel am Horizont erschütterten, steckte eine der Töchter den Hirtenjungen heimlich in einen Korb, und so begann seine lange Reise durch Rußland. Mit abgeschlagener Nasenspitze und kürzer gewordenem Stab stand er immer noch brav auf einer Wiese, blies seine Wangen auf und spielte auf einer goldumreiften Schalmei.

Sergej nahm die altbekannte Figur, drehte sie in den Händen herum und klopfte mit dem Fingernagel dagegen.

»Er lebt noch!« dachte er fröhlich und bemerkte im gleichen Augenblick einige Gegenstände aus seiner Kindheit: die Nähmaschine, die man ebenfalls bei der Evakuierung mitgenommen hatte (die Mutter hatte damals darauf bestanden, und sie war noch Jahre später stolz, daß sie nicht auf ihren Mann gehört hatte), eine handgestickte Rosenmusterdecke auf der Kommode, einen Musikwecker, eine mit kleinen Muscheln beklebte Schachtel. All das hatte man wieder ins große Zimmer gebracht; dort nahm es seinen üblichen Platz ein, als ob nichts geschehen wäre. Das Zimmer, das durch den Tod seine Funktion als Wohnstätte verloren hatte und für zwei Tage und Nächte zu einem leeren Prisma, einem bloßen, glatten Behälter des Sargs geworden war, kehrte zu seiner Bestimmung zurück und füllte sich mit Unebenheiten, Abstufungen und Falten. Es erwärmte sich und fing an zu atmen.
Man lief hinter Sergej herum, unterhielt sich ohne Scheu und klirrte mit dem Geschirr – die Mutter deckte den Tisch für den Leichenschmaus. Sergej stellte den Hirtenjungen auf seinen Platz zurück und nahm eine große Photographie, die an der Schachtel lehnte. Auch sie war ein Andenken an die alten Zeiten: Die ganze Familie hatte sich im Jahre vierzehn, im letzten Frühjahr des Friedens, photographieren lassen. Zwei Mädchen mit aufgelöstem langem Haar standen in weißen Kleidern und mit einem Papierblumenstrauß in der Hand zu beiden Seiten; die kleinen Gesichter drückten ängstliche Zuvorkommenheit aus. Alexej, der Erstgeborene, saß in der schwarzen Uniformjacke der städtischen Realschule, die Arme über der Brust gekreuzt, rechts vom Vater und lächelte selbstsicher. Serjosha, brav, frisch gewaschen, mit gescheiteltem Haar, trug die gleiche Jacke und lehnte sich von der anderen Seite an die Schulter des Vaters. Die Mutter blickte besänftigend und wirkte jung und schön mit ihrem hochgesteckten Haar, dem Spitzenkragen, dem breiten Gürtel und der Schnalle. Der Vater sah zufriedener und wichtiger aus als alle anderen. Er hatte ein Jackett an, eine Weste über dem Stehkragenhemd, eine Brustkette und eine Hose über den

Stiefeln. Robust und rund, saß er da mit seinem Bürstenschnitt und den aufgeworfenen Lippen, stolz darauf, daß er, das Familienoberhaupt, ein Mann, eine Stütze, nach und nach ein Häuschen zusammengezimmert hatte, daß er verdiente und nicht alles vertrank, seinen Kindern eine gute Lebensstellung sicherte und nun, am Feiertag, wie es sich in guten Häusern gehörte, mit der ganzen Familie zum Photographen gegangen war.

Sergej betrachtete das Photo. Für einen Augenblick verlor er den richtigen Bezug zu diesem herausgeputzten, stupsnasigen Kleinen und fühlte sich eins mit ihm. Er wußte, daß sie gleich nach dem Besuch beim Photographen zur Tante gegangen waren und bei ihr Tee mit Fastenzuckerstangen getrunken hatten. Und dann begriff er: Es war doch schon längst vorbei, nichts war übriggeblieben von jener mit dem Objektiv festgehaltenen Sekunde. Tausend Jahre, ein ungeheueres Leben waren vorbeigerauscht, und der da, in der Weste, mit dem runden Kopf, der Vater, plump, warm, nach Gerbstoff, Schweiß und Wodka riechend, war verschwunden – für immer. Er hatte sich aufgelöst, es würde ihn nie mehr geben. Und plötzlich wurde Sergej klar: Weder heute noch gestern, noch am ersten Tag, kein einziges Mal hatte er richtig um den Vater getrauert. Die Nachricht von seinem Tode erschütterte und betrübte ihn; der Anblick des Todes war für ihn bedrükkend. Aber kein einziges Mal erschrak er in seinem Inneren über den Verlust selbst, über das Nichtmehrdasein dieses Menschen, seines Vaters ...

Und wer, außer der Mutter, trauerte denn tief und schwer um ihn? Wer hatte sein ungereimtes Leben bemerkt, wem war es bekannt?

Es war leicht für Sergej, sich die Gestalt des Vaters in Erinnerung zu rufen, seine letzten Greisenjahre: Wie er mit herabhängenden schweren Händen durchs Zimmer schritt, wie er in seinen alten, knarrenden Halbstiefeln ohne Schnürsenkel schlurfte, wie er sich ächzend bückte und weiß Gott warum unters Bett schaute. Diese Gestalt war untrennbar von dem

Gedanken an endlose Arbeit, ununterbrochene, dunkle, mühsame Scherereien mit Verstaubtem, Verrostetem, Verfaultem. Da brachte er dem Ferkel eine Schüssel mit eingeweichten Brotkrusten, trug einen Eimer Spülwasser hinaus, da reparierte er alte Filzstiefel, kehrte den Hof, reinigte die Latrine … Er schien sich nie auszuruhen, nie saß er da und legte die Hände in den Schoß. Leidenschaftlich pflegte er das Haus, ständig sägte, hämmerte und besserte er aus. Er schusterte grob und ungeschickt, kaufte auf dem Flohmarkt kaputte Pendeluhren, Wecker, Handwaagen, Petroleumlampen, versuchte sie zu reparieren und dann zu verkaufen. Dabei kamen nicht mehr als ein paar Kopeken heraus. Die Reparaturen gelangen nur selten, doch die Mechanik zog den Alten an; sie war seine Lieblingsbeschäftigung, etwas für die Seele. Die Nachbarn lächelten darüber, daß Sawwa eine Uhr, das Dach und einen Stiefel mit ein und demselben Werkzeug reparierte.

In reiferen Jahren tobte er sich aus, tat groß; wenn er betrunken war, schikanierte er Frau und Kinder mit seinen Zornausbrüchen, doch später, mit zunehmendem Alter, wurde er schüchtern und still, lebte ruhig und fernab von allem. Was hielt er von seinen Kindern, was dachte er über die neuen Zeiten, über die Politik? Es gibt kaum jemanden, der das weiß. Vielleicht wissen die es, der Tischler und der Kutscher? … Es fiel Sergej ein, daß der Vater in der letzten Zeit begonnen hatte, ihn und die älteren Schwestern zu siezen, daß er sie demütig und respektvoll anblickte. Und dabei hatte es Zeiten gegeben, in denen er, ohne lange zu überlegen, seinen Kindern ein paar hinter die Ohren gab …

Das Merkwürdigste und Jämmerlichste aber war sein Tod … Wenn man Kapitolinas Worten Glauben schenkte, dann starb der Alte wie in einer Anekdote, einer Lappalie wegen. Er starb, weil er sich von einer Null einschüchtern ließ … Wie schwach und schutzlos mußte er, Sawwa Pantelejew, Sergej Pantelejews Vater, sich gefühlt haben, der Vater Sergej Sawwitschs, des Chefs von vierzig Professoren und Doktoranden, einer Autorität im Volkskommissariat und im Stadtbezirkskomitee, der Geschäfte in Milliardenhöhe abwickelte und im Briefwechsel mit dem Ausland stand, der sich der staatlichen und internationalen Existenz seiner Klasse widmete ... Wie sehr war sein Vaterhaus in den Schatten und in Vergessenheit geraten, diese ganze hinfällige Welt, diese abgelegene Hütte am Rande der großen Straße.

Man hob das erste Glas, um, wie es Brauch ist, den Verstorbenen zu ehren. Man sprach so, wie es sich ziemt.
»Ein leichter, unauffälliger Tod. Gebe Gott, daß es jedem vergönnt ist, so zu sterben«, sagte der Kutscher und strich sich über den Schnurrbart. »Eben warst du noch da, und schon gibt es dich nicht mehr.«
Betrübt stimmten alle zu: Wahrhaftig. Wirklich ein ruhiger Tod. Er schlief ein und wachte nicht wieder auf. Nun, es war natürlich auch sein Alter ...
Von Adolf sagte Kapitolina kein Wort; man wollte das Thema in Anwesenheit von Fremden lieber nicht berühren.
Der Tisch war reichlich gedeckt. Sergej und Dunja brachten von ihrer Verteilungsstelle kalte Vorspeisen mit und etwas von dem, was ihnen zum 1. Mai an Eßbarem zugeteilt worden war. Die Mutter bemühte sich auch nach allen Kräften, Sawwas gedenken zu können, wie es sich gehört. Es gab Osterquarkkuchen und Osterbrot. Walka und Edwardinchen bekamen solche Leckereien nur selten – die Kinder aßen deshalb heißhungrig. Der schwarzköpfige Verwahrloste verschlang im Nu alles, was ihm auf den Teller kam. Wodka trank er wie Tee. Schmerz und Trauer traten immer mehr zurück; schon trank man auf Sinas glückliche Abreise und ihren Erfolg im selbständigen Leben sowie auf Alexandras literarische Triumphe. Kostja Muchin wünschte Sergej große Erfolge auf wissenschaftlichem Gebiet und daß ihn sein Köpfchen nicht im Stich ließe. Man fing an, lauter zu reden, als nötig war, und nur sich selbst zuzuhören. Der Lärm nahm

zu: das Durcheinander der Stimmen, die Trinksprüche, das Klirren des Geschirrs.

Von dem Gläschen Schnaps und vor Müdigkeit flimmerte es der Mutter vor den Augen, die von vielen Tränen ganz gerötet waren. Mit zärtlichem Lächeln nahm sie jedoch alles wahr, was um sie herum geschah. Sie war geschwächt, aber sie grämte sich nicht mehr. Die Trauer ließ nach und zerriß ihr nicht mehr das Herz. Ihre Gedanken flossen leicht dahin.

Sie war eine durch und durch russische Natur, und doch lag in ihren Zügen etwas Westliches – Litauisches oder Germanisches: das klare Profil, die gerade schmale Nase bei breiten Wangenknochen, das nicht große, aber leicht vorstehende Kinn. Eine grauhaarige erschöpfte Feenschutzherrin aus einem nordischen Märchen. Der Zusammenhalt der Familie beruhte natürlich auf ihr und nicht auf Sawwa, dem immer Wankelmütigen, der sich ab und zu dem Trunke hingab. Sie war es, die die Familie in allen Zeiten des Zusammenbruchs unter die Fittiche nahm, die jedes kleine Loch schleunigst zu flicken verstand, die sich drehte und wendete, hegte und pflegte, Aufrichtigkeit und Güte lehrte. Acht Geburten, der Tod zweier Kinder, die eiserne Zeit der Kriege und der Hungersnot, die größte, von niemandem beachtete Mühsal des Lebens – nichts hatte sie gebrochen, nichts hatte ihr das heitere Interesse an den Menschen, an den Ereignissen genommen. Erst hier, in Moskau, hatte sie mit dreiundfünfzig Jahren in einem Zirkel lesen und schreiben gelernt; sie war gern ins Kino gegangen und auch ins Theater, wenn Kapitolina für sie Karten beschafft hatte. Zu Hause hatte sie Edwardinchen alles ausführlich erzählt. Die Kinder kannten ihr inniges Gemüt und ihre taktvolle Art, der jede Geschwätzigkeit, Aufdringlichkeit und Selbstzufriedenheit fremd war. Und man achtete sie – sie allein hielt in den letzten Jahren alle zusammen; sie war das Zentrum, das alle an sich zog. Die Mutter wußte immer Bescheid über die entscheidenden Erfolge ihrer Kinder; sie verstand auf ihre Art alles, auch den Kummer und die Vorhaben. Durch sie kam das ganze Haus der Alten mit der jungen stürmischen Welt der Kinder in Berührung.

Und dennoch fühlte die Alte jetzt, während sie ihre lieben Kinder durch den Nebel ihrer glücklichen Tränen sah, daß diese sich immer weiter und unwiederbringlich von ihr entfernten, daß deren bunte Tage – mit Demonstrationen, Selbstkritik, Auslandsreisen und Kurorten – ihre langsamen kleinen Tage überholten und weit hinter sich ließen. Schon hatte sie den Alten beerdigt, einen Zeugen und Mitgestalter ihres Lebens, und die ganze Tiefe des Vergangenen – die Heimat vor dem Krieg, die Heirat, der Kauf einer Nähmaschine, die Deutschen – blieb von nun an nur in ihrem einsamen Gedächtnis. Die Kinder aber rissen sich los und fielen eins nach dem anderen ab. Morgen mußte sie anfangen, für Sinas Reise zu packen. Sie betrachtete jeden einzelnen, der vor ihr saß, und alle zusammen, als wolle sie die Kinder mit ihrem Blick in die für sie unerreichbaren leuchtenden Lande begleiten. Und irgendwie war sie beruhigt, und es tat ihr nicht weh.

Kostja stellte sein Schnapsgläschen auf den Kopf – wegen der Nieren. Sergej erwähnte die Arbeit, die ihm am Abend noch bevorstand. Alexandra rezitierte, wie sie es in solchen Fällen zu tun pflegte, lauthals »Das Moskau der Spelunken«.

Alexej erschien unerwartet in der Tür. Alle verstummten. Zur Begrüßung hob er die Hand wie die jungen Pioniere und ging, schwer mit seinen rindsledernen Stiefeln auftretend, zum Tisch. Man begrüßte ihn fröhlich und rückte zusammen, um ihm Platz zu machen. Er kniff leicht die Augen zusammen und blickte auf die ganze Verwandtschaft, rieb sich die Hände und sagte munter:

»Tja, Brüderchen und Schwesterchen, schenkt mal dem Parteilosen ein . . . Ich werde euch schon einholen.«

Ein Gefühl von Peinlichkeit und Gezwungenheit kam auf und erfaßte die Tischrunde. Man lächelte gequält. Der Kutscher erhob sich und füllte fröhlich und diensteifrig Alexejs Schnapsglas, wobei er ein wenig verschüttete:

»Bitt' schön, Lexej Sawwitsch, trinken Sie.«
Alexej schob jedoch das Glas von sich.
»Das ist nicht mein Kaliber«, grinste er, nahm ein Teeglas und füllte es selbst bis zum Rand.
Von der ersten Minute an verfolgte die Mutter besorgt alle Bewegungen ihres ältesten Sohnes. Es war, als ob der ständige Schatten seiner inneren Heimatlosigkeit auf sie fiel und das ruhige Licht ihrer Seele trübte. Zaghaft bat sie:
»Alexej, nicht so viel auf den nüchternen Magen. Schon dich doch.«
Alexej blickte finster.
»Nur keine Sorge, liebe Mama, ich bin kein Fräulein.«
Langsam leerte er sein Glas, atmete geräuschvoll aus und betrachtete aufmerksam die kalten Vorspeisen.
»Habt ihr das alles aus eurem geheimen Zuteiler herangeschleppt, eh?« Es war nicht klar, an wen sich die Frage richtete. Alexej zog eine Dose Krabben zu sich heran, stocherte mit der Gabel darin und roch an ihr. »Nein, wir essen lieber ganz proletarisch Heringe. Das da ist sicher für diejenigen, die die meiste Verantwortung tragen. Es stinkt ja schon so kompliziert.«
Kostja Muchin konnte das nicht hinnehmen und fragte:
»Was hast du denn, Alexej Sawwitsch? Wie ich sehe, bockst du dauernd. Bist du schlecht gelaunt oder vielleicht müde?«
»Wieso bin ich schlecht gelaunt?« wunderte sich jener. »Ich habe sogar sehr gute Laune. Ihr seid doch alle so still. Gehört sich das so beim Leichenschmaus? . . . Oder störe ich vielleicht? . . .«
»Hör auf, leeres Stroh zu dreschen, Alexej!« rief ihm die vom Schnaps gerötete und hübsch gewordene Alexandra über den Tisch zu. »Laß uns lieber trinken. Hundert Jahre haben wir uns nicht gesehen.«
Sie stießen an und tranken aus. Alexej kaute, wobei er stark die Backenknochen bewegte.
»Und ihr habt also den Alten unter die Erde gebracht?« fragte

er einige Minuten später versöhnlich. »Schade, der Alte war doch harmlos. Er hätte noch etwas leben können und mit seinem Hämmerchen klopfen ... Ich habe gehört, daß ihn unser Untermieter terrorisiert hat ... Wie heißt er? ... Nun, dieser Butzen ... mit Gamaschen? ...«
Keiner antwortete ihm. Alexej lehnte sich auf dem Stuhl zurück und seufzte laut:
»Wie haben sich diese kleinkarierten Lumpen in der letzten Zeit vermehrt! ...« Und lachend fügte er hinzu: »Die großen eigentlich auch ... Und dieser Alfons«, schrie er plötzlich, »wird nicht mehr lange in seinem Höschen strampeln. Ich werde ihm schon eins auf die Hörner geben.« Alexej schlug wütend mit der Faust auf den Tisch. »Er soll sich nicht soviel einbilden ... die armselige Blattlaus ...«
Vom begeisterten Zuhören kam der Kutscher ins Schwitzen. Sein Gesicht wurde purpurrot, die Nase glänzte. Der Verwahrloste grinste und wartete, ob es nicht noch toller würde. Der Tischler schwieg weiter und verschlang düster eine Dose mit Kaulköpfen. Die anderen blickten beunruhigt auf Alexej, aber dieser schloß unerwartet ruhig und winkte hoffnungslos ab:
»Laßt uns lieber trinken ... Wenn man einmal damit anfängt, alles in Ordnung zu bringen, dann reichen die Fäuste nicht aus ...« Und er beugte sich mit der Flasche in der Hand zu Sergej, um dessen Glas zu füllen.
»Trinken wir einen, Professor! ...«
Verlegen verneinte Sergej. Er habe am Abend noch zu arbeiten. Kostja hielt sein Glas zu und sagte:
»Nee, nee, nee, die Nieren.«
Alexej verzog sein Gesicht:
»Wie wir uns zieren! Auch Kostja Muchin hat sich der Intelligenz verschrieben! Ach, ihr, Staatsmänner ... Na ja, dann vereinigen wir uns mit dem guten Alten ... Der scheint ja ein einfacher, verantwortungsfreier Bürger zu sein«, brummte er, während er einschenkte, »er wird eine parteilose Initiative unterstützen ...«

Der Kutscher unterstützte sie, ebenso der Tischler. Alle drei stießen eifrig an und kippten die Gläser herunter; der Bärtige machte schon Anstalten, sich mit den anderen zu küssen und wischte sich über die Lippen. Dunja, die neben der Schwiegermutter saß, neigte sich, mit den Augen auf Alexej deutend, zu ihr:

»Es wäre besser für ihn, er würde aufhören.«

Die Alte schüttelte wehmütig den Kopf.

»Er wird jetzt nicht aufhören«, flüsterte sie. »Ich weiß es schon. Wie der Vater, so der Sohn.«

Dabei dachte sie an den Schnaps, bei dem Sawwa und ihr Erstgeborener, hatten sie einmal damit angefangen, kein Maß mehr kannten. Wenn sie sich der langen Familienjahre erinnerte, dann verschmolz der Vater mit dem ältesten Sohn zu einer Einheit, die zwar nicht sehr deutlich war, die aber die Ähnlichkeit Alexejs mit den anderen Geschwistern bei weitem übertraf. Woran lag das? War es die gleiche ungelenke Plumpheit des Wesens, die Schwere der Knochen, das Finstere des Blicks oder noch etwas nicht zu Bezeichnendes, das verborgen blieb in seiner Lebenshaltung und in seinem Schicksal? ... Es gab Zeiten, da schien die Ähnlichkeit schwächer zu werden, ja fast zu verschwinden: in den Jahren an der Front und später, als Alexej bei der Gewerkschaft tätig war, als er sich mühsam hocharbeitete; er wurde heiterer, sanfter, kaufte sich Bücher über Bücher, trank nicht und hätte einmal beinahe geheiratet. Aber als er im letzten Frühjahr zu Hause auftauchte, wurde er richtig überwältigt von einer undurchdringlichen, dunklen Weltabgeschiedenheit, einer Unbeholfenheit und Einsamkeit, so wie es auch bei Sawwa war, besonders seit den Flüchtlingszeiten, nur war es freilich bei Sawwa schlichter und einfältiger. Alexej verirrte sich in dieses abgelegene, im Winter eingefrorene, nach Latrine riechende Häuschen. Er kam vom Weg ab wie ein Deserteur, der ohne Passierschein und Papiere vom Zug abgesprungen war. Hier, in der elterlichen Stille und Kargheit, überkam ihn der dunkle Pantelejewsche Urzustand. Und auch jetzt, wo er mit schwerem, kurz geschorenem Kopf zwischen den Schwestern saß, mit schlecht abgewaschenem Ruß im Gesicht, im schwarzen Kattunhemd, knochig und unrasiert, wurde er immer düsterer. Obwohl er schweigsam wurde, drohte seine Finsternis wie eine Regenwolke beim geringsten Anlaß ihr Unheil zu ergießen.

Er war schwer und hoffnungslos betrunken.

Der Ausbruch kam sehr schnell. Er hatte etwas Sinnloses und Verzweifeltes. Verursacht wurde er von dem bärtigen Kutscher.

In dem müden, leise werdenden Trubel, der die Tafel erfüllte, steckten Sergej und Kostja an ihrer Tischecke die Köpfe zusammen und unterhielten sich halblaut. Sergej erzählte, daß man versuchte, die Motoren von Autos und Traktoren auf Rohöl umzustellen. Ohne es selbst zu merken, redete er vor Begeisterung immer lauter. Der Kutscher wandte sich ihm zu und begann genau hinzuhören. Er war auch betrunken, aber fröhlich und schelmisch.

»Erklärt mir doch eins, Bürger«, unterbrach er plötzlich Sergej. »Es ist hier nur von Autos und Traktoren die Rede. Und ihr habt ja in der Tat eine Menge Traktoren aufs Land losgelassen. Es knattert nur so ... Aber es kommt doch bei euch nichts dabei heraus, oder? ...« Er blickte in die Runde und lächelte gütig.

Alle sahen ihn schweigend an.

»Es könnte ja sein, daß wir gar keine Traktoren brauchen?« Der Kutscher wurde noch fröhlicher. »Der Bauer läßt sich nicht mit der Maschine zusammenkoppeln, sie ist für ihn uninteressant. Wäre es mit dem Pferdchen nicht besser gewesen? Ohne Lärm und ohne Knattern ... Zuerst das Pferdchen, hinter dem Pferdchen der kleine Pflug und hinter dem Pflug das Bäuerlein. Über dem Hang geht die Sonne auf. Alle sind satt und zufrieden ...«

»Und hattest du viele Pferdchen, mein Alter?« fragte Kostja Muchin ebenfalls fröhlich und beugte sich aufmerksam zu ihm über den Tisch.

Der Bärtige bewegte langsam den Finger vor der Nase hin und her und kniff zufrieden die Augen zusammen.

»Willst du mir auf den Zahn fühlen, lieber Bürger? ... Jung bist du, aber gründlich ... Vom Denken hast du deine ganze Frisur verloren. Nun, fühl nur, fühl, hier bin ich, bitte schön. Du forschst nach meinem Vermögen? Hier, am Pfahl steht's, mein ganzes Vermögen. Vom Gasthaus zur Truchmalnaja, von der Truchmalnaja zur Kalantschowka, zwanzig Kopeken, nicht mehr und nicht weniger ... Komm, ich kann dich kostenlos nach Hause bringen, meinem Verwandten stehe ich immer zu Diensten. Mein Wallach ist, obwohl er ungefähr dein Alter hat, noch recht flott.«

»Ein wohlgenährter Wallach«, nickte Kostja. »Nur die Kutsche klappert an allen Ecken und Enden, überall scheppert's, unmöglich. Fährst du schon lange damit?«

»Das kann man nicht sagen. Die Kutsche war schon ziemlich alt, als ich sie kaufte.«

»Das heißt, du selbst bist noch nicht lange im Geschäft?«

Wieder glänzten die flinken Augen des Bärtigen feucht und fröhlich.

»Ich hab's dir doch eben erzählt, lieber Bürger: noch nicht lange.«

»Und trotzdem? Etwa das zweite oder vielleicht das dritte Jahr?«

»Das darf doch nicht wahr sein!« staunte der Kutscher. »Wie aus den Karten gelesen ... Auf den Punkt! ... Am Epiphaniasfest waren es zwei Jahre. Los, Junge, rate weiter! Schon mit dir zu reden, ist mir eine Ehre – du kennst dich wirklich aus.«

»Ach, mein Alter, ich mach's nur so, der Unterhaltung wegen«, grinste Kostja und stieß Sergej unter dem Tisch gegen das Bein. »Wie ich hörte, kommst du aus der Gegend von Pensa?«

»Ja, stimmt. Aus dem Landkreis Mokschansk.«

»Na siehst du, dann kommen wir fast aus der gleichen Gegend. Ich bin aus Saratow. Nur verstehe ich nicht, warum du, lieber Landsmann, dein Dorf verlassen hast, aus welchem Grund? ... Haben dich die Traktoren erschreckt? Die knattern doch, sagst du ...«

Der Bärtige lachte glückselig.

»Du bist mir einer! ...« Gerührt schlug er die Hände über dem Kopf zusammen. »Seht euch nur diesen Kerl an! ... Alles mäht er ab, bis nichts mehr übrig bleibt ... Und wenn ich dir ...«, wandte er sich plötzlich Muchin zu und starrte ihn mit einem schläfrigen, mitleidigen Lächeln an. »Also hör zu: Ich ließ die neue Ordnung samt Hab und Gut zurück und machte mich auf nach Moskau. Wirst du mich beim Schlafittchen packen, lieber Schwager, und direkt vom Leichenschmaus zur Miliz schleppen? Bin ich ein Leibeigener, der sich keinen Schritt von seinem Feld wagen darf? Bin ich kein freier Mensch der kommunistischen Republik? ... Nun, wie wirst du mit mir verfahren? ...«

»Genossen, er ist ein Kulak!« platzte Sina heraus.

Der Kutscher wandte sich ihr schnell zu.

»Das ist ein Fräulein!« schrie er begeistert. »Ei, was für ein Fräulein! Flott ist sie, nicht wie der Papa. Hat mir einen ganz schönen Stich versetzt: Kulak ... Hast du denn jemals einen Kulaken gesehen, du nettes Fräulein? Oder hast du mich am Bart erkannt? Aber auf euren Bildern malt man die nicht so – da ist der Wanst dicker und die Brauen sind dichter. Und ich, wie du siehst, bin schmächtig ... Ach ihr lieben Bürger«, seufzte er bekümmert. »Jung und grün ... Geredet haben wir immerfort, und jetzt sind wir in einem dunklen Tannenwald. So geht das nicht. Wir sind doch hier, um eures verstorbenen Vaters zu gedenken. Ein rechter Mensch war der selige Sawwa Semjonytsch und ein stetiger Arbeiter. Wir waren doch so dick befreundet. So viel haben wir zusammen erlebt und einander erzählt. Und in den schweren Jahren ist er ungefähr dreimal mit einem Säckchen zu mir gekommen, und ich habe ihm etwas Mehl, Kartoffeln und Hirse gegeben ... Und was gab er? Nun, Kleinigkeiten wie zerschlissene Schuhe oder ein Handtuch. Allein aus weichem Herzen habe ich eurer Familie geholfen. Wir sind doch verwandt, da geht's nicht anders ... Anna Jewgrafowna kann das bestätigen. Alexej Sawwitsch wird sich auch erinnern, wie ich damals, als er von der Front auf Urlaub kam, in eurer Wohnung vorbeischaute, euch Speck brachte, viereinhalb Pfund ...«

»So war es, Grigorij Tichonytsch, wir erinnern uns«, sagte die Mutter schnell, froh darüber, daß sich das Gespräch der Vergangenheit zuwandte und höflicher wurde. »Mein Mann und ich haben Sie immer in guter Erinnerung gehabt.«

»Warten Sie, Mama«, unterbrach sie Sergej. »Alexej, kennst du diesen Mann?«

Alexej saß schwer und breit auf seinem Stuhl und stocherte mit einem Streichholz in den Zähnen. Er blickte seinen Bruder finster von der Seite an und sagte kein Wort.

»Dann sagen Sie es, Mama. Wer ist eigentlich dieser Mann? Was für einen Unsinn er redet. Auch seine Geschäftigkeit ist verdächtig ... Wer ist das? Was für eine Wirtschaft hat er gehabt?«

»Das weiß ich doch nicht, Sergej«, erregte sich die Mutter, »bei ihnen im Dorf war ich kein einziges Mal, nur was Papa erzählt hat und Tante Dunja ... Nun, vermögend waren sie immer, sie haben gut gelebt. Mehr kann ich nicht sagen. Das liegt ja auch lange zurück ... Laß es doch lieber, Sergej ... Grigorij Tichonytsch ist gekommen, er hat uns beim Begräbnis geholfen. Was hätten wir ohne ihn gemacht? ...«

Alexej bewegte sich und verrückte heftig seinen Stuhl.

»Wie?« fragte er leise, mit heiserer Stimme, »wollt ihr auch hier, beim Leichenschmaus, eine Kolchose gründen und eine Säuberung durchführen? Wollt ihr nicht auch meine Papiere sehen? Es könnte ja sein, daß ich ein Saboteur bin oder daß ich einen Dorfkorrespondenten erschossen habe ... Und ihr sitzt mit mir zusammen und trinkt Wodka ...«

»Alexej, schäm dich!« schrie Kapitolina. »Von dir will doch keiner was, du selber stichelst dauernd gegen uns alle. Da ist ein fremdes Subjekt unter uns, und du, statt uns zu helfen ...«

»Lang-weilig, lang-weilig!« sang Alexandra kokett und hielt sich mit den Fingern die Ohren zu. »Auf welch langweiliges Zeug habt ihr euch da eingelassen. Sergej, Kapitolina, pfeift doch drauf! Habt ihr denn wirklich Lust . . .«

In diesem Moment stand der düstere Tischler schwankend vom Tisch auf. Er öffnete den Mund so weit wie auf einer medizinischen Zeichnung, zeigte seine langen gelben Zähne und sagte dann abgehackt:

»Hiermit gebe ich bekannt, daß ich ein freier Atheist und Anarchist bin und daß mir deshalb auf dieser Welt außer der Wahrheit alles gleichgültig ist. Für die Wahrheit trete ich jedoch ein. Und d-deshalb sollen es diejenigen wissen, die es nötig haben. Dieser Typ mit dem Bart ist in Wirklichkeit ein ehemaliger Ausbeuter und raubgieriger Privateigentümer. Seine Wirtschaft wurde mit der Wurzel entkulakisiert, er aber konnte rechtzeitig fliehen. Er selbst teilte es mir in betrunkenem Zustand mit . . . Für mich ist es unwesentlich, und so trinke und esse ich mit ihm wie eine freie Person. Aber die Wahrheit – h-hoch soll sie leben! . . .«

Und er setzte sich.

»Das ist ja toll«, sagte Kostja Muchin in die Totenstille hinein. »Lang hat er geschwiegen, und nun hat er seine Meinung gesagt . . .« Dann beugte er sich zu Sina und flüsterte: »Los, Sina, geh auf die Treppe und schau nach der Nummer seiner Kutsche, für alle Fälle.«

Sina ging hinaus.

»Tja, Genossen . . .« Kostja sah alle, die am Tisch saßen, ermunternd an, wobei er jedem in die Augen blickte. »Ich glaube, es besteht kein Interesse mehr, mit dem Alten an einer Tafel zu sitzen. Ich bin gezwungen, lieber Landsmann, dich zu bitten, den Raum zu verlassen.«

»Kostja!« flehte die Mutter, »wie kannst du nur! Wo gibt's denn so etwas, daß man einen Gast, einen Gast! . . . Er ist doch unser Gast! Grigorij Tichonytsch! Mein Gott! . . .«

Der Kutscher zupfte heftig seinen Bart. Am Tisch entzündete sich ein erregtes, gedämpftes Gespräch. Dunja flüsterte der

Schwiegermutter aufgeregt etwas ins Ohr, Kapitolina preßte ihre Hände ans Herz und versuchte, Alexandra zu überzeugen:
»Es ist doch unmöglich! Begreif doch, unmöglich! ...«
Angewidert winkte Alexandra ab:
»Unsinn! Langweilig ist das alles ...«
Sergej versuchte die zurückgekehrte Sina zu überzeugen, daß die aufgeschriebene Nummer reiche und es auch ohne Miliz gehen würde. Kostja war derselben Ansicht. Doch Sina fiel über ihn her:
»Das ist Versöhnlertum! ... Wir müssen sofort! ... Das ist Versöhnlertum! ...«
Alexej stützte die Wangen mit den Fäusten und blickte regungslos auf seinen Teller.
Der Kutscher stand schwerfällig auf, hielt sich am Tischrand fest, verneigte sich tief vor der Hausherrin und sagte würdevoll:
»Ich danke Ihnen sehr für die Bewirtung, Anna Jewgrafowna ... Und wegen der frechen Anweisung Ihres Schwiegersohnes bin ich nicht böse. Er ist jung und hitzig, und obwohl er gelehrt ist, hat er sich als halbgebildet erwiesen. Man sieht, daß ihm von klein auf keiner beigebracht hat, die Alten zu ehren. Und daß Ihre lieben Kinder die Verleumdung dieses besoffenen Schurken und Habenichts so bereitwillig für bare Münze nahmen, zeigt nur: Sie haben ein Ohr dafür. Ihre Vorgesetzten wollen wohl auch wissen, mit wem sie Umgang haben und auf wen sie hören. Aber sie brauchen sich keine Sorgen zu machen ...«
»Schluß jetzt!« schrie Kostja. »Du, Bart, dein Geschwätz geht zu weit. Du hast dich nach der Miliz erkundigt? Gleich werden wir dir den Weg erklären ...«
»Eine Unverschämtheit!« brauste Kapitolina auf. »Der Teufel weiß, was er hier treibt, und wir ...«
In dem Moment holte Alexej aus und schlug mit der Faust auf den Tisch.
»Was habt ihr vor?« rief er heiser. Sein Gesicht verzog sich in

schmerzlichem Krampf. »Seid ihr noch bei Sinnen?« brüllte er mit der ganzen Kraft seiner Stimme, stand sich krümmend auf und murmelte bestürzt:

»Seid ihr schon wieder dabei, zu belehren und zu kommandieren? . . .«

Alles verstummte, Edwardinchen begann laut zu weinen. Walka hob seinen Blick von dem Buch, das er aufgeschlagen auf den Knien hielt, sah den Bruder an und blinzelte erschrocken.

»Alter!« dröhnte Alexej und rückte an den Kutscher heran. »Sag ihnen die ganze Wahrheit . . . Ich laß es nicht zu, daß die dir den Mund stopfen . . . Du und ich, wir sind einfache Menschen . . .«

»Los, mach deinen Stich, Wassilij, es gibt keinen Gott!« schrie der Verwahrloste. Sergej sprang auf.

»Du . . . bist du wahnsinnig geworden, Alexej?« fragte er bedächtig. »Du bist stockbesoffen . . . Hör auf zu randalieren, hier ist keine Kneipe.«

»Ich b-bit-te Sie, mich nicht zu belehren!« schrie Alexej. »Rotznasiger Professor . . .«

Er ging schwerfällig auf Sergej zu und stieß dabei mit dem Ärmel sein eigenes Glas um. Das Glas fiel vom Tisch und zerbrach klirrend. Alle sprangen von ihren Sitzen auf. Ohne Eile trat der Kutscher zur Seite, schaute sich um und verließ auf Zehenspitzen das Zimmer.

Flammender Zorn packte Alexej. Wie Sawwa, der einst in Vorkriegszeiten gelegentlich seine Macht und sein Recht gezeigt hatte, so demonstrierte auch er jetzt seine Macht, indem er mit beiden Händen einen Teller hochhielt, ausholte und den Teller auf den Boden schmetterte. Er griff bereits nach einem zweiten, als ihn Sergejs Hand fest am Oberarm packte.

Der Verwahrloste hüpfte, schlug sich auf die Schenkel, pfiff und schrie.

»Los geht's! Drauf!«

Blind vor Wut wandte sich Alexej zur Seite, griff nach dem

Porzellanhirten auf der Kommode und hob ihn über Sergejs Kopf.

In diesem Augenblick kam von hinten die Mutter.

»Aljoscha, Aljoscha, Aljoscha«, rief sie so leise und betrübt, daß sich Alexej überrascht umwandte und den Hirtenjungen sinken ließ.

»Wie kannst du nur, Aljoscha!« sagte die Mutter. »Wir haben doch erst heute den Vater begraben.«

Sie nahm ihm die Figur ab und stellte sie an ihren Platz.

Alexej schwankte. Sie faßte ihn um den breiten Rücken, führte ihn hinter den Wandschirm und setzte ihn auf Sinas Bett. Er fiel mit dem Gesicht in das Kissen. Sie kniete nieder, zog ihm die schweren Stiefel aus, hob seine Beine aufs Bett und deckte den Sohn mit einer Decke zu. So hatte sie es mit dem betrunkenen Sawwa gemacht, und so hatten es zehn Generationen von Großmüttern und Urgroßmüttern gemacht.

Man hörte, wie Alexej hinter dem Wandschirm beim Einschlafen mit den Zähnen knirschte.

Lustlos und schweigend ging man zur Straßenbahnhaltestelle. Erst als der aus der Stadt zurückkehrende Mogutschij auftauchte, konnte sich Kostja Muchin nicht mehr beherrschen, riß die Augen auf und zischte:

»Nanu, die durchtriebene Schreiberseele!...«

Im Vorübergehen blickte sich Mogutschij um und zuckte verächtlich mit den Schultern.

Alle verabschiedeten sich von der Mutter und von Sina, die sie begleitet hatten. Dann setzte sich jeder in seine Straßenbahn und fuhr davon.

Es war eine stille feiertägliche Nachmittagsstunde. Überall herrschte Ruhe: auf beiden Seiten der Chaussee – in Fabriken, in Schulen, auf Baustellen. Sogar die Flugzeuge schlummerten heute auf den grünenden Feldern des Flugplatzes, nachdem sie gestern über der Stadt Purzelbäume geschlagen hatten. Ihre silbernen Flügel glühten und schmolzen in der

Sonne. Die langen Kasernen, Baracken, breitfenstrigen Werkstätten und gewölbten Flugzeughallen, diese ganze geheimnisvolle und vom Alltag befreite Industrie der Luftfahrt schwieg und ruhte. Die Lichtungen zwischen den Bauten eröffneten eine ländliche bläuliche Weite mit dem nebeligen Waldstreifen und den Spitzen der Radiomasten auf dem Chodynka-Feld, die durch die Wolken stachen.
Auf dem runden Hof des Petrowskij-Schlosses, den eine hufeisenförmige Galerie umgab, war es menschenleer und friedlich. Der gelackte, schwebende, verwegene Geist der Militärluftfahrt geriet nicht in Streit mit dem dunkel gewordenen Ziegel der schwerfälligen Kasakowschen Gotik, die die Schmach der vaterländischen und türkischen Ländereien unter dem Gesäß des Kütschük-Kainardshi-Friedensvertrages wie unter dem feuchten und stattlichen Körper der Zarin selbst bezeichnete. In der Nähe, im Dynamo-Stadion, das ebenmäßig, aus grauem Beton gebaut war, wurde leicht und feierlich gearbeitet, als wolle die Arbeit die letzten Ruinen der gekrönten Ruhmlosigkeit stürzen und die Spuren der historischen Zwietracht tilgen.
Ganz Moskau kam hier zusammen, und auf der Chaussee, wo noch Staub in der Luft lag, liefen Menschenmengen atemlos von der Haltestelle zu den Tribünen. Am Chausseerand standen wartend die Reihen der Autos. Im Stadion fand das Fußballspiel zwischen der RSFSR und der Ukraine statt. Man erwartete die Ankunft der türkischen Delegation.
Die Tribünen waren schwarz von Menschen. Auf dem großen Feld des Stadions wehte frei der Wind. Von Wolokolamsk her türmten sich, hinter der Kurve einer Rennbahn, dunkle Wolken auf. Zwei, drei ihrer Schatten zogen gleichzeitig über das Feld, den verblichenen Grasteppich des vergangenen Jahres. In den Schatten und in der Sonne liefen rote und blaue Trikots hin und her; sie stießen zusammen, wirbelten umher, strebten auseinander und jagten als buntes Netz vom einen Ende des Feldes zum anderen. Im Stadion herrschte reine Stille. Die Tribünen hielten den Atem an, nur

die Schiedsrichter pfiffen ab und zu. Der Radioherold ging unterhalb der Südtribüne mit seinem Kasten auf dem Rücken. Laut hallten seine Worte wider.

Plötzlich hörte alles auf. Die Trikots stießen vor, wurden langsamer und blieben stehen. Der Herold gab bekannt:

»Eben ist im Stadion der Vorsitzende des Ministerrates der Türkischen Republik Herr Ismet-Pascha in Begleitung des Sonderbotschafters Herrn Hussein Ragib-Bei eingetroffen ...«

... Und schon gerieten die schwarzen Tribünen in Bewegung, wuchsen an und schütteten das dumpfe Geräusch des Beifalls aus ...

»... sowie der Volkskommissar für Auslandsangelegenheiten Genosse Litwinow.«

Und wieder rauschte es über den Reihen wie eine Wolke aus tanzenden und zitternden Hagelkörnern. Das Blasorchester auf dem Platz glänzte mit seinen Trompeten und begann einen türkischen Marsch zu spielen, einen zarten, schnellen, melancholischen und verlockenden Marsch. Aber er lockte nicht diese Fünfzigtausend auf den Tribünen, sondern irgend jemand anderen. Die Zuschauer auf den Tribünen wurden nachdenklich und ließen sich plötzlich, einem undeutlichen Gefühl von übermütigem und fröhlichem Stolz folgend, wie nach Absprache auf den Bänken nieder.

Das Blasorchester spielte den Marsch zu Ende. Nach einer Ruhepause schlug es mit der »Internationalen« gegen die federnde Erde, die Luft und den Beton der Tribünen. Die Fünfzigtausend erhoben sich erneut und richteten sich auf ... Sie standen da, hörten zu, atmeten und begriffen, daß sie hoheitsvoll und formvollendet Gäste aus Übersee empfingen, daß sie zur Eintracht der Völker beitrugen und daß sie sich auf geziemende Weise von ihrer wichtigen Arbeit erholten, indem sie sich an dem englischen Ballspiel erfreuten. Die türkische Loge war voll gestärkter Weiße, dunkler frischrasierter Gesichter, grauhaariger Militärs und majestätischer Profile. Auch sie stand zwischen zwei Kübelpalmen, schaute zu und dachte sich das Ihre.

Und die Leningrader Chaussee lief immer weiter. Im Nachhall der kupfernen Musik, im Aufheulen der Sirenen gab sie ihre glatte gewölbte Fahrbahn den runden wirbelnden Reifen preis. Die Spaliere der knorrigen schwarzen Linden formierten sich noch immer zur Linken. Plötzlich verschwanden sie. Dann erschienen auf der einen Seite die plumpen Pavillons des »Jar« und auf der anderen die sich aufbäumenden und erstarrten Pferde des Hippodroms. Hier begann Moskau: Der »Bolschewik« tauchte auf – der ehemalige Siou mit seiner Fassade aus Pfefferkuchenziegeln im Geiste der Fabrikarchitektur der Jahrhundertwende, mit seinem Parfümduft der Dritten Republik, die nach Osten zog und mit den schnurrbärtigen französischen Meistern, die die Geheimnisse der Biskuitherstellung hüteten und im Vorübergehen die Mädchen kniffen. Und weiter – graue Würfel, Glas und Wandflächen eines Großküchenbetriebs; links – das neue Gebäude der Uhrenfabrik, das zerbrechlich war wie Glas und das davonschwamm, an einen Riesendampfer mit seinen Decks erinnernd.

Und nun breitete sich zu beiden Seiten eine freie Fläche aus; die Chaussee flog hinauf auf die Brücke, um zum gerippten Pflaster der Twerskaja-Jamskaja zu werden. Das quer verlaufende Tal der Eisenbahn führte, in Rauch gehüllt, mit den Windungen der Waggons und der glänzenden Schienen, in den Dunst, nach Westen, nach Europa. Der weiße Stein, der Rost und die Bronze des Triumphbogens erhoben sich als das Tor Europas, als das Andenken an alle Kriege, an die Feindschaft der Nachbarn, an die leidenschaftliche Verwandtschaft mit Europa und als Erinnerung an russische Heere, die aus Paris gekommen waren.

Die Jamskaja übernahm den Strom der Reifen und jagte ihn weiter zur Sadowaja, vorbei an den herausgeputzten, noch viele Lücken aufweisenden Wohnvierteln, vorbei an feierlich flatternden roten Fahnen, vorbei an leeren Schaufenstern mit

Porträts und Büsten. Der lärmende Platz mit seinen Grünanlagen voller Läden aus der Zeit der Neuen Ökonomischen Politik und mit dem Filmatelier Chanshonkows aus der Vorkriegszeit verlangsamte die Fahrt, stoppte sie für einen Moment und warf die Gedanken zurück in die Jahre und Räume, die man hinter sich gelassen hatte.

Der Atem des Vergangenen wehte über dem Stadtteil, durch den die Straße zur zweiten Hauptstadt verlief. Er wehte mit jener äußersten, beklemmenden Kraft, mit der nur Häuser und Straßen durch ein Gefühl des unendlichen Gleitens der Zeit das Herz ergreifen können. Auf diesen drei Kilometern ließ er die Schwerfälligkeit Katharinas wie die gierige Affektiertheit Alexanders aufscheinen. Und stärker als irgendwo sonst begriff man hier voller Schwermut das Nächste: die zerquetschten Leichen von Chodynka im gelben, staubigen Dunst, die letzte Krönungsfahrt durch das Tor des Petrowskij-Schlosses, das, was die heute Lebenden noch gesehen hatten, das dem Untergang Geweihte, aus dessen geschwollenen, von den Manschetten zusammengepreßten Händen die Geschichte gerissen worden war. Das waren die Zeiten, als diese Welt erwachsen wurde, als sie sich vornahm, ewig zu leben, und später erschossen wurde, als ihre äußere Erscheinung zu reifen und kräftiger zu werden begann. Hier waren Jahrzehnte des Gründerstils verrauscht, der Grammophonschallplatten der Wjalzewa, der Einfuhr des Kapitals, des Kabarett-Cafés, der Gutsverpfändungen, der fetten Aufträge, der ersten Automobile zum »Jar«, die das Pferdegespann mit seinen Schellen ablösten, und der ersten Salven aus Kudrino über die ganzen Grusiny. Hier drängten sich die Jahre der Übungsflüge aus der Vorkriegszeit, der Hast und der Habgier – das frische, von dem verrückten Propeller aufgewirbelte Wiesengras, Utotschkin und Gaber-Wlynskij, der Totalisator, französische Meisterschaften, Voiles in den Automobilen, Austern auf Eis, »Ojra-Ojra«, die Chanshonkowschen weißäugigen Schatten auf der Leinwand voller Strichregen, Max Linder und feste Maiglöckchensträußchen des Vorfrühlings in der Anlage am Triumphbogen. Und dann der erwartete, schreckliche Schrapnell-Knall und die blauroten Wolken – die herbstlichen Bahnsteige des Abschieds am Brester Bahnhof bei Regen und Glatteis, Khaki-Uniformen, Gurte, Mantelrollen, Fähnriche mit neuen harten Schirmmützen, durchgefrorene Flüchtlinge auf ihren kleinen Kisten, Straßenbahnen mit roten Kreuzen, mit Schichten von Tragbahren und mit Rostflecken auf den Mullbinden – zur Sadowaja und in die andere Richtung zum Stadttor –, dieselben feuchten Stielaugen aus dem langen Mercedes, nur jetzt unter einem weißen, bis an die Augenbrauen gezogenen Nonnentuch hervorblickend ...

Nichts davon war geblieben, alles war weggeschwemmt worden, alles hatte sich aufgelöst im frühlingsblauen Firmament. Die Jahrzehnte wurden zum kühlen Abend des 2. Mai 1932. Die Jamskaja stockte, zögerte und verlief als Twerskaja zu den »Iswestija« und zu dem Obelisken mit der rufenden Hand. Jetzt hütete die Straße auf der weichen Federung die Schicksale anderer Menschen, neuer Familien, der Neuankömmlinge aus dem Westen, Süden und Osten und der Zöglinge aus den Vorstädten, die sich die Stadt und den Staat angeeignet hatten.

Das in den Straßen fortgesetzte Leben der Chaussee erstarb auf dem stillen Platz, wo der Rand der schwarzen Uhr auf dem italienischen Turm in mattem Gold schimmerte, wo das buntbemalte Mordowsche Wunder mit den gedrechselten Kuppeln den Himmel am anderen Ufer der Moskwa verdeckte und wo die Pyramide des Grabmals mit den beiden Wächtern am Eingang alle Schatten und den Abglanz der gestern vorbeigezogenen Fahnen auf ihren polierten Stufen zu bewahren schien.

Von hier aus waren es bis zu dem vierfenstrigen Häuschen mit dem Blumengarten und dem frischen Sandhügel über Sawwa Pantelejew zwanzig Minuten kerzengeraden Weges.

Andrej Platonow

Müllwind

Gewidmet dem Genossen Zachow, einem deutschen Arbeitslosen, Zeugen im Leipziger Prozeß, Häftling in einem Konzentrationslager Hitlers (jetzt gewiß schon verstorben)

Laßt meinen Wahnsinn.
Und gebt mir jene, die mich
meines Verstandes beraubten.
Tausendundeine Nacht

Am Himmel, dicht über der Erde, war der Morgenstern aufgegangen, und ein neuer, strahlender Tag begann, der 16. Juli 1933. Doch schon gegen elf alterte dieser Tag vermöge seiner eigenen überschüssigen Energie – der Hitze, dem aufwirbelnden Erdenstaub, der die Luft verdunkelte, der Verbrennung alles atmenden Lebens, die das wärmende Licht förderte, und der Sommertag wurde diesig, schwer und für das Augenlicht schädlich.

Das Licht drang mit elementarer Kraft durch ein großes heißes Fenster und beleuchtete einen Einsamen im Metallbett, der auf ärmlicher, von den Bewegungen im Schlaf zerwühlter Bettwäsche lag. Der schlafende Mann war nicht alt, doch sein alltägliches Gesicht war von der Anstrengung, mit der er um sein Leben kämpfte, schon lange grau geworden, und eine ständige müde Verzweiflung lag mit knöcherner Härte auf seinen Gesichtszügen wie ein Bestandteil der Körperoberfläche.

Es war ein Sonntag. Aus dem anderen Zimmer der Wohnung kam die Ehefrau des schlafenden Mannes, Selda, herein. Sie stammte aus dem Nahen Osten, aus dem russischen Asien, und hatte eine brünette Gesichtsfarbe. Mit sanfter Gewissen-

haftigkeit deckte sie den entblößten Mann mit der Decke zu und weckte ihn:
»Steh auf, Albert. Es ist Tag, ich werde etwas für uns besorgen.«
Albert öffnete die Augen, zuerst das eine, dann das andere, und alles in der Welt kam ihm so fremd und unbestimmt vor, daß sein Herz in Erregung geriet, er das Gesicht verzog und zu weinen begann wie in der Kindheit, wenn er einen schrecklichen Traum hatte und plötzlich fühlte, daß die Mutter nicht da war und die undeutlichen Gegenstände sich erhoben hatten und sich feindselig auf den kleinen Menschen mit den zugekniffenen Augen zubewegten. Selda streichelte ihm das Gesicht, er beruhigte sich, seine Augen, rein, ausgebrannt, blickten unbeweglich wie bei einem Blinden. Er konnte sich nicht gleich darauf besinnen, daß er existierte, daß er weiterleben mußte, er hatte das Gewicht und das Empfinden seines Körpers vergessen. Selda, die vor Hunger verwelkte Afghanerin, einst ein üppiges liebes Wesen, beugte sich näher zu ihm.
»Steh auf, Albert. Ich habe zwei Kartoffeln mit Fischtran.«
Albert Lichtenberg sah mit Entsetzen, daß seine Frau sich in ein Tier verwandelt hatte. Statt des Flaums wuchsen auf ihren Wangen Borsten, die Augen blitzten rasend, ihr Mund war mit dem Speichel der Gier und der Wollust gefüllt; er hörte über sich die Laute ihres toten Wahnsinns. Albert schrie sie an und jagte sie weg. Beim Anziehen sah er, wie Selda auf dem Fußboden liegend weinte; ihr entblößtes Bein war mit den Eiterbeulen eines unsauberen Tieres bedeckt – sie beleckte sie nicht einmal, sie war schlimmer als ein Affe, der immerhin sorgfältig seine Körperteile pflegt.
Albert nahm den Stock und wollte gehen; ein düsterer Gedanke zog ihm durch den Kopf: Diese ehemalige Frau hatte seine Jugend ausgesogen, sie hielt ihm ständig seine Armut, seine Arbeitslosigkeit, seine Manneschwäche vor. Jetzt war sie ein Tier, ein Auswurf des Wahnsinns, er aber würde immer, bis ans Grab, ein Mensch bleiben, ein Physiker

des kosmischen Raumes, und wenn der Hunger seinen Magen bis zum Herzen quälte, bis über den Hals würde er nicht steigen, und das Leben würde sich in die Höhle des Kopfes verkriechen.

Albert schlug Selda mit dem Stock und ging auf die Straße, es war in einer süddeutschen Provinz. Die Glocken des römischen Glaubens läuteten, aus einem Kirchlein an der Straße traten weißgekleidete verzückte Mädchen mit Augen, die eher von Wollust feucht waren als von Tränen der Liebe zu Christus.

Albert blickte zur Sonne auf und lächelte ihr zu wie einem fernen Menschen. Nein, nicht die Sonne, nicht diese über die ganze Welt strahlende Energie, nicht die Kometen, nicht die umherirrenden schwarzen Sterne würden der Menschheit auf Erden ein Ende bereiten: Sie waren zu groß für eine so unbedeutende Tätigkeit. Die Menschen selbst würden einander zerfleischen, die besten würden im Kampf fallen und die schlechtesten sich in Tiere verwandeln.

Aus dem Portal des katholischen Doms trat ein römischer Priester, erregt, feucht und rot – ein Gottesbote in Gestalt eines urinierenden männlichen Auswuchses. Dann traten aus der Kirche Greisinnen, Frauen, deren einst brodelnde Leidenschaften jetzt als Eiter flossen; in der Grabesfinsternis ihres Leibes verwesten Liebe und Mutterschaft. Der Priester segnete vom Portal aus die heiße Luft und begab sich in seine kühle Wohnung im Hof der Kirche.

Die kleinen Glocken auf dem Turm läuteten noch und trugen die gesungenen Gebete durch die qualvolle gotische Spitze des Doms in den unklaren Himmel, der vor Sonnenglut diesig war. Die ewigen Glocken verkündeten dasselbe, was in Zeitungen und Büchern stand und was die Musik der Nachtcafés spielte: »Dulde, dulde, dulde!«

Aber Albert Lichtenberg hörte in aller Welt diesen monotonen Klang »Dulde!« schon zwanzig Jahre, und der Aufruf zur Geduld, zur Verlangsamung, zur Vernichtung des Lebens verstärkte sich immer mehr, nur das Herz schlug unschuldig

und klar wie ein keusches Wesen, wie ein verständnisloses Nichts.
Albert setzte sich irgendwo in der Stadt inmitten der Glutströme nieder, der Tag über ihm dauerte fort mit der Sorgfalt einer Nichtigkeit, mit der Genauigkeit des staatlichen Lebens, mit der Geduld einer unbekannten Barmherzigkeit. Lichtenberg berührte den Baum, der vor ihm wuchs. Aufmerksam und zärtlich betrachtete er dieses hölzerne Wesen, das vom gleichen Sehnen, von der gleichen Erwartung des kühlen Windes in diesem staubigen, luftarmen Dasein gequält wurde. »Wer bist du?« fragte Lichtenberg.
Zweige und Blätter neigten sich zu dem müden Menschen herab. Albert ergriff einen nah hängenden Zweig mit der Leidenschaft und Spannung jenes einsamen Wohlwollens, vor dem die ganze glückselige Liebe der Welt unbedeutend ist. Vom Baum fielen tote Schmetterlinge herab, aber eine lebende Motte flog in die trockene Leere.
Lichtenberg preßte den Stock in der Hand; er ging weiter mit der Wut seines grausamen Bewußtseins, er fühlte im Kopf Gedanken, die sich wie Borsten sträubten und durch die Knochen zu dringen versuchten. Durch die modernde, gequälte Luft sah er den Stadtplatz. Der große katholische Dom stand wie ein schlafendes Jahrtausend, wie in Stein organisiertes Leid in sich gekehrt und schweigend, tief unten auf die Gräber seiner Erbauer gestützt. Straßabwärts kam Dreck auf: Etwa hundert Nationalsozialisten in der braunen Kluft ihrer Gesinnung montierten ein Adolf-Hitler-Denkmal. Das Denkmal wurde auf einem Lastauto gebracht, es war in Essen aus Qualitätsbronze gegossen worden. Ein Kranwagen lud es ab, vier andere Fahrzeuge brachten tropische Gewächse in meerblauen Kästen. Die Nationalsozialisten arbeiteten, ohne ihre Kleidung zu schonen; ihre Wäsche war morsch vom Schweiß, ihre Knochen waren abgearbeitet, doch sie hatten genug Kleidung und Wurst, weil derzeit in Deutschland Millionen Maschinen und finstere Menschen sich abmühten, um durch Reibung von Metall und Knochen

dem Ruhm eines Menschen und seiner Helfershelfer zu dienen.

Aus der Hauptstraße kam eine uniforme Menge – ein paar tausend Menschen – und sang ein Lied aus der Tiefe ihres Leibes. Lichtenberg unterschied deutlich den Baß der Speiseröhre und den Tenor der zitternden Eingeweide. Die Menge näherte sich dem Denkmal; die Gesichter zeigten Glückseligkeit: Vergnügen an Kraft und Kraftlosigkeit glänzte auf ihnen, die dunkle Macht ihrer Anzahl gewährleistete jedem die Ruhe der Nacht und der Nahrung. Sie kamen zum Denkmal, und die Avantgarde der Menge sprach im Chor einen Gruß an den in Bronze verkörperten Menschen und machte sich daran, den Arbeitenden zu helfen. Dreck stieg von ihnen auf wie eine Naturkraft, so daß Lichtenberg noch tief in seiner Seele den Staub davon verspürte. Weitere Tausende und Millionen Menschen trampelten jetzt auch über die schwere alte Erde Deutschlands und drückten allein durch ihr Vorhandensein dem Retter der alten Heimat und der lebenden Menschheit ihre Freude aus. Millionen brauchten jetzt nicht zu arbeiten, sondern nur zu grüßen: Außer ihnen gab es noch große Mengen und ganze Stämme, die in Büros saßen und schriftlich, optisch, musikalisch, psychisch und gedanklich die Macht des genialen Retters bestätigten, selbst aber wortlos und namenlos blieben. Die Grüßenden und die Schweigenden stellten nicht einmal Schwarzbrot her, aßen aber Butter, tranken Wein, ernährten je eine treue Ehefrau. Darüber hinaus bewegten sich in Deutschland Marschkolonnen bewaffneter Armeen, die den Ruhm der Regierung und die Ruhe ihrer Anhänger schützten. Diese Kolonnen stummer, in sich gekehrter Menschen aßen jeden Tag Schinken, und die Regierung unterstützte in ihnen den heldenhaften Geist der Ehelosigkeit, versorgte sie aber mit Ampullen gegen die Ansteckung mit Syphilis durch Jüdinnen (deutsche Frauen bekamen bewußt keine Syphilis, sie schieden infolge des vollkommenen Körperbaus ihrer Rasse nicht einmal üblen Geruch aus). Lichtenberg arbeitete auch nicht, er litt. Alle die

Mengen von Menschen, die er sah, kamen entweder vor Hunger und Wahnsinn um oder marschierten in den Reihen des Staatsschutzes. Wer aber gab ihnen Nahrung, wer kleidete sie und versorgte sie mit dem Luxus der Macht und des Müßiggangs? Wo lebte das Proletariat? War es etwa müde geworden und gestorben, weil es sich in Arbeit und Namenlosigkeit verbraucht hatte? Wer war der Arme, Mächtige und Schweigsame, der diese Welt unterhielt, diese Welt, die sich in Schrecken und verbissener Freude, nicht im Schaffen verausgabte und sich mit einem Zaun aus Götzen umschloß?

Erschöpft stand Albert Lichtenberg auf dem alten katholischen Platz und sah sich verwundert um in diesem Reich der Unwirklichkeit: Er spürte sein Dasein nur mühsam, strengte sich bei jeder Selbstbesinnung an, gewöhnlich vergaß er sich ständig, vielleicht schaltete das Übermaß seines leidenden Bewußtseins in ihm das Leben aus, damit es wenigstens im traurigen Unbewußtsein erhalten blieb!

Jeder Überlegung fremd, gleichgültig, als wäre er nicht existent, trat Lichtenberg an den Kühler eines Lastautos heran. Flimmernde Hitze ging von dem Eisen aus; Tausende Menschen, in Metall verwandelt, ruhten sich entkräftet im Motor aus, keine Wahrheit mehr fordernd und sich nur vom billigen Gas ernährend. Lichtenberg drückte sein Gesicht an die Maschine wie an eine zugrunde gegangene Brudergemeinschaft; durch die Ritzen des Kühlers sah er die Grabesfinsternis des Mechanismus, in dessen Enge sich die Menschheit verirrt hatte und tot umgefallen war. Nur da und dort standen inmitten der leeren Fabriken stumme Arbeiter; auf jeden von ihnen kamen zehn Mann Staatsgarde, und jeder Arbeiter leistete hundert Pferdestärken am Tag, um die herrschende Schicht zu ernähren, zu erfreuen und zu bewaffnen. Ein armer Arbeiter unterhielt zehn Handelsherren, aber diese Handelsherren freuten sich nicht, sondern lebten in Angst und hielten die Waffe gegen die Armen und Einsamen fest in der Hand.

Über dem Kühler hing ein goldener Stoffstreifen mit schwarzer Aufschrift: »Heil unserem Führer, dem größten Deutschen aller Zeiten! Ewiger Ruhm Hitler!« An beiden Enden der Inschrift waren Hakenkreuze, Spuren von Insektenfüßchen vergleichbar.

»O du herrliches neunzehntes Jahrhundert, du hast dich geirrt!« sagte Lichtenberg in den Staub der Luft, und sein Gedanke blieb plötzlich stehen, hatte sich in physische Kraft verwandelt. Er hob den schweren Stock und schlug ihn der Maschine gegen die Brust – den Kühler, dessen Waben eingedrückt wurden. Der nationale Chauffeur kam schweigend hinter dem Lenkrad hervor, drückte den Körper des mageren Physikers zusammen und schlug mit gleicher Kraft dessen Kopf gegen den Kühler. Lichtenberg fiel in den Straßendreck und lag dort fühllos, aber das war schon keine Qual mehr, er fühlte sich ohnehin kaum als Wesen und als Egoist, und sein Kopf schmerzte von der schmutzigen Wirklichkeit mehr als vom Stoß gegen das Eisen.

Schwach blinkte der Tag über ihm, Albert sah ihn ohne zu plinkern an; Staub füllte seine Augenhöhlen, aus denen Tränen flossen und den kitzelnden Schmutz wegspülten. Über ihm stand der Chauffeur; alle Tiere, die er in seinem Leben verzehrt hatte – Kühe, Schafe, Fische, Krebse –, hatten, nachdem sie in ihm verdaut waren, auf seinem Gesicht und seinem Körper einen Ausdruck von Raserei und stumpfer Wildheit zurückgelassen. Lichtenberg erhob sich, stieß den Stock in den tierischen Leib des Chauffeurs und entfernte sich von dem Wagen. Der Chauffeur, verwundert über diesen Akt lässigen Mutes, blieb stehen und vergaß, Lichtenberg das zweitemal zu schlagen.

In der Luft kam Südwind auf und trug aus Frankreich, Italien und Spanien Alltagsdreck, Geruch von Städten, Fetzen erregten Lärms, eine überkippende menschliche Stimme heran. Lichtenberg drehte sein Gesicht dem Wind zu; er hörte die ferne Klage einer Frau, den traurigen Schrei der Menge, das Knirschen von Autogetrieben, den Sang der feuchten Blumen am Ufer des Mittelmeeres. Er drang in diese Unverständlich-

keit ein, in den langen Luftstrom ohne Widerhall, den über der verstummten Unruhe des Ortes ein Schrei erfüllte.
Lichtenberg näherte sich den am Denkmal Arbeitenden. Ihr Werk ging schon zu Ende. Auf dem gußeisernen Zylinder stand ein menschlicher Halbkörper aus Bronze, der oben in einem Kopf endete.
Das Gesicht hatte gierige Lippen, die das Essen und das Küssen liebten, die Wangen waren vom Weltruhm dick geworden, und in die gewöhnliche, alltägliche Stirn hatte der bezahlte Künstler eine scharfe Falte gekerbt, damit die qualvolle Konzentration dieses Halbkörpers auf die Organisation des Schicksals der Menschheit und sein in Besorgnis gespannter Geist klarer zum Ausdruck kämen. Die Brust der Figur war vorgewölbt, als strebe sie einer Frauenbrust zu, die geschwollenen Lippen lächelten zärtlich, bereit zur Wollust und zu einer Rede; hätte man dem Denkmal die untere Körperhälfte hinzugefügt, so wäre er als Liebhaber eines Mädchens tauglich gewesen, als Oberteil allein konnte es nur der Führer der Nation sein.
Lichtenberg lächelte; eine Freude hatte ihn noch nicht verlassen: Er konnte unversehens, aus Vergeßlichkeit, denken.
»Du herrliches neunzehntes Jahrhundert!« sprach Lichtenberg laut in den ihn umgebenden schwülen Atem der Hitze, der Maschinen und der Menschen; die Nationalsozialisten hörten seiner unklaren Rede zu: Ihr Führer hatte einst das Denken, das Wort mit der Ehe verglichen. Wenn das Denken nur dem Führer treu ist wie die Frau ihrem Mann, dann ist es nützlich; wenn es aber im Dunkel der Nacht durch die Häuser der Verzweiflung irrt und seine Befriedigung in ausschweifendem Zweifel und in der Unzucht mit seiner Trauer sucht, dann ist es sinnlos, ein organisierter Kopf muß es vernichten, es ist gefährlicher als der Vertrag von Versailles.
»Du großes Jahrhundert!« sprach Lichtenberg. »Am Ende deiner Zeit hast du Adolf Hitler geboren, den Führer der Menschheit, den leidenschaftlichsten Genius der Tat, der in die tiefste Tiefe des Schicksals Europas eingedrungen ist.«

»Richtig! Heil Hitler!« schrien die anwesenden Massen der Nationalsozialisten.

»Heil Hitler! Du wirst Jahrhunderte herrschen, du bist dauerhafter als alle Dynastien der Imperatoren. Deine Herrschaft wird nicht enden, bis du selbst zu lachen anfängst oder bis der Tod dich in unser aller Haus unterm Grase entführt! Was tut das! Nach dir kommen andere, noch rasender als du ... Du hast als erster begriffen, daß auf dem Rücken der Maschine, auf dem armen Buckel der exakten Wissenschaft nicht die Freiheit, sondern eine harte Despotie aufgebaut werden muß! Du sammelst die Arbeitslosen, die Mißmutigen und Umherirrenden, die die Maschine befreit hatte, unter deine Fahne, in die Garde deines Ruhms und deines Schutzes. Du wirst bald alle Lebenden zu Mitstreitern nehmen. Die wenigen Müden, die an den Maschinen bleiben, um deine Armee zu ernähren, werden dich nicht vernichten können. Imperatoren gingen zugrunde, weil ihre Garde von Menschen ernährt wurde, die sich dann weigerten. Du wirst nicht zugrunde gehen, weil deine Garde von Mechanismen ernährt wird, von dem riesigen Überfluß der Produktivkräfte! Du wirst nicht verschwinden, und du wirst die Krise besiegen.«

»Heil Hitler!«

»Du hast einen neuen Beruf erfunden, der Millionen Menschen schrecklich ermüden wird, so daß sie keine Überproduktion von Waren schaffen können; sie werden durchs Land ziehen, Schuhe und Kleidung tragen, den Überfluß an Lebensmitteln vernichten; freudig und im Schweiße ihres Angesichts werden sie deinen Namen preisen, altern und sterben. Die neue Industrie – Arbeit zur Begeisterung des Volkes für deinen Ruhm – wird die Krise beenden, wird nicht nur die Muskeln, sondern auch das Herz der Bevölkerung beschäftigen und sie mit Ruhe und Zufriedenheit ermüden. Du hast mir meine Heimat genommen und jedem eine Arbeit gegeben – deinen Ruhm zu tragen ...«

Lichtenberg sah sich schmachtend um. Mit ununterbrochener Kraft brannte das Sonnenzentrum im schmutzigen leeren

Raum, trockene Insekten und verschiedene Nichtigkeiten summten gereizt in der Luft, die Menschen aber schwiegen. Nur zwei Nationalsozialisten, die in Lichtenbergs Nähe standen, wechselten ein paar leise Worte, der eine lächelte dem Sprecher mit ungewohnt freundlichem Gesicht zu.

»Sprich weiter, Parteigenosse!«

Lichtenberg wunderte sich einen Augenblick, doch das Leid seines eigenen Herzens versperrte ihm die Wirklichkeit, so daß er die beiden Stürmer nicht verstand.

»Schlag uns, Parteigenosse!« sagte plötzlich einer von ihnen laut und verschwand augenblicklich, als wäre er gestorben.

»Die Erde wird allmählich mit Göttern bevölkert, ich finde keine Spur eines einfachen Menschen, ich sehe die Abstammung der Tiere von den Menschen ... Was bleibt mir zu tun? Mir bleibt nur das!«

Mit aller Kraft seines Körpers, multipliziert mit seinem Verstand, schlug Lichtenberg zweimal mit dem Stock auf den Kopf des Denkmals, und der Stock zersprang in Stücke, ohne das Metall zu beschädigen; der maschinelle Halbkörper spürte nicht die Raserei des traurigen Menschen.

Die Nationalsozialisten nahmen Lichtenberg auf ihre Arme, renkten ihm beide Ohrmuscheln aus und rissen sie ab, den übriggebliebenen Rumpf zerdrückten sie von allen Seiten, indem sie in Marschordnung über ihn hinwegschritten. Lichtenberg empfing ruhig seine Schmerzen und bedauerte nicht das Verschwinden seiner Lebensorgane, weil sie zugleich die Quelle seiner Leiden waren, erboste Teilnehmer der Bewegung in dieser weltumfassenden Schwüle. Überdies war er längst zu der Überzeugung gelangt, daß die Zeit des warmen, geliebten, unversehrten menschlichen Körpers vorbei sei und jeder ein verkrüppelter Invalide sein müsse. Er schlief vor Schwäche ein und gab seinem Blut die Möglichkeit, auf den Wunden zu gerinnen. Nachts kam er zu sich. Sterne waren nicht zu sehen, es regnete fein und scharf, so fein, daß der Regen trocken zu sein schien und nervös machte wie Haarschuppen.

Ein Unbekannter hob Lichtenberg vom Fuße des Denkmals auf und trug ihn irgendwohin. Lichtenberg wunderte sich, daß es noch unbekannte zarte Arme gab, die nachts heimlich einen fremden Krüppel zu sich nach Hause trugen.
Der Mensch brachte Lichtenberg auf einen finsteren Hinterhof, öffnete die Tür des Müllhauses und warf Lichtenberg hinein.
Lichtenberg wühlte sich in die warme Feuchtigkeit der Abfälle, aß etwas Unsichtbares und Weiches und schlief dann wieder ein, sich in der Verwesung des billigen Stoffes wärmend.
Aus Sparsamkeit fuhr der Hausbesitzer nur selten Müll ab, deshalb lebte Lichtenberg lange in den Küchenabfällen und nahm gleichgültig alles zu sich, was in den Körper hineingeht und dort verdaut wird. Infolge der Wunden und der Verschmutzung zog sich über den ganzen Körper ein lupusartiger dunkler Ausschlag, darüber wuchs dichte Wolle, die alles verdeckte. An Stelle der abgerissenen Ohren waren Haarbüschel gewachsen, doch Lichtenberg konnte mit der rechten Kopfseite hören. Laufen konnte er nicht mehr, sein Rückenmark war beschädigt. Nur einmal dachte Lichtenberg an seine Frau Selda, ohne Bedauern und ohne Liebe, nur mit dem Gedanken im knöchernen Kopf. Manchmal redete er halblaut vor sich hin, während er in den Fischabfällen lag; Brotrinden waren sehr selten zu finden und Kartoffelschalen überhaupt nicht. Lichtenberg wunderte sich, daß man ihm die Zunge gelassen hatte, das war eine Nachlässigkeit des Staates: Das Gefährlichste am Menschen ist nicht das Geschlechtsorgan – es ist immer ein gleichförmiger, ruhiger Reaktionär –, sondern das Denken – es ist eine Hure, und noch schlimmer: Es treibt sich stets da herum, wo man es gar nicht brauchen kann, und gibt sich nur dem hin, der ihm nichts zahlt! Großer Führer! Du hast Descartes vergessen: Als man ihm verboten hatte zu wirken, begann er vor Schreck zu denken und erklärte sich mit Entsetzen für existent, das heißt wiederum tatenfähig. Ich denke auch und existiere.

Und wenn ich lebe, kannst du nicht dasein! Du existierst nicht!

»Descartes ist ein Dummkopf!« sagte Lichtenberg laut und horchte auf die Töne seines umherirrenden Denkens. »Was denkt, kann nicht existieren, das Denken ist verbotenes Leben, auch ich werde bald sterben ... Hitler denkt nicht, er arretiert, Alfred Rosenberg denkt nur Sinnloses, der römische Papst hat nie gedacht, aber sie alle existieren!«

»Sollen sie doch!« In der umnachteten Tiefe seines Verstandes stellte sich Lichtenberg reines, nährendes Sonnenlicht über einem feuchten, kühlen Land vor, auf dem Getreide und Blumen wachsen, und einen ernsten, nachdenklichen Menschen, der hinter einer schweren Maschine geht. Lichtenberg schämte sich plötzlich vor diesem fernen, beinahe traurigen Arbeitsmann, und er hielt im Dunkel die Hand vor sein betrübtes Gesicht. Er empfand Kummer, daß sein Körper schon verbraucht war, daß seine Gefühle keine Hoffnung hatten und er niemals ein kühles Roggenfeld sehen würde, über dem weiße Wolkenberge, vom kindlichen, schläfrigen Licht der Abendsonne beleuchtet, dahinzogen. Niemals würden seine Füße durch dichtes Gras gehen. Niemals würde er der Freund des riesigen, ernsten Bolschewisten sein, der inmitten seiner Weiten schweigend an die ganze Welt dachte. Er würde hier sterben, erstickt im Müllwind, in dieser trockenen Atemnot des Zweifels, in den Haarschuppen, die vom Kopf eines Menschen auf die europäische Erde gerieselt waren.

Die Abfälle des Lebens wurden immer weniger. Lichtenberg hatte alles Weiche und mehr oder weniger Eßbare verzehrt. Schließlich waren im Müllkasten nur noch Blech und Keramikscherben.

Lichtenberg schlief mit umnebelten Verstand ein und sah im Traum eine große Frau, die ihn liebkoste. Er konnte aber nur weinen in ihrer engen Wärme und sie kläglich ansehen. Die Frau drückte ihn schweigend so fest zusammen, daß er für einen Moment spürte, er könne aus eigener Kraft laufen; vor

Schmerz schrie er und faßte mit der Hand einen fremden Körper. Es war eine Ratte, die, während er schlief, an seinem Bein genagt hatte. Mit mächtiger rationeller Ungeduld strebte sie dem Leben zu und verbiß sich in seiner Hand, da erwürgte er sie. Er befühlte die Bißwunde, sie war zerfetzt und feucht; die Ratte hatte ihm viel Blut ausgesaugt, das obere Fleisch weggefressen und sein Leben geschwächt, jetzt steckte in dem toten Tier seine Kraft.

Lichtenberg empfand Geiz für den kläglichen Rest seines Daseins, sein magerer Körper tat ihm leid, der in Arbeit und Denkanstrengung verbraucht war, den der Hunger bis zum Knochenkalk ausgemergelt, der niemals genossen hatte. Er langte nach der toten Ratte und begann sie zu essen, um sein eigenes Fleisch und Blut, in dreißig Jahren aus den dürftigen Einnahmen der Armut gewachsen, in seinen Körper zurückzuführen. Er verzehrte das kleine Tier samt den Haaren und schlief dann ein, zufrieden, daß er sein Eigentum zurückbekommen hatte.

Am Morgen kam ein Hund wie ein Bettler ins Müllhaus. Als Lichtenberg ihn sah, begriff er sofort, daß das ein ehemaliger Mensch war, den Leid und Not in ein stumpfsinniges Tier verwandelt hatten, und er wollte ihn nicht weiter erschrekken. Doch der Hund, als er den Menschen erblickte, zitterte vor Entsetzen, seine Augen feuchteten sich in tödlicher Trauer, vor Angst verlor er die Kraft und lief nur mit Mühe fort. Lichtenberg lächelte: Einst hatte er sich mit der Erforschung des kosmischen Raumes befaßt, hatte phantastische Hypothesen über eventuelle kristallinische Landschaften auf fernen Sternen aufgestellt und dabei das geheime Ziel verfolgt, mit dem Verstand den Weltraum zu erobern. Wäre das Weltall jetzt auf einmal zugänglich, so würden die Menschen schon am ersten Tag auseinanderlaufen und in Einsamkeit leben, Milliarden Kilometer voneinander entfernt, und auf der Erde würde ein Pflanzenparadies entstehen, von vielen Vögeln bevölkert.

Am Tag holte eine Polizeistreife Lichtenberg aus seinem Ver-

steck und brachte ihn, wie auch andere namenlose Verbrecher, in ein Konzentrationslager, das mit dreifachem Stacheldrahtverhau umgeben war. Inmitten des Lagergeländes waren Erdhütten für einen langen Aufenthalt der hier zusammengetriebenen Menschen gegraben worden.
Im Lagerbüro wurde Lichtenberg nach nichts gefragt, er wurde nur untersucht, da man kaum noch einen Menschen in ihm sah. Jedoch sperrte man ihn für alle Fälle lebenslänglich ein und schrieb in seinen Fragebogen: »Eine neue mögliche Art eines sozialen Tiers, Körper mit Haaren bedeckt, Glieder schwach, Geschlechtsmerkmale so undeutlich, daß dieses aus der Gesellschaft entfernte Subjekt keinem bestimmten Sexus zuzuschreiben ist; der äußeren Kopfform nach debil, spricht einige Wörter, sagt ohne besondere Begeisterung den Satz: ›Oberer Halbkörper Hitler‹, und verstummt für unbestimmte Zeit.«
Auf dem Lagergelände wuchs ein Baum. Lichtenberg grub sich unter seinen Wurzeln eine kleine Höhle und siedelte sich dort für die unbestimmte Frist seines Lebens an. Zuerst mieden ihn die Häftlinge, und er selbst hielt sich abseits von ihnen, dann aber gewann ein Kommunist ihn lieb. Es war ein junger Mann mit aufmerksamen schwarzen Augen, dessen Gesicht vom Druck der organischen Kräfte und von der Untätigkeit mit Pickeln bedeckt war. Er trug Lichtenberg auf den Armen wie einen kleinen, sanften Körper und sagte ihm, er solle nicht traurig sein: Die Sonne gehe auf und unter, in den Wäldern wüchsen Zweige, die Zeit der Geschichte fließe in den Ozean des Sozialismus, der Faschismus aber werde mit weltweitem Spott enden, mit dem Lächeln der bescheidenen schweigsamen Massen, nachdem sie lebende und bronzene Götzen vernichtet hätten.
Nachdem Lichtenberg eine Zeitlang im Lager gelebt hatte, kam er allmählich zur Ruhe. Er wartete nur auf die Abendzeit, dann kehrten die Häftlinge von der Arbeit zurück, kochten sich eine Suppe und unterhielten sich. Zur Arbeit wurde Lichtenberg nicht geschickt, denn er konnte sich nur

kriechend fortbewegen. Er scheute und bereute nichts mehr, nicht sein vergangenes Leben, nicht die Liebe zu den Frauen, nicht sein künftiges düsteres Schicksal; er lag den ganzen Tag in der Höhle, hörte den widerlichen Staub in der Luft rauschen und die Züge, die die Regierungsbeamten in den Geschäften ihrer Herrschaft beförderten, über den Damm rollen. Wenn aber hinterm Stacheldraht Stimmen und das Waffengeklirr der Wachmannschaft ertönten, kroch er den Menschen entgegen, freudig erregt von seinem leidenschaftlichen und leichten Gefühl für sie. Er war am engsten mit den Kommunisten befreundet; obwohl hungrig, liefen sie abends herum und spielten wie Kinder. Sie glaubten an sich selbst mehr als an die Wirklichkeit, weil die Wirklichkeit nur Vernichtung verdiente, und Lichtenberg kroch zwischen ihnen umher und nahm teil an dem kindlichen Treiben, das in sich den Trost eines duldsamen Herzens barg. Einmal fragte er sie: »Weshalb grämt ihr euch nicht?« Sie lächelten und hoben ihn auf die Arme. Wahrscheinlich sammelt sich immer Glück im Menschen, wenn auch nur in winzigen Tropfen, so wie sich der Samen der Vermehrung als überflüssiger Stoff im Häftling sammelt. Lichtenberg schlief mit seinem Glück bis zum Morgen und stand dann früh auf, um seine Kameraden zur Arbeit zu begleiten. Einmal suchte er im Unkraut nach Eßbarem und fand einen Fetzen Zeitung, er las von der Verbrennung seiner Broschüre »Das Weltall ist ein menschenleerer Raum«. Die Broschüre war vor fünf Jahren erschienen und wollte beweisen, daß die kosmische Welt leer und fast ausschließlich mit Mineralien gefüllt sei. Die Vernichtung des Buches bestätigte, daß auch die Erde allmählich menschenleer und mineralisch wurde, doch Lichtenberg war darüber nicht betrübt: Er hatte jeden Tag nur den Wunsch, daß der Abend komme und er eine Stunde glücklich sein könne zwischen den müden, unfreien Menschen, die sich ihrer Freundschaft widmeten, so wie sich ihr kleine Kinder in den Spielen ihrer Phantasie auf den grasbewachsenen Höfen ihrer frühen Kindheit widmen.

Eines Nachts im Spätsommer wurde Lichtenberg plötzlich wach. Eine Frau hatte ihn geweckt, sie stand am Baum, bekleidet mit einem langen Mantel und einem runden Käppchen, das ihre Locken nicht verdeckte. Ihr hübscher Körper war traurig unter der Kleidung verborgen. Es war anscheinend ein junges Mädchen. Neben ihr standen zwei Wachposten.

Lichtenbergs Herz begann stark und sehnsüchtig zu schlagen. Obwohl er weder lieben noch gar sich in vertikaler Stellung bewegen konnte, versuchte er jetzt aufzustehen, gequält von Scham und Angst vor dieser Frau, und es gelang ihm, sich mit Hilfe eines Stocks auf beide Beine zu stellen. Die Frau ging, Lichtenberg folgte ihr und spürte zunehmende Kraft in den Beinen. Er konnte sie nichts fragen, war noch immer sehr erregt, blieb etwas hinter ihr zurück und sah ihr Profil, sie aber blickte, von ihm abgewandt, in die Dunkelheit des Weges, dem sie folgten.

Im Lagerbüro erwartete sie ein Gericht aus drei Militärangehörigen. Die Frau blieb hinter Lichtenberg stehen. Der Richter verkündete Lichtenberg, daß er zum Tode durch Erschießen verurteilt sei wegen Nichtübereinstimmung seiner körperlichen und geistigen Entwicklung mit der germanischen Rassentheorie und dem Niveau der staatlichen Ansichten; zwecks rigoroser Gesundung des völkischen Organismus von Subjekten, die in einen tierischen Zustand verfallen sind, und zwecks Prophylaxe gegen die Verseuchung der Rasse durch minderwertige Individuen.*

»Sie haben das Wort!« sagte der Richter zu Lichtenberg.

»Ich bin stumm«, sagte Lichtenberg.

»Hedwig Botmann«, sagte der Richter. »Sie sind Mitglied der hiesigen Organisation der Kommunistischen Partei. Seit der nationalen Revolution ist der Spott über den obersten Führer nicht von Ihrem Gesichtsausdruck verschwunden. Seit damals haben Sie, schon in Haft, die Ehe und die Liebe zweier

* Die Todesstrafe durch Beil und Scharfrichter wurde später eingeführt.

höherer Offiziere im Dienst der Nation abgelehnt und damit deren rassische Würde beleidigt. Das Gericht hat beschlossen: Sie werden als persönlicher Feind des Rassengenius der Teutonen vernichtet. Wollen Sie sprechen?«

»Ja«, antwortete Lichtenbergs Gefährtin. »Mein Herz gehört für immer anderen Menschen. Wäre ich auf das Angebot Ihrer Offiziere eingegangen, so hätten sie dennoch meine Liebe nicht bekommen, denn ich bin eine Frau, sie aber sind keine Männer . . .«

»Wieso keine Männer?« rief der Richter, erschüttert von dieser Behauptung.

»Sie sind Faschisten, sie sind Feinde der Nation! Sie versuchten mich zu vergewaltigen; zuerst erschrak ich, doch dann mußte ich lachen: Sie können Ideen gebären, aber nicht Kinder.«

»Sind Sie Kommunistin?« fragte ein Mitglied des Gerichts.

»Selbstverständlich«, sagte Hedwig Botmann. »Doch zur Beantwortung dieser Frage bitte ich Sie, mir Ihre Waffe zu geben!«

Ihre Bitte wurde abgelehnt.

Der Richter gab dem Kommandanten die übliche Anordnung über die Hinrichtung.

»Führen Sie das nächste Paar Bastarde herein!« befahl der Richter weiter.

Lichtenberg und Hedwig Botmann wurden aus dem Lager geführt. Vier Offiziere mit schußbereiten Revolvern in der Hand eskortierten sie. Vorn gingen zwei Kriminelle, auf dem Kopf je einen Brettersarg tragend, den sie im Lager eigenhändig angefertigt hatten.

Hedwig Botmann schritt wie immer anmutig und fröhlich, als ginge sie nicht dem Tod entgegen, sondern einer Verwandlung. Sie atmete dieselbe mit Müll verschmutzte Luft wie Lichtenberg, sie hatte in der Gefangenschaft gelitten und gehungert und auf den Kommunismus gewartet; sie ging in den Tod ohne Gram, ohne Schmerz, ohne Angst, ohne etwas zu bedauern oder zu bereuen; sie schied aus dem Leben in der

vollen Blüte ihrer Kräfte, die für das Erringen eines schweren Sieges und dauerhaften Triumphes getaugt hätten. Die finsteren Kräfte des Feindes hatten an ihrer Kleidung haltgemacht und nicht einmal ihre Wangen berührt – gesund und schweigsam ging sie in der Nacht hinter ihrem Sarg und bereute ihr unvollendetes Leben nicht, als wäre es eine Kleinigkeit. Weshalb hatte sie so leidenschaftlich und opferbereit für die Arbeiterschaft gekämpft wie für ihr persönliches ewiges Glück?
Lichtenberg schien es sogar, daß von Hedwig ein feuchter Geruch nach gesundem Menschenverstand und dem Schweiß gesunder, strammer Beine ausging; der heiße trübe Wind hatte sie nicht ausgedörrt, und ihre Würde war im Innern ihres einsamen, von der Eskorte umgebenen Körpers geblieben.
Die Sargträger stiegen in eine einsame Feldniederung hinunter und gingen weiter. Bald waren die Bauten eines längst stillgelegten Keramikwerkes zu sehen, und die zur Vernichtung Bestimmten wurden in einen schmalen Gang zwischen den Werkmauern gebracht.
Lichtenberg hielt sich in Hedwig Botmanns Nähe und weinte in seinem Wahnsinn. Er dachte mit so viel Trauer an diese Unbekannte, als ob er sich dem Ende der Welt näherte, doch er bedauerte nur den Tod dieser seiner zeitweiligen Gefährtin. Die Prozession bog um die Ecke der Mauer, die Sargträger verschwanden hinter einem unbestimmbaren Gegenstand. Der eine Wachoffizier, der links von Lichtenberg ging, geriet an den Rand einer Schlucht, die für irgendeine mächtige Maschine ausgehoben worden war, er schritt vorsichtig und auf sein Wohl bedacht; aber Lichtenberg stieß ihn plötzlich hinunter, einfach aus kindlicher Gewohnheit, etwas dahin zu tun, wo nichts ist. Der Offizier verschwand unten, und mit seinem Schrei kamen Geklirr von Eisen und das Krachen seiner brechenden Knochen. Die drei anderen Wachoffiziere stürzten zu der Fallgrube. Hedwig Botmann schwenkte ihren Mantel und entschwand den Augen der Eskorte und Albert

Lichtenbergs lautlos wie ein Vogel für immer. Die drei Offiziere dachten, die Verbrecherin könnte nur ein paar Schritte gelaufen sein, und rannten hinter ihr her, um sie einzuholen und gleich zurückzukommen.
Lichtenberg blieb erstaunt allein. Der Offizier in der Grube war längst still geworden. Die Kriminellen mit den Särgen auf dem Kopf waren weggegangen und kamen nicht wieder. Fern im freien Feld ertönten zwei Schüsse: Hedwig Botmann verschwand noch weiter und noch unwiederbringlicher; jetzt konnte niemand sie mehr einholen. Lichtenberg wünschte, sie solle eingeholt und zurückgebracht werden, er konnte ohne sie nicht mehr sein, er wollte sie noch einmal sehen, wenn auch nur ganz kurz.
Niemand kehrte zurück. Lichtenberg legte sich auf die Erde. Noch ein dumpfer Schuß ertönte, kraftlos und unsicher in der weiten Nacht. Gleich darauf schlugen im Lager Alarmglokken an. Lichtenberg erhob sich und ging langsam weg von dem Ort, der für ihn und Hedwig ein ewiges gemeinsames Grab hatte werden sollen; in zehn Jahren, wenn ihre Särge und die Leichen darin verwest gewesen wären und die Erdschichten sich verschoben hätten, dann hätte Alberts Skelett für Jahrtausende Hedwigs Skelett in die Arme genommen.
Am Morgen kam Lichtenberg in eine ihm unbekannte Arbeitersiedlung, wo nur sechs oder acht Häuser standen. Ein heller Herbsttag begann, matt gewordener Müll bewegte sich auf der menschenleeren Straße zwischen den Häusern, in der Ferne stieg die Sonne in ihre unerreichbare Höhe.
Albert erreichte das erste Haus, ohne jemandem zu begegnen. Er stand am Rande der Siedlung an einem Brunnen, hier erblickte er ein Hitler-Denkmal, einen hohlen Halbkörper; vor dem Gesicht des Genius stand ein Strauß eiserner Blumen in einer steinernen Vase. Lichtenberg blickte aufmerksam in das metallische Gesicht und suchte nach einem Ausdruck.
Dann entfernte er sich von dem Denkmal und trat in ein Haus. Hier saß eine Frau und wiegte mit einer Hand die von der Decke hängende Wiege, mit der anderen Hand deckte sie

das Kind in der Wiege besser zu. Lichtenberg fragte die Frau etwas, aber sie antwortete nicht. Ihre Augen blickten starr, mit langer Trauer, die von ihrer Geduld schon gleichgültig geworden war, in die Wiege. Das Gesicht war von Hunger und Müdigkeit braun wie das Hemd eines Faschisten, das Fleisch unter der Haut war für die innere Ernährung verbraucht, so daß ihr ganzer Leib von den Knochen abgefallen war wie Blätter vom Baum, sogar ihr Gehirn löste sich im Körper zur Unterhaltung der Kraft auf, deshalb lebte die Frau jetzt ohne Verstand, ihr Gedächtnis vergaß, daß die Augen zwinkern mußten, ihr Körper hatte sich bis zur Größe eines kleinen Mädchens verkleinert, nur ihr Leid handelte noch nach dem Instinkt. Mit ununterbrochener Energie wiegte und wiegte sie die billige Wiege und deckte mit rastloser schützender Zärtlichkeit das schlafende Kind vor der Kälte zu, die Lichtenberg nicht empfand.

»Siehst du, wie es friert?« fragte sie. »Deshalb kann es auch nicht einschlafen!«

Lichtenberg drückte mit dem Finger die Augenlider des Kindes zu und sagte zu der Mutter:

»Jetzt ist es eingeschlafen!«

Am Abend kamen ein Polizist und eine junge Frau mit unruhigem Gesicht östlicher Abstammung. Der Polizist suchte mit Hilfe der Frau einen Staatsverbrecher, und die Frau, die die Absichten der Polizei nicht kannte, suchte mit Hilfe des Staates ihren wahnsinnigen Mann.

Der Polizist und seine Begleiterin fanden im Haus eine tote Frau, die das Gesicht in die Wiege gelegt hatte; in der Wiege lag ein Kind, das auch tot war. Ein Mann war nicht da.

»Ruhen Sie sich aus, Frau Selda Lichtenberg«, sagte der Polizist.

Aber die aufgeregte Frau hörte nicht auf ihn und trat zielbewußt durch die Küchentür auf den Hof.

Auf der Erde erblickte sie ein unbekanntes Tier, tot, mit den Augen nach unten. Sie berührte es mit dem Schuh und sah, daß es vielleicht ein mit Haaren bewachsener Urmensch war,

wahrscheinlich aber ein großer Affe, der verstümmelt und zum Scherz mit Fetzen menschlicher Kleidung bedeckt worden war.
Der Polizist kam auch heraus und bestätigte Seldas Vermutung, daß hier ein Affe oder ein anderes für Deutschland unbrauchbares, unwissenschaftliches Tier lag; die Kleider hatten ihm wohl junge Nazis oder Stahlhelmleute angezogen, der Politik wegen.

MICHAIL SOSCHTSCHENKO

Puschkins hundertster Todestag

Erste Rede über Puschkin

Voller Stolz möchte ich hervorheben, daß unser Haus in diesen Tagen nicht am Schwanz der Ereignisse trottet.

Erstens wurde für 6,50 Rubel eine einbändige Puschkin-Gesamtausgabe zur allgemeinen Benutzung angeschafft. Zweitens wurde eine Gipsbüste des großen Dichters im Büro der Wohnungsgenossenschaft aufgestellt, was seinerseits säumige Zahler an die unterlassene Mietszahlung erinnern möge.

Außerdem wurde von uns an der Haustür ein künstlerisches Porträt Puschkins aufgehängt, von Tannenzweigen umrahmt.

Schließlich und letztlich spricht unsere heutige Hausversammlung für sich selbst.

Vielleicht ist das alles ein bißchen wenig, aber, offen gestanden, unsere Wohnungsgenossenschaft hat nicht erwartet, daß es ein solches Trara geben würde. Wir dachten, na ja, die Presse wird wie gewöhnlich schreiben: als wie, genialer Dichter, lebte in der rauhen Nikolaus-Epoche. Na ja, vielleicht werden auch auf der Estrade künstlerische Lesungen von Auszügen stattfinden, oder man wird was aus dem »Eugen Onegin« vorsingen.

Was sich aber in unseren Tagen abspielt, das, offen gestanden, zwingt unsere Wohnungsgenossenschaft, aufzumerken und ihre Positionen auf dem Gebiet der schöngeistigen Literatur neu zu überdenken, damit man uns hinterher nicht vorwirft, wir unterschätzen Gedichte und so weiter.

Wissen Sie, es ist ja ganz schön, daß unser Haus von Dichtern, wie man so sagt, verschont geblieben ist. Zwar haben wir einen Mieter, Zaplin, der Gedichte pinselt, aber der ist

Buchhalter und obendrein ein derartiger Rüpel, daß ich gar nicht weiß, wie ich während der Puschkin-Tage von ihm reden soll. Kommt der doch vorgestern zu uns ins Büro und bedroht uns und so weiter. »Ich«, schreit er, »bring dich ins Grab, du langschlaksiger Satan, wenn du mir nicht bis zu den Puschkin-Tagen den Ofen umsetzen läßt. Ich«, sagt er, »vergifte mich noch an dem Ofen und kann keine Gedichte schreiben.« Ich sag zu ihm: »Bei aller feinfühligen Einstellung zu den Dichtern kann ich dir derzeit nicht den Ofen umsetzen, weil unser Töpfer gesoffen hat.« Aber er schreit. Läuft mir nach.

Ein Glück noch, daß es in unserm Personalbestand an Mietern keinerlei Schriftstellerkader und all so was gibt. Sonst würden sie bestimmt auch alle 'n Ofen verlangen wie dieser Zaplin.

Als ob das wunder was wär', daß er Gedichte schreibt. Dann könnte ja, Verzeihung, auch mein siebenjähriger Kolja Ansprüche an die Genossenschaft stellen, denn er schreibt auch welche. Von ihm stammen die gar nicht so üblen Verse:

> Wir Kinder lieben die Zeit, wo die Vögel im Käfig sind.
> Wir lieben nicht, wer dem Fünfjahrplan feindlich gesinnt.

Sieben Jahre ist der Knirps alt und schreibt schon so flott! Aber das bedeutet noch nicht, daß ich ihn mit Puschkin vergleichen will. Puschkin ist eine Sache, der gasvergiftete Mieter Zaplin eine andere. Dieser Spitzbube! Vor allem, meine Frau kommt mir entgegen, und er läuft mir nach. »Ich«, schreit er, »steck dich gleich mit dem Kopf voran in meinen Ofen.« Was soll denn das? Wir haben Puschkin-Tage, und er nervt mich dermaßen.

Puschkin schreibt so, daß jede Zeile von ihm mehr als vollkommen ist. Einem solch genialen Mieter würden wir noch im Herbst den Ofen neu setzen. Daß wir ihn aber diesem Zaplin neu setzen sollen, da kann ich mich bloß wundern.

Hundert Jahre vergehen, und die Gedichte von Puschkin wecken Erstaunen. Was aber wird, Entschuldigung, in hundert Jahren mit diesem Zaplin sein? So was von Rüpel! Oder wenn der vor hundert Jahren gelebt hätte. Ich mal mir aus, was dann mit ihm wäre und in welcher Form er bis in unsere Tage überdauert hätte!

Offen gestanden, ich anstelle von d'Anthès hätte diesen Zaplin regelrecht durchsiebt. Und wenn der Sekundant zehnmal sagt: »Schießen Sie nur einmal auf ihn«, ich hätt' trotzdem alle fünf Kugeln abgefeuert, denn ich kann Rüpel nicht ausstehen.

Die großen und genialen Dichter sterben so früh, aber dieser Rüpel Zaplin, der lebt, er spult einem sogar irgendwie die Nerven auf.

(Zwischenrufe: Erzählen Sie von Puschkin.)

Ich red ja von Puschkin und nicht von Lermontow. Die Gedichte von Puschkin, das sag ich doch, wecken Erstaunen. Jede Zeile populär. Sogar wer ihn nicht gelesen hat, kennt ihn. Mir persönlich gefallen seine lyrischen Verse aus »Eugen Onegin« – »Warum tanzest du nicht, Lenskij« – und aus der »Pique Dame« – »Wär' ich doch ein kleines Zweiglein«.

(Zwischenrufe: Das ist das Opernlibretto. Nicht von Puschkin.)

Was, nicht von Puschkin? Wollen Sie mich verklapsen? Obgleich, da blätter ich in unserm Puschkin-Band und seh, in der »Pique Dame« sind wirklich keine Verse. Na, wenn die Verse »Könnten doch die netten Mädel auch so fliegen wie die Vögel« nicht von Puschkin sind, dann weiß ich gar nicht, was ich von diesem Jubiläum halten soll. Kurz und gut, Zaplin kriegt den Ofen nicht neu gesetzt. Puschkin ist eine Sache, Zaplin eine ganz andere. Dieser Rüpel!

Zweite Rede über Puschkin

Ich, teure Genossen, bin natürlich kein Literaturhistoriker. Ich erlaube mir, an dieses große Datum, den hundertsten Todestag, einfach, wie man so sagt, menschlich heranzugehen.

Ein solch treuherziges Herangehen wird uns, so meine ich, die Gestalt des großen Dichters noch näher bringen.
Also, hundert Jahre trennen uns von ihm! Die Zeit läuft tatsächlich unglaublich rasch!
Der Weltkrieg hat bekanntlich vor dreiundzwanzig Jahren angefangen. Das heißt, als er anfing, waren es zurück zu Puschkin keine hundert Jahre, sondern bloß siebenundsiebzig.
Ich aber, stellen Sie sich vor, bin 1879 geboren. Das heißt, ich war noch näher an dem großen Dichter dran. Nicht daß ich ihn hätte sehen können, aber uns trennten, wie man so sagt, nur gute vierzig Jahre.
Meine Großmutter aber, das ist noch schärfer, die ist 1836 geboren. Das heißt, Puschkin hätte sie sehen und sogar auf die Arme nehmen können. Womöglich hätte er sie gewiegt, und sie hätte in seinen Armen geplärrt, denn sie wußte ja nicht, wer sie da wiegt.
Na ja, so ohne weiteres hätte Puschkin sie nicht wiegen können, zumal sie in Kaluga gelebt hat, und da ist Puschkin meines Wissens nie hingekommen, trotzdem kann man ja diese aufregende Möglichkeit bedenken, zumal er ja hätte nach Kaluga fahren können, um Bekannte zu besuchen.
Mein Vater wiederum ist 1850 geboren. Aber Puschkin war da leider nicht mehr, sonst hätt' er womöglich auch meinen Vater wiegen können.
Meine Urgroßmutter aber, die hätte er ganz bestimmt in die Arme nehmen können. Stellen Sie sich vor, die ist 1763 geboren, so daß der große Dichter ganz einfach hätte hingehen können zu ihren Eltern und verlangen, daß man sie ihm gibt zum Halten und Wiegen. Allerdings war sie 1837 schon um die sechzig und ein paar Zerquetschte, so daß ich offen gestanden gar nicht weiß, wie das war bei denen und wie sie damit zurechtgekommen sind ... Vielleicht hätte sie ihn sogar gewiegt ... Aber was für uns in die Finsternis des Nichtwissens gehüllt ist, das hat denen bestimmt überhaupt keine Mühe bereitet, und sie wußten genau Bescheid, wer

wen wiegt und wer wen schaukelt. Und wenn die Alte um diese Zeit wirklich schon um die sechzig war, ist es natürlich komisch, sich vorzustellen, daß einer sie gewiegt hat. Also wird sie wohl selber irgendwen gewiegt haben.

Und wenn sie ihn gewiegt hat und ihm dabei lyrische Liedchen vorgesungen, dann hat sie vielleicht, ohne es zu wissen, poetische Gefühle in ihm aufgeweckt und ihn vielleicht zusammen mit seiner berüchtigten Amme Arina Radionowna zum Verfassen von einigen wenigen Gedichten angeregt.

Was Gogol und Turgenjew betrifft, die hätten von fast allen meinen Verwandten gewiegt werden können, dieweil noch weniger Zeit sie von ihnen trennt. Überhaupt will ich mal so sagen: Die Kinder verschönern unser Leben, und eine glückliche Kindheit ist, wie man so sagt, ein ganz sehr wichtiges Problem, das in unsern Tagen gelöst wird. Kinderkrippen, Kindergärten, die Zimmer für Mutter und Kind auf den Bahnhöfen – all das sind würdige Merkmale ein und derselben Angelegenheit ... Aber wie komm ich jetzt darauf?

(Zwischenruf: Von Puschkin ...)

Ach ja ... Ich sag ja, Puschkin, hundertster Todestag.

Aber gar nicht mehr lange, dann kommen auch die anderen berühmten Jubiläen – Turgenjew, Lermontow, Tolstoj, Maikow und so weiter und so fort. Man wird sich tummeln müssen. Überhaupt, unter uns gesagt, manchmal wundert man sich gradezu, wo diese Einstellung zu den Dichtern herkommt. Von den Sängern zum Beispiel würd' ich nicht sagen, daß man bei uns eine schlechte Einstellung zu ihnen hätte, aber soviel Sums wie um die Dichter wird um sie nicht gemacht. Dabei sind das auch, wie man so sagt, Talente. Packen einen bei der Seele. Emotionalität. Und und und ...

Ich will natürlich nicht streiten, Puschkin ist ein großer Genius, und jede Zeile von ihm ist für uns von gewissem Interesse. Manche mögen Puschkin zum Beispiel sogar wegen seiner kleinen Gedichte. Aber das würd' ich persönlich nicht sagen. Ein kleines Gedicht, das ist, wie man so sagt, ein kleines und nicht besonders großes Werk. Nicht daß jeder so was verfassen könnte, aber, wie man so sagt, du kuckst es an, und da ist überhaupt nichts, na ja, Originelles und Künstlerisches. Stellen Sie sich zum Beispiel folgende Ansammlung von solch, ich will mal sagen, simplen und wenig hochkünstlerischen Wörtern vor:

> Im Hofe fährt des Hausknechts Sohn
> den Hund im Schlitten fein spazieren,
> erfroren ist sein Finger schon . . .

– (Zwischenruf: Das ist aus »Eugen Onegin« . . . Das ist kein kleines Gedicht.)
Wirklich nicht? Wir haben das in der Kindheit als Einzelgedicht durchgenommen. Na, um so besser, freut mich sehr. »Eugen Onegin« ist wirklich eine geniale Epopöe. Aber natürlich kann es in jeder Epopöe einzelne künstlerische Mängel geben. Überhaupt, ich will mal so sagen: Für Kinder ist das ein sehr interessanter Dichter. Vielleicht war er sogar ursprünglich nichts weiter als ein Kinderdichter. Auf uns ist er vielleicht ein bißchen anders überkommen. Zumal unsere Kinder, wissen Sie, die sind schon ziemlich groß. Die kann man nicht mehr zufriedenstellen mit so einem Kindergedicht:

> Lokmotive – schuk-schuk-schuk,
> Räderrattern – tuk-tuk-tuk,
> dem Verlag ein hipp-hurra,
> Bargeld ist nun wieder da . . .

Wissen Sie, ich erinner mich, in der Schule mußten wir so ein kleines, blödsinniges Gedicht von Puschkin auswendig lernen. Darin war von Reiserbesen oder von einem Vögelchen oder ich glaube von einem Zweig die Rede. Als wie, der Zweig wächst, und der Dichter sagt künstlerisch zu ihm: »Sag mir, Zweig von Palästina . . .«
(Zwischenruf: Das ist von Lermontow.)
Wirklich? Wissen Sie, die beiden verwechsel ich immer.

Puschkin und Lermontow, das ist für mich wie ein Ganzes. Ich mach da keinen Unterschied.
(Lärm im Saal. Stimmen: Erzählen Sie lieber von Puschkins Schaffen.)
Das will ich ja grade, Genossen. Puschkins Schaffen weckt Erstaunen. Für eine einzige Gedichtzeile kriegte er einen Goldrubel bezahlt. Außerdem hatte er dauernd Nachauflagen. Trotzdem hat er immerzu bloß geschrieben und geschrieben. Da war kein Halten.
Natürlich hat ihn das höfische Leben sehr gestört beim Dichten. Andauernd Bälle und alles so was. Wie der Dichter selbst sagt:

> Woher der Lärm, das rasende Geschrei?
> Wen rufen Tympanum und Trommeln?

Tympanum! Was die Leute nicht alles in den Mund nehmen . . .
Wir wollen natürlich nicht lange bei den biographischen Daten des Dichters verweilen, die kennt schließlich jeder. Aber na ja, wie man so sagt, einerseits das persönliche Leben, Sieben-Zimmer-Wohnung, Equipage, andererseits Nikolaus der Knüppelzar, höfisches Leben, Lyzeum, d'Anthès und alles so was. Und dann, unter uns, Tamara hat ihm natürlich Hörner aufgesetzt . . .
(Lärm im Saal. Rufe: Natalja, nicht Tamara.)
Wirklich? Ach richtig, Natalja. Tamara, das ist die von Lermontow. Ich sag's ja. Und Nikolaus der Knüppelzar, der hat natürlich keine Gedichte geschrieben. Ob er wollte oder nicht, das hat ihn gequält, und er war neidisch auf den Dichter . . .
(Lärm im Saal. Einzelne Rufe, die immer lauter werden: Genug! Weg mit dem Redner!)
Also, ich komme zum Schluß, Genossen. Puschkins Einfluß auf uns ist gewaltig. Das war ein großer, genialer Dichter. Man möchte bedauern, daß er nicht unter uns lebt. Wir würden ihn auf Händen tragen und ihm ein märchenhaftes Leben

einrichten, natürlich nur, wenn wir wüßten, daß wirklich ein Puschkin aus ihm wird. Es kommt ja vor, daß die Zeitgenossen auf jemand hoffen, ihm ein anständiges Leben einrichten, ihm Autos und Wohnungen geben, und nachher stellt sich raus, er ist nicht Fisch noch Fleisch. Sondern, wie man so sagt, nichts von ihm zu holen. Überhaupt, Dichter ist ein finsterer Beruf, der und jener soll ihn da- und dorthin schaffen. Bei Sängern hat man viel mehr Freude. Die singen, und man sieht gleich, was die für 'ne Stimme haben.

Also, ich schließe meinen Vortrag über den genialen Dichter und möchte noch bemerken, daß nach dem feierlichen Teil ein künstlerisches Konzert folgt.

(Beifall. Alle stehen auf und gehen in den Erfrischungsraum.)

Störung

Pronin sagte:
– Sie haben sehr schöne Strümpfe.
Irina Mazer sagte:
– Ihnen gefallen meine Strümpfe?
Pronin sagte:
– Oh, ja. Sehr. – Und faßte sie mit der Hand an.
Irina sagte:
– Und warum gefallen Ihnen meine Strümpfe?
Pronin sagte:
– Sie sind so schön glatt.
Irina hob ihren Rock hoch und sagte:
– Und sehen Sie, wie lang sie sind?
Pronin sagte:
– Oh, ja, ja.
Irina sagte:
– Aber hier sind sie schon zu Ende. Hier fängt schon das nackte Bein an.
– Oh, was für ein Bein! – sagte Pronin.
– Ich habe sehr dicke Beine, – sagte Irina. – Und in den Hüften bin ich sehr breit.
– Zeigen Sie, – sagte Pronin.
– Das geht nicht, – sagte Irina, – ich habe keine Unterhosen an.
Pronin ging vor ihr auf die Knie.
Irina sagte:
– Warum haben Sie sich hingekniet?
Pronin gab ihr einen Kuß auf das Bein etwas oberhalb des Strumpfes und sagte:
– Darum.
Irina sagte:
– Warum heben Sie mir den Rock noch höher? Ich habe Ihnen doch gesagt, ich habe keine Unterhose an.

Aber Pronin hob ihr den Rock trotzdem noch höher und sagte:
– Macht nichts, macht nichts.
– Was heißt das macht nichts? – sagte Irina.
Aber da klopfte jemand an die Tür. Irina streifte schnell den Rock herunter, Pronin stand vom Fußboden auf und trat ans Fenster.
– Wer ist da? – fragte Irina durch die Tür.
– Öffnen Sie die Tür, – sagte eine schroffe Stimme.
Irina öffnete die Tür, und ins Zimmer trat ein Mann in einem schwarzen Mantel und hohen Stiefeln. Ihm folgten zwei Soldaten, niedere Ränge, mit Gewehren in der Hand, und ihnen folgte der Hauswart. Die niederen Ränge nahmen neben der Tür Aufstellung, der Mann im schwarzen Mantel ging auf Irina Mazer zu und sagte:
– Ihr Name?
– Mazer, – sagte Irina.
– Ihr Name? – fragte der Mann im schwarzen Mantel, an Pronin gewandt.
Pronin sagte:
– Mein Name ist Pronin.
– Haben Sie eine Waffe? – fragte der Mann im schwarzen Mantel.
– Nein, – sagte Pronin.
– Setzen Sie sich da hin, – sagte der Mann im schwarzen Mantel und zeigte auf einen Stuhl.
Pronin setzte sich.
– Und Sie, – sagte der Mann im schwarzen Mantel, an Irina gewandt, – ziehen Sie Ihren Mantel an. Sie müssen mitkommen.
– Wohin? – fragte Irina.
Der Mann im schwarzen Mantel antwortete nicht.
– Ich muß mich umziehen, – sagte Irina.
– Nein, – sagte der Mann im schwarzen Mantel.
– Aber ich muß mir noch etwas anziehen, – sagte Irina.
– Nein, – sagte der Mann im schwarzen Mantel.

Irina zog schweigend den Pelzmantel über.
– Leben Sie wohl, – sagte sie zu Pronin.
– Unterhaltungen sind verboten, – sagte der Mann im schwarzen Mantel.
– Muß ich auch mitkommen? – fragte Pronin.
– Ja, – sagte der Mann im schwarzen Mantel, – ziehen Sie sich an.
Pronin stand auf, nahm Hut und Mantel vom Kleiderhaken, zog sich an und sagte:
– So, ich bin soweit.
– Kommen Sie, – sagte der Mann im schwarzen Mantel. Die niederen Ränge und der Hauswart trappelten mit den Schuhsohlen.
Alle gingen hinaus auf den Korridor.
Der Mann im schwarzen Mantel schloß die Tür zu Irinas Zimmer ab und versiegelte sie mit zwei braunen Siegeln.
– Runter auf die Straße, – sagte er.
Und alle verließen die Wohnung, laut fiel die Wohnungstür ins Schloß.

Valentin Katajew

Vater unser

»Ich will noch schlafen. Mir ist kalt!«
»Mein Gott, ich will auch schlafen! Zieh dich an! Hör auf zu quengeln! Schluß jetzt! Bind den Schal um! Setz die Mütze auf! Zieh die Filzstiefel an! Wo hast du die Fausthandschuhe? Halt still! Zappel nicht immer hin und her!«
Als der Junge angekleidet war, nahm sie ihn bei der Hand und verließ mit ihm das Haus. Der vierjährige Knabe war noch nicht ganz wach. Er zitterte vor Kälte und schwankte im Gehen.
Der Tag graute erst. Blauer, frostiger Nebel hing über dem Hof. Die Mutter wickelte den Schal fester um den Hals des Jungen, zupfte ihm den Kragen zurecht und drückte einen Kuß auf sein schlaftrunkenes, mürrisches Gesicht.
Die verdorrten Ranken des wilden Weins an der Holzveranda mit den eingeschlagenen Fensterscheiben schienen wie verzuckert vom Reif. Es herrschten fünfundzwanzig Grad Kälte. Wie dichter Dampf stand der Atem vor dem Mund. Der Hof war mit gefrorenem Spülwasser bedeckt.
»Mama, wohin gehen wir?«
»Das hab ich dir doch schon gesagt: spazieren.«
»Wozu hast du denn dann das Köfferchen mitgenommen?«
»Weil ich's brauche. Sei jetzt still! Mach den Mund zu! Du wirst dich erkälten. Siehst ja, wie kalt es ist. Guck lieber auf die Erde, sonst fällst du noch hin.«
Am Tor stand der Hauswart. Er trug einen langen Schafpelz und eine weiße Schürze und hatte ein Blechschild auf der Brust. Ohne ihn zu beachten, gingen sie vorüber. Er schloß schweigend die Pforte hinter ihnen und legte den schweren Eisenhaken vor. Sie gingen die Straße entlang. Nirgends lag Schnee, überall war nur Eis und Reif. Dort aber, wo weder Eis noch Reif war, sah man glatten Stein oder die blanke Erde,

die so hart und glatt wie Stein war. Sie schritten unter den kahlen schwarzen Akazien dahin, die in der frostigen Luft knarrten.
Mutter und Sohn waren fast gleich gekleidet. Sie trugen recht gute Pelzmäntel, beigefarbene Filzstiefel und bunte wollene Fäustlinge; nur daß die Mutter ein kariertes Tuch um den Kopf gebunden hatte, während der Sohn ein rundes Fellmützchen mit Ohrenklappen trug. Die Straße war leer. Als sie die Kreuzung erreicht hatten, knackte es im Trichter des neben dem Fahrdamm angebrachten Lautsprechers so laut, daß die Frau zusammenfuhr; aber sofort fiel ihr ein, daß gleich die Morgensendung des Rundfunks anfangen müsse. Das Programm begann wie immer mit einem Hahnenschrei. Die überlaute Stimme des Hahns hallte melodisch durch die ganze Straße und verkündete den Anbruch des neuen Tages. Der Junge blickte zu dem kastenförmigen Lautsprecher auf.
»Mutti, ist das ein Hahn?« fragte er.
»Ja, Kind.«
»Friert er da nicht?«
»Nein, er friert nicht. Aber zappel nicht immer hin und her. Sieh lieber auf die Erde!«
Da knackte es erneut im Schalltrichter, und eine zarte, engelgleiche Kinderstimme sagte: »Guten Morgen! Guten Morgen! Guten Morgen!«
Dann sprach die gleiche Stimme bedächtig und sehr innig in rumänischer Sprache das Gebet: »Vater unser, der du bist im Himmel. Geheiliget werde dein Name, dein Reich komme, dein Wille geschehe ...«
An der Ecke wandte sich die Frau mit dem Rücken zum Wind und eilte, den Jungen mit sich fortziehend, beinahe im Laufschritt die Gasse entlang, als werde sie von dieser allzu lauten und allzu weichen Stimme verfolgt.
Bald verstummte die Stimme. Das Gebet war zu Ende. Vom Meere wehte der Wind durch die eisigen Korridore der Straßen. Weiter vorn brannte auf dem Gehsteig, von rötlichem Nebel umwallt, ein Holzfeuer, an dem sich ein deutscher

Posten wärmte. Die Frau machte kehrt und ging in entgegengesetzter Richtung weiter. Der Junge lief, mit den kleinen beigefarbenen Filzstiefeln stampfend, neben ihr her. Seine Wangen waren rot wie Moosbeeren. An seiner Nase hing ein kleiner gefrorener Tropfen.

»Mama, gehen wir schon spazieren?« fragte der Junge.

»Ja, wir gehen schon spazieren.«

»Ich gehe nicht gern so schnell spazieren.«

»Nimm dich zusammen.«

Sie benutzten einen Durchgangshof und erreichten eine andere Straße. Es wurde schon hell. Durch das lichtere und dunklere Blau der Nebel- und Reifwolken schimmerte zartrosa die Morgenröte. Sie leuchtete so kalt, daß von ihrem rosigen Licht die Kinnbacken klamm wurden, als hätte man etwas Saures im Munde. Auf der Straße zeigten sich ein paar Menschen. Sie gingen alle in der gleichen Richtung. Fast alle trugen Bündel. Einige schoben ihre Sachen auf Karren vor sich her oder zogen hochbepackte Schlitten, deren Kufen über das nackte Pflaster knirschten.

An diesem Morgen schleppten sich langsam von allen Enden der Stadt schwerbeladene Menschen in eine Richtung. Es waren Juden, die sich ins Getto begaben. Das Getto war in Peressyp errichtet worden, in jenem trostlosen unteren Stadtteil, wo in gleicher Höhe mit dem Meeresspiegel die ausgebrannten Erdölbehälter standen, die wie Zelte eines Wanderzirkus aussahen. Man hatte einige schmutzige Häuserblocks mit zwei Reihen rostigen Stacheldrahts umgeben und nur einen einzigen Eingang frei gelassen, wie bei einer Mausefalle.

Die Juden zogen die Straßen entlang, die nach Peressyp führten: unter Bahnüberführungen hindurch, über vereiste Gehsteige. Es waren Greise darunter, die nicht gehen konnten, und Typhuskranke – sie lagen auf Tragen. Einige stürzten und blieben auf der Straße liegen, den Rücken an eine Laterne gelehnt oder die Arme um einen gußeisernen Pfahl geschlungen.

Niemand begleitete die Menschen, sie waren ohne jede Bewachung. Sie wußten, daß jeder, der zu Hause blieb, erschossen wurde. Darum gingen sie von selber. Wer einem Juden Unterkunft gewährte, wurde ebenfalls erschossen. Für einen versteckt gehaltenen Juden wurden alle, die in der Wohnung lebten, ohne Ausnahme auf der Stelle erschossen. Aus der ganzen Stadt zogen die Juden zum Getto, die steilen Straßen hinab, unter den Bahnüberführungen hindurch, Karren vor sich herschiebend und eingemummte Kinder an der Hand führend. Zwischen Häusern und reifbedeckten Bäumen gingen sie, einer hinter dem anderen, wie Ameisen. Sie gingen an verschlossenen Türen und Toren vorüber und an qualmenden Holzfeuern, an denen sich rumänische und deutsche Soldaten wärmten. Die Soldaten schenkten den Juden keine Beachtung; sie wärmten sich, stampften mit den Stiefeln auf und rieben sich mit den Fausthandschuhen die Ohren.
Der Frost war furchtbar. Er wäre für eine Stadt im Norden stark gewesen. Für Odessa aber war er einfach ungeheuerlich. Solche Fröste gibt es in Odessa einmal in dreißig Jahren. Durch die dichten Schwaden des blauen und grünen Nebels schimmerte matt der kleine Kreis der Sonne. Auf dem Pflaster lagen steifgefrorene Spatzen, die im Fluge vom Frost getötet worden waren. Das Meer war fast bis an den Horizont zugefroren; es glänzte weiß. Von dorther kam der Wind.
Die Frau sah wie eine Russin aus. Auch der Junge trug russische Züge. Sein Vater war Russe. Aber das wollte nichts besagen. Die Mutter war Jüdin. Also mußten sie ins Getto. Der Vater des Jungen war Offizier in der Roten Armee. Die Frau hatte ihren Paß zerrissen und ihn an diesem Morgen in den vereisten Abort geworfen. Sie hatte mit ihrem Sohn das Haus verlassen, in der Absicht, so lange in der Stadt umherzulaufen, bis sich alles beruhigt haben würde. Sie hoffte, sich irgendwie durchzuschlagen. Ins Getto zu gehen war Wahnsinn; das bedeutete den sicheren Tod. Und nun irrte sie mit dem Jungen durch die Stadt, bemüht, die belebteren Straßen zu meiden. Anfangs schwieg der Junge, da er

glaubte, daß sie spazierengingen. Aber bald wurde er ungeduldig.
»Mama, warum laufen wir die ganze Zeit herum?«
»Wir gehen spazieren«, antwortete die Mutter.
»So schnell geht man doch nicht spazieren! Ich bin müde.«
»Halt noch ein bißchen aus, mein Kleiner. Ich bin auch müde, aber ich nehme mich zusammen.«
Sie merkte, daß sie tatsächlich zu rasch ging, daß sie fast lief, als würde sie verfolgt. Sie zwang sich, langsamer zu gehen. Der Junge blickte sie an und erkannte sie kaum wieder. Voller Entsetzen gewahrte er ihren geschwollenen, zerbissenen Mund, die vom Frost ergraute Haarsträhne, die häßlich unter dem Tuch hervorhing, und die unbeweglichen, gläsernen Augen mit den starren Pupillen. Solche Augen hatte er bei seinen Spieltieren gesehen. Die Mutter blickte ihren Sohn an und sah ihn nicht. Seine kleine Hand zusammenpressend, schleppte sie ihn hinter sich her. Den Knaben überkam Furcht. Er begann zu weinen.
»Ich will nach Hause. Ich muß mal.«
Sie gingen in eine Milchstube. Hier aber saßen zwei rumänische Polizisten, in weite Pelze mit Hundefellkragen gehüllt, und frühstückten. Da sie keine Papiere besaß und fürchten mußte, verhaftet und ins Getto gebracht zu werden, tat sie, als hätte sie sich in der Tür geirrt. Sie murmelte eine Entschuldigung und schlug hastig die Tür mit dem Glöckchen hinter sich zu. Der Junge lief hinter ihr her, ohne etwas zu begreifen, und weinte.
In der nächsten Milchstube war niemand. Erleichtert überschritten sie die Schwelle, auf der ein Hufeisen angenagelt war. Die Frau bestellte für den Jungen eine Flasche Kefir und eine Brezel. Während der eingemummte Knabe, auf dem hohen Stuhl sitzend, Kefir trank, den er überaus mochte, und an der Brezel kaute, überlegte sie fieberhaft, was sie weiter anfangen sollte. Ihr fiel nichts ein. In der Milchstube brannte ein eiserner Ofen, und sie konnten sich aufwärmen. Der Frau schien es, als betrachte die Wirtin sie allzu aufmerksam. Da

bezahlte sie hastig ihre Zeche. Die Wirtin warf einen unruhigen Blick durchs Fenster und schlug der Frau vor, noch ein Weilchen am Ofen sitzen zu bleiben. Der Ofen war glutheiß; er leuchtete fast kirschrot, nur ein wenig dunkler. Funken sprühten über das Eisen.

Die Hitze hatte den Jungen schläfrig gemacht. Die Augen fielen ihm zu. Aber die Frau hatte es eilig. Sie dankte der Wirtin und sagte, sie sei in Eile. Immerhin hatten sie hier fast eine Stunde verbracht. Der Junge, satt und schläfrig, hielt sich nur mit Mühe auf den Beinen. Die Mutter rüttelte ihn an der Schulter, zupfte ihm den Kragen zurecht und schubste ihn sanft zur Tür. Er stolperte über das Hufeisen, streckte ihr sein Händchen hin, und sie führte ihn wieder die Straße entlang. Hier standen alte Platanen. Sie gingen an den gefleckten Stämmen mit der zarten, bereiften Rinde vorüber.

»Ich will schlafen!« sagte der Junge, die Augen vor dem eisigen Wind zusammenkneifend.

Die Frau tat, als höre sie nicht. Sie wußte, daß ihre Lage verzweifelt war. Sie hatte so gut wie keine Bekannten in der Stadt. Zwei Monate vor dem Kriege waren sie hergekommen und hier steckengeblieben. Sie stand völlig allein da.

»Mir frieren die Knie«, sagte der Junge weinerlich.

Sie führte ihn beiseite und rieb ihm die Knie. Er beruhigte sich. Plötzlich fiel ihr ein, daß sie ja doch eine Familie in der Stadt kannte. Auf der Fahrt von Noworossijsk nach Odessa hatte sie an Bord des Dampfers »Grusia« das junge Ehepaar Pawlowskij kennengelernt und war danach noch einige Male mit den beiden zusammengekommen. Er war Dozent an der Universität, sie hatte eben erst das Bautechnikum absolviert. Sie hieß Vera. Beide Frauen fanden großen Gefallen aneinander und schlossen während der Fahrt Freundschaft. In Odessa besuchten sie einander hin und wieder. Auch die beiden Männer befreundeten sich. Einmal tranken sich beide sogar einen Rausch an. Ein anderes Mal gingen sie alle gemeinsam – die Frauen und die Männer – zum Fußballspiel Charkow gegen Odessa. Die Pawlowskijs fieberten für die

Odessaer Mannschaft, sie und ihr Mann hingegen für die Charkower. Odessa gewann. Mein Gott, was hatte sich damals in dem riesigen neuen Stadion am Meer abgespielt! Rufen, Schreien, Toben und eine riesige Staubwolke. Die beiden Familien hätten sich beinahe gezankt. Jetzt aber mußte sie lächeln, als sie sich daran erinnerte. Pawlowskij befand sich nicht in der Stadt; er war an der Front. Vera aber war steckengeblieben, sie hatte sich nicht rechtzeitig evakuieren lassen. Unlängst hatten sich die beiden Frauen auf dem Alexandermarkt getroffen und flüchtig miteinander gesprochen. Es war jedoch nicht ungefährlich, sich allzu lange auf dem Markt aufzuhalten. Die Deutschen veranstalteten fast täglich Razzien. Die Frauen sprachen keine fünf Minuten miteinander. Seitdem hatten sie sich nicht wieder gesehen. Aber wahrscheinlich befand sich Vera noch in der Stadt. Wo sollte sie auch hin? Die Pawlowskijs waren Russen. Man könnte versuchen, bei Vera die Ereignisse abzuwarten oder wenigstens den Jungen dort zu lassen. Bis zu den Pawlowskijs war es ziemlich weit: Sie wohnten in der Pirogowskaja-Straße. Die Frau machte kehrt.
»Mama, wohin gehen wir? Nach Hause?«
»Nein, mein Kleiner, wir wollen einen Besuch machen.«
»Bei wem?«
»Erinnerst du dich an Tante Vera? Die gehen wir jetzt besuchen.«
»Gut«, sagte der Junge beruhigt. Er machte gern Besuche. Sein Gesicht heiterte sich auf.
Sie überschritten die Stroganow-Brücke, die den sogenannten Quarantänestieg überspannte, eine Straße, die zum Hafen führte. Unten standen trostlose rechteckige Häuser aus Sandstein. Von einigen waren nur noch Trümmerhaufen übriggeblieben. Andere waren ausgebrannt. Am Ende des Stieges zeichneten sich die Rundbogen einer anderen Brücke ab. Dahinter waren die zackigen Trümmer des Hafens sichtbar. Noch weiter hinten, über eingestürzten, verkohlten Dächern, dehnte sich das weiße, fast bis an den Horizont

zugefrorene Meer. Dann leuchtete tiefblau ein Streifen offener See. Neben den weißen Trümmern des berühmten Odessaer Leuchtturms lagen einige bleigrau angestrichene rumänische Transportschiffe, im Eis festgefroren. Weiter links, auf dem Berg, schimmerte die blaue, muschelförmige Kuppel des Stadttheaters durch Schwaden rosigen und zartblauen Nebels. Das Gitter der Stroganow-Brücke bestand aus einer langen Reihe hoher eiserner Lanzen. Sie glänzten tiefschwarz. Von unten kamen Menschen mit Eimern den Quarantänestieg herauf. Das Wasser in den Eimern schwappte über, gefror auf dem Pflaster und glitzerte im trüben Licht der rosigen Sonne wie Glas. All das zusammen war ein sehr schönes Bild. Schließlich würde man die Ereignisse bei Pawlowskijs abwarten können, und das weitere würde sich finden.

Sie gingen sehr lange. Der Junge wurde müde, murrte aber nicht. Hastig stapfte er in seinen beigefarbenen Filzstiefeln neben der Mutter einher, hielt aber nur mühsam mit ihr Schritt. Er wollte so rasch wie möglich zu Tante Vera kommen. Er machte gern Besuche. Unterwegs rieb ihm die Mutter einigemal die frostkalten weißen Wangen.

Vor dem Haus, in dem die Pawlowskijs wohnten, brannte auf dem Gehsteig ein Holzfeuer, an dem sich Soldaten wärmten. Das Haus war groß und hatte mehrere Flügel. Das Tor war geschlossen und die Kette vorgelegt. Eine Razzia war im Gange. Bei allen, die ins Haus wollten oder das Haus verließen, wurden die Ausweispapiere geprüft. Die Frau ging eilig am Tor vorüber. Niemand beachtete sie. Der Kleine begann wieder zu jammern. Da nahm sie ihn auf den Arm und lief weiter über die blauen Steinplatten, aus denen der Gehsteig gefügt war. Der Junge beruhigte sich. Wieder irrte die Frau in der Stadt umher. Es schien ihr, als zeige sie sich zu häufig an ein und derselben Stelle und als werde sie bereits aufmerksam betrachtet. Da fiel ihr ein, daß sie einige Stunden im Kino verbringen könnte. Die Vorstellungen begannen

früh, da es unter Todesstrafe verboten war, sich nach acht Uhr auf der Straße zu zeigen.
Ihr wurde übel und schwindlig in dem stickigen Saal voller Soldaten und Dirnen, die gleichfalls der Frost von der Straße hierhergetrieben hatte. Aber hier war es wenigstens warm, und man konnte sitzen. Sie lockerte dem Jungen den Schal, und der Kleine schlief sofort ein, beide Hände um ihren Oberarm gepreßt.
Zwei Vorstellungen hindurch blieb die Frau sitzen, ohne eigentlich zu begreifen, was auf der Leinwand vor sich ging. Vermutlich war es eine Kriegswochenschau und dann ein Lustspielfilm oder etwas Derartiges; sie konnte den Sinn nicht recht erfassen. Alles wirbelte durcheinander. Bald wurde die ganze Leinwand von dem Kopf eines hübschen blondlockigen Mädchens eingenommen, das die Wange an die flache Brust eines großen Mannes ohne Kopf preßte und mit ihm, von Musik begleitet, zweistimmig ein Lied sang; bald stieg dasselbe Mädchen in ein niedriges Sportauto; dann wieder schossen schwarze Fontänen von Explosionen empor – eine, zwei, drei, vier hintereinander –, mit blechernem Rasseln, als zerrisse man mit einem Ruck Dachblech in zwei, drei, vier lange Streifen oder als prasselten schwarze Erdklumpen auf eine blecherne Trommel nieder; über die von Granaten zerpflügte Erde krochen Panzer mit schwarzen Kreuzen, sie knirschten, schwankten und spien aus ihren langrohrigen Geschützen lange Feuerzungen und wirbelnde weiße Rauchwolken.
Ein deutscher Soldat, der lederbesohlte Filzstiefel und eine russische Pelzmütze mit Ohrenklappen trug, beugte sich schwer über die Schulter der Frau und kitzelte mit seinem großen, schmutzigen Finger den Jungen am Hals, um ihn zu wecken. Er roch nach Knoblauch und Fusel. Dabei lachte er die ganze Zeit freundlich und wiederholte immer von neuem: »Schlaf nicht, Bubi, schlaf nicht, Bubi!«
Der Junge wachte nicht auf, er drehte nur den Kopf und stöhnte im Schlaf. Da legte der Deutsche seinen schweren

Kopf auf die Schulter der Frau, umschlang sie mit einem Arm und tätschelte mit der anderen Hand das Gesicht des Jungen. Die Frau schwieg aus Furcht, den Soldaten zu erzürnen. Sie fürchtete, er könnte ihre Ausweispapiere verlangen.
Der Deutsche roch außerdem nach Räucherfisch. Die Frau verspürte Übelkeit. Sie nahm ihre ganze Willenskraft zusammen, um nicht aufzubrausen und Lärm zu schlagen. Sie sagte sich, daß sie unbedingt ruhig bleiben müsse. Schließlich war das, was der Deutsche tat, nicht besonders schlimm. Einfach ein Flegel, sonst aber ein ganz anständiger Deutscher. Man konnte es aushalten. Übrigens schlief er bald auf ihrer Schulter ein. Sie saß, ohne sich zu rühren. Der Deutsche war schwer. Gut, daß er schlief.
Das blondlockige Mädchen lief wieder über die Leinwand, und mit ihr lief ein langes Bündel weißer und schwarzer Strahlen durch den Saal. Mit ehernem Dröhnen schossen schwarze Fontänen empor, krochen Panzer dahin, marschierten deutsche Bataillone durch Wüstensand; auf dem Eiffelturm stieg eine riesige Hakenkreuzfahne empor, und Hitler mit seinem spitzen Näschen und dem weibischen Kinn bellte von der Leinwand, wackelte mit seinem Damenpopo, rollte die Augen und klappte in raschem Wechsel den Mund auf und zu, so rasch, daß die Worte immer ein wenig zu spät ertönten: »Wau, wau, wau, wau . . .«
Die Soldaten kniffen in der Dunkelheit die Dirnen, und die Dirnen kreischten. Im Saal war es heiß und stickig, es roch nach Knoblauch, Räuchermakrelen, Fusel, nach Arznei und dem rumänischen Parfüm »Chat noir«. Und doch war es hier besser als draußen in der Kälte. Die Frau erholte sich etwas, und der Junge schlief sich aus. Doch als die letzte Vorstellung zu Ende war, mußten sie wieder auf die Straße. Die Frau nahm den Jungen bei der Hand, und sie begannen von neuem ihre Wanderung. In der Stadt war es völlig dunkel. Nur dichter, frostiger Nebel ballte sich zwischen den verdunkelten Häusern. Er verklebte die Wimpern. In den Straßen brannten qualmende Holzfeuer, die der Frost fast erstickte. Manchmal

knallten irgendwo vereinzelte Schüsse. Patrouillen marschierten durch die Straßen. Es war schon nach acht Uhr. Die Mutter nahm das schwer gewordene, schlafende Kind auf den Arm und begann zu laufen, fast von Sinnen bei dem Gedanken, eine Patrouille könnte sie anhalten. Sie wählte die entlegensten Gassen. Reifbedeckte Ahornbäume und Akazien standen wie Gespenster längs der Straße. Die Stadt war öde und dunkel. Manchmal öffnete sich eine Tür, und mit dem grellen Lichtstrahl, der plötzlich die vor dem Eingang angefrorenen Autos erhellte, drang für einen Augenblick das leidenschaftliche Stöhnen der Geigen aus einem Lokal.

Unbehelligt erreichte die Frau den Schewtschenko-Park. Die riesigen Anlagen zogen sich längs des Meeres hin. Hier war es still und leer. Besonders still war es unten, am Fuße des Abhangs, über dem Meer, das fast bis an den Horizont zugefroren war. Dicht wie eine Wand war die Stille. Einige große Sterne glitzerten über den weißen Zweigen der Bäume. Und über die Sterne huschte der lichtblaue Strahl eines Scheinwerfers.

Die Frau ging die breite asphaltierte Straße entlang. Links lag das Stadion, wo sie das Fußballspiel Odessa gegen Charkow gesehen hatten. Hinter den Trümmern des Stadions breitete sich das Meer aus. In der Dunkelheit war es nicht zu sehen, doch an der Stille fühlte man sofort seine Nähe. Rechts zog sich der Park hin. Die breite Asphaltstraße schimmerte im Licht der Sterne wie Schmirgelpapier. Die Frau unterschied im Gehen die einzelnen Baumarten. Hier standen Zigarrenbäume mit langen, schotenförmigen Kapseln, die wie Stricke bis fast auf den Boden herabhingen; daneben fanden sich Kugelakazien, Ahorn-, Essig- und Lebensbäume. Von dichtem Reif bedeckt, verschmolzen sie miteinander und hingen tief über der Erde wie Wolken. Die Frau schöpfte Atem und schritt jetzt langsamer an der endlosen Reihe leerer Bänke entlang. Auf einer Bank saß jemand. Sie ging mit klopfendem Herzen vorüber. Die schwere Gestalt, die den Kopf auf die Banklehne gelegt hatte, rührte sich nicht. Die Frau sah, daß der Mann halb mit Reif bedeckt war, wie ein Baum. Über der schwarzen Kuppel der Sternwarte, die aus den weißen Wolken des Parks emporragte, glitzerten die Sterne des Großen Bären wie Kristall. Hier war es sehr still, und die Frau fühlte sich frei von aller Furcht. Vielleicht auch deshalb, weil sie zu erschöpft war.

Am nächsten Morgen, als der Tag kaum graute, fuhren Lastautos durch die Stadt, um die Leichen der in der Nacht erfrorenen Menschen aufzusammeln. Ein Auto fuhr langsam die breite asphaltierte Allee des Schewtschenko-Parks entlang. Es machte zweimal halt. Erst hielt es vor einer Bank, auf der ein erfrorener alter Mann saß. Das zweitemal hielt es vor einer Bank, auf der eine Frau mit einem Jungen saß. Sie kauerten nebeneinander. Die Frau hielt den Jungen an der Hand. Die beiden waren fast gleich gekleidet; sie trugen recht gute Pelzmäntel, beigefarbene Filzstiefel und bunte Fäustlinge. Wie lebendig saßen sie da; nur ihre Gesichter, die sich im Laufe der Nacht mit Reif bedeckt hatten, waren weiß und flaumig, und an den Wimpern hingen Eisfransen. Als die Soldaten die beiden hochhoben, bewahrten die steifgefrorenen Körper ihre sitzende Haltung. Mit kräftigem Schwung warfen die Soldaten die Frau aufs Lastauto. Wie Holz schlug sie auf den alten Mann auf. Dann warfen sie mit leichtem Schwung den Jungen hinterher. Wie Holz schlug er auf die Frau auf und schnellte sogar ein wenig in die Höhe.

Während das Lastauto davonfuhr, erklang im Schalltrichter des Lautsprechers der Hahnenschrei, der den Anbruch des neuen Tages verkündete. Darauf sagte eine zarte, engelgleiche Kinderstimme: »Guten Morgen! Guten Morgen! Guten Morgen!«

Dann sprach die gleiche Stimme bedächtig und sehr innig in rumänischer Sprache das Gebet: »Vater unser, der du bist im Himmel. Geheiliget werde dein Name, dein Reich komme . . .«

Abram Terz

Die Mieter

1

Ach Sergej Sergejewitsch, Sergej Sergejewitsch! Wie können Sie sich mit Nikolaj Nikolajewitsch vergleichen! Einfach lächerlich! Sie sehen doch ganz unscheinbar aus, und Ihr Bizeps schlottert wie die Zitzen einer dürren Hündin – entschuldigen Sie den Vergleich. Und Kognak saufen Sie auch, sogar schon morgens – woher nehmen Sie nur das Geld? Kolja, das heißt Nikolaj Nikolajewitsch, das war ein anderer Kerl – neunundzwanzig Jahre alt, gesund und kräftig, Ingenieur. Er hat Elektromotoren konstruiert. Und der hat's hier auch nicht ausgehalten. Einmal ruft er mich in die Küche und sagt: »Nikodem Petrowitsch«, sagt er zu mir, »was ist hier eigentlich los?« Und er war ganz weiß im Gesicht, so weiß wie die Stubendecke ...

Nein, da kommen Sie nicht mit! Der konnte singen! Er ist immer in aller Frühe aufgestanden und hat nach dem Radio Morgengymnastik gemacht. Und dann hat er sich die Zähne geputzt und losgelegt:

Höher und höher hinan
führt unsres Fluges Bahn.
In der Propeller Ton
klingt die Freiheit der Sowjetunion.

Ein Vergnügen, zuzuhören! Obwohl er einen Tenor hatte – ich höre lieber Bässe. Glauben Sie einem alten Mann, Sergej Sergejewitsch, ziehen Sie hier aus, solange Sie noch in Ordnung sind. Den Koffer in die Hand und – mit Gott! Wir sind ja alte Bekannte. Wenn Sie wollen, schreibe ich Ihnen ein paar Zeilen. Ans Wohnungsamt, an Schestopalow persönlich. Was, Sie haben noch nie von ihm gehört? Schestopalow entscheidet sämtliche Wohnungsfragen. Er war dreizehn Jahre lang mein Chef. Zwei Häuser und ein Studentenheim habe ich verwaltet, als Kommandant oder als Hausverwalter – nennen Sie es, wie Sie wollen. Bis zu meiner Pensionierung. In der Ordynka. Eins hat fünf Stockwerke und das andere sechs ... Schestopalow kann Ihnen binnen fünf Minuten jede beliebige Wohnung besorgen. Aber ich bitte Sie! ... Auf meine Fürsprache hin! ...

Sie werden sich in der neuen Wohnung gut einleben. Ihre Bibliothek lassen wir vorläufig hier. Ich passe auf Ihre Bücher auf und lese ein bißchen, wenn Sie gestatten. Haben Sie vielleicht »Der junge Bure aus Transvaal«? Das habe ich schon vor dem Krieg gelesen. Ich weiß nicht mehr, wer es geschrieben hat. Irgendein Ausländer, ein Franzose, glaube ich.

Schade, sehr schade! Die Nächte sind so lang, und mir tun immer die Beine weh. Gelenkrheuma. Ein altes Leiden, nicht mehr zu kurieren. Was? Ja, schenken Sie mir nur ein, es schadet mir nichts. Auf Ihr Wohl!

Mja ... Ihr Kognak ist wirklich ausgezeichnet, der streichelt die Gurgel ... Wir zwei werden uns noch totsaufen. Nein, nein, lassen Sie nur, ich mag nichts dazu essen, das beeinträchtigt den Geschmack. Wirklich, Sergej Sergejewitsch, ziehen Sie in eine andere Wohnung. Hier, im Vertrauen gesagt ... Na, Sie werden schön jammern, wenn Sie merken, was hier los ist, aber dann ist es zu spät. Warum sagen Sie immer: Ich ziehe nicht um, ich ziehe nicht um? Das ist nur Faulheit, sonst nichts. Ziehen Sie aus, ich komme dann sofort nach. Wir ziehen zusammen. Wenn Sie mit Schestopalow nichts zu tun haben möchten, können wir ja einen Wohnungstausch arrangieren. Wir geben eine Annonce auf. Mein Zimmer und Ihres, das sind insgesamt einunddreißig Quadratmeter. Dafür bekommen Sie eine abgeschlossene Wohnung. Na?

Ich werde Ihnen die Lebensbedingungen schaffen, die Sie als Schriftsteller brauchen. Ruhe und Ordnung. Ich brauche auch Ruhe. Vielleicht können Sie noch heiraten, und dann ziehen wir Kinder und Katzen groß. Ich würde auf sie aufpassen wie ein Großvater. Und an den Kognak werden wir dann überhaupt nicht mehr denken, nur noch an hohen Feiertagen, am Neujahrstag und am 1. Mai. Wir werden den Haushalt schon in Schwung bringen. Tisch und Schrank – und für mich kaufen wir ein Paar neue Filzstiefel. Ach, wird das ein Leben! Darauf trinken wir. Ihr Wohl, Sergej Sergejewitsch!

Sie wollen wissen, warum ich mit ihm befreundet war, mit dem Kolja? Er war ein guter Mensch, häuslich, ordentlich. Wenn er abends heimkam, hat er sich immer sofort an die Arbeit gemacht. Mit der Laubsäge hat er ein Wandbrett ausgesägt, und aus fast nichts hat er ein Radio gebastelt. Eigenhändig. Und seine Ninotschka hat mir anfangs auch gut gefallen. Eine fleißige Frau, und sehr häuslich. Es war noch kein halbes Jahr vergangen, da haben sie schon eine Garderobe gekauft – ob Sie es glauben oder nicht! Mit einem großen Spiegel. Und Tüllvorhänge haben sie sich auch angeschafft. Kopeke um Kopeke haben sie sich ihren häuslichen Herd zusammengespart. Ach, Kolja, Kolja! Wo sind Sie wohl jetzt, wer küßt Ihnen jetzt die Finger? . . . Ja-a-a! Er ist in der Nervenheilanstalt, im Irrenhaus, wie es früher hieß. Aber ist das vielleicht ein Haus? Es sieht nur so aus, es ist eine Gemeinschaftswohnung für Verrückte, und nichts anderes.

Was? Womit es angefangen hat? Mit einer Lappalie hat es angefangen. Eines schönen Abends ißt er Erbsensuppe, und auf einmal fischt er – stellen Sie sich vor! – ein langes Haar aus dem Teller. Ein ganz gewöhnliches Haar, nichts weiter. Er fragt seine Ninotschka ziemlich ruhig, woher das Haar käme. Die wird feuerrot und sagt, auch ziemlich ruhig:

»Das war die Krowatkina«, sagt sie, »die legt uns statt Fleisch ihre ausgekämmten Zotteln in den Suppentopf.«

Das Haar war übrigens grau. Grau, Sergej Sergejewitsch . . .

Psst! . . . Ja, was ich Sie fragen wollte: Haben Sie vielleicht »Der letzte Mohikaner« von Cooper? Ein interessantes Buch.

Ja! »Der letzte Mohikaner.« Handelt von den südamerikanischen Indianern. So, so, Sie haben es nicht. Was für ein Wetter! Wie das gießt! ...
Jetzt ist sie weg ... Das war sie, die Krowatkina. Eine richtige Hexe! Sie horcht an der Tür, worüber wir sprechen. Ich merke es doch, ich weiß es! Wenn ich's Ihnen doch sage! Ich habe ein Gefühl für so etwas, ich bin ja nicht von gestern! Was die dort draußen treiben, das merke ich, ohne hinzuschauen, auf zehn Meter!
Ich bitte Sie! Was heißt hier Mätzchen? Das sind keine Mätzchen! Sie glauben es nicht? Na, ich kann's Ihnen ja beweisen. Ich stelle mich jetzt mit dem Rücken zu Ihnen, ich kann nichts sehen, aber ich werde trotzdem alles erraten. Jede Bewegung, die Sie machen.
O-o-och! Meine Beine sind so steif, als gehörten sie nicht mir.
Jetzt! Fangen Sie an!
So, so! Eben bohren Sie in der Nase. Mit dem kleinen Finger. Jetzt nicht mehr. Sie fassen sich ans linke Ohr, Sie schieben die Unterlippe vor. Na, habe ich richtig geraten? He-he! Was für eine Pantomime er hinter mir aufgeführt hat! Er denkt, ich merke es nicht. Sie haben die Zunge herausgestreckt und Fratzen geschnitten ... Sie verdrehen ja die Augen, Sergej Sergejewitsch. Sie sind betrunken. Das Zeug da hat Sie umgeworfen.
Na, für heute reicht's. Ich kann's noch nicht so gut. Noch ein Kognak, und dann ins Bett. Es ist schon spät. Was sollen denn die Nachbarn denken?
Nein, nein! Ich erzähle es Ihnen ein andermal zu Ende. Die Krowatkina hat mich aus dem Konzept gebracht, sie hat mir die ganze Stimmung verdorben. Zum Abschied mache ich Ihnen noch ein Kunststück vor, das ist besser. Soll ich? Ich werde aus Ihrem Zimmer verschwinden, ohne mich dabei von der Stelle zu rühren. Ich verflüchtige mich einfach. Eins, zwei, drei! Da war ich – und jetzt bin ich weg!
Gute Nacht, Sergej Sergejewitsch!

2

... Ja, und bald waren nur die Nixen übriggeblieben. Aber auch die ... Sie wissen's ja selbst: die Industrialisierung der natürlichen Reichtümer, freie Bahn der Technik! Bäche, Flüsse und Seen stinken nach Chemikalien. Methylhydrat, Toluol. Die Fische krepieren einfach und schwimmen mit dem Bauch nach oben im Wasser. Aber die Nixen, die tauchen auf und schütteln sich vor Ekel und weinen vor Kummer und Enttäuschung – ich hab's mit eigenen Augen gesehen. Ihre üppigen Brüste sind mit Flechten und Ekzemen übersät, als hätten sie Syphilis – entschuldigen Sie den Ausdruck.
Aber wo sollten sie denn hin? Na, sie fackelten nicht lange und gingen dorthin, wohin die Waldschrate und die Hexen gegangen waren – in die Stadt, in die Hauptstadt. Durch den Moskau-Wolga-Kanal, mitten durch die Schleusen, ins Wasserversorgungsnetz, wo das Wasser ein bißchen sauberer ist. Leb wohl, teure Heimat!
Wie viele Nixen sind hier umgekommen! Eine Unmenge! Natürlich nicht alle. Sie sind ja unsterbliche Geschöpfe. Die Dicken sind in den Leitungsrohren steckengeblieben. Sie haben sie wahrscheinlich auch schon gehört, Sergej Sergejewitsch. Wenn man in der Küche den Wasserhahn aufdreht, hört man es auf einmal glucksen und fluchen, und man denkt: Nanu, was ist denn das? Das ist eine Nixe. Sie ist im Waschbecken steckengeblieben und prustet und niest.
In unserer Wohnung haust übrigens auch eine ehemalige Nixe. Laut Paß heißt sie Sofja Franzewna Winter. Natürlich kennen Sie die! Sie läuft in einem Barchentmorgenrock herum und planscht von morgens bis abends im Wasser. Drei Stunden hintereinander treibt sie sich im Badezimmer herum, und die anderen Mieter können sich dann nirgends waschen, oder sie setzt sich in ihre Waschschüssel und singt die »Lorelei«. Auf deutsch.

Ich weiß nicht, was soll es bedeuten,
daß ich so traurig bin ...

Das ist von Heinrich Heine. Gestern sage ich zu ihr: »Sofja, genierst du dich denn gar nicht vor dem neuen Mieter? Er ist doch Schriftsteller. Du läufst über den Korridor und hast nichts an außer einem Morgenrock ohne Knöpfe und ohne Gürtel, und bei jeder Bewegung entblätterst du dich einen halben Meter weit.«

Aber das schamlose Frauenzimmer hat nur gegrinst. »Ihr Schriftsteller«, sagt sie, »hat mir ›Weißen Flieder‹ geschenkt, das ist ein Parfüm. Ich habe mich gleich auf den ersten Blick mit ihm verstanden.«

Passen Sie auf, Sergej Sergejewitsch! Machen Sie der um Gottes willen nicht den Hof! Sie kitzelt Sie zu Tode. Und was die Hauptsache betrifft – so sage ich Ihnen: sie hat Fischblut, und alles andere ist auch wie bei einem Fisch. Nur das Äußere ist wie bei einer Frau, um die Männer anzulocken ...

Jetzt lachen Sie wieder und glauben mir kein Wort. Sie sind zwar Schriftsteller, aber Sie haben keine Spur von Beobachtungsgabe. Was können Sie zum Beispiel von Antschutker sagen? Ihr Nachbar, Antschutker. Da wohnt er, hinter dieser Wand. Was könne Sie von ihm sagen? Nichts Besonderes, ein Bürger wie alle anderen. Höchstens, daß er Jude ist – Moissej Jecheljewitsch. Was denn! Karl Marx ist ja auch einer gewesen!

Aber wenn man ihn ein bißchen genauer betrachtet ... Was für eine Mähne! Haben Sie je in Ihrem Leben so eine Wolle an einem Mann gesehen? Und seine Gesichtsfarbe! Wo finden Sie denn einen Menschen mit so bläulicher Haut? Außerdem hat er einen finsteren Blick und Stiefelgröße siebenundvierzig, und dazu noch verkehrt angezogen: den rechten hat er am linken Fuß und den linken am rechten. So läuft er immer herum, dieser unbeleckte Bär, daheim und auch im Ministerium.

Und wissen Sie, was für eine Art Literatur er liest? »Der Wald rauscht« von Korolenko und den neuen Roman von Leonid Leonow »Der russische Wald«. Ein guter Roman, das gebe ich zu. Aber warum, frage ich Sie, warum liest dieser verdammte Antschutker gerade solche Sachen? Und warum arbeitet er ausgerechnet bei der Forstverwaltung? Er zählt Birken und Tannen mit dem Rechenschieber und rechnet sie in Kubikmeter um ... Und er heißt gar nicht Antschutker, sondern Antschutka! Merken Sie jetzt was? Ja, ja, er ist ein Waldschrat!

Nein, Sergej Sergejewitsch, unter unseren Mietern gibt es keine einzige lebendige Menschenseele. Obwohl sie alle mit mir verwandt sind. Sozusagen aus demselben Dorf. Aber was hat das schon zu bedeuten? Ich lege Wert auf meinen guten Ruf. Ungebildete Weiber, die nicht richtig lesen und schreiben können, sagen, ich, der Hausgeist, sei dasselbe wie ein Waldschrat. Irrtum, mein Lieber! Ein völlig anderer Beruf! In dieser Frage darf man die prinzipiellen Unterschiede auf keinen Fall übersehen. Der Hausgeist ist ans Haus gewöhnt, an den Geruch der Menschen, an Wärme, und zwar seit Urzeiten. Er hat nicht das geringste mit Teufeln und Hexen zu tun. Sie denken vielleicht, wir hätten alle dieselbe Natur. Sagen Sie das nicht, Sergej Sergejewitsch! In der Natur gibt es ja alles mögliche. Der Mensch zum Beispiel stammt vom Affen ab, aber dann hat er sich zu einer eigenen Spezies entwickelt. Mit den Affen hat er nur noch in Afrika oder im Zoo etwas zu tun. Wie kann denn ich – ich! – ein alter Mann, wie man so sagt, in einer Kommune leben?!

Als Nikolaj Nikolajewitsch und Ninotschka hier eingezogen sind, habe ich ihnen gleich gesagt: »Kolja!« sage ich, »Ninotschka! Haltet die Ohren steif, laßt euch nicht provozieren. Haltet euch aus allem heraus. Und ich werde mich auf meine alten Tage ein bißchen bei euch wärmen.«

»Nein!« sagt Ninotschka. »Wer mit den Wölfen haust, der muß auch mit den Wölfen heulen. Ich werde der Krowatkina die Geschichte mit der Erbsensuppe nie vergessen. Sie klaut uns das Fleisch aus dem Topf, und wir sollen dann ihre Haare essen? Außerdem sind sie ganz schmutzig und grau. Da kann man sich ja noch eine ansteckende Krankheit holen!«

Und ihr Nikolaschka mußte Vorhängeschlösser an den

Kochtöpfen anbringen, damit man sie absperren konnte, wenn das Essen ohne Aufsicht auf dem Herd stand. Ninotschka schlich dann auf Zehenspitzen in die Küche, schloß schnell den Kochtopf auf, tat Fett hinein und machte ihn wieder zu.

Aber das hat gar nichts geholfen, die Schweinereien hörten nicht auf. Ninotschka stellt zum Beispiel ein Huhn auf den Herd und hängt das Schloß vor. Und wie sie es aufschließt, schwimmt eine krepierte Katze in der Hühnerbrühe. Nicht einmal abgezogen, mit Fell und Schwanz.

Ninotschka war außer sich. Sie zog eine andere Nachbarin namens Awdotja Basjutkina auf ihre Seite, und die zwei bildeten eine Allianz. Die Awdotja und die Krowatkina hatten nämlich Krach miteinander, sie wollten sich den Antschutker nicht teilen. Beide hatten Kinder von Antschutker, richtige kleine Waldschrate, sage ich Ihnen. Na, die zwei Hexen rauften also um den alten Waldschrat.

Stellen Sie sich folgendes Bild vor: die Küche, dicke Rauchwolken. Und in diesem Qualm schlagen sich die zwei Hexen herum, packen einander an den Zottelköpfen, spucken sich aus nächster Nähe ins Gesicht und geben höchst unanständige Ausdrücke von sich:

»Hexe! Hure!«

»Du bist selber eine Hexe! Wohin bist du denn heute nacht auf der Klosettschüssel geflogen?«

Und zwischen ihren Beinen wimmeln ihre blaubäuchigen Kinder herum und beißen die Gegenseite in die Waden. Sie waren noch klein, aber sie hatten schon scharfe Zähne und Krallen.

Und Ninotschka war auch dabei – stellen Sie sich vor! Ihre Haare waren ganz zerzaust, ihre Augen glühten wie die Birne einer Taschenlampe. In der Hand hatte sie ein Nudelholz, und durch das zerrissene Hemd sah man, wie ihre dürren Rippen zitterten.

Als ich dieses Bild sah, mußte ich weinen. Wie sollte ich alter Mann mit diesen drei wild gewordenen Weibern fertig werden? Ich laufe um sie herum und bitte und flehe, sie sollten aufhören. »Marsch!« schreie ich. »Marsch in eure Ecken! Sonst hole ich die Polizei!« Aber die hörten gar nicht zu. Ein Geschrei, Getrampel und Pfannengeklirr, daß man es in der ganzen Wohnung vernahm. Und im Badezimmer sitzt die Nixe Sofja und lacht hysterisch ...

Abends sage ich zu Nikolaj: »Hör mal, du mußt deine Ninotschka zur Vernunft bringen. Das nimmt kein gutes Ende, du wirst's schon sehen. Zieh ihr die Trikothöschen herunter und leg sie übers Knie, damit sie sich nicht mehr in fremde Bataillen einmischt.«

Aber nein! Er war sogar noch beleidigt. »Ich gehe bis zum Obersten Sowjet«, sagt er, »das lasse ich mir nicht bieten! Die Krowatkina muß vor Gericht. Sie ist eine Faschistin. Sie beleidigt meine Frau mit Worten und Taten. Und Ninotschka hat ihr ganzes junges Leben noch keiner Fliege etwas zuleide getan ...«

Kolja, der Trottel, liebte sie eben, er liebte sie besinnungslos. Ja, und dann ...

Sergej Sergejewitsch, sitzen Sie ganz still! Hinter dem Bett läuft eine Ratte, sehen Sie's? Ziehen Sie ganz leise den Schuh aus und schlagen Sie drauf. Aber hauen Sie nicht daneben, sonst rennt sie weg. Da! Gleich kommt sie wieder heraus. Los! Drauf! Auf den Kopf! Drrrauf!

Ach, danebengetroffen! Drauf, Serjoscha! Hau sie! Nimm die Flasche! Die Flasche! ...

So ein ungeschickter Mensch! Ich habe dir doch gesagt – nimm die Flasche! Mir zittern die Knie. Ich bin fertig mit den Nerven ...

Sergej Sergejewitsch, wissen Sie, wer das war? Das war Ninotschka. Sie sehnt sich nach ihrem Nikolaschka. Deswegen kommt sie immer wieder hierher, unsere Ninotschka ...

3

Erschrecken Sie nicht, daß ich hereinkomme, ohne anzuklopfen. Eilige Sache. Ein Unglück, Sergej Sergejewitsch, ein großes Unglück! Die Krowatkina hat gerochen, was wir vorhaben, und hat Antschutker alles erzählt. Was sollen wir jetzt machen? Was?!

Hören Sie, ich darf mich nicht in Ihrem Zimmer aufhalten, schon gar nicht in menschlicher Gestalt. Die anderen Mieter könnten etwas merken. Deshalb bin ich durch eine Ritze hereingekommen, unter der Tür durchgekrochen. Und das in meinem Alter ...

Einen Augenblick! Ich will mich schnell ein bißchen maskieren, dann können wir miteinander reden. Haben Sie irgendeinen passenden Gegenstand hier? ... Ah! Ich verwandle mich in ein Glas. Und Sie setzen sich an den Tisch und tun, als wollten Sie trinken. Und wenn jemand kommt ... Na, Sie führen einfach Selbstgespräche. Laß sie ruhig denken, Sie seien betrunken, das ist am ungefährlichsten.

Kommen Sie doch her, ich stehe schon auf dem Tisch. Sehen Sie, vorher hatten Sie drei Gläser, jetzt sind es vier. Nein, nicht das da! Sie merken aber auch gar nichts, wirklich. Hier bin ich, hier! Neben dem Teller.

Au, au! Fassen Sie mich nicht an! Sie lassen mich noch auf den Boden fallen und zerschlagen mich. Mir tun auch so schon die Knochen weh.

Sergej Sergejewitsch, nehmen Sie Ihre Gedanken zusammen und hören Sie gut zu. Wir sitzen in der Klemme, wir sind entdeckt. Die Untersuchung ist schon eingeleitet. Antschutker grüßt mich seit gestern nicht mehr. Ich weiß, daß sie mich unschädlich machen wollen. Weil ich ihre Geheimnisse weitererzählt habe. Morgen um Mitternacht tritt der Große Rat in der Küche zusammen. Das wäre alles nicht so schlimm, aber Schestopalow ist unzufrieden mit mir. »Wir haben ihm vertraut«, sagt er, »aber er hat periodisch Bekanntschaften mit fremden Elementen. Die Sache mit den jungen Frauen, sagt er, haben wir ihm verziehen, aber jetzt hat er schon wieder eine unpassende Freundschaft angefangen. Und sein neuer Freund, der Schriftsteller, schreibt alles sofort auf, was ihm der Alte erzählt. Das kann Scherereien geben. Man muß den alten Schwätzer bestrafen, damit auch den anderen die Lust am Schwatzen vergeht. Mit dem Schriftsteller beschäftigen wir uns noch gesondert. Er ist zum Glück ein Säufer und wird bald richtige Teufel sehen.«

Ist Ihnen klar, was das bedeutet, Sergej Sergejewitsch? Sie wollen mich von Ihnen trennen. Den letzten Menschen wollen sie mir nehmen, mich aus Haus und Heim vertreiben. Sie wollen mich unter die Erde bringen, in Feuchtigkeit und Kälte, zu den Mikroorganismen. Oder sie werden mich mit dem Kopf nach unten ins Kanalisationssystem stopfen. Und dann bin ich gezwungen, bis ans Ende der Welt dort zu zirkulieren. Wie der ewige Jude Ahasver. Haben Sie den gleichnamigen Roman von Eugène Sue gelesen? Ja, ja, genauso. Von einem Klosett ins andere.

Und Sie werden auch vor die Hunde gehen, Sergej Sergejewitsch. Sie werden unter Gespenstern und Vampiren hausen, unter scheußlichen Teufelsfratzen. Vor lauter Entsetzen werden Sie noch mehr trinken als vorher. Und je mehr Sie trinken, desto größer wird Ihre Angst. Bis Sie dann überschnappen, wie der arme Nikolaj Nikolajewitsch.

Wir müssen fliehen. Ich habe alles vorbereitet. Morgen nacht, um halb zwölf, werde ich bei Ihnen erscheinen. Kurz bevor der Hexensabbat beginnt, kurz bevor sich der Große Rat in der Küche versammelt. Halten Sie sich bereit. Ich weiß, daß Gäste kommen. Antschutker und die beiden Hexen werden große Toilette machen und das Essen kochen. Aus Aas und faulen Eiern. Und in diesem Trubel können sie uns nicht so scharf kontrollieren. Dann stecken Sie mich in die Rocktasche, Sergej Sergejewitsch – ich werde mich schon bemühen, daß ich irgendwo hineinpasse –, ziehen den Mantel drüber, damit ich nicht vom Wind durchgeblasen werde, und gehen schnell auf die Straße. Als ob Sie etwas getrunken hätten

und ein bißchen spazierengehen und frische Luft schöpfen wollten.
Fürs erste behelfen wir uns mit einem Hotelzimmer. Dann besorgen wir uns ein Haus oder eine Wohnung. Ohne Mieter, ohne Nachbarn. Dann sind wir unsere eigenen Herren, und kein Mensch hat uns etwas zu sagen, weder Gott noch der Zar noch sonstwer.
Für alle Fälle können wir ja prophylaktisch eine Ikone an die Wand hängen. Das braucht Sie wirklich nicht zu beunruhigen: ich bin daran gewöhnt, ich bin ja auf dem Land groß geworden. Diese Vorurteile sind im Volk noch sehr verbreitet.
Sie wollen keine Ikone, das ist gegen Ihre Überzeugung? – Eine einfache Reproduktion tut es auch. Wir schneiden irgendeinen Raffael mit dem Jesuskind aus der »Weltgeschichte« aus und kleben das Bild an die Wand, an einer Stelle, wo man es gut sieht. Das ist eine sehr gute Hilfe gegen unreine Geister und gegen den bösen Blick. Und durchaus anständig und fortschrittlich. Immerhin Kunst! Dagegen kann keiner etwas sagen.
Wir zwei müssen zusammenhalten, Sergej Sergejewitsch, das ist die Hauptsache. Ohne Ihre Hilfe, ohne die Hilfe eines Menschen komme ich hier nicht heraus. Im Inneren eines Gebäudes kann ich spazierengehen, so viel ich will. Sogar die Wände hinauf oder an der Stubendecke, wenn es mir Spaß macht. Aber ich kann keinen Fuß über die Schwelle setzen, meine Physiologie erlaubt das nicht.
Und auch Sie sind ohne mich verloren – ich sage das ohne falsche Bescheidenheit. Wenn Sie mit mir zusammenbleiben, werden Sie weltberühmt. Wie Charles Dickens und Mine-Reed. Ich weiß es doch, ich kenne Sie doch! Ich brauche nur hereinzukommen – und schon greifen Sie zur Feder. Sogar dann, wenn Sie etwas getrunken haben und nicht mehr in vollem Besitz der Sprache sind . . .
Was sind denn unsere Unterhaltungen? Überhaupt nichts! Ich kann Ihnen eine Unmenge Geschichten erzählen, ein gan-

zes Dekamerone. Und lauter persönliche Erlebnisse. Man könnte eine Ausgabe in fünf Bänden zusammenstellen, mit Illustrationen. Sie und ich, Sergej Sergejewitsch, wir werden die Brüder Grimm glatt in die Tasche stecken.

Oi-oi-oi! Was machen Sie denn da? Warum gießen Sie Kognak in mich hinein? Ich ersticke, ich ersticke! Spülen Sie mich sofort aus . . .

Ach, haben Sie mich erschreckt, Sergej Sergejewitsch! Merken Sie sich: Morgen gibt es nichts! Keinen Tropfen! Seien Sie vorsichtig. In Wort und Tat. Halten Sie sich bitte zurück, machen Sie keine scharfen Bemerkungen und keine Anspielungen. Sie wissen doch, was dann passiert. Haben Sie gestern Ninotschka gesehen? Nun ja, Ninotschka in Rattengestalt. Sie bleibt jetzt so . . . sie wird nie mehr zum Menschen . . .

Ja, Kolja hatte lange Geduld, aber auf einmal sagte er: »Der Waldschrat soll dich holen, Ninotschka! Ich habe diese Skandale satt.«

Und kaum hatte er diese unseligen Worte ausgesprochen, da kam Antschutker herein. Angeblich, um sich eine Zigarette zu borgen. Und er schaut Ninotschka an, und Ninotschka schaut ihn an, und die beiden gefielen einander sehr gut.

Ninotschka war damals schon nicht mehr wie früher. Ihre Haare hatten sich gelichtet, ihre Augen waren eingesunken, aber ihr Bauch, der war ganz aufgedunsen. Vor innerer Bosheit. Und ihr Hintern, wissen Sie, war auch viel dicker geworden. Mit einem Wort, sie gefiel Antschutker, und es ging los – Rendezvous, zärtliche Balgereien und so weiter. Sie wurde eine richtige Hexe und lernte sogar auf der Klosettschüssel fliegen. Wie ein Raketenmotor. Mit Hilfe von Darmgasen.

Und als Nikolaj Nikolajewitsch ins Irrenhaus geschafft wurde, ließ ihr Liebhaber sie sitzen. In schwangerem Zustand. Und damit er keine Alimente zu zahlen brauchte, verwandelte er sie in ein stummes Geschöpf. Sie hat dann später in ihrem Loch junge Ratten geworfen, sieben Stück.

Sie ist ja zu bedauern. Aber ich persönlich sehe in diesem

Faktum eine echte Allegorie. Sie hat die Pfeiler der Moral untergraben, deswegen geschieht es ihr ganz recht, und es tut mir sogar leid, daß Sie ihr nicht den Schuh auf den Kopf gehaut haben, Sergej Sergejewitsch. Das wäre direkt nützlich gewesen und außerdem eine gerechte Vergeltung. Für Nikolaschka. Wie in »Anna Karenina«. Er war wirklich ein guter Mensch.
Ich habe viel zu lange mit Ihnen geschwatzt. Schestopalow hat recht, wenn er sagt, ich sei ein Schwätzer. Aber das ist leicht gesagt! Ich bin von den Wohnungen der Menschen abgeschnitten, ich habe niemanden, mit dem ich ein Wort reden kann. Man schweigt und schweigt, tagelang, nächtelang, und schlurft in seinen Filzstiefeln einsam übers Parkett.
Na schön. Wenn man nur von hier wegkäme! Ich weiß so tolle Geschichten von Schestopalow, daß Sie vor Lachen sterben würden.
Abgemacht! Also bis morgen. Geben Sie mir Ihr Wort? Na, na ...
Ich werde mich entfernen, wie ich gekommen bin – unmerklich. Machen Sie sich keine Gedanken. Niemand hat uns gesehen, niemand hat uns gehört. Alle Spuren sind verwischt.

4

He!
Sergej Sergejewitsch!
Es ist Zeit.
Höchste Zeit!
Wo sind Sie denn? Wo stecken Sie denn?
Weggegangen? Ohne mich weggegangen! Er hat mich sitzengelassen, einen obdachlosen alten Mann sitzengelassen ...
Was ist denn das? Was ist denn das? Er liegt auf dem Fußboden. Ist er vielleicht tot? Sergej Sergejewitsch, mein Lieber ... Sein Herz schlägt, er blinzelt. Wachen Sie auf! Wir müssen fliehen. Die Zeit ist reif. Eben haben sie telepho-

niert – sie erwarten Schestopalow. Jeden Augenblick. Sie haben keine Zeit, sich um uns zu kümmern.

Was soll denn das, Sergej Sergejewitsch? ... Ich dachte schon ... Schämen Sie sich! Sie haben mir doch Ihr Wort gegeben ... aber Sie haben es wohl nicht ohne Schnaps aushalten können ...

In dieser Verfassung können Sie doch nicht auf die Straße gehen, die Polizei nimmt Sie sofort mit auf die Wache.

Na, egal – stehen Sie auf! Wir haben noch fünf Minuten zur Verfügung. Aufstehen, sage ich!

Wie bitte, Sie haben nicht die Kraft dazu? Ihre Beine sind wie gelähmt? Machen Sie keinen Unsinn!

Kommen Sie, mein Lieber, wir probieren es einmal. Strengen Sie sich ein bißchen an, halten Sie sich an meinem Hals fest. Auf! Noch einmal! Wie schwer der ist! Steh, steh! Nicht umfallen! ...

Pssst! Bist du übergeschnappt?! So ein Krach! Das hört man in der ganzen Wohnung. Die werden uns gleich abholen. Und wo soll ich dann hin?

Was brummst du da? Ich pfeife auf deine Entschuldigungen. Hörst du, hörst du? ... Die Krowatkina horcht an der Tür. Wir sind verloren. Die ruft jetzt Antschutker. Und Schestopalow ...

Sergej Sergejewitsch! Mein Lieber! Hilf mir! ... Steh auf oder knie wenigstens hin. Komm, ich helfe dir. Sooo ... Und jetzt mußt du beten. Ich halte dich an den Schultern fest. Bete! Bete, sag ich dir, du verdammter Saufsack!

Was, du hast es vergessen? ... Woher soll ich es denn wissen? Du mußt es wissen! Du bist ein Mensch, ich bin keiner. Also mußt du die Sache in die Hand nehmen. Ich kann es nicht, ich darf es nicht.

Wie, Sergej Sergejewitsch? Du lebst mit Teufeln zusammen, du schreibst Erzählungen von Teufeln und hast nicht beten gelernt?!

Gut, dann bete meinetwegen im Liegen. Dreh dich auf den Rücken. Begreif doch endlich – das ist das letzte Mittel ...

Leg drei Finger zusammen. So. Zuerst an die Stirn, und jetzt hierhin ... Verstell dich nicht! Ob du schnarchst oder nicht – mir machst du nichts vor. Du weißt genau, was du tun sollst ... Bist du vielleicht der Teufel in Person oder was sonst? Wer kommt denn da?! Ah, Ninotschka! Guten Tag, Ninotschka ... Du brauchst dich nicht zu fürchten, ich tu dir nichts. Jetzt ist mir alles egal ...
Da! Sieh ihn dir nur an! Dein zukünftiger Gatte. Der dritte. Ihr könnt euch in einem Rattenloch ansiedeln ...
Du kannst ihn ruhig beschnuppern. Leck ihm nur die Augen. Er hat nichts dagegen ... Er will jetzt nichts von dir wissen, ihm ist hundeelend, das Zimmer dreht sich vor seinen Augen. Und er sieht schon Gespenster – kleine Teufel und Ratten.
Da haben wir's! Das sind sie – die ganze Horde! Sie stapfen durch den Korridor. Gleich kommen sie herein und holen mich ab. Und dich auch, Sergej Sergejewitsch. Und dich auch.

NIKOLAJ JEWDOKIMOW

Mein Sohn Stjopka

Es kommt nicht oft vor, doch in den letzten Jahren geschieht es häufiger, daß ich im Morgengrauen erwache und durch die leeren Straßen Moskaus wandere.

Es ist schon hell, aber die Laternen brennen noch. Der Tau liegt wie ein Schleier über der Stadt – auf Häuserfassaden, Mauervorsprüngen, eisernen Parkgittern und auf den bronzenen Schultern der Denkmäler.

Die eigentlichen Herren des Moskauer Morgens sind die Vögel. Wie im Walde schallen ihre Stimmen. Auf dem Roten Platz stolziert gurrend ein Täuberich.

Im fahlen Morgenlicht sieht der Platz vor der Wassilij-Blashennij-Kathedrale wie eine Wiese aus. Zwischen den Pflastersteinen wachsen Gräser. Am Tage werden sie von den Rädern der Fahrzeuge niedergewalzt, aber zu dieser Stunde sind sie vom Tau überzogen, und nur der Täuberich spreizt sich selbstbewußt zwischen ihnen. Der Wind bläst seine Flügelfedern auseinander. Blumenduft weht herbei, und in der Stille summen schon die Bienen.

Und dann schleichen die ersten Straßenbahnen und Trolleybusse durch die Straßen. Sie sind noch schläfrig und ziehen müde rumpelnd ihren Weg. Zur gleichen Zeit bohrt sich der erste Sonnenstrahl in die Kuppel der Wassilij-Blashennij-Kathedrale. Die Glocken fangen langsam und betäubend zu läuten an. Der Fluß erwacht und wendet der Sonne seine nachtkühle Haut zu. Auf dem Wasser spiegelt sich eine hoch segelnde Wolke, und der schwere Schatten einer Brücke zeichnet sich dunkel ab.

Ich gehe den Fluß entlang, auf dem Asphalt trocknet der Tau, Dunst steigt von den Bäumen auf. Ein Haus wird gebaut. Hoch oben auf der Mauer steht ein kräftiger Bursche. Das ist Stjopka, mein Sohn. Er legt Ziegelstein auf Ziegelstein. Auf

jeden klopft er vorsichtig mit seiner Kelle. Sogleich klopft es von allen Seiten, antworten die gleichen Laute und schwingen sich wie Tauben über das erwachte Moskau.
Es ist Stjopka, mein Sohn, der Moskau aufgeweckt hat.

Am Abend stehe ich am Fenster und warte auf Stjopka. Im Haus gegenüber sitzt auf dem Fensterbrett ein Mädchen und blickt traurig auf die Straße. Ich weiß viel von ihr – und auch wieder fast gar nichts. Ich weiß, daß sie gerne lacht, und ihr Lachen ist mir so vertraut, weil es mich an das Lachen von Stjopkas Mutter erinnert. Aber warum setzt sie sich jeden Abend aufs Fensterbrett und blickt hinunter, als ob sie auf jemanden warte?
Und warum wird ihr sonst heiteres Gesicht dann immer traurig? Ich weiß, sie wartet auf ihn – aber er kommt und kommt nicht ... Sie wartet auf Stjopka. Auch ich warte. Doch ich weiß ein Geheimnis, Stjopka wird früher kommen – nur sie weiß es noch nicht.
Ich schließe die Augen – nun höre ich seine festen Schritte auf der leeren Straße, höre, wie er ihr mit seiner tiefen Stimme zuruft. Und schon klappern ihre Absätze auf dem Asphalt, sie läuft auf ihn zu und lacht, wie nur sie allein lachen kann. Sie und – die andere ...
Stjopka wird bald zwanzig sein. Auch ich war zwanzig, als ich der anderen, seiner Mutter, begegnete.

Am Seliger-See gibt es ein Dorf. Es gibt viele Dörfer dort, aber ich möchte mich an ihre Namen nicht erinnern, ich fürchte, sonst den einen zu vergessen – Pustoschka.
Als wir damals dorthin kamen, gab es nur leere Häuser, die Bewohner waren weit fortgezogen, bis nach Ostaschkow, und ihre Habseligkeiten hatten sie mitgenommen.
Und später standen auch keine Häuser mehr da – es gab nur noch niedergebrannte Stätten, um die Tag und Nacht gekämpft wurde. Einen Tag ... zwei Tage ... einen Monat ... Aber dann trat eine lange Stille ein. Wir waren in die Erde

vergraben, in sie hineingewachsen, wurden zu Erdgeistern, wir lernten den Geruch und Geschmack der Erde kennen, ihre Wärme und Geborgenheit.
Rings um unsere Erdbunker wuchs Gras. Wir hüteten uns, darauf zu treten. Zum Unterstand gingen wir auf einem schmalen Pfad und hüteten uns, einen lebenden Halm zu knicken. Gräser, welkende Herbstblätter, die tauschweren Büsche und starkduftenden Blumen wurden zu lebendigen Wesen für uns.
Unsere Unterstände hatten wir im Wald hinter dem Dorf ausgehoben. Doch bald lichtete sich der Wald. Granaten rasierten die Baumkronen ab, sie lagen neben den Stämmen auf der Erde. Auch das Gras lichtete sich.
Jeden Tag zur gleichen Stunde, am Morgen und am Abend, schlugen die Geschosse der feindlichen Granatwerfer in die geduldige Erde um unsern Bunker ein. Sie wurde umgepflügt, die Erde, und wir wichen noch vorsichtiger den unversehrt gebliebenen Halmen und den von Splittern kahlgeschlagenen Büschen aus. Mit uns im engen Bunker hauste eine Maus. Auch ihr gab die Erde Obdach. Die Maus war mutig – und doch bescheiden. Sie stahl kein Brot und war nicht neugierig auf den Inhalt der Konservendosen. Sie hatte sich angewöhnt, in einer Ecke zu sitzen und wie ein kluger Hund auf Almosen zu warten.

Wir waren sieben Menschen im Bunker. Jede Nacht schlichen wir uns durch den verminten Streifen Niemandsland zu den Stellungen des Feindes hinüber. Als Spähtrupp bekamen wir fünfzig Gramm Wodka mehr als die übrigen Soldaten. Zuweilen erhielten wir sogar Schokolade.
Jede Nacht krochen wir an die deutschen Stellungen heran in der Hoffnung, einen Deutschen zu schnappen. Wir hätten auf die fünfzig Gramm Wodka und die Schokolade gerne verzichtet und beides für einen Minensucher eingetauscht – dann hätten wir eher einen deutschen Soldaten erwischen können. So kam es nie zu einem Gefangenen, wohl aber

schleppten wir im blutgetränkten Mantel einen unserer Kameraden zurück.

Doch in der nächsten Nacht gingen wir wieder hinüber. Wenn wir nur einen Minensucher gehabt hätten! Aber wir hatten keinen, denn es war das schwere Jahr 1941.

Wir fällten einen jungen Baum und schlugen die Äste vom Stamm. Die lange, glitschige Stange mußte uns den Minensucher ersetzen. Wir durchstocherten das Gelände vor uns und hofften, eine Mine unschädlich machen und den Tod betrügen zu können. Die Stange holperte über den Boden, es knarrte wie Panzerketten, donnerte in der nächtlichen Stille wie Kanonenschläge. Der aufgeschreckte Feind schickte gelbe Leuchtkugeln in den Himmel. Und nicht wir, nur unsere Schatten erreichten die feindlichen Stellungen. Ein Maschinengewehr begann zu bellen. Die roten Bahnen der Leuchtgeschosse rasten durcheinander, und wir krochen, krochen mit zusammengepreßten Lippen nach vorne ...

Die roten Leuchtspurgarben flogen direkt auf uns zu, und wir krochen weiter. Wir wären wahrscheinlich als Tote noch weitergekrochen, aber der Sergeant befahl, umzukehren ...

Wieder schleppten wir einen von uns im blutgetränkten Mantel mit. Neben unseren Stellungen erwartete uns die Sanitäterin Anka. Ihre Hände waren weich und zärtlich wie das Gras. Sie kannte viele gute Worte, einfache, geheimnisvoll beruhigende Worte:

»Gedulde dich, mein Lieber!«

Später durchflogen diese Worte wie Lieder alle Lazarette an den Fronten. Ich war zwanzig Jahre alt, und ich kannte keine anderen Frauenhände als die alten, abgearbeiteten Hände meiner Mutter. Und seltsam – Ankas Hände rochen wie die Hände meiner Mutter.

Sie war noch ein Mädchen, erst neunzehn Jahre alt, doch ihre Hände, die Qual und Tod kannten, waren älter, wissender als sie selbst.

Im Krieg fliegt die Zeit schnell wie eine Kugel dahin – und schleppt sich auch wieder langsam weiter wie der Koch mit der Schindmähre der Kompanieküche.

Wir liebten uns, die Sanitäterin und ich. Die Liebe war kurz, hastig, doch zugleich auch lang – und hat nie aufgehört. Die Jahre sind vergangen, aber wir sind zusammen, immer noch ... Ich war zwanzig und glaubte unverwundbar zu sein. Meine Kameraden kamen ums Leben. Doch ich wußte: Mich kann, darf man nicht töten, weil ich zwanzig bin und bei unseren Stellungen Anka auf mich wartet!

Und immer kehrte ich zu ihr zurück. Ging nicht in den Bunker schlafen – ich wanderte mit Anka durch die blaue Finsternis. Wir gingen weit, bis hinüber nach Pustoschka, wo Tag und Nacht die ausgebrannten Stätten knisterten und aufflammten wie Friedhofslichter. Der Horizont stand in Flammen, unheilvoll und doch wunderschön. Dahinter zermalmten die Mühlsteine des Krieges jegliches menschliche Leben.

Über den dunklen Wolken zeichneten die Geschosse ihre weithin sichtbaren Bahnen, wir hörten ihr zischendes Pfeifen. Hier in Pustoschka, im Schein der Brandstätten, küßte ich Anka zum erstenmal. Ihre Wangen, ihre Lippen waren wie Moos, wie Flaum. Es war ein Wunder für mich, und auch für Anka war es eines, als wir uns küßten.

Tage vergingen, Wochen vergingen ...

Alle wußten jetzt von unserer Liebe und schonten uns wie die Reste des Grases um den Bunker. Was in Anka vorging, konnte ich nicht begreifen.

Ihre Augen leuchteten sogar in der Dunkelheit, und die Kameraden scherzten, daß man eigentlich über diese Augen Tarnklappen hängen müßte, damit sie nicht die feindlichen Flugzeuge anlockten.

Anka schritt jetzt sehr vorsichtig dahin, mit gesenktem Kopf, als ob sie in einem Bach von Stein zu Stein ginge oder als lauschte sie auf irgend etwas.

Es war an einem hellen Tage in Pustoschka. Wir gingen

schweigend, uns an den Händen haltend, und lächelten beide über etwas Unbestimmtes. Wir lächelten, weil wir glücklich waren. Hinter Pustoschka schlug eine Granate ein. Zu einer völlig ungewohnten Stunde nahmen die Deutschen das Dorf unter Feuer. Was sie von diesem ausgebrannten Trümmerrest eigentlich wollten, habe ich nie begreifen können. Als ob dieses Pustoschka von Gott weiß welcher strategischen Wichtigkeit gewesen wäre – und nicht ein völlig ausgebrannter Winkel.

Anka und ich liefen in ein Gehölz und suchten Schutz hinter einem kleinen Hügel, um das Ende des Feuerüberfalls abzuwarten. Die Granaten heulten und wirbelten Asche und schmutzige Erde auf. Anka lag da und stützte sich auf die Ellbogen.

»Gib mir den Zucker!« bat sie.

Morgens erhielten wir immer ein Stück Zucker. Sie hatte ihren schon längst aufgeknabbert, aber sie wußte – meinen aß ich nicht, ich sparte ihn für sie auf.

»Und womit werden wir den Tee süßen?« fragte ich.

»Gib ihn her . . .«

Ich gab ihr den Zucker nicht – nicht aus Geiz, ich hatte ihn ja nur für sie aufgehoben. Und Anka nahm es mir nicht übel. Die Granaten heulten, die Einschläge kamen immer näher. Das Schwirren der Splitter hörte sich an wie ein Bienenschwarm, so nahe . . .

»Wir werden einen Sohn haben –« sagte Anka, »hörst du, wir werden einen Sohn haben . . . Er wird dir gleichen – und wir werden ihn Stjopka nennen . . .«

Das alles ist schon so lange her . . .

Ich wache im Morgengrauen auf und gehe fort, um durch die leeren Moskauer Straßen zu wandern. Im Dämmerlicht riecht Moskau nach Benzin und Beton.

. . . Stjopka baut ein Haus. Er steht hoch oben auf der Mauer. Er legt Ziegelstein auf Ziegelstein und klopft vorsichtig mit seiner Kelle darauf.

Stjopka baut ein Haus, bald werden die Wände nach Farbe riechen. Es gibt nicht mehr viel zu tun. Bald wird Stjopka das Haus fertig haben. Ein Haus, das nach Farbe und Brot riecht ...

*

Gar nichts wird Stjopka bauen! Und du brauchst auch nicht auf ihn zu warten – Mädchen auf dem Fensterbrett! Er wird niemals kommen.

»Und wir werden ihn Stjopka nennen ...«, hatte Anka gesagt – dann hörten wir beide das Schwirren eines Splitters.

»Ui!« Es klang traurig und verwundert, und Ankas Kopf sank ins Gras.

»Was tust du!« schrie ich. Weinend, verzweifelt schob ich den Zucker zwischen ihre erkaltenden Lippen.

Neben Ankas Kopf ragte das schwarze Hütchen eines Pilzes aus dem Gras.

Damals hatte ich ihn kaum bemerkt, diesen Pilz – aber mit den Jahren war es, als wachse und wachse er in meiner Erinnerung. Inzwischen hat er gewaltige Ausmaße angenommen und kann die ganze Erde mit seinem Hut zudecken. Doch seine Säfte saugt er aus keiner guten Erde.

Andrej Bitow

Der Nichtsnutz

Der Chef sagte zu mir: »Nein, Vitja, so geht's nicht. So wird nichts draus. Ich weiß nicht, was Ihnen im Kopf rumspukt, Vitja. Nach außen machen Sie einen ganz soliden Eindruck, aber was ist in Wirklichkeit? Ich will es Ihnen sagen. Die Probezeit geht ja mal zu Ende, nicht wahr? Und dann, was ist dann? Ein Schmarren, ja?« (Das Wort liebt er.) »Also, jetzt hören Sie mal gut zu ...«
Er sieht das richtig. Ich mache solchen Eindruck. Ich mache eine ganze Menge Eindrücke – unter anderen auch einen soliden. Wie ich wirklich bin, weiß ich selbst nicht. Nehmen wir einen Spiegel. Gerade vorm Spiegel merkt man, wie einen die anderen sehen, dazu guckt man ja rein. Ich dagegen kann mich im Spiegel selten erkennen. Mal stehe ich groß und schlank davor, ist mein Gesicht schön und straff und hat regelmäßige, scharf geschnittene Züge. Ein andermal ist es ein unwahrscheinlich dicker Pfannkuchen – was denn, das soll ein Gesicht sein? Manchmal habe ich nicht bloß ein breites, sondern ein geradezu zerfließendes Gesicht, mein Körper ist dann ziemlich kurz und dick. Eine Zeitlang dachte ich, das käme bloß mir so vor, die anderen sähen mich objektiv, mit ganz bestimmten, eben mir eigenen Zügen. Bis ich feststellte, das war gar nicht so. Einmal sagte der Chef zu mir: »Nanu, was ist denn mit Ihnen? Sie sind ja auf einmal so groß! Sie laufen wohl auf Kothurnen? Waren Sie nicht immer recht klein?« Dabei kannte er mich schon ungefähr einen Monat lang und hatte mich jeden Tag gesehen. Wie das so ist, danach bemerkte ich das bei allen. Ich hatte einfach nicht darauf geachtet, und nun merkte ich's. Bei allen und überall. Nicht nur, daß verschiedene Leute mich verschieden sehen – nein, jeder für sich tut es, sogar mein bester Freund. Außerdem habe ich etwas an mir, das macht mir richtig Angst. Das sind

meine Ohren. Niemandem fallen sie gleich auf, aber einmal entdeckt sie unweigerlich auch der letzte meiner Freunde. Bei jedem dauert das verschieden lange. Manchen fallen sie ewig nicht auf. Das ist dann furchtbar. Stellt euch einen Haufen Leute vor, bei denen ihr einen mehr oder weniger günstigen Eindruck machen wollt – und plötzlich stockt einem Freund, der sich vielleicht gerade ernsthaft mit euch unterhält, das Wort im Mund, er blickt euch seltsam an, sein Gesicht verzieht sich zu einer unkenntlichen Grimasse, und er wiehert los. In den kurzen Pausen, in denen er, hochrot, nach Luft schnappt, hört ihr ihn japsen: Die O-oh-ren ... Seht doch, was der für Ooohren hat! Nun verstummen alle, blicken euch seltsam an und raunen: Die Ooh-ren! Die Oooh-ren! Einer fragte sogar mal: Sag, hast du auf der anderen Seite genauso eins? und sah nach. Es gibt nichts, was wir gleich bemerken, und auch dann sieht es jeder noch anders. Ganz zu schweigen davon, daß die Menschen alle verschieden sind. Na, und wieviel verschiedene Charakterzüge ich erst in meinen Spiegelbildern entdecke! Einmal habe ich ein energisches, sensibles Gesicht, ein Jack-London-Gesicht. Dann ein fanatisches, nichts als glühende Augen: ein indischer Fakir. Dann bin ich der Weltmeister Jurij Wlassow. Dann der Mäusekönig. Dann wieder ist mein Gesicht schlaff, schmutzig, verlebt, ähnele ich einem Menschen, der zu jeder Gemeinheit fähig ist. Natürlich hat mein Gesicht auch ein paar objektive, oder besser gesagt, polizeiliche Merkmale. Augenfarbe: braun, Haarfarbe: dunkelblond, Lippen: dick. Obwohl, wer weiß, vielleicht ist das auch ungenau.

»Begreifen Sie jetzt?« fragt der Chef. »Ändern Sie das also wie besprochen. Handeln uns ja sonst wer weiß was ein, Vitja. Haben Sie nun endlich begriffen?«

Was soll ich begriffen haben? Was soll ich ändern? Was will dieser widerliche Kerl von mir?

– Ich stehe auf, nehme das Tintenfaß, gehe auf ihn zu, gehe langsam, aber unaufhaltsam auf ihn zu und gieße ihm die Tinte über die Glatze. Na, begreifst du jetzt?

Ich sitze vor ihm, setze eine unschuldige Miene auf und nicke.

– Ich stehe auf, greife langsam in die Tasche, meine durchdringenden grauen Augen sind kaum merklich verkniffen, ich wippe von den Zehen auf die Fersen, von den Fersen auf die Zehen; langsam ziehe ich die Hand aus der Tasche: eine Eierhandgranate liegt in meiner Faust. Kennst du das? frage ich und halte ihm das Ding unter die bläulichgraue Nase. Ich brauche bloß die Faust zu öffnen, sage ich, und nichts bleibt übrig von dir und diesem verdammten Büro.

Ich sitze vor ihm, setze eine unschuldige Miene auf und nicke.

– Ich stehe auf, sehe ihn mit meinen grünen Augen haßerfüllt an und schleudere ihm die Wahrheit ins Gesicht. Meine Stimme zittert vor Empörung. So weit bringst du mich nicht, sage ich, da hast du dich verrechnet, ich bleibe Mensch, und wenn du glaubst, ich mach da mit, dann nimm, da friß!

»Ich merke schon«, sagt der Chef in eigenartigem, freundlich aufmunterndem Ton, »ich sehe es Ihnen an den Augen an, Sie haben begriffen.«

Was merkt er? Was sieht er mir an den Augen an? Was soll ich überhaupt machen mit dem Zeug? Von heute an werde ich ... Was werde ich? Ich werde vier Nächte lang nicht schlafen, eine neue Maschine werde ich erfinden, die macht all die sinnlosen Änderungen, die er von mir verlangt – was für welche, habe ich gar nicht mitgekriegt –, automatisch überflüssig. Dann entlarve ich den Chef, allen öffne ich die Augen. Ich an seiner Stelle versetze mich in die Leute hinein und behandle sie anständig. Dann hole ich in drei Jahren titanischer Tag- und Nachtarbeit alle Abschlußprüfungen nach, die ich nicht geschafft habe. Den Doktor laß ich aus, mache gleich den Dr. sc., werde Leiter eines großen Forschungsinstituts. Begründe ein völlig neues Wissenschaftsgebiet! So bin ich in fünf Jahren Akademiemitglied, aber gleich ordentliches, nicht erst korrespondierendes. Dann erinnere ich mich an den Chef, der arme Kerl ist völlig am Ende, hat sich dem Suff und allen möglichen Lastern ergeben. Ich reiche ihm großmütig die Hand und ziehe ihn aus dem Dreck. Und dann schaffen wir, Seite an Seite ... Pfui Teufel! Dazu soll ich mir jahrelang die Nächte um die Ohren schlagen? Mir kein Leben gönnen? Auf alle Daseinsfreuden verzichten? Nein. Damit ich so werde wie Sie, nur ein bißchen mehr zu sagen habe? Nichts dergleichen werde ich. Dazu schlage ich mir nicht die Nächte um die Ohren!

»Überlegen Sie, wie Sie die Sache anpacken sollen?«

Wie lautlos er sich anpirscht! So unhörbar schleichen nur Schufte. Wenn er doch ... Was drängst du dich in meine Welt?! Laß mich wenigstens einen Moment mal in Ruhe! Immer nur: du mußt, du mußt ... Und: du darfst? Gibt es auch ein »du darfst«?

»Ja, ich denke nach.«

»Denken sollen Sie nicht. Erst zupacken, dann denken.«

»So?« frage ich und mime den Einfältigen. »Glauben Sie, das ist besser?«

»Eine bewährte Methode«, sagt er.

»Also nach der bewährten Methode?« frage ich.

»Ja, ja!« sagt er plötzlich böse und geht.

So geh doch, in drei Teufels Namen! Ich kann dich schon nach einem Monat nicht mehr sehen, was soll das bloß werden? Wenn die Probezeit herum ist und sie mich nicht behalten, na – Gott sei Dank. Dann sehe ich dich wenigstens nicht mehr. Wenn sie mich dann entlassen, mache ich mich unsichtbar. Unsichtbar wandre ich durch euer Passierscheinbüro, ohne jeglichen Passierschein. Endlich wird niemand mehr an einem Papier überprüfen, ob ich auch ich bin. Diesmal werde ich genau ich selbst sein, werde mich als freier Mensch bewegen. Ich öffne alle Safes, verbrenne sämtliche Personalakten, bringe die Geheimsachen in die Buchhaltung, die Kontobücher in die Geheimsafes, den Chef bestelle ich telefonisch zum Direktor, den Direktor zur Verwaltung – und dann schalte ich den Betriebsfunk ein, lege die flottesten Platten auf und verkünde: Tanz in allen Räumen ...

Da soll ich nun endlich mal 'ne anständige Arbeit machen und hätte beinah wieder meine Chance verpaßt. Schränke schleppen vom zweiten Stock ins Erdgeschoß. Das letztemal war ich ins Grübeln geraten und hatte es verpaßt (dabei schreiben wir uns für so was eine Woche vorher in die Warteliste ein). Dafür mußte ich dann eine einstündige Anleitung über mich ergehen lassen. Ich kriege schon Krämpfe, wenn der Chef länger als eine Minute redet. Als Blickpunkt unter den Zuhörern hatte er ausgerechnet mich gewählt. Ich habe die miese Angewohnheit, wie ein aufmerksamer Zuhörer auszusehen. Und wenn ich gar nichts verstehe, was meistens der Fall ist, zwingt mich eine teuflische Gewalt, beifällig zu nicken und um so verständnisvoller dreinzuschauen. Jeder Redner erspürt mich sofort in der Menge. Versuch mal abzuschalten, wenn er dich die ganze Zeit ansieht, du nickst schon eine halbe Stunde lang, bist schon das Verständnis in Person. Fragen erwartet man besonders von mir. Das ist ganz schön gemein.

Die Schränke habe ich, Gott sei Dank, nicht verpaßt. Schränke schleppen, du meine Güte, das soll schön sein? Und ob! Daran ist wenigstens was Menschliches. Schränke schleppen ist schwer, aber es macht Spaß, und wenn man Glück hat, geht mal einer krachen. KWATSCH – *K*urzfristige *W*eisung vom *a*lten *T*rottel, *Sch*ränke schleppen: KWATSCH, rufen wir hoffnungsvollen Kandidaten uns gegenseitig zu, wenn wir uns auf dem Korridor begegnen. Schlimm eigentlich: kaum geschieht mal was Menschliches, gleich ist es KWATSCH. Von Rechts wegen soll also auch das nicht sein! Es ist aber auch wirklich Quatsch. Wozu, frag ich, räumen wir dicke, staubige, drei Jahre alte Ordner aus den Schränken, stapeln sie im Gang (sorgfältig, nichts durcheinanderbringen!), asten mit den Schränken die Treppe runter und stopfen unten die leeren Monstren aufs neue mit prallem, verstaubtem Plunder voll? Die Ordner sind nicht mal das Schlimmste. Was mich vor allem schafft, was mir so mystisch vorkommt, daß mein Hirn es einfach nicht fassen will, sind die Schnellhefter. SCHNELL-HEFTER – was für ein Wort! Wie man auf so was verfallen konnte, ist mir unbegreiflich. Erfindungen müssen ja gemacht werden. Das Rad, der Feuerstein – das verstehe ich, das war genial. Aber der Schnellhefter – schauderhaft so was, glattes geistiges Fehlprodukt! Dann der Locher. Auch so eine teuflische Erfindung. Locht und locht – der reinste Moloch. Sogar zum Rausziehen von Reißzwecken haben sie eine besondere Gabel! Neulich hat ein Kollege einen Verbesserungsvorschlag gemacht: an zentraler Stelle, wo sich die Bürowege kreuzen, einen Kasten mit Fächern für alle Abteilungen anzubringen, damit jeder irgendeinen elenden Wisch von sich in sein blödes Fach legen kann und irgendwer nicht mehr zu sortieren braucht. Was denn sortieren? ... Auch noch sortieren! ... Der Kasten wurde hingehängt, der Kollege erhielt einen Dank vor der Front und eine Prämie, fünfundzwanzig Rubel, als Ansporn sozusagen, er konnte zufrieden sein, aber er grübelt schon wieder an so 'nem Atomkasten. Jetzt will er alle Kästen zentralisieren. Es wird immer schlimmer. Ich möchte am liebsten Dreck in den Kasten werfen oder in den Fächern alles durcheinanderbringen. Obwohl, wenn der Chef mir zur Abwechslung auftrüge, seine idiotischen Papiere mit dem Locher zu lochen – ich tät's, mit Wonne tät' ich's! Schwachsinn natürlich, aber immerhin lassen sich auf die Art runde weiße Schnipsel fabrizieren ... Ein andermal brachte irgendein Typ eine amerikanische Heftmaschine mit zur Arbeit. Man schämt sich wahrhaftig, es zu sagen, aber wir hatten eine Woche unseren Zeitvertreib: hefteten zusammen, was sich heften ließ. Ein Druck, und die Klammer saß. Ein Atomlocher! Moderne Form natürlich, blitzendes Chrom, mit echt amerikanischen Aufschriften. Wir brachten sogar von zu Hause Papiere mit in dieses verdammte Büro, um Heftklammern hineinzudreschen. Warum? Wozu? Dann hatte auch das ein Ende. Der Chef fing Feuer und erbat sich das Maschinchen, und der, dem es gehörte, hat es ihm auch gegeben, wollte sich lieb Kind machen. Jetzt schließt sich der Chef in seinem Zimmer ein und spielt damit. Ist ja auch trist sonst für ihn . . . Und dann die Gigantomanie: riesige Büroklammern, Tintenfässer wie Dome, Reißzwecken wie ein Fünfkopekenstück. Interessant auch die Hierarchie bei den Tintenfässern und allem möglichen Schreibtischluxus. Nehmen wir mal an, ihr müßt mit einem Laufzettel die Runde machen, da merkt ihr's. Da gibt es das Direktorentintenfaß, stellt euch vor, unser Alter hat sogar den gleichen Gesichtsausdruck! Dann das Stellvertretertintenfaß. Fast kein Unterschied, scheinbar der gleiche Luxus, und doch – ein Stellvertretertintenfaß. Und nach unten immer so weiter, immer so weiter. Bestimmt gar nicht so leicht für die Industrie, das umfangreiche Sortiment herzustellen, damit jede Rangstufe ihr Faß kriegt. Es gibt nämlich sogar einen Industriezweig dafür, das ist ja das Schlimme. Am meisten von allen hasse ich das Cheftintenfaß. Nichts ist mieser als die mittleren Tintenfässer, diese entsetzliche Mischung aus Pöbel- und Bojarenfässern! Doch was soll's! Sogar die rote Ecke hat ihr eigenes rotes Tintenfaß . . . Trotzdem, der ganze Schlamassel hat auch was Gutes; er liegt sonnenklar und ohne jeden Zweifel auf der Hand. Schleppt Schränke – und ihr freut euch. Warum wohl?

Die Schränke haben gutgetan. Nicht mal die letzte Viertelstunde vor Feierabend war mehr eine Marter. Diese letzte Viertelstunde – genauso muß es sein, wenn man langsam geröstet wird. Aber diesmal war es anders: es klingelte einfach.

So mies ist der Mensch veranlagt: erst wenn er Niedertracht kennt, kann er sich freuen. Auch ich hatte ja mal glückliche Zeiten, fand aber nichts Besonderes daran, habe nichts von meinem Glück gewußt. Zum Beispiel die Sommerferien in der Schulzeit. Immer öfter muß ich an meine Kindheit denken, dann wird mir so traurig zumute. Nicht daß ich sie rosarot sehe und mich selbst damals rein und gut, während ich heute verdorben und widerwärtig bin – nein, nicht der verlorenen Unschuld traure ich nach. Aber lebendig war ich,

bis in die letzte Zelle lebendig! Wenn ich's heute noch bin, dann nur für Augenblicke, zwischen Schmach und Schmutz. Ist es mir vielleicht doch um die Unschuld zu tun?
Aber jetzt gibt es wieder was zum Freuen: den Feierabend. Rührend, wie sich alle darauf vorbereiten, um ja abmarschbereit zu sein, wenn das Klingelzeichen ertönt. Wie sie ihr Schreibzeug zusammenpacken und wegräumen, wie die Mädchen sich anmalen und ein paar, die heute abend ausgehen wollen, sich sogar Lockenwickler ins Haar drehen und ein Kopftuch drüber binden; ihre Köpfe sehen unterm Tuch richtig eckig aus. Kein Wunder, morgen ist ja Feiertag, alle, aber auch alle Mädchen und jungen Frauen im Bus haben solche eckigen Köpfe, sogar die Schaffnerin! Da bin ich auf einmal in alle verliebt. Dabei fahren sie zu einer Pflicht. Und sind doch so bereit zur Freude! Da muß einem doch auffallen, daß sie an einen ganz falschen Ort fahren und etwas völlig Falsches vorhaben. Und was? Jedes Kind weiß: Sie »gehen essen«. Ich kann es noch singen: Die Arbeiter schaffen von früh bis spät, die Kolchosbauern sorgen, daß du zu essen hast, und du hast wieder keine Hausaufgaben gemacht ...
Jetzt sind alle fertig angezogen, gestiefelt und gespornt. Endlich, als in mir schon fast was zerspringt, klingelt es. Ich sause die Treppe runter, am Pförtner vorbei, bloß raus, so ein Herzklopfen, bloß raus, ich packe die Klinke der schweren Tür, zwänge mich durch und dränge so ungestüm hinaus, als würden draußen Neujahr und Sommerferien und alle Feiertage zugleich auf mich warten – auf einmal bin ich wieder wie ein Kind. Geschafft. Was auch für Wetter ist, es ist jedesmal herrlich, der erste Atemzug – eine Wonne. Ich fühle mich kräftig, wie neugeboren, als hätte ich keinen Arbeitstag hinter mir, als hätte ich nur schlecht geschlafen und wäre eben aufgewacht, und der Tag beginnt, und ich fühle mich frisch und munter. Der Himmel ist blau, die Sonne scheint, den schmutzigen Schnee bedeckt Neuschnee, so leicht und weiß, daß du ihn gar nicht spürst. Die rote Straßenbahn hat ein weißes Dach, quietschend biegt sie um unser Büro. Ich aber laufe

durch die Grünanlage, wo viel mehr Schnee liegt und die Bäume weiß sind und rot, grün und blau vermummte Kinder im Schnee buddeln, das Rot, Blau und Grün ist von Schnee überpudert und quicklebendig. Alte Frauen sitzen still auf den Bänken, und ringsum ist es still, wenn auch in der Kurve an unserem Büro die Straßenbahn quietscht, es ist trotzdem still, denn Stille bedeutet keineswegs das Fehlen von Geräuschen. Weiter vorn in der Anlage steht eine alte Kirche, ihre Kuppel ist so blau, daß sie mit dem Himmel verschmilzt.

Da ist der dunkle Kanal. Den überquere ich und stoße auf die Hauptstraße. Sie ist voller Menschen; eine Weile, ehe sich ihre Hast auch auf mich überträgt, kann ich den Entgegenkommenden noch in die Gesichter schauen. Viele Leute gehen an mir vorüber, manche kann ich ein bißchen ergründen, sie hören auf, Fremde zu sein, und gehen vorüber, verlieren sich in der Menge, Berührung fremden Lebens, rasch und leicht bringt sie dir Gewinn und Verlust. Irgendwie ist das nicht in Ordnung. Besonders wenn es Mädchen sind. Da spürt man den Verlust noch härter: ein Blick, und eine Welt geht vorüber, vorbei. Es ist so klar, wozu es das gibt: ihren Blick, ihre Kleidung, ihren Gang, alles ist so nah, zum Greifen nah, und doch so schwer erreichbar. Und mir ist, als wären in harten, durchsichtigen Stein für jeden enge Kanäle gehauen. Als hätte jeder unerbittlich seinen einsamen Weg zu gehen und man könnte nur traurig und mitleidig zusehen, wie hinter einer durchsichtigen Wand ein anderer Einzelmensch vorbeigeht und einen genauso traurig und mitleidig ansieht, und man bleibt nicht mal stehen, sie nicht, du selbst nicht, keiner klopft gegen die Wand oder schreibt etwas mit dem Finger an den Stein oder macht Zeichen, wir gehen aneinander vorüber, und darin liegt so viel bittere Erfahrung, daß es anders nicht möglich ist. Ein Einzelmensch plus ein Einzelmensch macht zwei Einzelmenschen. Besonders wenn es Frauen sind ... Besonders wenn es Freunde sind ... Besonders wenn es Kinder sind ... Besonders wenn es alte Leute sind ...

Heute hat der alte Herr Geburtstag. Ich muß ihm was zum Knabbern besorgen. Ich gehe in einen Laden und kaufe Schaumzucker mit Schokoladenüberzug. Ein halbes Kilo. Als ich wieder draußen bin, sehe ich, ein Mädchen kommt mir entgegen – hübsch, zum Anbeißen ...
– Da, bitte, sage ich und reiche ihr ein Stück Konfekt. Sie lächelt und nimmt es. So nett hat sie gelächelt, ich bin richtig dankbar und vollauf zufrieden. Und nun gehe ich und schenke jeder Frau ein Stück Konfekt. Im Handumdrehen ist das halbe Kilo verteilt. Es hat nicht mal gereicht. Und alle haben mir zugelächelt, frei und ungezwungen. Ich bin glücklich, mehr will ich gar nicht. Das heißt, eigentlich doch ... Aber das geht ja nicht, Konfekt schenken und sich danach aufdrängen. Ist schon gut so, vorbeigehen. Schön so. Das Lächeln wenigstens gehört dir. Aber sich einfach aufdrängen? Für ein Stück Konfekt, wie? Nein.
Aber ich gehe und stelle mir nur vor, daß ich was verschenke, in Wirklichkeit tu ich's nicht. Wenn ich alles verschenke, was bleibt dann für den alten Herrn? Selbst esse ich auch nichts. Verschenken ist natürlich allemal schöner als essen. Ich täte es ja, aber plötzlich stelle ich mir vor, sie, die Hübsche, die mich so wunderbar anlächeln kann, zieht eine verächtliche, schiefe Schnute und läßt mich stehen, das Stück Konfekt in der Hand, mit blödem Grinsen ... Dumme Puute! Ich hätte doch nicht angebändelt! Pute! ... Aber sie hat ja recht. So einer schenkt Konfekt und wird danach zudringlich, so unverschämt zudringlich, als wäre es nicht ein Stück Konfekt, sondern die Notre-Dame von Paris gewesen. Solche Erfahrungen haben ja die Hübschen. Also läßt man es bleiben ... Die Männer alle miteinander, die Affen, haben mir die Freude längst verdorben ...
Und doch gibt es einen Ausweg! Ganz einfach war das. Ich gehe und gehe – und auf einmal fliege ich. Höher als die Häuser fliege ich. Sehe alles von oben, meine Mantelschöße flattern. Eine schöne Frau war mir entgegengekommen. Und vorbeigegangen. Ohne mich zu beachten. Und nun fliege ich.

Meine Mantelschöße flattern, der Wind zaust mir das Haar. Ich sehe die Frau und setze zum Sturzflug an. Dicht über der Erde breite ich die Mantelschöße zum Gleitflug aus. Lande genau vor der Frau. Wo kommen Sie her? fragt die verwundert. Von da, sage ich und zeige nach oben. Möchten Sie mitfliegen? Ja, sagt sie. Und wir fassen uns an den Händen und fliegen. Wind, Weite, Freisein!

Doch ich gehe die Straße entlang, die Frau ist längst vorüber, ich gehe und denke, daß man da oben bestimmt mächtig friert ...

Am Abend besuchen wir den alten Herrn – Mamas Vater. Meine Eltern kämmen und putzen sich lange und sorgfältig, mit hektischer Betriebsamkeit. Mama ist Papa böse, weil er, wie sich herausstellt, das Glas Eingemachtes, das Mama für den alten Herrn aufheben wollte, längst aufgegessen hat. Papa ist Mama böse, weil er seine Naschhaftigkeit vergessen wollte und Mama nun alles ans Licht gebracht hat und er sich schämt. Ich bin schon lange fertig, lungere untätig in der Wohnung herum und komme den hektischen Eltern in die Quere. Sie schimpfen ein bißchen mit mir und versöhnen sich so wieder miteinander. Und plötzlich befällt mich der Gedanke, daß sie selbst alt sind. Ich sehe, wie erregt und hektisch sie sind und wie sehr sie sich bemühen, auf keinen Fall zu spät zu kommen, bestimmt fangen sie eine Stunde vorm Weggehen noch mal mit dem Anziehen an – und mir ist plötzlich zum Heulen zumute. Gott, ich würde, glaube ich, alles tun, damit sie glücklich und zufrieden sind. Und nicht aufhören zu leben, zu leben, zu leben! Es braucht dazu doch so wenig ...

Aber ich stehe herum, stehe herum und bin ihnen im Weg. Ich würde ja hundert Institute für euch absolvieren! Hundertmal Ingenieur werden! Ich gäbe euch auch mein Wort, mein Ehrenwort, daß ihr euch endlich um euren Sohn nicht mehr zu sorgen braucht, aber ich habe es euch ja schon so oft gegeben ... Vitjuscha, wir bestehen ja nicht darauf, es ist ja nicht unsertwegen, wir wollen doch bloß dein Bestes ... Sie

sind überzeugt, meine Greislein, daß sie wissen, was gut für mich ist. Verzeiht mir .... Alle wollen wir füreinander das Beste und vergessen darüber uns selbst. Wieder habe ich die Vision eines durchsichtigen Steins, in den für die Einzelmenschen Kanäle gehauen sind.
So gehen wir denn, die ganze Familie, den alten Herrn besuchen. An und für sich ist es nicht weit, der Alte wohnt direkt gegenüber. Wir brauchen nur über die Straße. Doch hier ist kein Übergang. Bis zum nächsten sind es ungefähr fünfzig Meter, fünfzig Meter zurück. Eigentlich ist auch das nicht weit. Wir kürzen aber immer ab, gehen direkt vor unserem Haus über die Straße. Den Umweg zu machen wäre doch ärgerlich. Warum sollte man ihn machen? Nur geht auf der Straßenmitte, auf dem Streifen, oft ein Milizionär. Strafe zahlen wollen wir ja nun auch nicht! Wenn kein Milizionär da ist, gehen wir rüber. So auch diesmal. Wir sind drüben schon im Hoftor verschwunden, da höre ich einen Pfiff. Sicherlich gilt der nicht uns. Aber wenn wir nun doch gemeint sind und der Milizionär beobachtet hat, in welches Tor wir gegangen sind?
– Wir gehen über den Hof, der ist ziemlich lang, und der Milizmann kommt schon durchs Tor. Er sieht unsere Rükken. Er macht große Schritte, um uns einzuholen. Ich habe mächtige Lust, mich umzudrehen, aber ich drehe mich nicht um. Wir sind schon am Hauseingang, da kriegt er uns ein: Bürger! ... Eins, zwei, drei ... Er zählt uns an den Fingern ab. Drei Rubel, wenn ich bitten darf. Da drehe ich mich um und sehe den Milizionär ernst und unverwandt an ... Gehen Sie, gehen Sie ..., sage ich. Er rutscht merklich in sich zusammen. Gleich, gleich, sagt er und schiebt traurig ab, wie ein Mondsüchtiger läuft er. Alle sind verblüfft.
Vitjuscha! Was hast du? rufen alle. Was denn ... Was meint ihr? Ich mache ein verständnisloses Gesicht. Es war nichts, sage ich, und alle stimmen sofort zu. Ungezwungen gebe ich einen Scherz zum besten, und alle lachen. Nur ich allein weiß, wer ich wirklich bin ...

Dann sind wir beim alten Herrn und begrüßen ihn mit großem Hallo. Er ist so feierlich, so geschäftig, mit so viel Sorgfalt hat er den Tisch gedeckt, daß ich wieder heulen könnte. Weiß der Teufel, was mit mir los ist! Ich erinnere mich nicht, irgendwann schon mal geheult zu haben. Mit blödem Gesicht reiche ich ihm mein Schaumzuckerkonfekt, er fällt mir mit seinen mageren Armen um den Hals und liegt mir, halb lachend, halb schluchzend, am Rockaufschlag. Prachtkerl Konstrukteur, nennt er mich stolz und klopft mir dazu unhörbar, schüchtern fast, auf die Schulter. Vater nickt ihm zu. Auch Mama nickt. Wir treten zum Tisch, und kichernd, mit geheimnisvoller Miene und den Bewegungen eines Zauberers, bringt der Alte eine Flasche Likör zum Vorschein. Den macht er immer selbst und ist stolz darauf. Selbst darf er nicht trinken, er weiß aber noch, wie er schmeckt. Papa darf auch nicht. Mama natürlich das gleiche. Der Likör ist für mich bestimmt. Der alte Herr legt mir immerzu auf und sieht entzückt zu, wie ich esse. Wieder überkommt es mich, ich kann die zitternden Hände nicht sehen, die so zart sind wie welke Blütenblätter. Geradezu peinlich wird mir meine unbegreifliche Empfindsamkeit. Mir scheint, seine Hände führen ein Eigenleben, und sosehr der Alte sich auch müht, forsch und lustig zu erscheinen wie ein Junger, die Hände verraten ihn. Ein behutsames, leises, sorgsames Leben führen sie, sogar etwas unaussprechlich Schönes liegt darin, und Schläue – die Schläue, mit der er das Zittern und die Schwäche seiner Hände überlistet. Und ich begreife, daß ich diese Hände irrsinnig liebe. Auf seinen Likör ist der alte Herr zu Recht stolz. Der brennt tatsächlich wie Feuer. Und steigt einem im Nu zu Kopf. »Trink nur nicht zuviel«, sagt Vater zu mir. Und ich sehe Vaters Hände und Mutters Hände – diese Hände rauben mir noch den Verstand! Ich merke, daß meine Vorsätze, nüchtern zu bleiben, futsch sind und ich den ganzen Likör austrinken werde. Mama wirft mir vorwurfsvolle Blicke zu, und ich hebe, schon halb betrunken, die Hand: alles in Ordnung, keine Sorge. Die Unterhaltung zwischen

Vater und dem alten Herrn hat immer noch was Offizielles an sich, das ist schon dreißig Jahre so, seit der alte Herr gegen Mamas Hochzeit war. Das hat sich alles eingerenkt inzwischen, sie sind gut Freund miteinander, aber die Art zu reden können sie offenbar nicht mehr missen. Sie reden vom Kosmos und von dem gigantischen Antennenmast, der in unserer Stadt gebaut wird und fünfhundert Meter hoch werden soll. Der alte Herr erzählt begeistert von populärwissenschaftlichen Aufsätzen, die er eifrig studiert. Sie sind alle richtige Fortschrittsfanatiker, auch meine lieben beiden Alten. Nur Mama nicht. Mama ist das alles egal, auf eine Art ist sie weiser, die beiden dagegen sind wie Kinder. Das ist ihr Rest von Männlichkeit. Ich bin schon ganz betrunken. Und der alte Herr ist so froh und so glücklich. Daß wir gekommen sind. Er liebt uns. Er hat niemanden als uns. Wir lieben ihn. Wir haben niemanden als ihn. Und das steht für all die anderen Worte, die wirklich zählen, die er aber nie ausspricht. Statt dessen sagt er zum Beispiel, die Neutronenbombe wäre ganz was anderes als die Atombombe und die Wasserstoffbombe wäre dagegen ein Klacks. Er redet, als wäre er darüber entsetzt. Doch plötzlich scheint mir, sein Entsetzen ist nur gespielt, in Wirklichkeit ist er hell begeistert von der Bombe: wo die hinfällt, vernichtet sie alles Leben, ohne daß auch nur die Fensterscheiben platzen. Und keinerlei Verseuchung tritt auf – alles noch zu gebrauchen. »Das ist ja gerade das Entsetzliche daran«, sage ich, »lieber soll gar nichts übrigbleiben.« Der Alte aber kriegt runde Augen, er nickt und begreift nicht. »Nichts begreifst du«, sage ich, und er darauf: »Ich habe drei Kriege mitgemacht.« – »Eben, und hast nichts begriffen«, sage ich. »Das ist noch gar nichts«, sagt Vater. »Jetzt haben sie – aber das ist streng geheim«, sagt Vater, »zu den hundert Elementen noch neue entdeckt.« Die Elemente besitzen, wie Vater sagt, eine so ungeheure Sprengkraft, da genügt schon eine Bombe von Walnußgröße, um einen Kontinent auszulöschen. Die braucht nur ein Journalist in der Hosentasche einzuschmuggeln und irgendwo liegenzulassen – und fertig.

Raketen sind gar nicht mehr nötig ... »Nicht mehr nötig?« frage ich. »Nicht mehr nötig«, sagt Vater. »Aber jetzt sind sie wohl nötig?« frage ich. »Junger Dachs«, sagt der Vater, »ich hab den ganzen Krieg mitgemacht.« – »Und begreifst noch immer nichts«, sage ich. »Junger Dachs!« sagt Vater. »Das ist noch gar nichts«, sagt der alte Herr. »Mit Antimaterie, aus der Antiwelt, da würde ein Stecknadelkopf für den ganzen Planeten reichen.« – »Ich habe erst ein Ding gehört«, sage ich, »das war freilich in Amerika ... da lagen in einer geheimen Bucht, Bord an Bord, fünf U-Boote. Auf dem einen schickten sie einen Matrosen nach oben, zum Schneefegen. Aber der weigerte sich. Da schickten sie einen anderen. Von dem der Bruder, der hat es mir erzählt. Der andere fegte also Schnee, da brach unten im Boot ein Brand aus, der war einfach nicht zu stoppen. Der Kommandant war nicht da, er war an Land. Der oben merkt noch nichts (er fegt ja Schnee), er spürt nur, daß es unter seinen Füßen immer wärmer wird, doch er achtet nicht darauf. Plötzlich ein Knall! Das Boot explodiert, und mit ihm alle anderen. Der Schneefeger wird emporgeschleudert, er fliegt kilometerweit durch die Luft und dann – bruch! – direkt in eine Schneewehe. Der Kapitän ging um diese Zeit am Ufer entlang und kam gerade an einer Laterne vorbei. Er knallte mit der Stirn so hart an den Laternenpfahl, daß er gleich tot umfiel. Keiner blieb am Leben. Der in der Schneewehe war der einzige Überlebende ...« – »Wozu erzählst du uns das alles?« will Vater wissen. »Nur so«, sage ich. »Und dann«, sage ich, »als die ganze Chose in die Luft ging, rasten auch noch die Torpedos los. Auf die mußten sie ganz schön Jagd machen, bis sie sie eingefangen hatten ...« – »Du verträgst nichts«, sagt Vater.

Nach dem Likör schlafe ich schlecht, ich träume, daß ich verfolgt werde, fliehe und kaum die Beine heben kann, ich schreie im Traum, reiße aber nur den Mund auf, dann verfolge ich irgendwen, irgendwie muß Krieg sein, ein Mongoleneinfall, sie brausen auf Motorrädern durch die Stadt, mit gefällten Lanzen – Dshigiten! –, und dringen in unsere Wohnung ein, allen voran der Chef, er schreit, daß ich die Lanze falsch berechnet habe, sie taugt nichts, und schleudert mir eine Lanze gegen die Brust, aber ich fühle nichts, sie bricht mittendurch, und dann wird mir plötzlich kalt, viele Hände streicheln mich, ich erkenne die Hände meiner lieben Alten ... Erst gegen Morgen falle ich in tiefen Schlaf, nur mühsam, mit Mamas Hilfe, rapple ich mich hoch. Zum Frühstück esse ich bis zum Geht-nicht-mehr, um Mama nicht zu kränken. Dann muß ich schon schnell machen, sonst komme ich zu spät, aber ich habe keine Lust, mich zu beeilen. Mama sorgt sich schon, ob auch im Büro alles mit mir in Ordnung ist. »Sei mir nicht böse, Vitjuscha, aber mir kam es so vor ... Verstehst du, Vater und ich möchten, daß bei dir endlich alles in Ordnung kommt ... Gut, ich hör ja schon auf ...«

Mir wird ganz flau, weil Mama immer genau spürt, wann bei mir was nicht in Ordnung ist. Und weil sie, wie immer, recht hat, möchte ich am liebsten grob werden und widersprechen, möchte beweisen, daß die Alten keine Ahnung haben und ich es selber am besten weiß. Früher verblüffte mich, wie sie alles schon spürten, noch ehe überhaupt etwas mit mir war, auch wenn ich mich verschloß und ihnen keinen Anlaß gab. Ich wehrte mich gegen die Logik solcher Vorahnungen. Jetzt weiß ich, daß es Liebe ist, doch davon wird mir nicht leichter, hundertmal schwerer wird mir davon. Mein Erwachsensein besteht darin, daß ich Verantwortung zwar zu fühlen beginne, ihr aber immer noch nicht gewachsen bin. Vielleicht muß ich erst einen Sohn haben, um ihr endlich gewachsen zu sein.

Wütend sage ich, es sei alles in Ordnung, und gehe. Unwahrscheinlich, daß ich noch pünktlich zur Arbeit komme. Ich müßte wie ein Besengter rennen, dann wäre es vielleicht noch zu schaffen. Aber ich bewege kaum die Beine. Wir sind ein Musterbüro, bei uns kommt niemand zu spät. Es ist nicht mit anzusehen, wie alte Männer in letzter Minute in den Gang stürmen, im Laufschritt, keuchend, mit verzerrtem Gesicht. Die Leitung hat sich gegen das Zuspätkommen eine hundsgemeine Methode ausgedacht. Keine Strafen, nein. Das wäre noch menschlich, wie grausam auch immer. Einmal im Monat, wann, ist ungewiß, versammelt sich die ganze Leitung im Gang: Direktor, Parteileitung, die Abteilungsleiter. Eine Minute vorm Klingeln erscheinen sie und nehmen zu beiden Seiten des Gangs Aufstellung. Mit unbewegten, verdrossenen Mienen stehen sie da, wie eine Ehrenwache. Zerknirscht, mit gesenktem Blick – man sieht ihn förmlich zehnmal kleiner werden – schlüpft der Zuspätkommende zwischen ihnen hindurch, in Wirklichkeit aber schleppt er sich eine qualvolle Ewigkeit lang an ihnen vorbei. Und tatsächlich kommt bei uns keiner mehr zu spät.

So gemächlich ich auch trotte, ich kriege sofort einen Bus. Ich bin richtig wütend auf ihn, weil ich mit ihm schon wieder pünktlich zu sein drohe. Ich setze mich auf einen frei gewordenen Platz und sehe aus dem Fenster. Da wird mir wieder wohl, so warm und schläfrig, das ist genau der Bus, denke ich, aus dem du dein Lebtag nicht mehr aussteigst. Es ist noch nicht hell, aber der Morgen graut.

Ich schaue aus dem Busfenster und sehe Licht in den Häusern. Da müssen sich auch welche zur Arbeit sputen. Plötzlich sehe ich hinter einem Fenster im zweiten Stock eine Frau. Das Fenster ist hell erleuchtet, die Frau steht dicht davor und ist mit irgendwas beschäftigt. Neben ihr ein Schrank, er steht ein bißchen schief. Man sieht alles ganz deutlich. Auf einmal kommt es mir vor, als würde die Frau plötzlich zurückweichen, als würde ein Schatten hinterm Schrank hervortreten. Aber der Bus fährt weiter – und das Fenster ist weg. Ich nehme das Bild mit, um es genauer zu betrachten. Anders ist nicht zu ergründen, was so schnell an mir vorüberhuschte.

– Und jetzt sehe ich deutlich, daß die Frau nicht zurückwich, sondern taumelte, nein, nicht taumelte, sondern zurückfuhr und die Hand vors Gesicht hielt, um nichts zu sehen oder sich vor einem Schlag zu schützen. Der Schatten hinterm Schrank ist ein Mann in dunklem Regenmantel und grauem Hut, er hat ein Messer in der Hand. Er hebt das Messer: Deshalb fuhr die Frau zurück! Wenn wir nur erst an der Haltestelle wären! ... Ich springe aus dem Bus, greife mir den nächsten Milizmann. Dort, dort! stammle ich. Was ist dort? fragt der Milizionär. Ein Mord! Wo? Dort. Ich kann es nur zeigen. Der Milizmann blickt mißtrauisch. Ich hab's vom Bus aus gesehen. Wir gehen hin. Das Haus nicht, das auch nicht. Hier war's! Das ist das Fenster. Ah, das ist das Fenster, sagt der Milizmann. Zu dritt sehen wir zu dem Fenster hinauf, der Milizmann, der Hauswart und ich. Das? – Ja. – Dieses hier? – Nein, das da. – Aha, das also, sagt der Hauswart, das ist Wohnung Nr. 46. Kommen Sie, sagt der Milizionär. Dann sind wir im zweiten Stock. Da ist die Tür. Wir klingeln. Klingeln noch mal. Alles klar, sagt der Milizionär. Wir brechen die Tür auf. Das erste Zimmer. Das zweite Zimmer. Das dritte. Da liegt jemand. In einer Blutlache. Es ist die Frau. Ich gehe. Ich allein weiß, wer ich wirklich bin ...

– Wir brechen die Tür auf. Das erste Zimmer. Das zweite Zimmer. Das dritte. Das letzte. Niemand drin. Verdammt! sagt der Milizionär. Umsonst das Schloß aufgebrochen. Ach, du Detektiv ...

– Wir gehen hin. Das Haus nicht, das auch nicht. Wenn ich das Haus nun nicht finde, nicht wiedererkenne? Oder das Licht im Fenster nicht mehr brennt? Was dann? Gar nicht auszudenken, wie peinlich! Na, hörn Sie! sagt der Milizionär. Sollten sich schämen, Leute von der Arbeit abzuhalten.

– Vielleicht ist es mir wirklich nur so vorgekommen? Und wenn nicht? Und wenn nur ein Millionstel Aussicht besteht – man muß doch Alarm schlagen! Und wenn es mir nun NICHT nur so vorgekommen ist? Und wirklich jemand daliegt, in einer Blutlache, und sie ist es? Im zweiten Stock, neben einem schief stehenden Schrank?

– Und wenn ich nun wirklich alles genau gesehen habe? Auch den Mann und das Messer? Wir gehen hin. Das Haus nicht, das auch nicht. Ich erkenne es nicht wieder. Kann's nicht finden. Vielleicht haben sie inzwischen das Licht ausge-

macht? Ach, Sie! sagt der Milizionär. Schämen Sie sich nicht?
– Und wenn ich es doch gesehen und nicht geglaubt hätte? Was denn, vorm erleuchteten Fenster? Unmöglich. Das sah nur so aus. Und ruhig weitergefahren wäre. Es vergessen hätte. Und am nächsten Tag hätte man sie dort gefunden.
Draußen ist es merklich heller geworden. Ich sehe aus dem Fenster und merke, daß ich längst an meiner Haltestelle vorbeigefahren bin. Jetzt komme ich wirklich zu spät, so gründlich zu spät, daß es besser ist, gar nicht erst hinzugehen. Plötzlich bin ich unsäglich erleichtert. So einfach ist das: gar nicht erst hingehen, streiken, nicht hinfahren. Wirklich schwer ist das nur, solange man es nicht tut. Ich komme mir wieder vor wie ein kleiner Junge ... Meinen großen Ranzen habe ich im Keller versteckt und fahre mit der Straßenbahn bis zum Ring und wieder zurück. So schaffe ich es gerade zur Elf-Uhr-Vorstellung. Danach bummle ich ein bißchen über die Inseln und tauche nach der sechsten Stunde zu Hause auf ...
Am Außenring steige ich aus. Wo der Schnee sauber und der Himmel grau und weich ist. Wo einsam das letzte Haus steht. Dann kommt freies Feld. Mitten darin ragt ein rätselhafter Schornstein auf. Der Horizont verschmilzt sacht und unmerklich mit dem Himmel, man kann nicht sagen, wo: zum Greifen nah oder im Unendlichen. Ich gehe einen schmalen ausgetretenen Schneepfad entlang, alles ringsum ist eben und weiß, das letzte Haus hinter mir ist schon ganz klein, und vorn der Schornstein wächst und wächst, er ist riesengroß, ich werde ihn nie erreichen. Und mir ist, als würde ich immer weiter so gehen, ohne Ende, und nichts als Ruhe und Glück empfinden. Aber bald bin ich des Schornsteins müde und kehre um, ohne ihn erreicht zu haben – zurück ins Häuserdickicht, in die Stadt.
Ich gehe in ein Kino, eine Stunde vor Vorstellungsbeginn ... Sie sind mir ja alle noch so vertraut, die man da eine Stunde zu zeitig schon in der Frühvorstellung sieht! Der lange, blasse

Halbwüchsige, der seine Mappe dauernd woanders verstaut, der unrasierte Lahme mit dem zerknitterten Gesicht, die beiden Mütterchen, die sich so ernsthaft unterhalten, das stille Paar dort – die reinsten Verschwörer, die Platzanweiserin (gegen Feierabend wird ihr Gesicht anders aussehen), die Reinemachefrau und die Späne, die sie langsam und träge zusammenfegt, und die Frau am Büfett, die ihre Vitrine einräumt, mit ihrem Selterswasser, ihrem Eis und ihren Waffeln!
Wie vertraut das alles ist – und wie fremd geworden ... Auf die Toilette gehen, da steht schon einer und raucht, und ihn um Feuer bitten, obwohl du Streichhölzer in der Tasche hast. Dieser Augenblick, wenn du noch bei ihm stehst und den Rauch in die Lungen saugst und einen Dank murmelst und ihr euch noch anseht ... Und das Mädchen auf dem Gang, halb Schülerin, halb erwachsen, sie erscheint dir besonders einsam und frei, eure Blicke begegnen sich, du bist so oft nahe daran, zu ihr zu gehen und sie anzusprechen, und tust es dann doch nicht. Dir bleibt das Geheimnis und das Gefühl, sie verloren zu haben.
Dann der Film – völlig unwichtig, wovon er handelt ...
Ich trete auf die Straße und blinzle im grellen Licht. Die Sonne ist durchgekommen. Die Stadt ist inzwischen zu vollem Leben erwacht. Überall Menschen, alle in Eile, alle machen geschäftige Mienen. Alle streben irgendwohin. Das heißt, es ist vorbei, die Ruhe ist hin. Ich fühle, daß ich nicht dazugehöre, Unruhe befällt mich, Hast. Mich quält der Gedanke, daß ich nicht wie alle bin, und jeder der Vorübereilenden bestätigt mir: Du hast nicht das Recht, du hast nicht das Recht. Plötzlich fällt mir ein, was für ein schlaues Kerlchen ich mal war, daß ich vom Kino aus auf die Inseln ging, wo immer noch wenig Menschen waren, alles Ausgebrochene, hatten sich wie ich einen Tag gestohlen. Heute bin ich zu vernünftig dazu – heute kann ich nicht mehr schlau sein und auf die Inseln fahren.
Ich gehe in die Poliklinik, um mich krank schreiben zu lassen. Ich bin schon nicht mehr ich. Ich muß mich rechtfertigen und

dafür sorgen, daß möglichst alles beim alten bleibt. Muß verbessern, was der Chef beanstandet hat, muß die Probezeit mit Erfolg durchstehen, damit ich endlich auf einer Arbeitsstelle bleibe und den Eltern keinen Kummer mehr mache. Ich schäme mich, mir ist elend, weil ich nicht so bin wie alle, weil ich so schwach und willenlos bin, ich möchte ja, aber ich kann mich einfach nicht dazu zwingen, tüchtig zu sein, wie alle zu werden und ein ruhiges, redliches Leben zu führen.
Ich steige die Kliniktreppe hinauf, an mir vorbei huschen lautlos wie im Traum Krankenschwestern, richtige Mädchen noch, wirklich: Schwestern ... Im weißen Kittel und mit der weißen Haube sehen sie so anders aus. Gar nicht zu erkennen. Hier ist auch Stille – eine andere stille Welt. Ob die Leute hier wirklich krank sind und dadurch etwas begreifen? Ich sitze in einem runden Zimmer und messe Fieber. Neben mir eine Frau in einer roten Bluse, sie hat ein Kind bei sich, das klettert ihr, immer mit der gleichen Bewegung, auf den Schoß und rutscht wieder runter, stört die Frau beim Fiebermessen. Der ungewaschene Bursche daneben erscheint besonders still, weil man das sichere Gefühl hat, er ist sonst gar nicht so. Die Hand im schmutzigen Verband hält er wie eine Pistole, er wiegt sie wie ein Kind. Ein Junge im Schulalter mit dreistem grünlichem Gesicht schnipst, um sich spähend, von Zeit zu Zeit gegen sein Thermometer. Er merkt, daß ich ihn beobachte, doch von mir befürchtet er nichts, nicht meinetwegen tut er das heimlich, er blinzelt mir zu wie einem Komplizen. Zehn Minuten vergehen. Ich reiche der Schwester das Thermometer. Ich habe kein Fieber. Die Schwester, schon älter, streng, blickt mich tadelnd an. Ich schäme mich und denke: Alle hier sind krank, ernstlich krank, nur ich nicht, für nichts und wieder nichts halte ich ernsthafte Leute von der Arbeit ab. Und plötzlich möchte ich brennend gern krank sein, damit man mich pflegt und bemitleidet, dann wäre ich vor allen gerechtfertigt, denn krank zu sein, darauf habe ich ein Recht, niemand kann dann noch was von mir verlangen. Ich möchte in einem kühlen sauberen Bett liegen, man müßte

mich fragen, wie ich mich fühle, ich würde aus dem Fenster schauen, wo ein kahler Zweig an die Scheibe pocht, den Spatzen zusehen und lange Gespräche mit den Bettnachbarn führen. Und dann müßten sie mich gesund pflegen, ja, das müßten sie!

Auf einmal gab es einen heftigen Luftzug, von dem krachend das Fenster aufsprang. In die warme, stille Klinikluft fuhr eine geballte Ladung Frostluft und trockener Pulverschnee. Alle lebten auf, wurden gesprächig. Weiße Schwesternkittel schwebten lautlos herein. Der Wind stieß den Fensterflügel noch einmal weit auf, so daß er eine große Zimmerpalme umriß mitsamt der Blumenbank, auf der sie stand. Die Schwestern fingen an aufzuräumen. Ich, ein Patient ohne Fieber und ein Mann, trat ans Fenster und drückte es kräftig zu. Aber in den Ritzen klebte Schnee, es ließ sich nicht schließen. Ich kratzte den Schnee mit der Hand heraus, fühlte, wie meine Finger erstarrten und der Schnee unter ihnen taute, doch endlich hatte ich es geschafft. Danach hob ich mit einer Schwester die Palme auf und stellte sie auf die Blumenbank. Es roch noch immer nach Schnee und Frost, meine Gesichtshaut bewahrte noch die Empfindung von Kühle, wohlig kribbelten die geröteten Fingerspitzen. Es tat mir sonderbar wohl, mit zuzupacken, ich freute mich, daß die Schwester sich bei mir bedankte, und ging hinaus und die Treppe hinunter in die Garderobe.

Ich durchquerte den Klinikpark und stieß auf die Karpowka. Unter der Brücke war das Wasser schwarz, sonst sah alles weiß aus, einzelne Balken waren im Eis festgefroren. Die gewölbte Holzbrücke war vereist, ein Pferd mühte sich unbeholfen, hinaufzugelangen. Es zog einen breiten flachen Wagen mit dicken Gummirädern, hochbeladen mit Bierkästen aus Blech, darinnen klirrten Flaschen. Das Pferdemaul war grau bereift, es stieß dampfende Atemwolken aus. Der Kutscher, im Schafpelz, rotwangig und dadurch um so feister, trieb das Tier unerbittlich an. Der Wagen kam kaum vom Fleck, das Pferd glitt immer wieder mit den Hufen aus, bis schließlich der Wagen stand. Das Pferd stemmte sich mit allen vier Hufen gegen sein Gewicht, rutschte aber langsam zurück. Unter den wütenden Zurufen des Kutschers ruckte es aus Leibeskräften nach vorn und kippte dann langsam, unerträglich langsam zur Seite. Hilflos lag es da, reckte den Kopf empor und wieherte leise. Es sah so ergeben aus, in den Pferdeaugen stand so viel Ergebenheit und Kränkung, daß man deutlich spürte: das Pferd weinte. Ein großer würgender Kloß stieg mir in die Kehle. Läge doch lieber ich da zappelnd auf dem Eis, empfände doch ich den Schmerz und die Kränkung, müßte doch ich mein Leben lang diesen Wagen ziehen ... Es lag auf der Seite; krampfhaft, stoßweise hob und senkte sich seine andere zottige Flanke, sie dampfte. Der Kutscher schrie auf das Tier ein und hieb ihm aus Leibeskräften über die schweißnasse Flanke. Ich haßte ihn, und der im gleichen Augenblick aufblitzende Gedanke, daß er das Pferd sicherlich auch liebt, daß er es kennt, ihm zu fressen gibt und es versorgt, erschien mir unnatürlich und widerwärtig. Auf einmal sprang, fröhlich, die Zähne bleckend, auf der dem Kutscher abgewandten Seite ein junger Bursche herbei, redete dem Pferd gut zu und versuchte, ihm aufzuhelfen. Da sprangen auch ich und andere hinzu, und mit vereinten Kräften, von einem großen, freudigen Gefühl beflügelt, stellten wir das Pferd auf die Beine und zogen den Wagen unter lauten, fröhlichen Rufen mit hau ruck die Brücke hinauf, rutschten aus dabei und fielen, ohne darauf zu achten, und auf der Mitte der buckligen Brücke brauchte das Pferd uns plötzlich nicht mehr und zog aus eigener Kraft. Die Leute zerstreuten sich, der Bursche, der den Anfang gemacht hatte, entblößte grinsend die Zähne und ging seiner Wege, ich blieb aufs neue allein, und das Große, das ich eben noch gefühlt hatte, entglitt mir.

Ich ging weiter und dachte nach und fand mich schlecht. Nicht ich war darauf gekommen, daß man, statt mitleidig zuzusehen, dem Pferd einfach helfen mußte. Wie einfach der Bursche das gelöst hatte. So was bringe ich bestimmt nie fertig. Ich konnte ihn nicht ausstehen. Für die anderen aber, die mit mir zugleich begriffen hatten, daß man dem Pferd helfen konnte, und in dem Moment alles andere vergaßen, empfand ich Dankbarkeit. Wie gut, daß sie fähig sind, *alles andere zu vergessen*! Unmöglich, dachte ich, daß sie jetzt schlecht gelaunt sind, daß sie ihre Sorgen und ihre Hast noch für wichtig halten, nachdem wir dem Pferd geholfen haben, also, dachte ich, werden sie den Tag heute schön verleben. Vielleicht ist das das einzig wahre Freiheitsgefühl, wenn einer erkennt, daß er soeben menschlich gehandelt hat . . . Und ich dachte, für wie wenig wir den Mitmenschen dankbar sind. Wir sind doch schon glücklich, wenn wir jemanden treffen, der seine Menschlichkeit noch nicht verloren hat. Wie gut, dachte ich, wenn sich bei einem wichtigen und ernsten Anlaß plötzlich viele besinnen, daß sie Menschen sind.

Dann sah ich wieder das Pferd, wie es auf der Seite lag und wie sich seine andere Flanke dampfend hob und senkte, wie es sein graubereiftes Maul hochreckte und hilflos mit den Beinen zappelte. Und ich begriff: das Pferd ist wie ein enorm wertvoller Mensch, den man anbeten und bemitleiden möchte, und kein Anblick ist trauriger als ein gefallenes Pferd.

Schön. Alles gut und schön, aber der Krankenschein! Ich habe keinen. Wie nun weiter?

Auf einmal kriecht mich ungeheure Schwermut an – ich möchte nicht mehr leben. Irgendwas stimmt nicht an meinem Charakter. Ich habe nicht das Recht, frei herumzulaufen und zu tun, als wäre ich wie alle. Wenigstens isolieren müßte man mich. Einlochen? . . . Bitte sehr!

– Ich sitze im Gefängnis und fange endlich an, etwas Wichtiges zu begreifen. Dieses Etwas muß es doch geben. Es ist der Schlüssel zu allem, zu allem. Und jetzt habe ich diesen Schlüssel.

Womöglich fiele dann alle Unruhe von mir ab, fände ich die Kraft, meine Umgebung zu sehen und zu verstehen. Könnte Sinn und Zweck begreifen. Dann würde ich alles aus mir herausholen und alles leisten, wozu ich imstande bin. Doch vielleicht würde ich auch, ohne zu verstehen, einfach wie durch ein Wunder eines frühen Morgens als ausgeglichener, einfacher Mensch erwachen.

Jedoch ich sitze nicht im Gefängnis. Keine Gitter, keine Mauern. Ich gehe über grauen, zertretenen Schnee. Häuser. Straßen. Ich kann gehen, wohin ich will: nach links, nach rechts oder geradeaus.

Genieße also so etwas wie Freiheit . . . Oder?

Ich sehe eine Bierhalle mit Getränkeautomaten und gehe hinein. Früher war es einfach eine Bierstube, die hatte ihre Stammgäste, ihren Mikrorayon und ihre Mikrowelt, da kannte jeder jeden, da trank man Wodka in Lärm und Rauch. Jetzt stehen dort Schanktische aus häßlichem grauem Marmor und chromblitzende Automaten, Rauchen ist nicht erwünscht und der Genuß von Spirituosen verboten. Aber die Leute konnten sich von dem gewohnten Ort nicht trennen, sie kommen immer noch hin, und die Bierstubenatmosphäre ist geblieben. Noch immer wird geraucht und Wodka getrunken, finden Gescheiterte ein Asyl in dem Lärm, wo jeder jeden kennt. Allem Anschein nach sehen sogar die Automatenchefs ein, daß es zwecklos wäre, dagegen einzuschreiten. Ein roter Automat spuckt ein hübsches »Wolga-Weinchen« für mich aus, sooft ich will. Ich will es schon zum soundsovielten Mal.

Schwankend trete ich auf die Straße. Es ist schon dunkel, und ich bin wieder friedlich und still, kann mich an nichts, was gewesen ist, mehr erinnern. Zwischen zwei wildfremden Häusern gerate ich in eine Anlage. Hier brennen keine Laternen, nur aus den Fenstern dringt ein bißchen Licht, davon fallen blaue Schatten auf den Schnee. Ein Bürschchen hat sich eine Stadt aus Schnee gebaut und krabbelt drin herum und läßt seinen Laster fahren. Ich plumpse auf die Bank neben ihm. Er lebt ja richtig in seiner kleinen Schneestadt, denke ich. Er spielt nicht, er lebt. Ich kann ihn gut verstehen. Ich habe selber eine irrsinnige Lust, jetzt auf allen vieren durch

knirschenden Pulverschnee zu kriechen und in der Stadt zu wohnen. Ich möchte aber nicht bloß wieder ein kleiner Junge sein, sondern noch viel kleiner. Ein ganz winziges Menschlein möchte ich sein, für das diese Schneestadt wirklich eine Stadt ist und die Häuser riesige Gebäude. Klein und unsichtbar gehe ich durch die verschneiten Straßen und klettere auf riesige Schneeberge ... Ich rutsche von der Bank und krabbele auf allen vieren zu dem Jungen. Der schielt mich mißtrauisch an.
»Hab keine Angst, Junge«, sage ich, »ich bin auch aus dieser Stadt.«
Er reißt die Augen auf und bleibt stumm.
»Wir werden zusammen drin wohnen«, sage ich und fühle alberne weinselige Tränen über meine Wangen rinnen.
»Onkelchen, du bist betrunken«, sagt der Junge.
»Ich bin nicht betrunken«, sage ich, »ich weine nicht mehr. Wir beide wohnen jetzt in deiner Stadt, du läßt mich der Fahrer sein von deinem Laster.«
»Betrunken darf man nicht ans Lenkrad«, sagt der Junge streng.
»Ich bin nicht betrunken, und ich werde mich nie mehr betrinken«, sage ich.
Und nun fahre ich den Laster, er hat Schnee geladen. Ich krieche auf allen vieren durch die engen Straßen der Schneestadt und schiebe den Laster vor mir her.
»Onkelchen, du machst mir meine Stadt kaputt!« sagt der Junge.
»Ich mache nichts kaputt«, sage ich, »ich bin nur ein winziges Männlein. Gegen mich bist du ein Riese. Ich bin ganz winzig, ich kann unsere Stadt gar nicht kaputtmachen.«
Ich fahre den Laster vor ein großes Schneehaus und lade ab. Stelle den Laster in seine Schneegarage. Die Arbeit ist getan, jetzt kann ich ausruhen. Lange suche ich in der Schneestadt umher nach einem Haus, in dem ich wohnen werde. Endlich finde ich eins. Es ist ein schönes Haus, man muß es nur ein bißchen ausbessern. Und ein Stück anbauen, für unser Pferd.

Ich bastele lange an dem Haus herum. Nun ist es fertig. Jetzt kann ich den Jungen rufen. Schön geräumig ist das Haus, es hat Platz genug für uns beide.
»Junge«, rufe ich, »Junge! Wo bist du?«
Ich gehe nach Hause. Mir ist schlecht. Ich taumele. Ich begreife schon alles. Nur ist mir wahnsinnig schlecht. Ich möchte einen Eimer voll Kissel trinken, mich ausziehen und auf die weißen, frisch abgezogenen und gescheuerten Holzdielen legen. So daliegen und ihren Holzgeruch atmen und hinüberdämmern ... Wieso spuken mir diese Dielen im Kopf rum?
An mehr erinnere ich mich nicht. Am Morgen schlage ich die Augen auf und finde mich ausgekleidet in meinem Bett. Mama ist bei mir, sie blickt besorgt und traurig. Ich schäme mich, schäme mich irrsinnig, möchte vergehen vor Scham, mich in Luft auflösen, so daß nur ein sauberes, unbenutztes Bett zurückbleibt. Wieder möchte ich unsichtbar sein.
»Gräm dich nicht, Vitja«, sagt Mama. »Es wird ja alles gut. Deine Mama bleibt immer bei dir ...«
So zu reden ist schlimmer, als einen umzubringen. Ich fühle, daß ich gleich über die Dielen kriechen und mich winden werde wie ein Wurm. Ich hasse mich ...
Ich frühstücke bis zum Geht-nicht-mehr und ziehe mich an, um zur Arbeit zu gehen. Und fürchte die ganze Zeit nichts so sehr, wie Mamas Blick zu begegnen. Ich weiß, wie er ist, dieser Blick, wenn Vorwurf und Tadel bereits daraus verschwinden. Ich fürchte ihn, weil mich dann Verzweiflung befällt. Als ich angezogen bin, trete ich mit niedergeschlagenen Augen zu Mama und küsse sie auf die Stirn.
»Verzeih mir, Mama«, sage ich und laufe eilig, fast wie ein Dieb, aus dem Haus.
Ich sitze im Bus, und diesmal gelingt es mir weder zu fliegen noch Hypnotiseur oder Detektiv zu sein ... Ich erinnere mich nur daran. Und indem ich mich erinnere, mache ich eine merkwürdige Entdeckung. Früher, mir scheint, es ist schon eine Ewigkeit her, da flog ich einfach, machte mich einfach

unsichtbar oder vollbrachte eine gute Tat oder verging vor Mitleid. Tat es, ohne es überhaupt zu merken. Jetzt sind alle meine Träume albern und leer und nehmen schon im Traum ein jähes Ende. In keinem gibt es einen Sieg oder Triumph. Immer nur Zweifel oder Enttäuschung und der vorauszusehende traurige Ausgang. So leer und albern träume ich ... Ist das nun Erfahrung? Wird daraus, nur ins Abscheuliche gesteigert, nun Reife und Weisheit? Und auf die gleiche bequeme Weise werde ich älter; nach und nach verzichte ich auf alles und sage mir: Wie war ich damals doch naiv und dumm, so ohne jede Einsicht und Verstand, und darüber werde ich noch beruhigt und zufrieden sein. Zum Teufel, zum Teufel damit ...

Nun bin ich also wieder im Büro. Als erster läuft mir der Chef über den Weg.

»Na, Vitja, was war denn mit Ihnen?« fragt er.

Ich fühle mich plötzlich außerstande zu lügen und bleibe stumm.

»Waren Sie krank?«

»Nein«, sage ich.

»Was dann?« fragt der Chef verwundert.

»Ich konnte nicht«, sage ich und habe das Gefühl, daß ich damit noch die Wahrheit sage, ich konnte ja wirklich nicht; wenn ich so etwas sage, bin ich noch ehrlich.

Der Chef kehrt sein Taktgefühl hervor und fragt nicht weiter. Habe ich auch nicht anders erwartet, denke ich. Aber dann schäme ich mich doch, ich unterdrücke meine Scham.

»Haben Sie die Korrekturen vorgenommen?« fragt der Chef.

»Habe ich noch nicht geschafft«, sage ich und tröste mich: Ich habe es doch wirklich nicht geschafft ...

»Was denn – nicht?« sagt der Chef. »Kommen Sie mit in mein Zimmer, Vitja.«

Ich trotte ihm nach in sein Zimmer. Der Chef läßt sich in seinen Sessel plumpsen, der Sessel gibt nach unter seinem Gewicht. Ich stehe vorm Schreibtisch und sehe den Chef

nicht an. Auf seinem aufgeräumten Tisch entdecke ich die amerikanische Heftmaschine und kann den Blick nicht davon losreißen.
»Na, schießen Sie los, Vitja«, sagt der Chef in seinem besonders freundlichen Ton.
Ich schweige. Der Chef kehrt wieder sein berühmtes Taktgefühl hervor und fragt nichts weiter. Er redet selbst.
»Was soll das, Vitja? Ich kenne deinen Vater, du bist mit meinem Jungen zusammen zur Schule gegangen ... Du weißt, wie ich zu dir stehe. Du bist doch ein gescheiter, begabter Bursche ... Wie soll ich mir dein Verhalten erklären?«
Ich schweige. Ich weiß, es ist besser, ich rede nicht. Vielleicht meint er es wirklich gut mit mir. Vielleicht will er mir entgegenkommen und mich behalten, obwohl ich es gar nicht verdiene. Vielleicht gibt er mir noch Zeit, mich zu bewähren. Nein, besser nichts versprechen. Das ist ehrlicher. Lieber schweige ich mich aus und warte ab, bis er selbst entscheidet und mich schulterklopfend entläßt.
Der Chef macht eine Pause und fährt fort: »Du bist doch ein erwachsener Mensch, Vitja ... Du erinnerst dich doch noch gut an diejenigen, die mit dir zusammen die Schule verlassen haben? Kucharskij, Potechin und Mjasnikow sind bereits Aspiranten. Moskwin und Nomokonow haben eine Perspektive als wissenschaftliche Mitarbeiter an großen Instituten. Saporoshtschenko ist schon Hauptmann ... Du warst doch keineswegs weniger begabt als sie?«
Er macht abermals eine Pause, danach wird sein Ton scherzhaft: »Die Probezeit ist zu Ende, nicht wahr? Und was ist herausgekommen? Ein Schmarren. Ich kann dir zwar noch eine Chance geben ... Aber ich müßte sicher sein ...«
Ich stehe da und schweige. Das ist noch keine Lüge.
»Ja dann, Vitja ...«
In mir erhebt sich ein stiller Tumult. Alles im Zimmer entschwebt und entgleitet. Alles verschwimmt. Ich sehe und höre nichts mehr.

Ich sehe nur den Kaktus auf dem Fensterbrett. Jeden einzelnen Stachel. Der Kaktus ist grün, die Stacheln sind rötlich. Der Himmel draußen – seltsam blau. Schnee glitzert. Der Kaktus und Schnee. Eine rote Straßenbahn mit weißem Dach biegt um die Kurve. Der Kaktus und die Straßenbahn. Und die Kirchenkuppel, sie ist so blau, daß sie mit dem Himmel verschmilzt. Der Kaktus und die Kirche. Das Schwarzweiß der Bäume. Das ist ja meine Anlage! Die mich immer so froh macht nach der Arbeit . . .
Die Fensterscheibe hat überm Kaktus eine Blase. Ein wunderbarer Anblick, diese Blase! Himmel, Schnee, Straßenbahn, Bäume und Kirchenkuppel – alles hat drin Platz, seltsam verzerrt und so leuchtend bunt. Da – die Schneestadt. Es wohnt jemand drin, ein winziges Männlein . . . Wie es mich wohl sehen mag von dort unten?

Wassilij Axjonow

Der Sieg

Eine Geschichte mit Übertreibungen

Im Abteil eines Schnellzugs spielte ein Großmeister mit einem zufälligen Reisegefährten Schach.

Der Mann hatte den Großmeister sofort erkannt, als dieser das Abteil betrat, und es flammte in ihm der unvorstellbare Wunsch nach einem unvorstellbaren Sieg über den Großmeister auf. »Warum eigentlich nicht«, dachte er und warf verschmitzte Blicke des Erkennens auf den Großmeister. »Warum eigentlich nicht, bei so einem Schwächling.«

Der Großmeister begriff sofort, daß man ihn erkannt hatte, und betrübt fand er sich damit ab: Mindestens zwei Partien waren unausweichlich. Er erkannte auch sofort diesen Typ Mensch. Zuweilen sah er von dem Fenster des Schachklubs aus auf dem Gogolewskij-Boulevard die rosigen steilen Stirnen solcher Leute.

Als sich der Zug in Bewegung setzte, streckte sich der Reisegefährte des Großmeisters naiv-listig und fragte gleichmütig:

»Wie wär's mit einem Spielchen Schach, Genosse?«

»Ja, warum nicht«, murmelte der Großmeister.

Der Reisegefährte beugte sich aus dem Abteil, rief die Schaffnerin, das Schachspiel kam, er griff danach, zu hastig für seinen Gleichmut, er schüttete die Figuren aus, nahm zwei Bauern, umschloß sie fest mit den Fäusten und hielt die Fäuste dem Großmeister hin. Auf der Wölbung zwischen Daumen und Zeigefinger der linken Faust stand die Tätowierung »G. O.«.

»Die linke«, sagte der Großmeister und verzog ein wenig das Gesicht, als er sich Schläge von diesen Fäusten, der linken und der rechten, vorstellte.

Er erhielt die Weißen.
»Wir müssen doch die Zeit totschlagen, nicht wahr? Unterwegs ist Schach eine feine Sache«, sprach G. O. gutmütig, während er die Figuren aufstellte.
Sie spielten schnell nordisches Gambit, dann geriet alles durcheinander. Der Großmeister blickte aufmerksam auf das Brett und machte kleine, bedeutungslose Züge. Einige Male erschienen blitzartig vor seinen Augen mögliche mattsetzende Züge mit der Dame, aber er löschte dieses Feuer, indem er seine Lider senkte und einem innerlich dröhnenden, quälenden, kläglichen Ton nachgab, ähnlich dem Summen einer Mücke.
»Chas-Bulat, du bist kühn, und dein Häuschen ist arm«, dehnte G. O. denselben Ton.
Der Großmeister war die Akkuratesse selbst, die Verkörperung von Strenge in Kleidung und Manieren, was für unsichere und leicht verletzbare Menschen so charakteristisch ist. Er war jung, trug einen grauen Anzug, ein helles Hemd und eine schlichte Krawatte. Niemand außer ihm selbst wußte, daß seine schlichten Krawatten das Markenzeichen »Dior« trugen. Dieses kleine Geheimnis erwärmte und tröstete den jungen und schweigsamen Großmeister immer irgendwie. Auch die Brille half ihm oft genug, die Unsicherheit und Zaghaftigkeit seines Blicks vor Fremden zu verbergen. Er war unglücklich über seine Lippen, die sich ständig zu einem kläglichen Lächeln verzogen oder zuckten. Er hätte seine Lippen gern vor fremden Augen verborgen, aber das war in Gesellschaft bisher leider nicht üblich.
Das Spiel G. O.s erstaunte den Großmeister und stimmte ihn traurig. An der linken Flanke drängten sich die Figuren derart zusammen, daß ein Gewirr trügerischer und rätselhafter Zeichen entstand. Die ganze linke Flanke roch nach Latrine und Chlor, nach dem säuerlichen Dunst einer Kaserne, nach nassen Küchenlappen, und aus der frühen Kindheit stieg der Geruch von Rizinusöl und Durchfall auf.
»Sie sind doch der Großmeister X?« fragte G. O.

»Ja«, bestätigte der Großmeister.
»Ha-ha-ha, welch ein Zufall!« rief G. O. aus.
»Welch ein Zufall? Von was für einem Zufall redet er? Undenkbar! Konnte so etwas passieren? Ich lehne ab, nehmen Sie meine Absage zur Kenntnis«, dachte der Großmeister wie in Panik, aber dann verstand er, worum es ging, und lächelte.
»Ja, natürlich, natürlich.«
»Sie sind zwar ein Großmeister, aber ich setze Ihnen eine Gabel auf den Turm und die Dame«, sagte G. O. Er hob die Hand. Der Springer-Provokateur hing über dem Brett.
»Die Gabel in den Hintern«, dachte der Großmeister. »Das ist ein Gäbelchen! Großvater hatte seine eigene Gabel und erlaubte niemandem, sie zu benutzen. Eigentum. Eine eigene Gabel, Löffel und Messer, eigene Teller und ein Fläschchen für die Spucke. Und auch einen Leierspielerpelz, einen schweren Pelz aus lockigem Fell. Der hing am Eingang. Der Alte ging fast nie aus. Eine Gabel auf Großvater und Großmutter. Schade, die Alten zu verlieren.«
Während der Springer über dem Brett hing, flimmerten vor den Augen des Großmeisters erneut die leuchtenden Linien und Punkte möglicher Kombinationen und Opfer, die zum Matt führen würden. Die Kruppe des Pferdchens, des Springers, bei dem sich der schmutziglila Filz ablöste, war leider so überzeugend, daß der Großmeister mit den Achseln zuckte.
»Geben Sie den Turm auf?« fragte G. O.
»Was soll man machen.«
»Sie opfern den Turm, um anzugreifen. Stimmt's?« fragte G. O., der sich immer noch nicht entschließen konnte, den Springer auf das ersehnte Feld zu setzen.
»Ich rette einfach die Dame«, murmelte der Großmeister.
»Stellen Sie mir keine Falle?« fragte G. O.
»Nein, wirklich nicht, Sie sind ein starker Spieler.«
G. O. machte seine heißersehnte »Gabel«. Der Großmeister versteckte die Dame in einer abgelegenen Ecke hinter der

Terrasse, hinter der halbverfallenen steinernen Terrasse mit den geschnitzten angefaulten kleinen Pfosten, wo es im Herbst scharf nach fauligen Ahornblättern roch. Man kann hier in bequemer Körperhaltung längere Zeit sitzen, kauernd. Es ist gut hier; zumindest leidet das Ehrgefühl nicht. Als er sich kurz erhob und hinter der Terrasse hervorblickte, sah er, daß G. O. den Turm genommen hatte.

Das Eindringen des schwarzen Springers in das Gedränge auf der linken Flanke, die Einnahme des Feldes b 4 gab ihm auf jeden Fall Stoff zum Nachdenken.

Der Großmeister begriff, daß ihm für diese Variante, an diesem grünen Frühlingsabend Jugendmythen allein nicht genügten. Gewiß, die reizendsten Närrchen wandern durch die Welt – Billy, der Schiffsjunge, Harry, der Cowboy, die Schönen Mary und Nelly, und die Brigantine hißt die Segel, aber es kommt der Moment, wo Sie die gefährliche und reale Nähe des schwarzen Springers auf Feld b 4 fühlen. Es stand ein Kampf bevor, ein komplizierter, scharfer, spannender Kampf, der Umsicht verlangte. Wie das Leben selbst.

Der Großmeister gewann einen Bauern, holte sein Taschentuch hervor und schneuzte sich. Einige Augenblicke völliger Einsamkeit, in denen seine Lippen und seine Nase vom Taschentuch verdeckt waren, versetzten ihn in eine banalphilosophische Stimmung. »Nun hast du mal wieder etwas erreicht«, dachte er, »und was weiter? Das ganze Leben lang erreichst du irgend etwas. Es kommt der Sieg, doch er bringt keine Freude. Zum Beispiel die Stadt Hongkong, weit entfernt und höchst rätselhaft, aber ich war schon dort. Ich war schon überall.«

Der Verlust des Bauern bereitete G. O. wenig Verdruß; denn er hatte ja gerade einen Turm gewonnen. Er antwortete dem Großmeister mit einem Zug der Dame, der Sodbrennen und einen kurzen Anfall von Kopfschmerzen hervorrief.

Der Großmeister begriff, daß ihm noch so manche Freude bevorstand. Zum Beispiel die Freude der langen, über die ganze Diagonale verlaufenden Züge des Läufers. Den Läufer ein bißchen übers Brett zu ziehen – das ersetzt irgendwie das rasche Gleiten einer Jolle auf dem sonnigen, leicht mit Entenflott bedeckten Wasser eines Teiches irgendwo bei Moskau, aus dem Licht in den Schatten, aus dem Schatten ins Licht. Der Großmeister verspürte ein unüberwindliches, leidenschaftliches Verlangen, Feld h 8 einzunehmen; denn es war das Feld der Liebe, der Hügel der Liebe, über dem durchsichtige Libellen schwebten.

»Geschickt haben Sie mir jetzt den Turm weggenommen, und ich hab's verschlafen«, sagte G. O. mit Baßstimme. Nur das letzte Wort verriet seine Gereiztheit.

»Verzeihen Sie«, sagte der Großmeister leise. »Wenn Sie die Züge zurücknehmen wollen?«

»Nein, nein«, sagte G. O. »Keinerlei Nachsicht, ich flehe Sie an.«

»Ich geb einen Dolch, ich gebe mein Pferd und gebe mein eignes Gewehr ...«, stimmte er an, während er sich in strategische Überlegungen versenkte.

Das stürmische sommerliche Fest der Liebe auf dem Feld bereitete dem Großmeister keine Freude und beunruhigte ihn zugleich. Er spürte, daß sich in der Mitte bald äußerlich logische, doch innerlich absurde Kräfte zusammenballen würden. Wieder wird Mißklang zu hören sein, und es wird nach Chlor riechen wie in jenen entfernten Korridoren des verfluchten Gedächtnisses auf der linken Flanke.

»Interessant! Warum sind eigentlich alle Schachspieler Juden?« fragte G. O.

»Wieso denn alle?« sagte der Großmeister. »Ich zum Beispiel bin kein Jude.«

»Wirklich?« wunderte sich G. O. und fügte hinzu: »Denken Sie nicht, daß ich so einer bin. Ich habe diesbezüglich keinerlei Vorurteile. Es interessiert mich einfach.«

»Nun, und Sie zum Beispiel«, sagte der Großmeister, »Sie sind doch auch kein Jude.«

»Ich? Ach wo!« brummte G. O. und vertiefte sich von neuem in seine geheimen Pläne.

»Tu ich das, macht er das«, dachte G. O. »Nehme ich hier, nimmt er dort; dann zieh ich hierhin, und er antwortet so ... Ich werde ihn sowieso fertigmachen, werde ihn sowieso vernichten. Pah, du Vitamin-B-Großmeister, ein Dünnblütler bist du im Vergleich mit mir. Ich kenne eure Meisterschaften: Alles wird im voraus abgesprochen. Ich werde dich in jedem Fall zermalmen, komme, was da wolle!«

»Jaja, ich bin nicht mehr ganz in Form«, sagte er zu dem Großmeister, »aber das macht nichts, es ist noch nicht aller Tage Abend.«

Er startete eine Attacke in der Mitte, und wie vorauszusehen verwandelte sich die Mitte natürlich sofort in ein Feld sinnloser und schrecklicher Aktivitäten. Das war Nicht-Liebe, Nicht-Begegnung, Nicht-Hoffnung, Nicht-Gruß, Nicht-Leben. Grippaler Schüttelfrost und wieder gelber Schnee, Nachkriegsungemütlichkeit, der ganze Körper juckt. Die schwarze Dame krächzte in der Mitte wie eine verliebte Krähe, Krähenliebe; außerdem kratzte man bei den Nachbarn mit dem Messer an einer Zinnschüssel herum. Nichts bewies so deutlich die Sinnlosigkeit und das Gespenstische des Lebens wie diese Position in der Mitte. Es war Zeit, das Spiel zu beenden.

»Nein«, dachte der Großmeister, »es gibt doch noch etwas anderes.«

Er schaltete eine Tonbandspule mit Klavierstücken von Bach ein und beruhigte sein Herz mit reinen Klängen, die so eintönig waren wie das Plätschern der Wellen. Dann trat er aus der Datscha und ging zum Meer. Über ihm rauschten die Kiefern, und unter seinen nackten Füßen spürte er einen glatten und federnden harschen Nadelteppich.

Während er an das Meer dachte und es nachahmte, begann er die Positionen zu enträtseln und in Einklang zu bringen. In seiner Seele wurde es plötzlich rein und hell. Mit der Folgerichtigkeit einer Bachschen Koda wurde Schwarz matt gesetzt. Die Mattkombination erstrahlte in schlichter Schönheit, vollendet wie ein Ei. Der Großmeister blickte G. O. an.

Jener schwieg und blickte stiernackig in das tiefste Hinterland des Großmeisters. Daß sein König matt war, bemerkte er nicht. Der Großmeister schwieg, er fürchtete, den Zauber dieses Augenblicks zu verletzen.

»Schach«, sagte G. O. leise und vorsichtig, während er seinen Springer versetzte. Er konnte kaum sein inneres Aufheulen unterdrücken.

... Der Großmeister schrie auf und ergriff die Flucht. Stampfend und pfeifend liefen der Besitzer der Datscha, der Kutscher Euripides und Nina Kusminitschna hinter ihm her. Alle hinter sich lassend, holte der von der Kette losgelassene Hund Notschka den Großmeister ein.

»Schach«, sagte G. O. noch einmal, während er seinen Springer umstellte und, von quälendem Verlangen gepeinigt, schluckte.

... Man führte den Großmeister durch einen Gang inmitten einer verstummten Menschenmenge. Derjenige, der hinter ihm ging, berührte leicht seinen Rücken mit irgendeinem festen Gegenstand. Ein Mensch in schwarzem Uniformmantel mit SS-Blitzen auf dem Kragenspiegel wartete vorn auf ihn. Ein Schritt – eine halbe Sekunde, noch ein Schritt – eine Sekunde, noch ein Schritt – anderthalb, noch ein Schritt – zwei ... Die Stufen nach oben. Warum nach oben? Solche Dinge muß man doch in einer Grube tun. Man muß tapfer sein. Ist das unbedingt nötig? Wie lange dauert es, wenn einem ein stinkender Bastsack über den Kopf gestülpt wird? Nun war es ganz dunkel geworden, und das Atmen fiel schwer; nur irgendwo, sehr weit weg, spielte das Orchester mit Bravour: »Chas-Bulat, du bist kühn.«

»Matt!« schrie G. O. wie eine Trompete.

»Na, sehen Sie«, murmelte der Großmeister, »ich gratuliere!«

»Uff«, sagte G. O., »uff, och, ich bin direkt ins Schwitzen gekommen, wirklich unglaublich, so was, zum Teufel! Unglaublich, ich habe dem Großmeister ein Matt verpaßt! Unglaublich, aber eine Tatsache!« brach er in lautes Gelächter aus. »Toll bin ich!« Scherzhaft streichelte er sich selbst über den Kopf. »Ach, mein Großmeister, mein Großmeister«, fing er an zu summen, legte dem Großmeister die Hände auf die Schultern und drückte sie freundschaftlich. »Mein lieber, junger Mann ... Ihre Nervchen haben's nicht ausgehalten, stimmt's? Geben Sie's zu!«

»Jaja, ich bin durchgedreht«, bestätigte der Großmeister hastig.

Mit einer ausholenden, freien Geste fegte G. O. die Figuren vom Brett. Es war ein altes Brett mit Rissen, hier und da hatte sich die polierte Oberfläche gelöst, das gelbe gequälte Holz war entblößt, hier und da sah man Spuren runder Flecken, die von einstmals hier abgestellten Teegläsern stammten.

Der Großmeister schaute auf das leere Brett, auf vierundsechzig absolut gleichmütige Felder, die nicht nur sein eigenes Leben, sondern auch eine unendliche Zahl anderer Leben aufnehmen konnten, und dieser unendliche Wechsel der hellen und dunklen Felder erfüllte ihn mit Ehrfurcht und stiller Freude. »Es scheint«, dachte er, »ich habe keine großen Niederträchtigkeiten in meinem Leben begangen.«

»Und erzählt man so was, wird einem keiner glauben«, seufzte G. O. verbittert.

»Warum sollte man es nicht glauben? Was ist denn daran so unwahrscheinlich? Sie sind ein starker, energischer Spieler«, sagte der Großmeister.

»Niemand wird's glauben«, sagte G. O., »man wird sagen, daß ich aufschneide. Was habe ich schon für Beweise?«

»Moment mal«, der Großmeister fühlte sich leicht gekränkt und blickte auf G. O.s rosige steile Stirn. »Ich gebe Ihnen ein überzeugendes Beweisstück. Ich wußte, daß ich Ihnen begegne.«

Er öffnete seine Aktentasche und entnahm ihr eine handflächengroße goldene Plakette, auf der schön eingraviert stand: »Der Besitzer dieser Plakette besiegte mich in einer Partie Schach. Großmeister X.«

»Es muß nur noch das Datum eingetragen werden«, sagte er,

holte aus der Aktentasche ein Gravurbesteck und gravierte schön das Datum in eine Ecke der Plakette.
»Das ist reines Gold«, sagte er, als er die Plakette überreichte.
»Ehrlich?« fragte G. O.
»Absolut reines Gold«, sagte der Großmeister. »Ich habe bereits mehrere solcher Plaketten bestellt und werde die Vorräte immer wieder ergänzen.«

Valentin Rasputin

Wassilij und Wassilissa

Wassilissa wird früh wach. Im Sommer wecken sie die Hähne, im Winter aber traut sie den Hähnen nicht: sie könnten wegen der Kälte verschlafen, ihr aber darf das nicht passieren. Eine Weile liegt sie dann noch im Bett, und es geht ihr durch den Kopf, daß sie heute dies und jenes zu tun hat – sie legt den Tag sozusagen auf die Waage und schätzt ab, ob er schwer wird oder nicht. Dann seufzt Wassilissa und läßt ihre Füße vom Holzbett auf den gestrichenen Boden herab – gleich nach ihr seufzt auch das Bett, dann beruhigen sich beide. Wassilissa zieht sich an und blickt dabei auf die Wand gegenüber; sie sagt sich, daß sie, Gott sei Dank, endlich die Schaben beseitigt hat, nicht eine einzige ist mehr zu sehen.

Dieser Zustand zwischen Schlafen und Wachen hält bei ihr nicht lange an. Sie bemerkt ihn überhaupt nicht, es ist für sie nur ein Schritt vom Schlaf zur Arbeit, ein einziger Schritt. Wenn sie erst angezogen ist, beginnt sie sofort herumzulaufen. Sie heizt den russischen Ofen an, steigt in den Keller und holt Kartoffeln, läuft in den Schuppen und holt Mehl, stellt gußeiserne Töpfe in den Ofen, macht ein Getränk für das Kalb fertig, versorgt Kuh, Schwein und Hühner, melkt die Kuh, seiht die Milch durch ein Gazetuch und füllt sie in alle möglichen Gefäße und Gläser. – Sie erledigt tausenderlei Dinge – und setzt schließlich den Samowar auf.

Sie setzt den Samowar gern auf. Die erste Welle der Arbeit ist abgeebbt, der frühe Morgen vorüber, und nun verspürt Wassilissa für gewöhnlich Durst. Sie teilt den Tag nicht in Stunden, sondern in Samoware ein: der erste Samowar, der zweite, der dritte ... Das Teetrinken ersetzt ihr auf ihre alten Tage fast alle anderen Freuden.

Noch ist sie geschäftig, hantiert mit Töpfen, schaut dabei aber immer wieder zum Samowar hinüber: schon zischt er leise, dann schnauft er, und endlich brummt und brodelt er. Wassilissa stellt den Samowar auf den Tisch hinüber, setzt sich ganz dicht neben ihn und seufzt. Sie seufzt ständig, ihre Seufzer haben viele Nuancen – von Freude und Erstaunen bis hin zu Schmerz und Leid.

Wassilij steht nicht so früh auf: wozu denn auch. Das einzige Fenster in seiner Scheune, das klein ist wie das in einem Dampfbad, ist nachts zugehängt: Wassilij mag das Mondlicht nicht, ihm ist, als ob Kälte vom Mond ausgehe. Sein Bett steht mit dem Kopfende am Fenster, am anderen Ende befindet sich ein kleiner Tisch. An Nägeln neben der Tür sind Jagd- und Angelgeräte aufgehängt, über ihnen Halbpelze und Wattejacken. Wenn Wassilij aufgewacht ist, zieht er den Vorhang vom Fenster zurück und blinzelt wegen des plötzlich hereinfallenden Lichtes mit den Augen. Hat er sich aber erst an die Helligkeit gewöhnt, sieht er hinaus: Na, wie steht's draußen mit Schnee, Regen und Sonne? Schweigend zieht er sich an, vollkommen wortlos, ohne zu schnaufen, zu ächzen oder zu stöhnen.

Wenn Wassilij das Haus betritt, dreht sich Wassilissa nicht um. Er nimmt am anderen Ende des Tisches Platz und wartet. Ohne ein Wort zu verlieren, schenkt Wassilissa ihm ein Glas Tee ein und stellt es in die Mitte des Tisches. Er nimmt das Glas zu sich herüber und trinkt einen ersten Schluck, der die Kehle verbrüht und wie ein harter Kloß in sein Inneres fällt.

Wassilissa trinkt ihren Tee und beißt dazu kleine Stückchen vom Würfelzucker ab. Wassilij trinkt seinen Tee ungesüßt, er mag keinen Zucker. Er meint, man solle alles auf reine, ursprüngliche Art zu sich nehmen: Wodka also pur, Tee – ohne Zucker. Er trinkt seinen Tee aus und stellt das Glas in die Tischmitte zurück. Wassilissa nimmt das Glas, gießt es voll und stellt es dann wieder in die Mitte.

Keiner sagt etwas. Im Bett, das an der Wand steht, schläft, ganz zusammengerollt, Pjotr, der jüngste Sohn von Wassilij und Wassilissa. Seine nackten Knie schauen unter der Decke hervor – so ist es immer, Sommer wie Winter.

Wassilissa seufzt und gießt auch für sich noch ein Glas Tee ein. Wassilij stellt sein Glas zurück zur Tischmitte, steht auf und geht fort. Auch wenn er fortgeht, dreht Wassilissa sich nicht um.
»He, du Faulpelz«, sagt sie zu Pjotr, »steh auf, du wirst dich noch wundliegen.«
Pjotr öffnet unwillig seine Augen und versteckt die Knie unter der Decke.
»Steh auf, Faulpelz«, sagt Wassilissa noch einmal ohne ärgerlichen Unterton. »Du bist hier nicht an der Lena! Trink deinen Tee und verschwinde!«
Pjotrs Frau, Tanja, erwacht ebenfalls, sie braucht aber nicht zu arbeiten, denn sie erwartet ein Kind.
»Bleib du nur im Bett«, sagt Wassilissa zu ihr. »Du hast doch nichts vor. Unser Faulpelz, der muß raus!«
Alle Faulenzer lassen sich für Wassilissa in drei Gruppen einteilen: zunächst der einfache Faulenzer oder der Anfänger, dann das Faultier – ein gestandener Faulenzer mit langjähriger Erfahrung und schließlich der Faulpelz – ein Faulenzer, der überhaupt nicht mehr zu retten ist. Die Einordnung in die dritte Gruppe hat Pjotr nicht verdient, und Wassilissa weiß, daß sie ihm unrecht tut, aber sie muß etwas zu meckern haben.
»Ein Faulpelz – er ist eben ein Faulpelz«, brummt sie.
Und schon ist Wassilissa wieder in der Küche, sie kocht und brät weiter. Der Tag hat gerade erst begonnen. Wassilissa seufzt – sie hat den ganzen Tag noch vor sich.

Fast dreißig Jahre lebt Wassilij nun schon in der Scheune, in der mittleren von dreien, die zusammen ein Gebäude bilden. Die Scheune – ohne Kornspeicher – ist klein und sauber, mit einem Fußboden, ebenso ordentlich gearbeitet wie in einem Bauernhaus, und mit einer sorgfältig gezimmerten Decke. Im Sommer übernachteten hier früher die Kinder, doch das ist lange, sehr lange her – Wassilij lebte damals noch im Haus.
Im Winter holt er sich einen kleinen eisernen Ofen in die

Scheune. Seitdem Pjotr dem Vater vor fünf Jahren elektrisches Licht gelegt hat, bauen die Schwalben ihre Nester nicht mehr über der Scheunentür und sind fortgezogen. Anfangs war Wassilij ein wenig traurig, denn er hatte ihnen so gern zugeschaut, doch schon bald vermißte er sie nicht mehr.
Nur einmal am Tag, wenn die jungen Leute noch schlafen, kommt Wassilij ins Haus, und Wassilissa schenkt ihm ein Glas starken, heißen Tee ein. Sie sitzt am einen Ende des Tisches, er am anderen. Sie schweigen – keiner sagt ein einziges Wort, so als ob einer den anderen gar nicht wahrnehme, und nur durch das Glas, das in der Mitte des Tisches steht, weiß jeder, daß der andere anwesend ist. Sie schweigen, aber es ist ein Schweigen ohne Spannung, eigentlich kein richtiges Schweigen, sondern etwas völlig Normales: ein physischer Zustand ohne Worte; niemand erwartet sie, und keiner vermißt sie.
Mittag- und Abendbrot ißt Wassilij allein in der Scheune. Er hat etwas Geschirr und kann inzwischen für sich selbst kochen. Zugegeben, seine Kochkünste sind nicht überragend – meistens gibt es Grütze oder Makkaroni mit Konserven, manchmal aber auch frisches Fleisch, wenn er bei der Jagd erfolgreich war.
An solchen Tagen ißt auch Pjotr bei ihm – immer wieder läuft er ins Haus hinüber, um etwas zu holen: eine Bratpfanne, Salz, eine zweite Gabel, ein zweites Glas – und das heißt, daß die beiden zur Feier des Tages einen heben wollen.
»Wenn du dort versackst, brauchst du hier gar nicht mehr aufzutauchen!« ruft Wassilissa ihm hinterher. »So 'n Faulpelz!«
Das Wort »Faulpelz« spricht sie gedehnt aus, mit Genuß. In der Nähe der Scheune treiben sich die Kinder herum: Pjotrs Sohn Wasska, dem Großvater zu Ehren so genannt, und alle drei von Nastja. Nastja ist die mittlere Tochter von Wassilij und Wassilissa und wohnt im selben Haus – allerdings in der anderen Hälfte, denn das Haus ist in zwei Hälften aufgeteilt, und die kleinere hat Nastja bekommen. Drei Häuser weiter

wohnt auch die älteste Tochter Anna, die mit einem Lehrer verheiratet ist.
Wassilij ist kein Geizkragen: von der Jagdbeute behält er nur wenig für sich, er braucht ja auch nicht viel. Das größte Stück bekommt Nastja; sie hat es – mit drei kleinen Kindern am Hals und ohne Mann – viel schwerer als die anderen. Pjotr schneidet sich selbst ein Stück ab und schafft es gleich hinüber in seine Scheune, damit es den anderen nicht so ins Auge fällt. Das restliche Fleisch halbiert Wassilij und läßt die Kinder eine Hälfte zu Anna bringen. Die Kinder laufen zusammen los. Bald darauf ist eine Pfanne mit frisch Gebratenem fertig – noch brutzelnd, in spritzendem, zischendem Fett mit knusprig gebratenen Seiten. Eine Flasche wird geöffnet.
Wassilij kann ohne die Taiga nicht leben. Sie ist ihm so lieb und vertraut, als hätte er selbst an ihrer Erschaffung mitgewirkt, selbst ihren Platz für sie ausgesucht und ihr all die Reichtümer verliehen, die sie besitzt. Im September sucht er immer Zirbelnüsse, und sammelt die Zapfen ein, bis der Schnee kommt. Kurz darauf beginnt die Jagdzeit – einmal vor Neujahr und einmal danach jagt Wassilij Eichhörnchen und Zobel; im Frühling sind wieder die Nüsse an der Reihe: nach dem Schnee liegen die Zapfen auf dem Boden herum; im Mai ist der Bärenlauch reif; die rostschwarzen Taiga-Äschen im Juni nicht zu fangen wäre eine Sünde; im Juli sind die Beeren dran – und so geht es jahraus jahrein.
Oft kommen Männer aus dem Dorf zu ihm und erkundigen sich: »Was meinst du, Wassilij, wird es in diesem Jahr Nüsse geben?«
»Wenn der Tannenhäher sie nicht alle auffrißt, dann haben wir welche«, sagt er verschmitzt.
»Klarer Fall«, sagt einer daraufhin unschlüssig.
»Ich gehe in einer Woche mal los, werd's dann schon sehen«, meint Wassilij ungeduldig. »Erst danach kann ich was sagen. Aber jetzt bin ich hier in der Scheune, wie du siehst, und von hier aus kann man's schlecht abschätzen.«
Er hat keine Arbeitsstelle; die Taiga gibt ihm Nahrung und

Kleidung. Felle liefert er mehr ab als alle anderen, und mit Nüssen macht er in guten Jahren fünf, manchmal sogar acht große Säcke voll. Bereits im Winter bekommt er Briefe von Forstfachleuten aus Litauen wie auch von Geologen aus Moskau und Umgebung, in denen er gebeten wird, im Sommer ihre Expeditionen als Führer zu begleiten. Gewöhnlich bevorzugt er die Forstfachleute aus Litauen: es macht ihm Spaß, mit Menschen eines anderen Volkes umzugehen und sich ihre komischen Wörter zu merken. Wenn er nach einer Pause wieder aufsteht, sagt er »einam« und kann dabei ein zufriedenes und spitzbübisches Lächeln nicht unterdrücken; die Litauer lachen und folgen ihm. Wassilij mag die Forstfachleute auch deshalb, weil sie besonders dazu ausgebildet wurden, die Taiga in Ordnung zu halten, niemals würden sie einen Waldbrand verursachen; die Geologen dagegen benehmen sich wie die Herren der Taiga und treiben oft Unfug; sie bringen es fertig, nur wegen einiger Zapfen eine prachtvolle Zirbelkiefer zu fällen, oder sie treten ihr Lagerfeuer nicht aus.

Wenn Wassilij sich in die Taiga aufmacht, schließt er seine Scheune ab, und Wassilissa, die das durchs Fenster sieht, brummt böse: »Sieh mal einer an, bei dem gibt's was zu holen, seine Truhen sind wohl voll. Von dem vielen Geld sollte er sich wenigstens eine Hose kaufen! Aber er läuft mit nacktem Hintern herum, gibt den Leuten was zu lachen. Weder Scham noch Gewissen kennt der.«

... Sie sitzen sich gegenüber – Wassilij auf dem Bett, Pjotr auf einem kleinen Kinderhocker, der wohl vor fünfundzwanzig Jahren für ihn gemacht wurde, und Wassilij, der noch nicht angetrunken ist, klagt über sein Kreuz: »Mein Kreuz, das verdammte, tut mir in der letzten Zeit ganz schön weh. Bücken kann ich mich noch, aber ich komme nicht wieder hoch.«

»Es ist ja auch an der Zeit, daß du es spürst«, sagt Pjotr zu ihm. »Du möchtest wohl noch mit fünfundsechzig wie ein

Junger herumlaufen. Um deine Gesundheit kann dich jeder beneiden.«

»Ich mag überhaupt nicht mehr allein Eichhörnchen jagen, muß mir wohl einen Kumpel suchen.« Wassilij sagt das fast mit Stolz: »Erstaunlich, daß ich erst jetzt einen brauche.«

Pjotr stochert angestrengt mit der Gabel in der Pfanne herum.

»Vielleicht kommst du ja mit?« fragt Wassilij, obwohl er genau weiß, daß der andere nirgendwohin mitkommt.

Pjotr hebt sein stupsnasiges, unrasiertes Gesicht: »Ich würde ja schon gerne mitkommen, aber wer läßt mich gehen? Die Kolchose wird mich nicht gehen lassen.«

»Das wird sie nicht tun«, meint auch Wassilij.

»Tja.«

Die Frage ist beantwortet, und Wassilij gießt noch einmal die Gläser voll.

... Eine Freundin ist zu Wassilissa gekommen, die alte Awdotja, mit ihren siebzig Jahren.

»Ich denk, ich geh mal los, ich schau mal bei Wassilissa vorbei«, schreit sie durchs ganze Haus.

Wassilissa nimmt ihre Schürze ab – sie war gerade beim Waschen, ist aber mit der Arbeit noch nicht fertig –, geht auf Awdotja zu und streckt ihr die Hand hin.

»Komm, gib mir die Hand, Oma Awdotja.«

Die Hand der alten Awdotja ist kraftlos wie ein Lappen.

»Ich denk, ich geh mal los, ich schau mal bei Wassilissa vorbei!« schreit sie wieder. »Aber bei dir reicht die Zeit ja nicht einmal, dich kurz hinzusetzen.«

»Wann soll ich mich denn setzen?« antwortet Wassilissa bereitwillig. »Den ganzen Tag bin ich auf den Beinen, mal dies, mal jenes ...«

»Die Arbeit schaffst du auch in tausend Jahren nicht«, schreit die alte Awdotja. »Glaub mir, Wassilissa, auch nach uns bleibt noch Arbeit. Selbst wenn du dich wie ein Pferd abrackerst, es ändert nichts.«

»Es ändert auch nichts, es ändert nichts«, stimmt Wassilissa ihr zu. »Hat man die Arbeit gerade von einem Tag zum nächsten hinübergeschleppt, muß man sie schon wieder weiterschleppen. Man trägt sie mit sich herum wie ein Zigeuner sein Bündel.«

»Und nirgendwo kann man sich vor ihr verstecken!«

»Wo denn auch?«

»Nein, nein ...«

Beide nicken einander noch lange und einmütig zu. Dann erkundigt sich die alte Awdotja: »Dein Pjotr, wo ist der? Arbeiten gegangen?«

»Du bist gut! Arbeiten!« sagt Wassilissa spöttisch. »Da drüben, in der Scheune haben sie sich eingesperrt, besaufen sich, was das Zeug hält.«

»Ja, ja, ja!« schreit Awdotja erfreut. »Dieselbe Geschichte habe ich mit meinem Schwiegersohn. Der eine ist immer nüchtern, und der andere wird nie trocken.«

Wassilissa nickt verständnisvoll.

»Gehst du da nicht mal rüber?« Die alte Awdotja dreht den Kopf in Richtung Scheune.

»Du bist wohl verrückt geworden, Alte?« Wassilissa ist empört. »Ich setz mich nicht mal aufs Klo neben den. Du redest Sachen, das ist nicht zum Aushalten.«

»He, he, he«, lacht die alte Awdotja. »Es interessiert mich eben, da habe ich gefragt. Ich dachte, vielleicht sind sie auf ihre alten Tage doch wieder zusammengekommen, und ich tu nichts davon wissen.«

»Red keinen Unsinn, Oma Awdotja.«

... Wassilij schüttelt den letzten Wodka und gießt ein. Pjotr wird es auf dem Kinderhocker zu unbequem, und er setzt sich hinüber aufs Bett.

»Es ärgert mich, Petka, daß du dir nichts aus der Taiga machst«, sagt Wassilij. »Unsere ganze Familie war mit ihr verwachsen, und wenn ich sterbe, muß das Gewehr verkauft werden.«

»Ich mag sie ja«, widerspricht Pjotr schwach, »aber wer aus der Kolchose läßt mich gehen?«

»Stimmt schon.«
»Niemand wird mich gehen lassen. Wenn ich nicht Traktorfahrer wäre, wär' das was anderes. Aber so – man rennt bloß mit dem Kopf gegen die Wand.«
»Verkauf das Gewehr nicht«, sagt Wassilij plötzlich streng.
»Na, hör mal, warum sollte ich?«
»Verkauf's nicht. Ich hab nicht mehr lang zu leben, es soll eine Erinnerung an mich bleiben. Wer weiß, vielleicht läuft auch dir einmal ein Tier über den Weg. Es ist ein gutes Gewehr.«
»Nun hör auf, ich habe dir doch gesagt, ich verkaufe es nicht – also tu ich's auch nicht.«
Dann schweigen sie. Der Wodka in den Gläsern ist noch nicht ausgetrunken, er vibriert leicht, und im elektrischen Licht sieht es aus, als wäre er mit einer dünnen Haut überzogen.
»Petka«, sagt Wassilij, »wir wollen singen.«
»Gut.«
»Und welches Lied?«
»Ist mir gleich, fang schon an!«
Aber Wassilij wartet noch eine Weile. Er nimmt das Glas in seine Hände. Dann – tief über den Tisch gebeugt – stimmt er an:

»Aufgeblüht sind Birn- und Apfelbäume.«

Er dreht sich zu Pjotr hin, der mit einstimmt. Dann schauen sich beide nicht mehr an.

»Katjuscha ging einmal zum Ufer
zu des Flusses hoher Uferwand.«

Wassilissa hebt den Kopf und hört zu. Die alte Awdotja ist wieder fort. Wassilissa seufzt, aber sie ist sich selbst nicht im klaren darüber, was dieser Seufzer ausdrücken soll.

Es war etwa zwei Jahre vor Kriegsbeginn. Damals fing Wassilij auf einmal an, Dummheiten zu machen: Jeden zweiten, manchmal jeden Tag kam er betrunken nach Hause, und einmal versuchte er sogar, Wassilissa zu verprügeln. Er scheuchte sie auf den russischen Ofen, von wo sie nicht entrinnen konnte, und kletterte ihr hinterher. Im letzten Augenblick kam Wassilissa die Ofengabel in die Hände, sie richtete die Zinken auf Wassilijs hochgereckten Hals und stieß sie mit ganzer Kraft nach vorn. Wassilij fiel herunter, sie sprang ihm nach, ohne die Ofengabel aus der Hand zu lassen, und es gelang ihr, Wassilijs Hals auf den Boden zu drücken. Er wand sich hin und her, reckte den Hals wie der Hahn auf dem Schlachtblock, bevor ihm der Kopf abgehackt wird. Wassilij röchelte und fluchte, war aber nicht imstande, sich selbst aus der Ofengabel zu befreien. Wassilissa ließ ihn erst los, als er sein Wort gab, sie nicht mehr anzurühren.

Immer wenn Wassilij betrunken war, mußte er wieder an diese Geschichte denken. Bei der Erinnerung an seine Schande geriet er jedesmal in Wut und ging mit den Fäusten auf Wassilissa los. Sie wurde mit ihm fertig, denn es war nicht schwer, ihn, einen Betrunkenen, zu bändigen. Aber einmal – Wassilissa war damals wieder schwanger – ergriff er die Axt, die unter der Bank lag, und holte aus. Wassilissa erschrak zu Tode, schrie wie von Sinnen und stürzte aus dem Haus. Noch in derselben Nacht hatte sie eine Fehlgeburt. Als sie wieder nach Hause kam, rüttelte sie Wassilij wach und warf ihn aus dem Haus:

»Raus mit dir!«

Wassilij, der noch halb im Schlaf war, begriff zuerst gar nichts. Sie wiederholte mit Nachdruck: »Raus mit dir, hab ich gesagt!«

Wassilissa brachte Wassilijs Siebensachen auf die Vortreppe, und er schleppte sie über den Knüppeldamm, den er erst vor kurzem angelegt hatte, in die Scheune. Am Abend versuchte er wieder ins Haus zu kommen, aber Wassilissa stellte sich ihm in den Weg:

»Du kommst mir nicht rein!«

Sie hatten zwanzig Jahre zusammen gelebt, und sie hatten sieben Kinder. Die beiden ältesten Söhne arbeiteten bereits, der jüngste, Petka, war gerade vier. Als der Krieg ausbrach, schickte der Vorsitzende des Dorfsowjets einen Boten in alle Häuser, damit jeder Bescheid wußte und keiner in die Taiga ginge. Wassilissas Familie war gerade am Tisch versammelt. Der Bote, ein Rotzbengel, der den Krieg als ein Spiel der Erwachsenen betrachtete, trommelte gegen das Fenster und rief fröhlich: »He, he, der Krieg hat begonnen! Wir haben Krieg!«

Kurz darauf kam Wassilij, und Wassilissa mochte ihn nicht wegjagen, es war ihr nicht danach. Er ließ sich auf der Bank neben der Tür nieder, legte die Hände auf die Knie und schwieg. Allein in der Scheune zu schweigen, ging offenbar über seine Kräfte.

Drei Tage später kam er noch einmal, marschbereit, mit seinem Rucksack. Er ließ ihn bei der Tür stehen und ging bis zur Mitte der Stube. Alle erhoben sich, Wassilissa auch; Wassilijs Gesicht war schmerzhaft verzogen. Niedergeschlagen machte er eine Handbewegung und preßte dann unbeholfen sein Gesicht an die Schultern der Kinder. Schließlich ging er auf Wassilissa zu und blieb vor ihr stehen. Die Kinder schauten ihnen zu und warteten gequält.

»Wassilissa«, sagte Wassilij mit rauher Stimme, »verurteil' mich nicht mehr – vielleicht falle ich. Die Kinder sind ... Deshalb ...«

Wassilissa streckte ihm ihre Hand entgegen, Wassilij drückte sie und ging, ohne den Satz beendet zu haben. Er machte sorgsam das Tor hinter sich zu und ging zum Dorfsowjet, wo schon Fuhrwerke für die Eingezogenen bereitstanden.

Später dann fuhren die Fuhrwerke direkt vom Hof ab. Die beiden ältesten Söhne Wassilissas und ihre Tochter Anna zogen auch in den Krieg. Schon im Hof stiegen sie auf einen Schlitten oder ein Fuhrwerk, und Wassilissa machte ihnen selbst das Tor auf, preßte die Schürze fest an ihren Mund, bekreuzigte sich und sah zu, wie die Fuhrwerke eins nach dem anderen die Höfe verließen und langsam die Straße entlang aus dem Dorf fuhren, wie die betrunkenen Männer sangen, wie sich die Frauen unter lautem Wehklagen an ihnen festklammerten. Wassilissa ging nicht mit aus dem Dorf hinaus, sie blieb am Tor stehen und machte es dann hinter sich zu, so als wolle sie einem neuen Fuhrwerk den Weg versperren.

Einer der Söhne kam nie zurück, der andere kehrte zwar heim, zog aber gleich wieder in die Stadt, wo er heute noch lebt. Wassilij kam als letzter nach Hause.

Es war bereits Herbst, im Dorf wurden die Kartoffeln geerntet. Wassilissa hatte gerade einen Sack nach Hause geschleppt und war dabei, die Kartoffeln in den Keller zu schütten, da kam Nastja angelaufen: »Mutter, Vater ist zurück. Er ist auf dem Weg hierher.«

Wassilissa richtete sich auf.

»Er lebt also noch«, sagte sie langsam zu sich selbst. »Aber den Saschka haben sie umgebracht.«

Sie warf den Sack ungeöffnet in den Keller und erschrak etwas, als er unten aufschlug. Wassilissa wurde immer aufgeregter und zog sich in die Stube zurück. Sie hatte keine Lust sich umzuziehen, wozu auch. Als sie dann Schritte auf der Vortreppe hörte, hätte sie am liebsten losgeschimpft. Ob sie müde oder ihr übel war, konnte Wassilissa nicht sagen.

»Ich bin's, Wassilissa«, sagte Wassilij von der Schwelle aus, und sie erschrak wieder: sie hatte seine Stimme schon ewig nicht mehr gehört. Wassilissa sprach kein Wort, aber ihr Gesicht verriet, daß sie antworten wollte; schließlich hielt sie es nicht mehr aus und stieß hervor: »Den Saschka haben sie umgebracht.«

Wassilij nickte.

Weiter sagte sie nichts. Zum Glück kamen die Kinder angelaufen, sie konnte wieder in den Hof zurück und weitermachen. Kurz darauf kamen Gäste – Männer, die auch gerade aus dem Krieg zurückgekehrt waren, und Wassilissa saß in der Küche, bis sie das Herumsitzen satt hatte. Dann zündete sie eine Lampe an und ging hinab in den Keller, um die Kartoffeln zu sortieren.

Die Männer sangen mit fremd klingenden Stimmen, die sie

irgendwo dort, im Krieg, bekommen hatten, wohl vom »Hurra«- oder vom Hilfeschreien entstellt, und es schien Wassilissa, als hätten sie sich nur deshalb zusammengefunden, um durch ihr lautes Singen und Grölen diese fremdartigen Stimmen in sich endlich abzutöten, um danach die eigene Stimme wieder gebrauchen zu können.

Es war der Gesang Betrunkener, aber er klang verhalten, nicht übermütig oder verwegen, und es schien, daß die Männer, die mit unharmonischen Stimmen sangen, sich in einem fort umdrehten, ob hinter ihrem Rücken nicht irgend etwas passierte. Ab und zu schien jeder von ihnen kurz innezuhalten, um sich nicht zu vergessen und seine Haltung zu bewahren. Ihre lauten, betrunkenen Reden wurden gleichfalls verhalten geführt, sie wurden immer wieder durch Gesang unterbrochen – dies alles war einem dumpfen, unruhigen Schmerz ähnlich, der mal hier, mal dort ausbrach.

Wassilissa war inzwischen müde geworden und kam aus dem Keller, sie wollte einfach nichts mehr tun. Daher rief sie Nastja zu sich und sagte: »Geh und mach dem Vater in der Scheune alles fertig.«

»Mutter!« Nastjas Stimme klang sehr vorwurfsvoll.

»Geh schon!« sagte Wassilissa. »Das ist nicht deine Sache.«

Fast im gleichen Augenblick erschien Wassilij in der Küche.

»Du verzeihst also nicht?« fragte er und baute sich direkt vor Wassilissa auf. »Du willst nicht. Und ich, Wassilissa, habe dir ein Geschenk mitgebracht, hatte bloß keine Ahnung, wie ich's dir nun geben soll.«

»Wir könnten ja doch nicht mehr zusammen leben«, sagte Wassilissa darauf. »Ich bin nun einmal wie ich bin, Wassilij, da gibt es nichts mehr zu ändern.«

»Der Krieg hat uns alle verändert«, widersprach Wassilij leise.

»Der Krieg, der Krieg . . .«, wiederholte Wassilissa. »Der Krieg ist ein Unglück, aber zu befehlen hat er mir noch lange nichts. Er hat sowieso schon die Weiber zu Männern

gemacht. Wann wachsen jetzt wieder neue Frauen heran? Man sollte ihn begraben, deinen Krieg, so schnell es geht.«
Sie seufzte. Wassilij wollte sie umarmen, aber sie wich zur Seite, und seine Hände griffen ins Leere.
»Es hat doch keinen Zweck mehr«, sagte sie und machte einen Schritt zurück. »Ich bin kalt geworden, Wassilij, du brauchst mich nicht mehr zu wärmen.«
Als er fortging, hatte sie Angst loszuheulen, doch die Tränen kamen nicht, und sie blieb zufrieden. In dieser Nacht schlief Wassilissa gleich ein, und sie schlief ruhig, aber als sie am Morgen aufstand, sah sie, daß draußen dichter, undurchdringlicher Nebel war – da hätte sie sich am liebsten gleich wieder hingelegt, um weiterzuschlafen.
Nach dem Krieg blieb Wassilij nicht lange zu Hause, er wartete nur noch den Sommer ab und machte sich dann auf an die Lena, um auf Goldsuche zu gehen. Als er sich verabschiedete, gab er zu verstehen, daß er nicht so bald wiederkäme, womöglich überhaupt nicht mehr. Es war nicht zu sagen, ob er reich werden wollte oder ob es ihm unerträglich wurde, so nahe bei seiner Familie zu leben und doch so isoliert wie ein Aussätziger.
Bevor er fortging, vertraute Wassilij Pjotr all seine Orden und Medaillen an und trug ihm auf, sie wie seinen Augapfel zu hüten. Am Abend zuvor hatte er seine Feldbluse gewaschen und war ins Dorf gegangen, um sich zu verabschieden. An diesem Tag redete er viel und war gut gelaunt, versprach allen, Geld zu schicken, aber als dann der Morgen kam, wurde er ganz schweigsam, so als sei er bereits abgereist.
Nastja und Anna brachten ihn zum Dampfer, Pjotr hatte sich irgendwo herumgetrieben und kam zu spät. Als das Fallreep heruntergelassen wurde, packte Wassilij die Unruhe. Wie abwesend reichte er seinen Töchtern die Hand und ging hinauf; eine Minute später war er an Deck, aber er sah schon nicht mehr zu ihnen hin. Die Schiffssirene heulte dreimal auf, und der Dampfer legte ab; Wassilij stand beim Ablegen weiter an Deck, und noch immer schien er nichts wahrzunehmen.

Nastja heiratete, bald nachdem er fortgegangen war. Von ihren Schwestern und Brüdern, die alle gleich langsam und bedächtig waren, unterschied sich Nastja vollkommen; sie hatte eine ungestüme Art und eine erstaunliche Energie. »Frühreifes Ding«, sagte Wassilissa über sie. Schon mit zwölf war Nastja die Vertraute fast aller Verliebten im Dorf; sie gaben ihr Liebesbriefchen, die sie überbringen sollte, und zwanzigjährige Mädchen weihten sie in ihre Geheimnisse ein. Mit vierzehn arbeitete Nastja schon auf der Hühnerfarm, mit siebzehn heiratete sie, ein Jahr später bekam sie Zwillinge. Sie war sogar dann in Eile, wenn es überhaupt nicht nötig war, und ihr Glück als Frau konnte eine solche Hast einfach nicht aushalten und zerbrach dabei: vier Jahre später kam Nastjas Mann bei Waldarbeiten ums Leben und ließ sie mit drei kleinen Kindern zurück. Danach war ihr Leben ruhiger geworden.

Im nächsten Sommer, ein Jahr nach seiner Abreise, kehrte Wassilij zurück. Auf der Suche nach Gold hatte er kein Glück gehabt, und zu Geld war er auch nicht gekommen; ganz abgemagert und verlaust traf er zu Hause ein, nur die Feldbluse, die Nastja später lange kochen und bügeln mußte, hatte er an. Eine Woche lang schlief sich Wassilij in der Scheune aus, verließ sie nicht und redete mit niemandem, dann packte er seine Sachen und ging in die Taiga.

Es ist Juli, die zweite Monatshälfte. Der Sommer ist schon fast vorbei, aber die Tage sind noch schwül und drückend. Endlos stauben die Wege, und der Staub, der sich auf die Dächer setzt, macht die Häuser unscheinbar, er läßt sie wie Heuschober aus dem Vorjahr aussehen. Über der Angara hat sich Rauch ausgebreitet: irgendwo brennen die Wälder.

Die Kolchose ist mit der Heumahd fertig, um aber mit der Ernte anzufangen, ist es noch viel zu früh. Die Kolchosbauern nutzen, so gut es geht, diese kleine Atempause für sich – für sie beginnt jetzt ihre private Heuernte. Jeden Morgen fährt das ganze Dorf auf die Inseln und geht in die Taiga;

zu Hause bleiben nur wenige, die zweimal täglich eifrig die Gemüsegärten begießen, am Morgen und am Abend. Über den Gemüsegärten steht trotz der Hitze ein starker Gurkengeruch.

Pjotr und Nastja haben ihren Mähplatz am gleichen Ort – fünfzehn Kilometer vom Dorf entfernt. Jeden Tag diesen Weg hin- und wieder zurückzugehen ist anstrengend, deswegen bleiben sie gleich eine Woche dort. So haben sie Zeit, etwas früher anzufangen und später aufzuhören. Für die Kinder und den Haushalt der beiden Familien muß Tanja alleine sorgen. Wassilij brauchte eigentlich nicht hinzugehen, aber er hat sich seit Jahren daran gewöhnt und betrachtet es als seine Pflicht, seinem Sohn und seiner Tochter zu helfen. In diesem Jahr hat sich Wasska, Pjotrs neunjähriger Sohn, nicht davon abhalten lassen, bei der Heuernte dabeizusein.

Es ist das richtige Heuwetter; die Hitze trocknet das Heu schnell aus. Das Mähen dagegen fällt schwer: das Gras steht schon zu lange und ist bis zur Wurzel ausgetrocknet, immer wieder muß man die Sensen neu schärfen. Wassilijs Mähstreifen ist breit, dafür aber kurz: er verschnauft oft, raucht dann eine und wischt sich mit den Ärmeln den Schweiß von Stirn und Nacken ab.

»Wasska!« ruft er, »wo ist der Kessel?«

Wasska kommt schnell mit dem Wasser angelaufen. Wassilij trinkt hastig, dann legt er den Kopf in den Nacken und blinzelt in die Sonne. Es scheint so, als ob die Sonne wie ein Ball in ein Loch hineingerollt wäre, aus dem sie um nichts in der Welt wieder herauskommen könne – so wird sie jetzt ewig weiterglühen.

»Wenn doch bloß ein winziger Wolkenfetzen davor wäre«, sagt Wassilij leise und nimmt die Sense wieder auf.

Pjotr mäht etwas abseits, er hat ein Unterhemd an, und um den Kopf hat er sich ein Taschentuch gebunden. Seine Sense röchelt bereits vor Erschöpfung, wenn sie ins Gras fährt. Pjotr hebt sie hoch, taucht den Schleifstein ins Wasser und fängt an, schnell damit über die Schneide zu fahren. Dann

schaut er zu Wassilissa – sie sitzt schon eine ganze Weile bewegungslos auf einem Holzklotz.
»Mutter«, ruft er, »geh doch in die Hütte! Wenn die Hitze nachläßt, kannst du weitermachen.«
Wassilissa sagt nichts.
Nastja, die Pjotrs Worte vernommen hat, ruft Wassilissa zu: »Mutter, geh und mach das Essen fertig. Wir sind gleich alle da!«
Wassilissa richtet sich auf und geht zu Pjotr.
»Ich habe keine Kraft mehr«, sagt sie traurig zu ihm und seufzt. »Bin verbraucht. Dachte, ich könnte helfen, doch ich schaffe es nicht mehr.«
»Was ist mit dir, Mutter?« fragt Pjotr.
»Ich komme schon wieder auf die Beine, mach dir keine Sorgen. Ich leg mich ein bißchen hin, erhole mich, und morgen ist wieder alles beim alten. Ich bin aus der Übung, hab schon ein Jahr nicht mehr gemäht.«
Tief gebeugt geht sie in die Hütte, und alle drei – Wassilij, Nastja und Pjotr – blicken ihr nach.
»Laß uns eine rauchen!« ruft Wassilij Pjotr zu.
Pjotr geht zu ihm hin, nimmt den Kessel fest in beide Hände und trinkt lange. Dann bläst er den Schweiß fort, der ihm von der Stirn rinnt, und setzt sich hin.
»Was hat Mutter denn?« fragt Wassilij.
»Sie ist eben alt«, Pjotr antwortet ruhig. »Wie alt denn eigentlich?«
»Sie war zwei Jahre jünger als ich.«
»Sie ist eben alt«, wiederholt Pjotr.
Am späten Abend sitzen sie alle um das Lagerfeuer herum und trinken nach dem Abendessen Tee. Hin und wieder lodert das Feuer hoch auf, und dann trägt jeder von ihnen die Erschöpfung deutlich im Gesicht, fast wie ein Kleidungsstück – bevor das Feuer wieder in sich zusammenfällt. Hinter der Hütte im Dunkeln leckt der Hund geräuschvoll die Reste aus einer Konservendose. Die Nacht legt sich auf die Bäume und das gemähte Gras, nur auf das Feuer will sie sich nicht

legen, wahrscheinlich aus Angst, sich zu verbrennen. Deshalb flackert das Feuer so hell und springt auf und nieder.
Sie gehen noch lange nicht schlafen: der Anfang der Heumahd ist geschafft, der erste Tag ist normal verlaufen, aber all die frischen, noch lebendigen Ereignisse des Tages lassen sie nicht zur Ruhe kommen.
»Es ist Zeit, sich hinzulegen«, sagt endlich Wassilij. »Wir haben heute neun Heuhaufen geschafft, das ist gut.«
»Nein, es waren mehr«, berichtigt Nastja ihn schnell; sie redet immer schnell. »Ich alleine habe schon fünf geschafft.«
»Mehr wäre besser«, bemerkt Pjotr.
»Morgen müssen wir uns richtig ins Zeug legen«, Wassilij erhebt sich. »Es kommt schlechtes Wetter auf.«
»Wieso denn schlechtes Wetter?« Wassilissa wird plötzlich aufmerksam und sieht Pjotr an.
»Der Hund hat Gras gefressen, das ist ein sicheres Vorzeichen«, sagt Wassilij zu Pjotr.
Pjotr schweigt.

Wassilij und Pjotr hatten beide im gleichen Jahr geheiratet, ja sogar im gleichen Monat. Pjotr, er war damals gerade zwanzig, brachte Tanja ins Haus, die Tochter eines Schmieds aus dem unteren Teil des Dorfes. Wassilij brachte eine Fremde in die Scheune, sie war nicht aus dem Dorf; zufällig war sie dorthin gekommen und hängengeblieben; sie ging von Haus zu Haus und nähte Trägerröcke und Kleider für die Frauen. Als Schneiderin war sie gut, für die Arbeit berechnete sie nicht viel, und ständig bekam sie neue Aufträge. Es hieß, die Neue stamme aus der Ukraine und suche ihren Sohn, der während des Krieges verschwunden sei. Für die Rückreise jedoch hätte das Geld nicht mehr gereicht, und nun habe sie beschlossen, sich das Geld zu verdienen.
Wo und wie sie und Wassilij sich einig wurden, konnte keiner sagen. Pjotrs Hochzeitsfeier, auf der Nastja mehr als alle anderen gesungen und getanzt hatte, war vorüber, die No-

vemberfeiertage waren auch vorbei, und der erste, in diesem Herbst verspätete Schnee war schon gefallen. Wassilij, der dabei war, Vorbereitungen für die Jagd zu treffen, unterbrach diese plötzlich und rief Pjotr zu sich.
»Hast du diese Fremde schon gesehen?« fragte er den Sohn, ohne ihn anzusehen.
»Du meinst die, die näht?«
»Ja.«
»Die hab ich gesehen, die läuft doch im Dorf rum.«
»Ich werde sie zu mir holen«, sagte Wassilij und drehte sich um zu Pjotr.
»Das kann doch nicht dein Ernst sein, Vater.« Pjotr verlor die Beherrschung, und es platzte aus ihm heraus.
»Wieso? Ich darf wohl nicht, wie?«
»Doch, warum denn nicht?« sagte Pjotr leise, er wußte nicht, was er sonst hätte sagen sollen. »Du bist doch noch kein alter Mann. Natürlich kannst du. Wer sagt denn, daß es sich nicht gehört?«
»Das ist nicht so wichtig, ob alt oder nicht«, entgegnete Wassilij mißgelaunt. »Ich habe keine Lust mehr, immer selbst zu waschen, selbst Grütze zu kochen. Ich führe ja ein Leben wie ein Sträfling. Ich brauche eine Hausfrau – das ist es.«
Eine Weile sagten sie gar nichts.
»Komm morgen gegen Abend her, dann trinken wir drei 'ne Flasche, so feiern wir Hochzeit. Ich sag Nastja, daß sie uns was zu essen machen soll.«
Im Haus hantierte Wassilissa gerade in der Küche.
»Mutter!« rief Pjotr aufgeregt schon beim Hereinkommen. »Der Vater will heiraten.«
»So?« sagte Wassilissa völlig unbeteiligt.
»Ich sage die Wahrheit. Morgen holt er sie hierher.«
»Von mir aus soll er tausendmal heiraten. Ich habe mit ihm nichts mehr zu tun.«
»Das ärgert dich wohl?«
»Du redest wirklich Unsinn!« empörte sich Wassilissa. »Ich soll mich ärgern? Ich platze schon vor Ärger! Natürlich! Die

ist doch nicht ganz bei Trost, wenn sie den heiratet. Eine Anständige würde das nie tun!«

Wassilijs neue Frau hieß Alexandra, und sie war nur etwas älter als seine älteste Tochter Anna. Zum ersten Mal sah Wassilissa sie eines Morgens durch ihr Fenster, als Alexandra, ein Bein nachziehend, quer über den Hof zum Toilettenhäuschen ging.

»Sieh an, ein Hinkebein!« Wassilissa war schadenfroh. »Ich hatte doch recht, eine Normale heiratet den nicht. Da sieht man es ja. Die werden gut zusammenleben. Gleich und gleich gesellt sich gern.«

Die erste Zeit vermied es Alexandra, sich irgendwo blicken zu lassen, sie wartete in der Scheune ab. Wassilij kochte selber Tee, ging selber in den Laden; er war ebenso bemüht, nicht mehr als nötig vor die Tür zu gehen. Dem Dorf lieferte diese Heirat ein unerschöpfliches Gesprächsthema: überall redete man darüber, sie wurde zum überragendsten Ereignis seit dem Krieg, sie war bedeutender als jeder Todesfall der letzten Jahre. Den Frauen gingen plötzlich Salz und Brot aus, Waschbretter und Plätteisen waren nicht auffindbar; dies alles liehen sie sich bei Wassilissa aus, sprachen dabei über die jungen Leute, über Pjotr und Tanja, selbstverständlich. Nur die alte Awdotja, die schon damals schlecht hörte, konnte nicht an sich halten.

»Die Leute erzählen, du hast ein Schwesterchen bekommen, Wassilissa!« schrie sie, während sie es sich auf der Bank bequem machte.

»Oma Awdotja, du hast wohl nichts anderes zu tun, als überall Gerüchte in die Welt zu setzen«, antwortete Wassilissa verärgert.

»Das geht dir wohl zu Herzen?«

»Ach was, das läßt mich völlig kalt. Ich muß ja nicht deren Wäsche waschen.«

Die alte Awdotja blickte sich neugierig im Hause um und schrie wieder los:

»Kommt sie manchmal rüber?«

»Laß sie nur kommen – die Augen werde ich ihr auskratzen.«

»Ja, das mach, mach das«, ermunterte sie die alte Awdotja, »wenn du sie nur einmal läßt, dann wirft sie dich aus dem Haus. Du, Wassilissa, hab bloß ein Auge auf sie.«

Kurz darauf liefen sie sich beide über den Weg – auf einem Hof zu leben und sich aus dem Wege zu gehen, ist völlig ausgeschlossen. Alexandra wollte gerade die Scheune verlassen, als sie auf einmal Wassilissa vor sich sah. Unentschlossen blieb sie stehen und wußte nicht, was sie tun sollte. Wassilissa betrachtete sie neugierig und wartete ab.

»Guten Tag«, sagte Alexandra völlig durcheinander. Es war kaum zu hören.

»Na so was – guten Tag«, Wassilissa war überrascht und wütend. »Vielleicht wollen Sie auch noch einen Tee? Hink doch weiter, dorthin, wo du gerade hinhinken wolltest, du Hinkebein! Ich bin doch nicht aus Zucker, und von deinem ›guten Tag‹ werde ich auch nicht gleich dahinschmelzen. Kommt mir mit ›guten Tag‹ – eine ganz Höfliche bist du also!«

Lange konnte sie nicht zur Ruhe kommen, schimpfte mit Pjotr herum, schrie Nastja durch die Wand hindurch an und machte mit dem Geschirr einen fürchterlichen Krach. Sie hatte das Gefühl, beleidigt worden zu sein. Sie war einfach nicht schlagfertig genug. Immer wieder plapperte sie nur Alexandras »guten Tag« nach, dieses unglückselige, und es schien, als ob es ihr ewig nachgehen würde.

Nastja befreundete sich mit Alexandra, einen Monat später bereits nannte sie sie Schura. Dann begann bei Nastja die Nähmaschine zu surren – Alexandra nähte den Kindern Hemdchen und Höschen, und sie liefen ahnungslos zu Wassilissa, um vor ihr mit den neuen Sachen anzugeben. Vom Geräusch der Nähmaschine angezogen, schaute Tanja einmal rein und kam dann immer öfter in Nastjas Haushälfte – auch sie schnitt sich was zu, nähte es fertig und hatte dann mal ein neues Hauskleid, mal einen neuen Rock an. Wassilissa schaute düster drein und schwieg. Durch die Wand hindurch waren die Gespräche und das Lachen aus der anderen Hälfte des Hauses zu hören. Wassilissa kam es vor, als beachte niemand mehr ihre Anwesenheit, als nähme niemand mehr Rücksicht auf sie und als sei sie nur noch geduldet, nach dem Motto – lebst du noch, dann leb ruhig weiter.

»Sagst du schon Mutter zu ihr?« fragte sie Nastja verärgert.

»Mutter, du bildest dir da was ein, was gar nicht ist«, empörte sich Nastja.

»Von mir aus kannst du sie nennen, wie du willst. Ich sterbe sowieso bald, aber die wiehert noch wie eine junge Stute.«

»Mutter, du hast ein langes Leben hinter dir, aber gescheiter bist du dabei nicht geworden«, nahm Pjotr Alexandra in Schutz. »Du bist böse, aber warum, das kannst du selbst nicht sagen. Was hat sie dir denn getan?«

Wassilissa sagte gar nichts mehr und zog sich von nun an noch mehr in sich zurück.

Es war nach Neujahr, Wassilissa war gerade irgendwo zu Besuch, da traute sich Alexandra das erste Mal, ins Haus zu kommen. Von sich aus hätte sie niemals auch nur einen Fuß über die Schwelle gesetzt, aber Tanja hatte sie gebeten, ihr doch zu helfen, weil sie mit einem Schnittmuster nicht zurechtkam. Sie unterhielten sich, und als Alexandra aus dem Fenster sah, schrie sie vor Schreck auf: Wassilissa machte gerade das Tor hinter sich zu. Alexandra eilte zur Tür, aber unbemerkt an Wassilissa vorbeizuschlüpfen war einfach unmöglich.

»Das fehlte gerade noch!« schrie Wassilissa, als sie Alexandra sah. »Oh, du verdammtes Luder! Ins Haus wolltest du! Na warte, dir werd ich's zeigen, ich werd dir ...«

»Tanja hat mich gebeten«, verteidigte sich Alexandra.

»Die Scheune ist ihr wohl nicht groß genug!« schimpfte Wassilissa und sah sich dabei eilig im Hof um, als suche sie einen Knüppel. »Nastjas Hälfte genügt ihr wohl auch nicht – hierher wollte sie! Ich jage dich fort!«

»Wag's nicht!« Alexandra machte einen Versuch zu ihrer Verteidigung.
»Und ob ich's wage! Ich breche dir noch das zweite Bein!«
»Ganz schön wütend, was?« schrie Alexandra sie an, die auf einmal zum Angriff überging. »Verjagen willst du mich? Das schaffst du nicht! Er wird doch nicht mehr mit dir zusammenleben.« Alexandra stieß sich mit einem Bein ab und ging auf Wassilissa los. »Er gehört mir! Er braucht dich nicht, nie und nimmer!«
»Was redest du da!« Wassilissa war verblüfft und zeterte los: »Ksch, ksch, du Krähe, verschwinde! Ksch, verschwinde!« wiederholte sie noch einmal und ging ins Haus, ohne sich umzusehen.
»Daß ich dieses hinkende Weib hier nicht mehr sehe!« ermahnte sie Tanja. »Noch bin ich hier Herr im Haus und nicht sie. Mein Schicksal war schon ohne sie schwer genug und mein Leben kein Zuckerschlecken. Wenn ich erst tot bin, werdet ihr noch an mich denken.«
Sie nahm ihr Tuch vom Kopf, was nur selten vorkam, und kämmte ihr graues Haar mit einem Steckkamm. Tanja verkroch sich eingeschüchtert ins Bett und sagte nichts mehr.
»Ich würde jetzt gern Kwaß trinken«, sagte Wassilissa überraschend zu Tanja.
»Ist denn alles dazu da?« Tanja war erleichtert. »Ich würde gern welchen machen ...«
»Ist nicht«, seufzte Wassilissa.
Mit der Zeit schien sich Wassilissa an Alexandra zu gewöhnen, sie war nicht mehr griesgrämig, ärgerte sich nicht mehr, blickte aber, wenn sie sich zufällig trafen, zur Seite und ging ohne ein Wort vorbei. Den Vorfall erwähnte Wassilissa nicht mehr – mag sein, daß sie sich schuldig fühlte, oder sie wollte einfach nicht mehr an die alte Wunde rühren. Sie wurde still und nachdenklich. Abends, wenn sie mit dem Haushalt fertig war, ging sie zum Tee zu den alten Frauen und kam erst zum Schlafengehen wieder nach Hause.
»Du wirst doch nicht krank werden, Mutter?« fragte Pjotr.

»Als ob ich's mir leisten könnte, krank zu sein«, erwiderte Wassilissa wenig freundlich und ging einfach weiter.

Später kam heraus, daß Wassilissa an ihren mittleren Sohn, der in einem forstwirtschaftlichen Betrieb dreißig Kilometer vom Dorf entfernt arbeitete, geschrieben hatte, er solle sie zu sich nehmen. Der Sohn erklärte sich mit Freuden bereit und wollte sie sogar abholen, aber sie ließ ihm ausrichten, er brauche sich nicht zu beeilen. In einen anderen Ort zu ziehen, konnte sie sich nicht recht entschließen.

»Am schönsten ist es dort, wo wir nicht sind«, sagte sie mit einem Seufzer zu Tanja. »Wo soll ich jetzt noch hin, ich muß doch sowieso bald sterben.«

In der letzten Zeit waren die beiden sich nähergekommen; da Tanja ihr leid tat, versuchte sie, morgens nicht mit dem Geschirr zu lärmen, und ließ es nicht zu, daß sie schwere Arbeiten verrichtete. Tanja war oft krank, und dann lächelte sie immer traurig und schuldbewußt.

»Du kannst jetzt ruhig noch krank sein«, beruhigte sie Wassilissa. »Später, wenn Kinder da sind, dann hat man keine Zeit mehr, im Bett zu liegen. Das Leben aber ist lang. Du wirst auch kein leichtes Leben haben, und der Mann, den du bekommen hast, ist auch nicht gerade ein Goldstück.«

Dann ging Wassilissa zu Nastja und bat sie: »Nastja, geh doch mal zu denen in die Scheune. Kann sein, daß sie Himbeeren haben. Ein Tee mit Himbeeren würde Tanja jetzt gut bekommen. Und sag deiner Alexandra, daß es für Tanja sein soll.«

Der Winter ging vorüber, im März floß das Schmelzwasser den Berg herunter, und auf den Höfen krähten die Hähne. Nastjas Kinder konnte man zu dieser Zeit nur mit »Zuckerbrot und Peitsche« ins Haus bekommen. Sie liefen fort und machten die Tür nicht zu: wem danach war, der konnte einfach hineingehen und alles mitnehmen. Die Mutter arbeitete, und Wassilissa paßte auf, so gut es ging – aber kann man denn alles im Auge behalten?

Einmal wollte Wassilissa nachsehen, ob bei Nastja alles in Ordnung war. Als sie die unverschlossene Tür aufmachte, erstarrte sie. In der Stube weinte jemand. Wassilissa ging leise hinein und sah sich verstohlen im Zimmer um. Auf dem Bett lag Alexandra, ihren Kopf in das Kissen vergraben, und schluchzte.

»Das gibt's doch nicht«, Wassilissa war verwundert, »sie weint ja.«

Sie wartete etwas, aber Alexandra konnte sich nicht beruhigen. Wassilissa überlegte und stellte sich dann direkt neben das Bett.

»Deinen Kummer kannst du mit Tränen nicht ertränken«, sagte Wassilissa leise, nur um wahrgenommen zu werden.

Alexandra fuhr entsetzt hoch und setzte sich auf den Bettrand.

»Vielleicht ist es ja auch gar kein richtiger Kummer«, Wassilissa sprach weiter. »Die Weiber sind wie die Hühner: bei beiden sitzen die Augen an einer feuchten Stelle.«

Alexandra konnte ihr Schluchzen nicht unterdrücken, sie sah Wassilissa immer noch verschreckt an.

»Komm mit, junge Frau – zu mir«, schlug auf einmal Wassilissa vor. »Ich setze den Samowar auf, und wir trinken zusammen Tee.«

Alexandra lehnte mit einem Kopfschütteln ab.

»Komm schon, stell dich nicht so an«, sagte Wassilissa resolut. »Ich nehme dir nichts übel, tu es also auch nicht. Wir haben doch keinen Grund, uns zu streiten.«

Sie nahm sie mit ins Haus und ließ sie am Tisch Platz nehmen. Mal schluchzte Alexandra, mal hatte sie Schluckauf.

»Ich kann es nicht mit ansehen, wenn Weiber heulen«, erklärte Wassilissa; dabei drehte sie sich der verblüfften Tanja zu, die noch im Bett lag. »Für mich ist das wie ein Stich ins Herz. Das Leben ist wie ein Fünfer – auf der einen Seite der Adler, auf der anderen die Zahl; den Adler wollen sie alle und vergessen dabei, daß es so oder so immer nur fünf Kopeken sind. Ach, wir Weiber!« Sie seufzte. »Wenn man viel weint, wird es sehr feucht, und in der Feuchtigkeit verfault einiges. Wer hat euch denn gesagt, daß man weinen soll, wenn es einem dreckig geht?«

Sie ging in die Küche und machte sich dort geräuschvoll am Samowar zu schaffen.
»Na?« fragte sie Alexandra, als sie zurückkam, und zeigte dabei zur Scheune. »Ist es seinetwegen?«
»Nein«, Alexandra schüttelte den Kopf. »Es geht um den Jungen, um meinen Sohn.«
Sie sah Wassilissa an und wartete.
»Nun sag schon«, drängte Wassilissa, »das erleichtert.«
»Leichter wird es bestimmt nicht davon. Ich warte, bis der Tee fertig ist, beim Trinken kann ich besser erzählen. Ohne kann ich nicht.«
Sie schwieg eine Weile, dann hielt sie es nicht mehr aus und begann zu erzählen:
»Er war erst vier, noch ganz klein. Ich wurde zum Arbeitseinsatz eingezogen, und er blieb bei meiner Mutter. Sie wurden ohne mich evakuiert. Ich konnte lange Zeit nicht in die Stadt, später schon, aber da waren sie nicht mehr da.«
Wieder fing sie an zu schluchzen.
»Der Tee ist gleich fertig«, sagte Wassilissa.
»Meine Mutter wurde unterwegs verwundet, sie mußte aus dem Zug, aber er blieb drin und kam in eure Gegend, hieß es.«
»Der Tee ist gleich fertig«, wiederholte Wassilissa.
»Jetzt sehe ich ihn im Traum. Als er zehn war, sah ich ihn als Zehnjährigen, als er fünfzehn war, war er auch im Traum so alt. Nun ist er schon erwachsen. Heute nacht erschien er mir und sagte: ›Mutter, geben Sie mir Ihren elterlichen Segen, ich möchte heiraten.‹«
»Und du?« fragte Wassilissa, sie saß ganz nach vorn gebeugt.
»Und ich sagte ihm darauf: ›Hab noch etwas Geduld, mein Sohn, zuerst finde ich dich, dann sollst du heiraten.‹ ›Findest du mich denn bald?‹ fragt er mich.«
»Ach, du liebe Güte«, Wassilissa seufzte auf.
»›Bald, mein Sohn‹, sag ich, ›sehr bald.‹ Und dann entfernte er sich wieder. ›Mutter‹, ruft er, ›such mich.‹«

Wassilissa war wie erstarrt und wartete auf die Fortsetzung der Erzählung, doch Alexandra schwieg.
»Er ist also gegangen?«
»Ja.«
»Hat er denn nicht gesagt, wo du ihn suchen sollst?«
»Nein, gar nichts.«
»Du hättest ihn fragen sollen, genau ausfragen.«
Alexandra zuckte kraftlos mit den Schultern.
Sie tranken Tee und redeten, und auch als der Tee ausgetrunken war, redeten sie noch weiter. Einige Tage danach kam Alexandra früh am Morgen zu Wassilissa, um sich zu verabschieden.
»Ich hab gepackt«, sagte sie niedergeschlagen. »Ich ziehe weiter.«
»Gott sei mit dir«, segnete sie Wassilissa. »Geh, Alexandra, geh nur. Wir haben nur eine Erde, also geh immer weiter. Ich werde für dich beten.«
Sie ging mit nach draußen und brachte sie bis vor das Tor. Dann schaute sie ihr lange hinterher, wie damals, als sie ihre Kinder in den Krieg verabschiedete.
An diesem Morgen erschien Wassilij das erste Mal wieder zum Tee. Wassilissa schenkte ihm ein Glas Tee ein und stellte es dann in die Mitte des Tisches.

In der letzten Zeit klagt Wassilij mehr und mehr über Rückenschmerzen. Er sitzt auf dem Bett, und durch Hin- und Herbeugen versucht er seinen Rücken zu entkrampfen. Dabei verzieht er die Miene und stöhnt; auf seinem gequälten Gesicht und den rötlichen Bartstoppeln glänzen Schweißperlen.
»Och«, klagt er, »der böse Geist, der verdammte, hat mir eine Falle gestellt und mich reingelegt. Wenn er nur für einen Augenblick von mir ablassen würde!«
Völlig entkräftet legt sich Wassilij zurück und macht seine Augen zu. Aber auch die ruhige Lage verträgt er nicht, und er setzt sich wieder hin.

»Wasska!« ruft er durch die offene Tür.
Keiner gibt ihm Antwort.
»Wasska!«
Wasska ist fort.
Nach der Arbeit schaut Pjotr bei Wassilij vorbei.
»Sag Wasska, daß er ab und zu nach mir sehen soll«, bittet ihn Wassilij. »Den ganzen Tag über bin ich hier allein. Ich kann sterben, und niemand schließt mir die Augen.«
»Wie geht es Dir?« erkundigt sich Pjotr.
»Wie soll's schon gehen? Das siehst du doch. Der ganze Rücken ist krumm. Es ist zum Heulen.«
»Du brauchst einen Arzt.«
»Einen Arzt, einen Arzt«, sagt Wassilij ärgerlich. »Erst gestern war die Frau Doktor hier, und wozu? Ich sag ihr, mir tut das Kreuz weh, aber sie blinzelt nur mit den Augen. Bis die mich gesehen hat, wußte sie nicht mal, daß der Mensch so was wie ein Kreuz hat.«
»Die nennen das anders.«
»Durchfall heißt bei ihnen auch anders, aber gesund machen müssen sie einen trotzdem, dafür haben sie ja studiert.«
»Was hat sie dir denn gesagt?«
»Gar nichts. Hat an mir rumgeklopft und ist wieder gegangen. War wohl ein Ausflug für sie. ›Morgen sehe ich wieder nach Ihnen‹, hat sie gesagt und ist, wie es scheint, immer noch unterwegs.«
Er lehnt sich zurück gegen die Wand und stöhnt dabei schwer. Einen Augenblick später richtet er sich wieder auf.
»Du, geh doch mal in den Laden«, bittet Wassilij. »Von dem Zeug wird mir besser. Ist zwar nicht für lange, aber es läßt einen mal aufatmen. Geld habe ich über der Tür. Und zur Aufmunterung trinkst du einen mit mir.«
Pjotr erhebt sich, nimmt, ohne ein Wort zu verlieren, das Geld und geht.
Am Tag darauf holt Wasska den Wodka.
»Vom Geld, das übrig war, hab ich mir Süßigkeiten gekauft«, prahlt er vor Wassilissa.

»Da sind sie ja auf eine schöne Medizin gekommen«, spöttelt Wassilissa vergnügt. »Du trinkst ein Glas, räusperst dich danach, und schon ist die ganze Krankheit wie weggeblasen.«

Nach dem Wodka kommt Wassilij wirklich zur Ruhe und nickt ein. Aber dann werden die Schmerzen noch stärker, und mit neuer Kraft wüten sie um so schlimmer; durch die erzwungene Pause sind sie bösartiger geworden.

Endlich kam die Ärztin wieder und sagte, Wassilij müsse zum Röntgen in die Kreisstadt. Wassilij war müde und stimmte schweigend zu. Nun wollte er sofort etwas trinken und wieder einschlafen – dann sollen sie ihn, wenn es sein muß, sogar nach Moskau bringen, er wird alles geduldig hinnehmen und tun, was man ihm sagt. Er hat lange genug gelebt; es hat den Anschein, als ob irgend jemand nicht geboren werden könne, solange er noch lebt, oder es ist ganz einfach soweit, und er behindert nur den Lauf der Dinge.

Die Ärztin geht wieder, ungeduldig schenkt Wassilij sich ein volles und für Pjotr nur ein halbvolles Glas ein. Sie trinken aus, und augenblicklich erwachen Wassilijs Lebensgeister wieder.

»Sag du mir«, so fragt er, »warum die Menschen meistens in der Nacht auf die Welt kommen und sterben?«

»Keine Ahnung«, Pjotr zuckt die Achseln.

»Das ist nun mal so, und keiner weiß, warum. Aber warum kommt der Mensch in der Nacht auf die große weite Welt und geht auch nachts? Da stimmt doch was nicht. Ich möchte jedenfalls am Tage sterben. Die Leute unterhalten sich, die Hühner flattern, die Hunde bellen. In der Nacht ist es furchtbar, alles schläft. Aber plötzlich schreit ein Kind, es hat gerade den Mutterleib verlassen. Woanders schreit ein alter Mann – das Leben verläßt ihn. Aber die Leute um ihn herum, die schlafen. Das ist eben das Schreckliche, sie schlafen einfach. Sie wachen auf, und die Veränderung ist bereits vollzogen. Sie machen ihre Arbeit, oder auch nicht, dann kommt wieder die Nacht, man schläft, und wieder ist alles weitergegangen. O-ho-ho! ... In der Nacht steht dir niemand bei, und niemand sagt dir: ›Stirb in Ruhe, Wassilij, und sei unbesorgt, du hast getan, was du konntest, und was du nicht geschafft hast, werden andere erledigen.‹ Beruhigen muß man den Menschen, dann hat er auch keine Angst, sich in den Sarg zu legen.«

»Was ist denn mit dir, Vater?« fragt Pjotr beunruhigt. »Was redest du da für wirres Zeug?«

»Wirres Zeug, sagst du? Aber ich habe Angst. Du stehst gleich auf und gehst, und ich bleibe hier allein. Ich bin es gewohnt, allein zu leben, an das Alleinsein habe ich mich gewöhnt. Aber allein zu sterben ist schrecklich. Daran kann ich mich nicht gewöhnen.«

Er greift nach der Flasche.

»Komm, laß uns noch einen trinken, dann lege ich mich hin.«

Als Pjotr nach Hause kommt, sagt er zu Wassilissa: »Um Vater steht's nicht gut.«

Wassilissa schweigt.

Ein neuer Tag hat begonnen. Die Scheunentür steht wieder offen.

»Wasska!« ruft Wassilij.

Wasska ist fort.

Wassilissa, die einen Zipfel ihres Kopftuchs in den Händen hält, sieht vorsichtig zur Tür herein.

»Wasska ist nicht hier, schrei doch nicht so laut«, sagt sie ihm.

Wassilij richtet sich etwas auf und sieht sie an.

»Bist du's, Wassilissa?« Seine Stimme klingt matt. »Wo ist denn der Wasska?«

»Weggelaufen.«

»Nun komm schon rein, Wassilissa, was soll's denn jetzt noch?«

Wassilissa macht einen Schritt über die Schwelle und bleibt dann stehen.

»Komm doch näher, Wassilissa.«

»Du bist wohl krank?« fragt Wassilissa noch von der Tür aus.
»Ich fühle es, mein Tod ist nicht mehr weit. Komm doch zu mir, laß uns Abschied nehmen.«
Sie nähert sich sehr vorsichtig und setzt sich auf den Bettrand.
»Wir haben nicht gut miteinander gelebt, Wassilissa«, flüstert Wassilij, »und nur ich bin daran schuld.«
»Gar so schlecht war es auch nicht«, Wassilissa schüttelt dabei den Kopf. »Die Kinder sind erwachsen, sie arbeiten.«
»Nein, Wassilissa, es war schlecht. Jetzt schäme ich mich, so kurz vor dem Tod.«
Wassilissa nimmt den Zipfel ihres Kopftuchs an die Lippen und beugt sich über Wassilij.
»Warum sagst du so was, Wassilij?« fragt sie leise. »Was hast du dir da ausgedacht?«
»Deine Tränen fallen auf mich herunter«, flüstert Wassilij mit Freude in der Stimme. »Da, schon wieder.«
Er macht seine Augen zu und lächelt.
»Warum hast du dir das ausgedacht, Wassilij? Mein Gott, was für eine Sünde!«
Sie packt ihn an den Schultern und schüttelt ihn, er öffnet die Augen wieder und sagt: »Nun wollen wir uns verabschieden, Wassilissa.«
Er gibt ihr seine Hand, sie drückt sie und richtet sich schluchzend auf.
»Nun geh«, sagt er. »Jetzt ist mir besser.«
Sie macht einen Schritt und noch einen, dann dreht sie sich um. Wassilij lächelt. Sie schluchzt und geht hinaus.
Er lächelt, er liegt und lächelt.
Es ist ein stiller Tag, so wie kurz vor dem Regen. An so einem Tag ist es gut, saure Milch zu trinken – nicht zu kühl und nicht zu warm – und aus dem Fenster hinaus zu beobachten, was sich auf der Straße tut.

Jurij Trifonow

Spiele in der Dämmerung

Wir kannten sie alle mit Namen, uns kannte niemand. Zu uns sagte man nur: »He, Junge, bring doch mal den Ball!« – oder noch: »Danke, Junge!« – oder etwa: »Da, hinter dem Strauch, links, weiter links!« Sie spielten von nachmittags vier Uhr bis in die Dämmerung, und wir, mein Freund Sawwa und ich, saßen auf der von Einkerbungen zerfurchten Bank und drehten fortwährend den Kopf nach rechts – nach links, nach rechts – nach links, nach rechts – nach links. Der Hals schmerzte uns davon. Stunden währte das. Kein Hunger, kein Durst, keinerlei irdische Wünsche konnten uns von dieser wunderbaren Beschäftigung losreißen. Nach rechts – nach links, nach rechts – nach links flitzte der kleine, weiße, flauschige Tennisball, begleitet von dem dumpfen Aufschlag, der sich gleichmäßig nach rechts – nach links in das Gehirn hämmerte, der einwiegte, verzauberte, einschläferte. Wie betrunken waren wir, konnten nicht aufstehen, nicht fortgehen, obwohl uns zu Hause eine Gardinenpredigt erwartete, wir saßen weiter wie benebelt, wendeten den Kopf nach rechts – nach links, nach rechts – nach links, nach rechts – nach links.

Von der anderen Seite des Tennisplatzes aus mußten wir – hätte doch nur mal jemand zu uns herübergeschaut! – an kleine chinesische Götzen erinnern, so unermüdlich und gleichmäßig bewegten wir den hochgeschorenen Kopf. Wahrhaftig, wir waren Götzen. Bloß keine kleinen und schon gar keine chinesischen, sondern elfjährige Götzen aus der Moskauer Datschengegend, die die Juliabende mit Kopfdrehen vertaten.

Ganz in der Nähe waren der Fluß, der Abhang mit dem Zuckersand, die seichte Stelle, die Boote. Der Geruch des Wassers und das Gejuchze der Badenden drangen nicht in

unser Bewußtsein. Das waren Geruch und Lärm einer anderen, uns nicht berührenden Welt.
Mit der Dämmerung brach unsere Stunde an. Zuerst gab der bebrillte Schlacks auf, den Sawwa und ich den Zitterer nannten. Der Zitterer war sehr nervös auf dem Tennisplatz; bei jedem mißlungenen Schlag rief er »Verdammt noch mal!«, schlug sich an die Stirn, betrachtete überrascht den Schläger und schüttelte den Kopf, oder aber er brubbelte so etwas wie »Was ist denn los? Was ist bloß mit mir?«.
Dabei war nichts Besonderes mit dem Zitterer geschehen. Er spielte immer gleich. Fast gleichzeitig mit dem Zitterer beendete das Spiel auch Tatarnikow, der beste Spieler, ein Aristokrat, Besitzer eines Fahrrades Marke »Ehrenpreis« und unser großes Vorbild. Schweigsam, ironisch, stets in elegantem gestreiftem Hemd, das Haar glatt wie geleckt – diese Frisur nannte man bei uns, wer weiß warum, Politfrisur. Tatarnikow war derart überheblich gegenüber seinen Partnern, daß er das Spiel beendete, wann immer es ihm einfiel, sogar mittendrin, wenn es für den Gegner Vorteil hieß. Er hob dann überraschend den Schläger, verkündete: »Schluß, meine Herren! Ein Edelmann verdirbt sich nicht die Augen!« und verließ den Tennisplatz. Niemand wagte, mit ihm zu streiten. Alle schluckten schweigend diese Frechheit und schienen Tatarnikow noch dankbar zu sein, daß er überhaupt zum Spiel erschien. Immerhin war Tatarnikow einmal gegen eine internationale Berühmtheit angetreten, und die hatte von ihm gesagt: »Ein Prachtkerl.«
Tatarnikow setzte sich auf sein »Ehrenpreis« und radelte davon, gleich darauf packte auch Antschik ihre Sachen. Selbstredend warf sie den Schläger nicht sofort hin, aber offensichtlich verlor sie jedes Interesse, sie spielte ohne Einsatz, plazierte die Bälle schlecht und zankte sich herum. Antschik war dunkelhäutig wie eine Indianerin. Manchmal war sie sehr lustig, lachte und neckte alle, doch dann wieder wurde sie mißmutig und gereizt. Arme Antschik! Sie dauerte mich. Meinen Freund Sawwa auch. Sawwa hatte zwar einmal

gesagt, daß er solche Zierpuppen nicht möge, ich merkte aber, daß er sich verstellte. Er spannte sich wie eine Feder und bekam rote Flecke im Gesicht, wenn Antschik sich mit sanfter, aber gleichgültiger Stimme an ihn wandte: »Junge, wenn es dir nichts ausmacht ...« Mit verbissener Beflissenheit spritzte er nach dem Ball, viel schneller als sonst. Ich blieb schweigsam und unzugänglich sitzen. Sobald Antschik ihr Spiel beendet hatte, gingen auch der Professor und Grawinskij vom Tennisplatz (sein Name konnte auch Kraminskij, Krawinskij oder sogar Brabinskij sein; wir kannten die Vor- und Familiennamen ja nur vom Hören). Der Professor und Grawinskij begleiteten Antschik gewöhnlich bis zu ihrer Datsche in der Dritten Zeile.
Länger als die anderen blieb ein brünettes Männlein mit quadratischer Brille, der Besitzer eines japanischen Tennisschlägers. Sawwa und ich vermuteten, daß er ein Spion sei. Noch länger als der Spion trieb sich ein abscheuliches Paar auf dem Tennisplatz herum, Eheleute, die nur spielten, um sich ihren Speck abzutrainieren. Sie spielten hundsmiserabel, aber ausdauernd und verbissen, bis es finster war. Ich habe bemerkt, je schlechter die Spieler, um so unersättlicher sind sie beim Spiel. Sawwa und ich haßten diese beiden. Sie stahlen uns die letzten kostbaren Sekunden, denn sie wurden von den wirklichen Spielern genausowenig aufs Feld gelassen wie wir, und am späten Abend waren sie es, die uns, dreist ihr Erwachsenenprivileg ausnutzend, nicht raufließen. »Kinder, Kinder! Den ganzen Tag habt ihr euch hier herumgedrückt.« Doch schließlich hauten auch sie ab. Ich zog meinen Zwölf-Unzen-Dynamo-Schläger aus der Hülle und Sawwa seinen sonderbaren deutschen mit den Metallsaiten, und schon stürmten wir auf das verwaiste Spielfeld. In diesem Augenblick gab es keine glücklicheren Menschen als uns.
Der Tennisplatz war zementiert und leuchtete in der Dämmerung wie eine saubere, große Wiese. Wir spielten hastig, doch in der Dunkelheit verfehlten wir oft den Ball. Wir wollten möglichst kraftvoll schlagen, und die schnellen Bälle, die wir

nicht annehmen konnten, donnerten wie Paukenschläge gegen die Holzwand. Keine Aufschlaglinie, keine Feldbegrenzung war mehr zu sehen. Der Ball tauchte so überraschend aus der Dunkelheit, daß ich den Schläger instinktiv zu meinem Schutz hinhielt. Wir schwelgten an die zwanzig Minuten, bis der Platzwart Nikolaj Grigorjewitsch vom Baden zurückkehrte, das Netz abnahm und fortging. Wir spielten noch eine Weile ohne Netz, genaugenommen war es in der Dunkelheit einerlei, ob mit oder ohne.
Dann trollten wir uns gemächlich am Ufer entlang heimwärts und unterhielten uns über Gott und die Welt. Jenseits des Flusses, über der Wiese, hingen Nebelschwaden. Im Fluß schwamm jemand, ein anderer rief vom Ufer: »Wie ist das Wasser?« Und noch jemand lief sich nach dem Baden am Ufer warm, seine bloßen Füße klatschten auf den feuchten Ufersand wie eine Hand auf einen nackten Körper. Der mit den aufklatschenden bloßen Füßen gab ein lautes »Brrr!« von sich. In Kiefern eingebettet und vom Fluß durchzogen, umgab uns mit linder Luft die uns nichts bedeutende sternklare Juliwelt, an deren Horizont die Lichter von Tuschino flackerten. Lange ist das her! Das war damals, als man die Moskwa noch durchwaten konnte, als man vom Theater-Platz nach Serebrjanyj-Bor mit dem langen roten Leyland-Bus fuhr, damals, als man weite seidene Hemdblusen mit Gürtel, weiße Leinenhosen und Segeltuchschuhe trug, die abends mit Zahnputzpulver eingerieben wurden, damit sie morgens schneeweiß waren; bei jedem Schritt stieg ein weißes Staubwölkchen von ihnen hoch ...

Jetzt ist schwer zu sagen, wer diese Leute waren und wie alt sie gewesen sein mochten. Sie sind aus meinem Leben entschwunden, und damals habe ich mich für dergleichen nicht interessiert. Nur von Grawinskij wußte ich, daß er der Sohn eines Komintern-Mitarbeiters war. Der Zitterer und der Professor waren möglicherweise Studenten, vielleicht aber auch nicht. Tatarnikow arbeitete irgendwo, doch wer weiß, oft kam er schon nachmittags auf den Tennisplatz. Antschik ging in die zehnte Klasse, aber auch das ist nicht verbürgt; sie kann genausogut Studentin gewesen sein. Ich weiß, daß ihr Vater einen schwarzen Rolls-Royce fuhr. Einmal sah ich, wie der schwarze Wagen vor ihrem Haus in der Dritten Zeile hielt – es goß wie aus Kannen, ich war unterwegs, um Milch zu holen, und trottete, durchweicht bis auf die Knochen, ohne jede Hast die Chaussee entlang. Aus der Limousine sprang Antschik, sie zog die Schuhe aus, und ihre bloßen Füße patschten zur Haustür. Nach ihr entstieg ein Mann mit schwarzem Hut dem Wagen. Er blieb plötzlich mitten in einer Pfütze stehen, nahm den Hut ab und verharrte, den Blick auf die Erde gerichtet, den kahlen Kopf dem Regen preisgegeben, einige Sekunden in seltsamem Nachdenken.

Antschik war groß, wohlgestalt, mit *Wespentaille*, ihre Haare waren *pechschwarz* und ihre großen Augen dunkel und unergründlich *wie die Nacht*. Sie gefiel mir sehr. Natürlich nicht so wie meine Klassenkameradin Marina. Antschik gefiel mir platonisch, als Frau. Ich mochte ihre belegte Stimme, ihre Kleider, Trägerröcke und Nickis, die wirkten, als stammten sie vom Vorjahr, so knapp und knalleng saßen sie. Mir gefiel ihr armrudernder, wiegender Matrosengang. Ich mochte, wie sie sich über alle lustig machte und mit jedem von oben herab sprach. Mir gefiel, wie sie die Bälle aufnahm, ohne sich zu bücken; geschickt und schnell, mit Schläger und Fuß. Auch ich konnte die Bälle so aufnehmen, freilich nur mit dem linken Fuß, während Antschik das gleichermaßen leicht mit dem linken und dem rechten brachte. Der Ball klebte förmlich an ihrem Schläger, er fiel niemals zurück, was Sawwa und mir oft passierte.

Ich weiß nicht, vielleicht haben wir uns Antschiks wegen Abend für Abend auf den Tennisplatz geschleppt. Damals ist mir das nicht in den Sinn gekommen, aber jetzt glaube ich, daß es so war. Antschiks und Tatarnikows wegen, der uns auch sehr gefiel. Wir hätten ja tagsüber hingehen können, wenn es heiß war und niemand spielte, aber der leere Platz

und die leeren Bänke ließen uns kalt – wir sehnten uns nach Publikum, nach Lärm und Begeisterung, nach Kampf und schönen Frauen, wie im Theater sollte es sein.
Im Hochsommer starb Sawwas Vater, und die Mutter brachte Sawwa nach Leningrad. Er überließ mir seinen Schläger mit den Metallsaiten, er wollte gegen Ende des Sommers zurück sein, kam aber nicht. Nie wieder bin ich Sawwa begegnet, nie wieder habe ich etwas von ihm gehört. Er hat nicht gesehen, wie ich einmal im Doppel mit dem Zitterer gespielt habe, er war nicht dabei, als im darauffolgenden Sommer der Moskwa-Wolga-Kanal eröffnet und der Schiffsverkehr aufgenommen wurde. Der Tennisplatz sah neue Spieler, doch Tatarnikow blieb Champion von Serebrjanyj-Bor und Umgebung. Mit einigen spielte er um Geld. Er gab vier Spiele Vorsprung und gewann.
Der Sommer, in dem die ersten Dampfer fuhren, war zunächst sehr heiß, dann aber wurde er recht regnerisch. Meist kurze Schauer, die ganz plötzlich niedergingen. Dennoch mußte man eine halbe Stunde bis eine Stunde warten, bis der Platz getrocknet war. Die Spieler versammelten sich unter dem Schutzdach neben dem Platz, spielten Schach oder saßen einfach da und erzählten Witze. Ich hockte gern dabei und hörte ihnen zu. Einmal saßen wir alle dort – ich, Tatarnikow, der Professor, Grawinskij, Antschik und noch ein paar Leute –, als Boris kam, ein junger Bursche, und uns sagte, ein Bekannter sei ertrunken. Dieser Boris war erst unlängst auf dem Platz aufgetaucht, er spielte gut, war aber zänkisch und frech. Stritt um jeden Ball. Sein Vater war Werkdirektor, vorher hatten sie in Tbilissi gewohnt. Er kam also und sagte, ein Bekannter von uns sei ertrunken. Später stellte sich heraus, daß niemand ertrunken war, daß er gelogen hatte, doch im ersten Augenblick regten sich natürlich alle auf, Antschik stieß sogar einen Schrei aus, und da trat Boris auf sie zu – er war stämmig, untersetzt, kleiner als Antschik, hatte auffallend vorstehende Wangenknochen, die sich beim Sprechen bewegten –, zischte durch die Zähne: »Da

hast du, du Miststück!« und schlug ihr mit voller Wucht ins Gesicht.

Alles schrie durcheinander:

»Was ist los? Was ist passiert?«

Boris antwortete nicht, blickte nur wütend Antschik an, die, die Hände vorm Gesicht, reglos dastand. Daß Antschik geschlagen worden war und wie sie den Schlag *hingenommen* hatte, darin lag etwas derart Unglaubliches, daß ich wie erstarrt sitzen blieb, während alle von ihren Plätzen sprangen und losschrien. Der Professor oder Grawinskij, vielleicht auch beide, hatten Boris an der Brust gepackt, doch der riß sich los und sagte ruhig: »Misch dich nicht ein! Hau ab, sag ich! Hau ab, sonst ...«

»Gestatten Sie«, fragte Tatarnikow, »ist nun jemand ertrunken oder nicht?«

Da schlug Boris Antschik noch einmal, diesmal auf die Hände, die sie vors Gesicht hielt, doch mit solcher Wucht, daß sie schwankte, sich nach hinten bog wie ein Zweig und beinahe gestürzt wäre. Dann hastete sie davon, fast im Laufschritt, und Boris nebenher. Sie liefen durch den Kiefernwald, ohne sich anzusehen und auf den Weg zu achten; jeder war für sich allein und doch mit dem anderen verbunden durch etwas Furchtbares und Einfaches. Wie sie sich zwischen den Kiefern von uns entfernten, wirkten sie wie *ein* Mensch.

Der Platz war getrocknet, und jemand ging spielen; doch ich konnte den Spielern nicht zuschauen. Ich konnte Tatarnikows bleiches Gesicht mit der Politfrisur nicht sehen. Die Tennisspieler ereiferten sich und verabredeten, wie ich hörte, nie mehr mit Boris, diesem Vieh, zu spielen. »Eine Frau zu schlagen! So eine Gemeinheit! Schade, daß er weg ist, wir hätten ihm die Fassade poliert!« Aber ich spürte, daß etwas anderes sie erregte.

Danach änderte sich das Leben auf dem Tennisplatz schnell und unwiderruflich. Einige verschwanden einfach, andere fuhren ab. Neue reisten an, viele Neue. Es wurde erzählt,

Antschik wohne mit ihrer jüngeren Schwester, dem Bruder und der Großmutter in Los. Nur Tatarnikow kam wie früher auf seinem »Ehrenpreis« angeradelt, und gelegentlich tauchten der Zitterer und das Männlein auf, das Sawwa und ich für einen japanischen Spion gehalten hatten. Neben dem Tennisplatz entstand ein Volleyballfeld, und allabendlich versammelte sich dort eine Horde Schreihälse, etwa vierzig Mann. Ein Krach wie auf dem Markt.

Als wäre nichts gewesen, kreuzte eines Sonntags das »Vieh« Boris mit einem Freund auf. Beide trugen Jockeimützen. Boris fragte, wer der letzte sei. Keiner antwortete ihm. Auf dem Platz waren vier, und vier warteten. Boris und sein Freund saßen eine halbe Stunde, dann reifte ein Skandal heran. Wahrscheinlich wäre es zu einer handfesten Schlägerei gekommen, wäre nicht plötzlich vom Fluß her sonderbarer Lärm herübergedrungen. Der Wald erbebte unter den Füßen Hunderter von Menschen. Mit Musik und Liedern bewegte sich diese Riesenmenge auf uns zu; vorweg rannten Jungen und meldeten, am Ufer habe ein Dampfer festgemacht und die Menschenmenge mitgebracht, ihr nach folge eine Tanzkapelle. Die Tennisspieler setzten ihr Spiel unbeeindruckt fort. Gleich darauf umstanden die Ausflüglermassen den Platz, einige waren schon merklich angesäuselt und setzten sich einfach ins Gras, andere tanzten, dritte spielten Fangen, eine Harmonika erklang, ein paar Leute betraten das Spielfeld und verlangten, das Netz abzunehmen. Die Spieler, versteht sich, lehnten ab und erklärten, sie würden die Miliz holen. Der Zitterer war besonders aufgebracht und schrie: »Wir werden uns beschweren! Nennen Sie uns Ihren Betrieb!«

Ein untersetzter Mann mit Panamahut fuchtelte wild mit den Armen und brüllte ebenfalls: »Sie wollen zu viert spielen, und vierhundert sollen zusehen, ja? So wollen Sie's doch!«

»Sie verletzen die Ordnung!«

»Nein, Sie!«

»Leute, wo ist die Miliz?«

»Wir haben eine Vereinbarung mit der Datschenleitung!«
Derweil sie stritten, betrat die Kapelle den Tennisplatz und baute sich an der Holzwand auf, jemand löste bereits das Netz, und die ersten Paare schurrten über den Zement, vorerst noch ohne Musik. Doch da dröhnte schon der Walzer: »Luftballon, blauer, wiegt sich im Wind«. Ich sah, wie Boris, die Wangen aufgeblasen, eine dürre, häßliche Frau mit Kopftuch, die reinste Mißgeburt, hinter sich herzog zum Tanz. Die Tennisspieler kochten noch immer vor Wut und versuchten, der Kapelle Einhalt zu gebieten. Nur Tatarnikow setzte sich gleichmütig auf sein »Ehrenpreis« und radelte davon.
Während des Krieges wurde der Holzzaun des Tennisplatzes verfeuert. Einmal, Jahrzehnte danach, fuhr ich wieder dorthin und erklomm einen Hügel, um jene Stätten zu sehen, wo so vieles begann, was später mein Leben ausmachen sollte. Damals waren es nur Verheißungen gewesen, wenngleich sich einige davon auch erfüllt hatten. Auf dem Hügel leuchteten dicke weiße Kalkwände einer imposanten Freilichtbühne. Von dem Tennisplatz war lediglich die Zementfläche übriggeblieben, auf der die Datschenpärchen in Erwartung der beginnenden Vorstellung Arm in Arm herumflanierten. Übrigens, was heißt Datschenpärchen? Hier war jetzt Moskau, und es roch wie in der Stadt – nach Benzin und staubigem Grün. Ich fragte einen Mann in einem flotten Wollpullover mit Lederbesatz, woher die Zementfläche stamme. »Aus dem Krieg!« antwortete er überzeugt. »Hier befanden sich Flakstellungen. Wenn die deutschen Bomber nach Moskau wollten, wurden sie ebenhier über Serebrjanyj-Bor abgeschossen. Das stammt alles aus dem Krieg!«
Ich ging zum Fluß, setzte mich auf eine Bank. Der Fluß war derselbe geblieben, auch die Kiefern knarrten so wie früher. Aber die Dämmerung war anders geworden – baden mochte ich nicht. Damals, als ich erst elf Jahre zählte, waren die Dämmerstunden entschieden wärmer.

Natalja Baranskaja

Der Kuß

Solange sie herabfuhren – die ganzen elf Etagen – dauerte dieser unvorstellbare Kuß.

Der Fahrstuhl hielt, öffnete widerstrebend die Türen, und da erst löste er die Arme und gab sie frei.

Vielleicht hätte sie etwas sagen müssen, rufen sollen: »Was soll das?« oder: »Sie sind wohl verrückt geworden«, aber die Luft blieb ihr weg, und so schwieg sie. Auch er schwieg.

Nadeshda Michailowna ging voraus – gelassen, ohne Hast, nur ihr gerader Rücken drückte Abweisung aus. Viktor holte sie ein, brachte sie zum Stehen. Er steckte sich eine Zigarette an. Ein kalter, nasser Wind wehte, in dem die wenigen Schneeflocken wieder tauten. Während das Streichholz aufflammte, blickte sie in sein Gesicht. Er sah gut aus, hatte scharfe Züge, einen festen Mund. Sie blickte auf die Flamme in den hohlen Händen und dachte, wie gut es wäre, sich solchen Händen anzuvertrauen – starken, zuverlässigen, festen Händen.

Es wäre gut, doch nicht für sie. Sie seufzte, wandte sich ab und ging weiter, zum Bus. Sie wollte allein sein.

Eigentlich war nichts geschehen. Sie waren auf einer Familienfeier bei gemeinsamen Bekannten gewesen. Auch früher hatten sie sich schon zwei-, dreimal getroffen. Viktor, ein älterer Freund der jungen Generation. Sie, eine junge Bekannte der Eltern. Übrigens schätzte man sie nie älter als 35. Sie war noch eine interessante Frau, elegant, lebendig. Und heute, das wußte sie, war sie besonders anziehend gewesen.

Als die Gäste langsam auseinandergingen und auch Nadeshda Michailowna sich erhob, hatte Viktor gesagt: »Warten Sie, ich lege Ihre Lieblingsplatte auf.« Sie blieb, ohne zu fragen, welche Platte er gerade in der Hand hielt. Tatsächlich, sie liebte Grieg, doch Viktor konnte das nicht wissen. Zufall? Oder Schicksal? Diesmal war Nadeshda Michailowna nicht traurig geworden, wie sonst, wenn sie Solveigs Lied hörte, sondern hatte sich amüsiert: ›Da hab ich mir einen jungen Dachs geangelt!‹ Sie hatte sich gefreut, ohne weiter nachzudenken, ja, geradezu schamlos gefreut.

Und nun ging er neben ihr her, und sie wußte nicht, was sie mit ihm anfangen sollte.

Doch da blinkte grünes Licht, Bremsen quietschten – Viktor hatte ein Taxi angehalten. Er fragte, wohin sie fahren müsse – und kaum hatte sich der Wagen in Bewegung gesetzt, faßte er sie um die Schulter und versuchte sie an sich zu ziehen. Sie widersetzte sich, doch das Herz stockte ihr und fing dann an loszuhämmern – genau wie im Fahrstuhl. Trotzdem griff er sie fest am Arm und drückte seine Knie an ihre Beine. Sie machte sich frei. ›Das Ereignis‹ – so qualifizierte sie den Kuß im Fahrstuhl – begann in ein banales Abenteuer auszulaufen. Da fährt er sie, um ein Uhr nachts, durch ganz Moskau, vom Süd-Westen in den Nord-Osten! Nadeshda Michailowna betrachtete ritterliche Anwandlungen von Männern mit Skepsis. Sollten es eigennützige Motive sein, so waren sie vergeblich – schon ein Jahr war ihr persönliches Konto in Sachen Liebe geschlossen.

Sie machte sich von seinen Armen los, öffnete die Tasche, als suche sie ein Taschentuch oder das Portemonnaie (natürlich nicht die Brille), und Viktor, nachdem er um Erlaubnis gefragt hatte, holte seine Zigaretten heraus. Das Taxi raste durch die nächtliche asphaltierte Weite. Das Schweigen lud sich mit Spannung auf.

»Sind Sie nicht Philologin? Womit oder mit wem beschäftigen Sie sich?« fragte Viktor.

»Genauer – Linguistin. Ich arbeite an einem Wörterbuch der Synonyme.« – Nadeshda Michailowna war froh über das Gespräch, sie antwortete bereitwillig.

»Synonyme . . . Unterschiedlicher Klang, ein und derselbe Sinn?«

»Was heißt ›derselbe‹? Gleicher oder verwandter Sinn.«
»Spitzfindigkeiten. Für einen Künstler belanglos. Ich bin sicher, die wenigsten Philologen wissen, was Tempera oder Sanguine sind.«
Nein, mit der Unterhaltung klappte es nicht. Die Spannung ließ nicht nach.
»Ach, ›Sanguine‹? Wirklich ... Dann sagen wir besser ... ›Homonyme‹. Ja?«
Sie versuchte das gezwungene Gespräch etwas zu beleben. Vergeblich.
»›Homonyme‹! Synónyme oder Synonýme, Homónyme oder Homonýme ...«, plapperte Viktor gedankenlos.
Plötzlich mischte sich der Chauffeur in das Gespräch ein.
»Na, und die ›Anonymen‹ – gerissene Leute. Möchten ihre Meinung jedem mitteilen.«
Alle lachten. Die Moskauer Taxichauffeure sind für ihren Witz bekannt.
Sie waren angekommen. Viktor stieg aus, half Nadeshda Michailowna auszusteigen und schlug die Wagentür zu.
»Ich danke Ihnen, Sie sind sehr liebenswürdig.«
Das kam kälter heraus, als sie wollte.
Doch Viktor dachte nicht daran, den Abschied in die Länge zu ziehen. Er küßte ihre Hand, setzte sich neben den Chauffeur und fuhr davon. »Na, auch gut«, sagte Nadeshda Michailowna, als sie die Treppe hinaufstieg. »Gut, gut, sogar sehr gut«, gurrte sie und schloß ihre Einzimmerwohnung hinter sich ab. Hier, in ihrem behaglichen Heim, würde sie das ›Ereignis‹ schnell vergessen haben.
Doch statt rasch zu Bett zu gehen, setzte sie sich vor den Spiegel und betrachtete aufmerksam ihr Gesicht. Müde sah sie aus. Das leichte Wangenrot war verschwunden, die Falten traten deutlicher hervor. Eine gewöhnliche Frau über vierzig. Das war deutlich sichtbar im Spiegel. Sie nahm Kette und Ringe ab, zog das Kleid aus und ging ins Badezimmer.
Kaum hatte sie sich hingelegt und behaglich auf dem Rücken ausgestreckt, als sie die festen trockenen Lippen spürte, die

sich auf ihren Mund preßten ... Sie drehte sich auf die Seite – nur schnell schlafen! Doch von einem Jahr zum anderen lief die Erinnerung: die erste Liebe und die Trennung durch den Krieg, die Freuden und Sorgen des Familienlebens, der Zank und die Scheidung, die Zeit als alleinstehende Mutter, und Arbeit, Arbeit, Arbeit – Last und Freude. Und etwas abseits – von der Arbeit, von der Tochter – trügerische Leidenschaften, Liebe oder Nicht-Liebe, Eifersucht, Trennungen ... Und endlich ein stabiles Gleichgewicht.

Nicht ganz so stabil, wie sich zeigte.

Nadeshda Michailowna nahm ein Schlafmittel und stellte zornig den Zeiger der Weckeruhr auf später ein. »Schlaf, Großmama!« sagte sie boshaft. Vor einem halben Jahr hatte ihre Tochter ein Töchterchen bekommen.

Mit Mühe stand Nadeshda Michailowna auf, und den ganzen Tag fühlte sie sich elend, unzufrieden mit sich selbst. Und was besonders seltsam war: Sie fühlte sich verlassen! War das nicht Unsinn, war es nicht Hohn?

Sie versuchte, sich in ihre Synonyme zu vergraben, auf Muttergefühle umzuschalten – wie es wohl Natalja geht, dort in ihrem tristen Tschertanowo ... Nichts half. Ungewollt drängten sich ihr Synonyme auf. Die Tochter war nicht allein, sie hatte ihren Mann. Nadeshda Michailowna dagegen, langjährige wissenschaftliche Mitarbeiterin an einem Institut der Akademie der Wissenschaften der UdSSR, Besitzerin einer Einzimmerwohnung, eine interessante Frau, war trotz alledem alleingelassen, verlassen, im Stich gelassen oder, wie man so grausam in der Umgangssprache sagt: sitzengelassen.

Viktor rief am Abend an. Er mußte die Telefonnummer über die Auskunft herausgekriegt haben. Er sagte: »Ich muß Sie unbedingt sehen.«

»Sie müssen?« Es sollte ironisch klingen, klang aber froh.

»Gut, ich muß nicht, aber ich möchte. Ich möchte Sie sehr gern sehen. Erlauben Sie, daß ich zu Ihnen komme. Jetzt ...«

»Wie, jetzt?« erschrak sie. »Das geht nicht.«
»Dann morgen. Wann kommen Sie von der Arbeit? Gut, ich komme um acht.«
Das Rendezvous war verabredet, noch ehe sie zustimmen konnte. Aber hatte sie das denn nicht gewollt? Genug jetzt, nicht noch mehr Schwierigkeiten. Alles ist einfach und gut. Kleine Freuden? Dann eben kleine, wenn es große nicht gibt.
Und Nadeshda Michailowna räumte die Wohnung auf, dann nahm sie ein Bad, machte sich eine Hefemaske und ging früh zu Bett. Noch bevor sie zu Ende überlegt hatte, was sie am nächsten Abend anziehen sollte, schlief sie schon.
Sie stand erfrischt auf, mit Vergnügen legte sie einen Teil des Weges zu Fuß zurück. Und den ganzen Tag über klangen in ihr die Worte aus Solveigs Lied: »Ich weiß es tief im Herzen, du kehrst zu mir zurück, du kehrst zu mir zurück.« Übrigens würgte sie diese Singerei mit Selbstironie ab – das ging ja nun wirklich zu weit.
Nadeshda Michailowna beschloß, eine Stunde früher zu gehen, um sich auf den Abend vorzubereiten. Sie mußte noch etwas zum Essen einkaufen. Sie war im Mantel, als ihre Tochter anrief.
Natascha bat sie zu kommen. Am besten gleich über Nacht. Bei Serjosha wird es wieder spät werden. Das Töchterchen weint viel – wahrscheinlich die Zähne. Bei ihnen ist starker Wind, es zieht durch die Fenster. Es ist kalt, sehr ungemütlich. Sie kommen gerade vom Ausfahren zurück. Und wenn es geht, soll die Mutter noch Obst kaufen, hier gibt es keins. Und noch eine Bitte – ein paar Zweikopekenstücke einwechseln für den Telefonapparat. Nadeshda Michailowna sah die Tochter – zart, hochaufgewachsen – in der Telefonzelle vor sich, davor der blaue Kinderwagen mit dem hochgeklappten Verdeck. Unter ihrem hellblauen Mohairmützchen lugen blonde, glatte Haarsträhnen hervor, die Spitze der langen geraden Nase gerötet – sie friert immer rasch im Freien.
Die Tochter zu enttäuschen fiel ihr schwer, aber Nadesh-

da Michailowna sagte mit fester Stimme, sie könne nicht kommen.

Als sie ihre Einkäufe für den Abend machte, nahm sie gleich Äpfel und Weintrauben für Natascha mit. Zu Hause legte sie den Imbiß und das Obst in den Kühlschrank, den Wein stellte sie auf den Balkon, dann lag sie zehn Minuten mit geschlossenen Augen auf dem Rücken, zog sich um und ging in die Küche, um alles für den Abend vorzubereiten.

Sie schnitt Brot, öffnete Konserven, legte eine lustig gestreifte Decke auf den Tisch, stellte gelbe Keramikteller und blaue Keramiktassen hin. Sogar ein Zweig Efeu in einem hohen Glas fand sich. Sie entzückte sich an dem Anblick – der Tisch sah richtig frühlingshaft aus. Ach, die Weingläser hatte sie vergessen! Und gerade in dem Augenblick, als sie die Gläser aus tschechischem Rauchglas auf den Tisch stellte, dachte sie beunruhigt daran, daß sie nichts, absolut nichts von ihrem Gast wußte, von seinem Geschmack, seinen Gewohnheiten, seinen Ansichten. All das war ihr unbekannt. Vielleicht würde es ihr guttun, heute mit ihm zusammen zu sein, doch was würde sie morgen erwarten? Am Ende würde er, wenn er bis zum Morgen mit ihr zusammen bliebe, plötzlich sagen, er möchte in Zukunft hier wohnen. Eines Morgens würde er verschwinden und nicht wiederkommen. Doch vorher, bevor er sie verläßt, würde er unaufmerksam werden, vergeßlich, sie aber mißtrauisch und eifersüchtig. Er ist jung, gutaussehend. Die Angst, alt zu werden, wird bei ihr zunehmen. Sie wird anfangen, die Falten zu zählen, sich die Haare färben, zur Kosmetikerin rennen. Sie wird ihre Unabhängigkeit verlieren, die beneidenswerte Leichtigkeit eines Menschen, der seine Arbeit gut macht und sich entspannen kann ... Mein Gott, sie kennt noch nicht einmal seinen Familiennamen, sie weiß nicht, ob er verheiratet ist! Übrigens, was geht sie das an? Sie will ihn ja nicht heiraten.

Alle diese Gedanken hinderten Nadeshda Michailowna jedoch nicht, sich genauestens auf den Empfang ihres Gastes vorzubereiten. Sie band die Schürze ab, rieb die Hände mit

Lotion ein und ging zum großen Spiegel, um das Haar zu ordnen, Ringe und Ohrringe anzustecken. Das hieß ›letzte Hand anlegen‹.

Aus der klaren Tiefe des Spiegels kam ihr eine nicht mehr junge, bekümmerte Frau entgegen. Das Gesicht dicht am Glas, sah sie flammende Röte auf den Wangen und ängstliche Augen. Einen Augenblick Verwirrung: Vielleicht besser Valocordin einnehmen? Nein, kommt nicht in Frage. Das hat alles keinen Zweck.

Bis zur verabredeten Zeit blieben noch zwölf Minuten. Schnell und entschieden machte sich Nadeshda Michailowna auf den Weg, und eine halbe Stunde später saß sie bereits mit der schweren Einkaufstasche in der U-Bahn. Außer Äpfel und Weintrauben waren darin: Käse, gekochter Schinken, Kekse und Schokolade. Nur den Wein hatte sie nicht mitgenommen – den Wein hätte sie Natascha irgendwie erklären müssen, erklären aber konnte sie nichts.

Anmerkungen

7,2 *Kerenskij-Rubel:* entwerteter Papier-Rubel, der sich am Ende des Ersten Weltkriegs in Umlauf befand. Nach dem von Juli bis Oktober 1917 amtierenden Ministerpräsidenten A. F. Kerenskij benannt.

7,17 *Gusinaki:* transkaukasische Spezialität aus Honig und Nüssen.

10,7 *Rote Armee:* bis 1946 gültige Bezeichnung der unter L. D. Trotzkij gegründeten Armee der Sowjetunion.

11,6 *Smolnyj:* ehemaliges Nonnenkloster in Sankt Petersburg. Diente von Oktober 1917 bis März 1918 als Sitz der ersten sowjetischen Regierung. Nach deren Verlegung nach Moskau verblieben hier der Stadtsowjet und die höchsten Gremien der kommunistischen Partei Petrograds.

16,22 *Pud:* früheres russisches Gewicht (16,38 kg).

18,28 *Arschin:* altrussisches Längenmaß (71,1 cm).

26,22 *Warenje:* (russ.) eingekochtes Obst.

29,27 *Skrjabin:* Alexander Nikolajewitsch S. (1872–1915). Russischer Komponist. Wandte sich, von Chopin ausgehend, einem expressiven Mystizismus zu, der die Moderne um 1910 anregte. Beherrschte die russische Musik bis um 1930.

36,9 *Sinowjew:* Grigorij Jewsejewitsch S. (1883–1936). Sowjetischer Politiker. Enger Vertrauter Lenins. Nahm führende Positionen in Partei und Regierung ein. Vorsitzender der Kommunistischen Internationale. 1926/27 von Stalin aller Ämter enthoben. Opfer der »Großen Säuberung«.

41,8 *Frühling des Jahres 1920:* Endphase des Bürgerkriegs in Rußland. Die kriegsbedingte Zerrüttung der Landwirtschaft und die Zerstörung des Transportwesens hatten zu einer katastrophalen Versorgungslage in den Städten geführt.

44,24 *Andrejew:* Leonid Nikolajewitsch A. (1871–1919). Russischer Schriftsteller. Gehörte zunächst zum Kreis um Gorkij, ehe er sich den Symbolisten zuwandte. Verfaßte von Pessimismus und Grauen erfüllte Erzählungen und allegorisierende Dramen.

91,8 *Lubjanka:* Sitz der sowjetischen Geheimpolizei in Moskau.

106,16 *Shiwzen:* Mitglieder der »Shiwaja zerkow« (russ., ›Lebendige Kirche‹).

107,7 *Tscherwonzen:* Zehnrubelscheine.

107,10 *Meyerhold:* Wsewolod Emiljewitsch M. (1874–1940). Sowjetischer Schauspieler, Regisseur und Theaterleiter. Exponent des russischen Revolutionstheaters in den zwanziger Jahren. Sein Konzept sah die Einbeziehung des Publikums in die Kunst vor. Seine antiillusionistische Bühnenkunst, die nachhaltigen Einfluß auf Brecht und Piscator ausübte, war mit der 1932 verkündeten Doktrin des sozialistischen Realismus nicht zu vereinbaren. Meyerhold mußte sein Theater schließen und verstarb in Haft.

107,12 *Komsomolzen:* Mitglieder des »Kommunistitscheskij sojus molodjoshi« (russ., ›Kommunistischer Jugendverband‹).

107,20 *Rabkoren:* Abkürzung für »Rabotschije korrespondenty« (russ., ›Arbeiterkorrespondenten‹).

109,4 f. *Gregorianischen Kalender:* Der unter Papst Gregor XIII. 1582 eingeführte Gregorianische Kalender besitzt bis in die heutige Zeit Gültigkeit. Von der russisch-orthodoxen Kirche abgelehnt, wurde er 1918 von der Sowjetregierung auch für den russischen Machtbereich angenommen. Damit entfielen 13 Tage in der neuen Zeitrechnung.

109,12 *Mosselprom:* Abkürzung für »Moskowskoje objedinenije predprijatij po pererabotke produktow selskochosjaistwennoj promyschlennostij« (russ., ›Moskauer Betriebsvereinigung zur Verarbeitung landwirtschaftlicher Produkte‹).

109,20 f. *Motten, den grauen Staub ... vertreibt man durch Elektrifizierung:* Anspielung auf Lenins These, daß »Kommunismus Sowjetmacht plus Elektrifizierung« sei.

110,1 *Anerkennung der Räterepublik durch Frankreich:* Die diplomatische Anerkennung der UdSSR durch Frankreich und andere Staaten im Jahre 1924 bedeutete das vorläufige Ende der internationalen Isolierung der Sowjetunion.

110,27 *NEP:* Abkürzung für »Nowaja Ekonomitscheskaja Politika« (russ., ›Neue Ökonomische Politik‹). Von Lenin konzipiertes Wirtschaftsprogramm, das die Förderung privatwirtschaftlicher Initiativen vorsah, um die durch Bürgerkrieg und Kriegskommunismus zerrüttete Wirtschaft Sowjetrußlands zu sanieren. Die NEP wurde 1921 eingeführt und 1927, nachdem das Land wirtschaftlich gesundet war, von Stalin für beendet erklärt.

114,16 *Iljitsch:* Vatersname Lenins.

115,9 *Achrowzen:* Mitglieder der »Assoziazija chudoshnikow rewoljuzionnoj Rossii« (russ., ›Vereinigung der Künstler des revolutionären Rußland‹).

122,36 *Tolstoj-Hemd:* Das lange, durch einen Gürtel zusammengehaltene blusige Hemd gehörte zur Ausstattung Graf L. N. Tolstojs, der es liebte, sich wie ein russischer Bauer zu kleiden.

128,8 *Quarenghi:* Giacomo Q. (1744–1817). Italienisch-russischer

Baumeister. Begründer des Klassizismus in der russischen Architektur.

128,29 f. *Kokorjew:* Wassilij Alexandrowitsch K. (1817–89). Berühmter russischer Unternehmer und Bankier.

131,10 *Kreschtschatik:* (russ.) Kreuzweg.
schtschastie: (russ.) Schicksal, Glück.
schtschawel: (russ.) Sauerampfer.

132,21 *Lucien de Rubempré:* scheiternder Held aus Balzacs »Illusions perdues« (1837–43).

138,4 *Provisorischen Regierung:* Nach Ausbruch der Februarrevolution von 1917 und dem Sturz der russischen Monarchie wurde eine Regierung aus bürgerlichen und gemäßigt sozialistischen Kräften gebildet. Sie verstand sich als ein Provisorium, das durch den Zusammentritt einer Konstituierenden Versammlung begrenzt sein sollte. Von den Bolschewiken nicht anerkannt und im Oktober 1917 gestürzt (»Oktoberrevolution«).

138,24 *Kerenskijs:* Alexander Fjodorowitsch K. (1881–1970). Russischer Politiker. Mitglied der Provisorischen Regierung. Von Juli bis Oktober 1917 russischer Ministerpräsident. Sein Festhalten an der Fortsetzung des Krieges führte Rußland außen- und innenpolitisch in die Katastrophe.

142,1 f. *Schakse-Wakse-Tag:* Festtag der Schiiten, der mit ekstatischen Prozessionen gefeiert wird.

146,30 *Menschewiken:* (russ.) ›Minderheitler‹. Seit 1903 Bezeichnung für die Vertreter der gemäßigten Richtung in der Sozialdemokratischen Arbeiterpartei Rußlands. Unterstützten 1917 die Provisorische Regierung. Nach der Oktoberrevolution zur Flucht gezwungen oder liquidiert.

152,9 *Ippolit:* Figur aus F. M. Dostojewskijs Roman »Der Idiot« (1868/69).

153,25 *Anna Karenina:* Heldin aus L. N. Tolstojs gleichnamigem Roman (1873–77).

156,28 *Von »Jarvi« zu »Jarvi«:* Jarv/Jarvi/Järvi bedeutet in den finnisch-ugrischen Sprachen ›Binnensee‹. Auf -jarvi enden zahlreiche Namen von Seen und anliegenden Siedlungen in Estland, Finnland und auf der Karelischen Landenge in der Nähe von Petersburg/Leningrad.

158,11 *Asrael:* Name des Todesengels im Islam.

159,23 f. *Arsenik ... der schwarzhaarigen französischen Geliebten:* G. Flauberts Madame Bovary begeht ebenso wie die »stolze Anna« aus Tolstojs »Anna Karenina« Selbstmord.

160,17 f. *Bourget:* Paul B. (1852–1935). Französischer Schriftsteller, der, in der katholischen Tradition stehend, die Milieutheorie des Naturalismus ablehnte.

160,18 *Ohnet:* Georges O. (1848–1918). Französischer Schriftsteller. Verfaßte sehr erfolgreiche sentimentale Zeitromane.

161,20 *»I due Foscari:* frühe Oper G. Verdis (1813–1901).

163,1 *Kaiserin Anna Leopoldowna:* A. L. (1718–46). Russische Großfürstin. Übernahm 1740 die Regentschaft für ihren minderjährigen Sohn Iwan (VI.). 1741 von Jelisaweta Petrowna abgesetzt und in die Verbannung geschickt.

163,2 *Biron:* Ernst Johann von Bühren (1690–1772). Deutsch-russischer Politiker. Sekretär und Günstling der Zarin Anna Iwanowna, die ihm als Oberkammerherrn die Regierung (1730–40) überließ.

163,7 *Hauptmann Goljadkin:* Held aus F. M. Dostojewskijs Roman »Der Doppelgänger« (1846).

166,12 *Kalatsch:* (russ.) Kleingebäck aus Weizenmehl.

167,15 *Kibitka:* (russ.) Reisewagen oder Schlitten mit Verdeck. Hier: Zelt (der Nomadenvölker).

174,7 *»Zehn Jahre später«:* Nach dem großen Erfolg seines historischen Abenteuerromans »Die drei Musketiere« (1844) verfaßte A. Dumas (1802–70) als Fortsetzung »Zwanzig Jahre später« (1845) und »Noch zehn Jahre später oder Der Vicomte de Bragelonne« (1847).

176,27 *Presnja:* Arbeiterviertel in Moskau.

182,4 *Windauer Eisenbahn:* die Eisenbahnstrecke in Richtung Lettland. Seit 1946 nennt sich diese Strecke (und der entsprechende Bahnhof in Moskau) nach der lettischen Hauptstadt Riga.

186,19 f. *Solowezkij-Inseln:* Archipel im Weißen Meer, der nach der Liquidierung des Solowezkij-Klosters zu einem der größten Konzentrationslager im europäischen Teil der Sowjetunion wurde.

197,23 *»Das Moskau der Spelunken«:* lyrischer Zyklus von S. A. Jessenin (1895–1925) aus dem Jahre 1924.

203,17 *Kulak:* (russ.) Faust. Ursprünglich Bezeichnung für einen Dorfwucherer. Stalin benutzte den Begriff, um die fortschrittlichen Mittelbauern, die in der Zeit der NEP wesentlich zur wirtschaftlichen Gesundung des Landes beigetragen hatten, zu diskreditieren. Unter Hinweis auf die »Kulakengefahr«, die angeblich zur Versorgungskrise von 1927/28 geführt hatte, ließ er ihre Besitztümer konfiszieren und kollektivieren (»Revolution von oben«). Die »Kulaken« wurden mit ihren Familien vertrieben und zu großen Teilen liquidiert.

209,8 *Petrowskij-Schlosses:* 1775–82 von M. Kasakow errichteter pseudogotischer Bau, in dem sich seit den zwanziger Jahren die Ingenieurakademie der Luftstreitkräfte befindet. Das Bauwerk ahmt die Formen der Pavillons nach, die W. Bashenow auf dem Chodynka-Feld 1774 zur Feier des Friedens von Kütschük-Kainardshi errichtet hatte.

209,14 f. *Kütschük-Kainardshi Friedensvertrages:* Abschluß des ersten siegreichen Türkenkrieges unter Katharina II. im Jahre 1774.

211,9 *»Jar«:* Restaurant mit einem berühmten Zigeunerchor.

211,24 *Twerskaja-Jamskaja:* seit 1935 Gorkij-Straße.

212,14 f. *die zerquetschten Leichen von Chodynka:* Das anläßlich der Krönung von Zar Nikolaus II. (1896) auf dem Chodynka-Feld veranstaltete Volksfest endete mit einem katastrophalen Gedränge, das Tausende von Toten und Schwerverletzten forderte.

212,28 f. *Salven aus Kudrino über die ganzen Grusiny:* Auf dem Kudrinskaja-Platz in Presnja brach im Dezember 1905 der bewaffnete Aufstand gegen die Autokratie aus, der über das Wohnviertel Grusiny die damalige Petersburger Chaussee erreichte.

225,7 *Rosenberg:* Alfred R. (1893–1946). Deutscher Publizist und Politiker. Einer der führenden Propagandisten des Nationalsozialismus.

235,21 *Nikolaus-Epoche:* Regierungzeit Zar Nikolaus I. (1825–55), der aufgrund seiner starren, antiliberalen Politik als »Gendarm Europas« bezeichnet wurde.

235,23 f. *»Eugen Onegin«:* von P. I. Tschaikowskij nach dem gleichnamigen Versroman A. S. Puschkins komponierte Oper (1879).

237,5 *d'Anthès:* Georges d'A. Französischer Offizier. Duellgegner Alexander Puschkins, der den Dichter 1837 tödlich verwundete.

237,19 *»Pique Dame«:* berühmte Erzählung Puschkins aus dem Jahre 1834.

263,33 f. *»Der Wald rauscht«:* 1886 veröffentlichte Erzählung des sozial engagierten russischen Autors V. G. Korolenko (1853 bis 1921). Enthält deutliche Anspielungen auf das Herannahen der Revolution.

263,35 *»Der russische Wald«:* 1953 erschienener Roman des sowjetischen Schriftstellers L. M. Leonow (* 1899). Schildert das Kriegsjahr 1941 und zugleich die historische und soziale Entwicklung Rußlands seit den neunziger Jahren des vorigen Jahrhunderts.

268,17 *Sue:* Eugène S. (1804–57). Französischer Schriftsteller. Mit dem »Ewigen Juden« (1844–45) setzte er die Reihe seiner erfolgreichen Feuilletonromane fort, die er mit dem Gesellschaftsroman »Die Geheimnisse von Paris« (1842–43) begonnen hatte.

270,1 *Dekamerone:* zwischen 1348 und 1353 entstandenes Hauptwerk G. Boccaccios (1313–75). Großes Vorbild für alle Novellensammlungen der abendländischen Literatur.

277,5 *das schwere Jahr 1941:* Im Juni 1941 begann der deutsche Angriff auf die Sowjetunion. Bis Ende des Jahres standen die deutschen Truppen vor den Toren Leningrads, Moskaus und dem Zugang zum Kaukasus.

287,17 *Bojaren:* Angehörige des grundbesitzenden Geburtsadels im alten Rußland. Ihr politischer Einfluß wurde ihnen endgültig von Peter I. genommen.

307,7 *Kissel:* (russ.) mit Mehl eingedeckte Speise, die mit säuerlichen Fruchtsäften oder Mus zubereitet wird.

324,23 *Taiga-Äschen:* Lachsart.

325,10 *»einam«:* (litauisch) komm!

334,29 *Angara:* Nebenfluß des Jenissej.

354,33 *Komintern:* Abkürzung für »Kommunistische Internationale«. 1919 in Moskau gegründeter Zusammenschluß der kommunistischen Parteien von Europa und Amerika. Verstand sich als »Generalstab der Weltrevolution«. 1943 im Interesse des Bündnisses der UdSSR mit den Westmächten aufgelöst.

356,11 *Moskwa-Wolga-Kanal:* Die Eröffnung des 128 km langen Kanals fand am 15. Juli 1937 statt.

Verzeichnis der Autoren, Texte und Quellen

Wassílij Páwlowitsch Axjónow

*20. 8. 1932 Kasan

Erzähler, Dramatiker. Sohn der Schriftstellerin Jewgenija Ginsburg. Schulzeit zum Teil im Fernen Osten. Medizinstudium in Leningrad. 1956–60 Arzt in Leningrad und Moskau. Literarisches Debüt mit dem Kurzroman *Kollegen* (1960), in dem der Lebensweg von drei jungen Ärzten geschildert wird. In den beiden nächsten Romanen, *Fahrkarte zu den Sternen* (1961) und *Apfelsinen aus Marokko* (1963), befaßte sich Axjonow als erster sowjetischer Schriftsteller mit dem Thema der Jugend, die gegen die Welt der Erwachsenen protestiert und eigenen moralischen Grundsätzen folgt. Die heftige Kritik an diesen Romanen richtete sich nicht nur gegen die inhaltliche Offenheit, sondern auch gegen die Suche nach neuen Formen. Axjonow erzählt aus wechselnden Perspektiven, verzichtet auf klassische Gliederung, mißachtet die traditionelle Psychologie, tendiert zu Hemingwayscher Untertreibung, benutzt kurze, abgehackte Sätze und die saloppe Umgangssprache bis zum Slang und Straßenjargon. Seit 1965 wandte er sich verstärkt anderen Themen zu und versuchte, an Gogol und Bulgakow anknüpfend, durch die Einbeziehung des Irrealen zu einer vertieften Aussage zu gelangen. In den 1967 entstandenen Erzählungen *Auf dem Platz und hinter dem Fluß* und *Der Rotfuchs vom Nachbardorf* entsagt Axjonow der sachlich-nüchternen Betrachtungsweise und postuliert das Recht auf Phantasie, wenngleich die »Traumgesichte und Übertreibungen« meist noch auf die kindliche, durch die Lektüre von Abenteuerbüchern gespeiste Erlebnis- und Vorstellungswelt beschränkt sind. Erst später werden die phantastischen Erscheinungen als tatsächliche Vorkommnisse nahtlos in den assoziativen Erzählfluß integriert. In den Erzählungen *Eine Million Trennungen* (1974), *Außerhalb der Saison* (1976) und *Das Meer und die Tricks* (1976) entfesselt der Held mit dem Zauberstab die virtuosesten Clownerien und Phantasmagorien: Buntschillernde Drachen entfalten sich, rosarote Eisberge erscheinen, und Wunderflüge vereinen für immer getrennte Liebende. 1979 veröffentlichte Axjonow in dem Almanach *Metropol* das 1967 entstandene allegorische Bühnenstück *Die vier Temperamente*, das außerhalb von Zeit und Raum spielt und sich mit dem Problem der Existenz der Menschen nach dem Tod befaßt. Die anschließende Affäre um den im Ausland erschienenen Almanach zwang ihn 1980 zur Emigration. Seine 1980 und 1981 in den USA erschienenen Romane *Das Brandmal* und *Die Insel Krim* vermitteln in der typischen Mischung von Realität und Irrealität die Euphorie und anschließende Enttäuschung der poststalinistischen Intelligenz.

Der Sieg (1965)
Übers. von Mirjam Hilsbecher 311

Russischer Text: *Pobeda.* In: V. Aksenov: Žal', čto vas ne bylo s nami. Povest' i rasskazy. Moskau 1969. S. 316–322.

Ísaak Emmanuílowitsch Bábel

*13. 7. 1894 Odessa †17. 3. 1941 in Haft

Erzähler, Dramatiker. Stammte aus jüdischer Familie und erhielt Unterricht in Hebräisch, im Talmud und in der Bibel. 1905 Augenzeuge der Judenpogrome in Odessa. 1911–15 Studium am Kiewer Finanz- und Handelsinstitut. Erste Erzählungen in Französisch. 1917–24 ging Babel auf Anraten Gorkijs »unter die Menschen«. In dieser Zeit übte er verschiedene Tätigkeiten aus, wurde Soldat der Roten Armee und kämpfte in Budjonnyjs Reiterarmee. Seine Erlebnisse als Reporter in Petrograd und Tbilissi lieferten ihm das Material für das spätere Schaffen. Der berühmte Zyklus *Budjonnyjs Reiterarmee* (1926), eine Sammlung kurzer und kürzester Prosa, schildert in einer Vielzahl von Episoden und Charakteren die Ereignisse während des Feldzugs gegen Polen. Die Brutalität des Krieges wird in nüchterner Knappheit und mit trockener Ironie dargestellt. Als Hauptthemen erscheinen der Zusammenstoß zwischen den gewalttätigen Reitern und den empfindsamen Intellektuellen und der Widerspruch zwischen den rücksichtslosen »Soldaten der Revolution« und ihren idealistischen, aber unklaren Hoffnungen. In *Geschichten aus Odessa* (1931), dem zweiten wichtigen Erzählzyklus, entwirft Babel ein farbiges Bild Benja Kriks, des »Königs« der Odessaer Unterwelt, und seiner aus zynischen Tagedieben, frommen Rabbinern, exzentrischen Kutschern und verschlagenen Kaufleuten bestehenden Umgebung. Wie dort führen auch die Dramen *Sonnenuntergang* (1928) und *Marija* (1935) zum Teil ins jüdische Milieu und bringen die Auflösung gesellschaftlicher Normen auf die Bühne. Mitte der dreißiger Jahre geriet Babel, der 1932/33 in Frankreich gelebt hatte, zunehmend in Gegensatz zur offiziell anerkannten Kunstauffassung, 1939 wurde er verhaftet. Über sein weiteres Schicksal ist nichts bekannt. Der geringe Umfang des Werks erklärt sich weniger durch den frühen Tod als durch den ausgeprägten Stilwillen, der zu ständiger Überarbeitung der Manuskripte zwang. Babels Prosa ist daher von lakonischer Dichte und besticht ebenso durch ihre gedrängte, expressive Sprache wie durch ihre kräftige, treffende Bildlichkeit. Vorbilder sind Flaubert, Maupassant und Tschechow. Im Unterschied zu Tschechow betont Babel die Dynamik und Dramatik der Handlung und setzt nicht selten überraschende Höhe- oder Wendepunkte. Ein charakteristisches Stilprinzip ist das Spiel mit gegensätzlichen Elementen. Zartes steht neben Derbem, Hohes neben Niedrigem, Erhabenes neben Vulgärem.

Aus: Isaak Babel: Petersburg 1918. Reportagen. Hrsg. und übers. von Milo Dor und Reinhard Federmann. Pfullingen: Neske, 1977. S. 50–53.
Russischer Text: *O gruzine, kerenke i general'skoj dočke*. In: I. Babel': Zabytye proizvedenija. Ann Arbor 1979. S. 82–85.

Natálja Wladímirowna Baránskaja

*31. 12. 1908 Petersburg

Studium der Philologie. Arbeit als Ethnologin und in Literaturmuseen. Begann erst mit sechzig Jahren schriftstellerisch tätig zu werden. Ihr Debüt, die längere Erzählung *Woche um Woche*, die 1969 in der angesehenen literarischen Zeitschrift *Nowyj mir* erschien, erregte großes Aufsehen; sie wurde in viele Sprachen übersetzt. Geschildert wird, Tag für Tag, eine typische Woche im Leben einer Frau, die sich, hin- und hergerissen zwischen Beruf, Familie und Haushalt, in einem aussichtslosen Wettlauf mit der Zeit befindet. Die Antwort auf die Frage, ob die Protagonistin trotz allem glücklich sei, bleibt dem Leser überlassen. Natalja Baranskaja, die den Beginn ihrer schriftstellerischen Tätigkeit als den Eintritt in ein »neues, gleichsam zweites Leben« empfindet, schreibt ausschließlich Geschichten aus dem sowjetischen Alltag. Im Mittelpunkt stehen Frauen jedes Alters, von der zwölfjährigen Nadja in dem *Mädchen vom Meer* bis zu der achtundsiebzigjährigen Darja Iwanowna in der *Untermieterin und die Katze*. *Ljubka* (1977) handelt von einer jungen Frau, über die ein

Hauskollektiv ein sogenanntes Ehrengericht abhält. Dargestellt werden die Gründe und Hintergründe des Falles. Während eine themengleiche Erzählung Tendrjakows mit dem Selbstmord der Heldin endet, ist hier der Ausgang versöhnlich. In die Vergangenheit führt die Erzählung *Die Farbe des dunklen Honigs* (1977), die 1982 unter dem Titel *Ein Kleid für Frau Puschkin* ins Deutsche übersetzt wurde. Im Unterschied zu der Mehrzahl der Puschkin-Biographen blickt Natalja Baranskaja mit Verständnis und Wohlwollen auf die Frau, die den Anlaß zu dem letzten Duell des Dichters bildete. Die Handlung spielt ein Jahr nach Puschkins Tod und zeigt im Wechsel der Kapitel und Perspektiven die Zurückgebliebenen, die Familienmitglieder, das Hauspersonal, die Verwandten und Freunde. Natalja Baranskaja erzählt, an Tschechow orientiert, betont einfach und verzichtet auf alle grellen Effekte. Ihr eigentliches Thema ist die Frau. Sie macht deutlich, daß deren Probleme systembedingt und zugleich von zeitloser Gültigkeit sind. Als »sensible Historiographin weiblichen Seins in unserer Zeit« hat Natalja Baranskaja innerhalb weniger Jahre im Osten wie im Westen starke Beachtung gefunden.

Aus: Natalja Baranskaja: Das Ende der Welt. Erzählungen von Frauen. Übers. von Waltraut Ahrndt und Hilde Bach. Darmstadt/Neuwied: Luchterhand, ^{2}1986. S. 5–11.
Russischer Text: *Poceluj*. In: N. Baranskaja: Ženščina s zontikom. Povest' i rasskazy. Moskau 1981. S. 261–266.

Andréj Geórgijewitsch Bítow

*27. 5. 1937 Leningrad

Erzähler. Nach der Rückkehr aus der Evakuierung 1944 in Leningrad aufgewachsen. 1955–62, unterbrochen durch den Militärdienst 1957/58, Studium am Leningrader Bergbauinstitut. Anschließend als Bohrmeister auf geologischen Exkursionen. Seit 1959 literarische Publikationen in Zeitschriften. Mit dem Erscheinen des ersten Sammelbands, *Die große Kugel* (1963), ein vielbeachteter Schriftsteller. Von Anfang an strebte Bitow nach Erneuerung und Erweiterung der Möglichkeiten zeitgenössischen Erzählens. Er will die herkömmlichen Grenzen zwischen den Prosagattungen aufheben, um Raum für neue Inhalte und Wirkungen zu schaffen. Sein besonderes Interesse gilt der Darstellung des reflektierenden und sich selbst beobachtenden Bewußtseins. Gegenstand der Reflexion ist nicht das Ungewöhnliche, sondern das Alltägliche und Banale. Gezeigt wird immer wieder der schwache, haltlose Mensch im schonungslos offenen Selbstgericht. Der Held der Erzählung *Leben im windigen Wetter* (1964) ist ein Schriftsteller, der, aus der Stadt in die sommerliche Datscha umgezogen, vergeblich versucht, seine Arbeit am Schreibtisch aufzunehmen, und statt dessen eine aufregende Entdeckungsreise durch die eigene Innenwelt und die Welt der Personen um ihn herum unternimmt. Wie hier fehlt bei Bitow auch sonst meist jegliche vordergründige Aktion. Die äußere oder innere Reise fungiert häufig als Handlungsgerüst. Leser und Figuren werden in die Erörterung der Probleme und die Suche nach Lösungen einbezogen. In den *Armenischen Lektionen* (1968) ging Bitow über die psychologische Analyse hinaus und integrierte die soziale Erfahrung der Völker und die historische Erfahrung der Epoche. Die Erzählung *Der Ritter des Georgskreuzes* (1973) wendet sich trotz der subjektiven Technik der Montage und der feuilletonistischen und aphoristischen Elemente noch stärker der Gestaltung der sozialen Wirklichkeit und der historischen Bezugspunkte individueller Schicksale zu. Auch Bitows bisheriges Hauptwerk, der nur im Ausland veröffentlichte Roman *Das Puschkinhaus* (1978), ist nicht nur die Lebensgeschichte des Literaturwissenschaftlers Ljowa Odojewzew, sondern auch eine umfassende Auseinandersetzung mit der eigenen Zeit und ihren geschichtlichen und gegenwärtigen Bedingtheiten. Die Überwölbung der Handlung durch geschichts- und sozialphilosophische Überlegungen und durch literarästhetische Exkurse, die den Leser an den handwerklichen Problemen des Schriftstellers teilnehmen lassen, machen den Roman zum witzigsten, komplexesten und anspielungsreichsten Buch seit Bulgakows *Meister und Margarita.*

Aus: Andrej Bitow: Die ungeliebte Albina. Erzählungen. Hrsg. von Karlheinz Kasper. Berlin/Weimar: Aufbau-Verlag, 1982. S. 92 bis 126.
Russischer Text: *Bez dela.* In: A. Bitov: Voskresnyj den'. Rasskazy, povesti, putešestvija. Moskau 1980. S. 35–57.

Michaíl Afanásjewitsch Bulgákow

*14. 5. 1891 Kiew †10. 3. 1940 Moskau

Erzähler, Dramatiker. 1909–16 Studium an der Kiewer Medizinischen Universität, dann Arzt im Gouvernement Smolensk und in Kiew. Seit 1919 Erzählungen und Feuilletons. Nach den ersten Veröffentlichungen gab Bulgakow seinen Arztberuf auf. 1921 übersiedelte er nach Moskau, wo er seinen Lebensunterhalt zunächst als Reporter verdiente. Die Feuilletons aus dieser Zeit wenden sich vor allem gegen die Grausamkeiten und Gewalttätigkeiten während des Bürgerkriegs. Der Roman *Die Weiße Garde* (1924), in dem die Weißen erstmals menschlicher gezeichnet wurden, konnte nur teilweise publiziert werden. Er bildet die Grundlage für das Drama *Die Tage der Turbins* (1926), das erst nach mehrfacher Umarbeitung am Moskauer Künstlertheater herauskam und von 1929 bis 1932 nicht aufgeführt werden durfte. Auch *Sojkas Wohnung* (1926), eine Satire auf die Periode der Neuen Ökonomischen Politik, sah sich heftiger Kritik ausgesetzt. Als Bulgakow nicht mehr gespielt und gedruckt wurde, wandte er sich mit der Bitte um Arbeit oder Ausreise an Gorkij und Stalin. Daraufhin erhielt er 1930 eine Stelle als Regieassistent am Moskauer Künstlertheater. 1936 wechselte er als Opernlibrettist ans Bolschoj-Theater. Keines der Stücke, die er damals schrieb, kam auf die Bühne. Die Erfahrungen am Theater beschreibt der tragikomische *Theaterroman* (1937), der 1965 Bulgakows Wiederentdeckung einleitete. 1966/67 erschien das zwischen 1928 und 1940 entstandene Prosa-Hauptwerk *Der Meister und Margarita*. Kunstvoll sind drei Geschichten formal wie thematisch miteinander verwoben: die vom Meister und seiner alles umgreifenden Liebe zu Margarita, die von Pontius Pilatus und der Kreuzigung Jesu Christi und die vom Auftreten des Teufels und seines Gefolges im zeitgenössischen Moskau. Dem barocken Welttheater entsprechend, werden Himmel, Erde und Hölle einbezogen. Das Grundthema der Conditio humana, das eine Vielzahl von Einzelthemen umfaßt, und die Lektion der Vanitas mundi, der Nichtigkeit des Materiellen und der Vorherrschaft des Geistes, sind eingebunden in ein Geschehen von konkretester Unmittelbarkeit und überbordender Sinnlichkeit. Hier wie in anderen Werken, z. B. den Erzählungen *Teufelsspuk* (1925), erweist sich Bulgakow als ein selbständiger Schüler Gogols, der treffende Wirklichkeitsbeobachtung mit grotesker und phantastischer Überhöhung zu verbinden weiß.

Aus: Frühe sowjetische Prosa 1918–1941. Hrsg. von Fritz Mierau. 2 Bde. Berlin/Weimar: Aufbau-Verlag, 1978. Bd. 1. S. 336–354. Russischer Text: *Pochoždenija Čičikova.* In: M. Bulgakov: Sobranie sočinenij. 10 Bde. Ann Arbor 1982 ff. Bd. 1. S. 263–275.

Dániil Iwánowitsch Charms
(Pseudonym für Dániil Iwánowitsch Juwatschów)
*17. 12. 1905 Petersburg †2. 2. 1942 in Haft

Lyriker, Dramatiker, Erzähler. 1924 Studium am Leningrader Elektrotechnikum, 1926 an der Filmabteilung des Staatlichen Instituts für Kunstgeschichte. Schon vor 1925 Lesung eigener Gedichte und Werke zeitgenössischer Autoren wie Blok, Majakowskij, Chlebnikow und Sewerjanin in Klubs und Bibliotheken. Anfang 1925 Anschluß an eine Gruppe junger Dichter um den Futuristen Tufanow. Gleichzeitig intensive Freundschafts- und Arbeitsbeziehung zu Alexander Wwedenskij. 1927 gründete Charms zusammen mit Wwedenskij und Sabolozkij die »Gesellschaft für reale Kunst« (Oberiu), die sich gegen den Realismus der offiziellen Kulturpolitik wandte und einen eigenen, nicht an Alltagslogik und konventionellen Gesetzmäßigkeiten orientierten Realismus vertrat. Das 1928 im Leningrader Haus der Künste uraufgeführte Stück *Jelisaweta Bam* verwischt die Grenzen zwischen der erlebten Wirklichkeit und den schizophrenen Vorstellungen der Titelfigur und läßt von Anfang an nur die Spielregeln des Alptraums gelten. Formale Experimente wie Inkohärenz, Fragmentarismus und Aufhebung des normalen Zeitbegriffs prägen auch die bis 1930 mehrfach überarbeitete *Komödie der Stadt Petersburg*, in der die Stadt an der Newa und ihr politischer Untergang zur Metapher für das Schicksal der russischen Dichtung werden. Seit Ende der zwanziger Jahre war das Schreiben von Kinderliteratur für Charms die einzige Möglichkeit, seinen Lebensunterhalt zu verdienen. Die künstlerische Logik der Oberiuten mit ihrer Gleichgültigkeit gegenüber Ordnung und Konvention entsprach in manchem der spielerischen Freiheit kindlicher Weltaneignung. 1931 erste Verhaftung und anschließende Verbannung nach Kursk. 1932, durch Vermittlung des Vaters, die Erlaubnis, nach Leningrad zurückzukehren und wieder zu publizieren. Bis zu seiner zweiten Verhaftung 1941 schrieb Charms vor allem Kurz- und Kürzestgeschichten, gesammelt in dem Zyklus *Fälle*, und die längere Erzählung *Die alte Frau*. Bittere Ironie, schwarzer Humor und groteske Verstellung wurden für ihn zu Mitteln, sich vor dem eigenen Entsetzen zu schützen und die Grausamkeit und Selbstentfremdung des Menschen zum Ausdruck zu bringen. Durch Verknappung und Aussparung, Verzicht auf Logik und Psychologie, Wegfall von Hintergrundzeichnung und detaillierter Beschreibung, Entpersönlichung der Sprache und Wiederholung gleicher und ungleicher Glieder erzeugt Charms eine Atmosphäre von Sinnlosigkeit, die Becketts und Ionescos Artikulation des Absurden vorwegnimmt. Im westlichen Ausland hochgeschätzt, ist Charms in der Sowjetunion nur als Autor witzig-hintergründiger Verse und Geschichten für Kinder rehabilitiert, nicht aber als Virtuose der kleinen Form und Meister der erschreckenden Pointe und des grausamen Paradoxons.

Störung (1940)
Übers. von Peter Urban 243

Aus: Daniil Charms: Fälle. Szenen, Gedichte, Prosa. Hrsg. und übers. von Peter Urban. Zürich: Haffmans, 1984. S. 198–200. – © 1984 by Haffmans Verlag AG Zürich.
Russischer Text: bisher nicht veröffentlicht.

Iljá Grigórjewitsch Érenburg
*27. 1. 1891 Kiew †31. 8. 1967 Moskau

Erzähler, Lyriker, Journalist. Wegen revolutionärer Tätigkeit mit sechzehn Jahren verhaftet, dem Prozeß durch Flucht nach Frankreich entgangen. 1909–17 in Paris, zunächst als Bohemien, dann als Journalist. Im Ersten Weltkrieg Frontberichterstatter für verschiedene Moskauer Zeitungen. 1917 Rückkehr nach Rußland als Antikommunist. Existenz eines armen Intellektuellen. Anschluß an die Futuristen und Konstruktivisten. 1921–24 erneut im Ausland, zwischen Paris, Belgien und Berlin wechselnd. 1924 Teilnahme am hektischen literarischen Leben Moskaus. Bekenntnis zur Sowjetregierung. Bis 1941 als Auslandskorrespondent sowjetischer Tageszeitungen in Westeuropa. Im Zweiten Weltkrieg einer der eifrigsten Propagandisten. Später nur noch in offizieller kultureller oder diplomatischer Mission im Ausland. Erenburg begann als Lyriker und veröffentlichte zwischen 1910 und 1923 elf Gedichtbände. Literarisches Ansehen brachte ihm aber erst sein erster – und zugleich bester – Roman, *Die ungewöhn-*

lichen Abenteuer des Julio Jurenito (1922), eine satirisch-groteske Anklage der europäischen Zivilisation. Der Held, ein mexikanischer Revolutionär, sieht seine Lebensaufgabe in der Zerstörung der bestehenden Welt und attackiert als »Geburtshelfer der Weltgeschichte« gleichermaßen Kapitalismus und Kommunismus. Unter Erenburgs späteren Romanen hebt sich neben den Satiren auf die Zeit der Neuen Ökonomischen Politik wie *Der Raffgierige* (1925) und *Der Sommer des Jahres 1925* (1926) vor allem der Schelmenroman *Das bewegte Leben des Lasik Roitschwantz* (1928) heraus, die tragikomische Schilderung der Irrfahrt eines kleinen jüdischen Schneiders vom heimischen Homel durch Europa bis nach Palästina. Die Struktur der Tageschronik weitet sich auf der Grundlage einer grotesken Umkehr der Werte zu einem großen Epochen- und Menschheitsbild. Nach der experimentellen Phase der zwanziger Jahre verschrieb sich Erenburg um 1930 dem sozialistischen Realismus. So schildert *Der zweite Tag* (1934) den Aufbau von Fabriken im sibirischen Kohlengebiet. Für die Romane *Der Fall von Paris* (1942), eine Chronik der französischen Gesellschaft zwischen 1935 und 1940, und *Der Sturm* (1947), eine Darstellung des Zweiten Weltkriegs und der Nachkriegsspannungen zwischen Rußland und Amerika, erhielt Erenburg jeweils den Stalinpreis erster Klasse. Nach Stalins Tod bekannte er sich zum Revisionismus in Kunst und Literatur, förderte die Veröffentlichung bislang verbotener Werke und propagierte die Erprobung neuer Formen und Inhalte. Seine Erzählung *Tauwetter* (1954) gab einer ganzen Epoche ihren Namen. In der dreibändigen Autobiographie *Menschen, Jahre, Leben* (1960–65) porträtierte er Schriftsteller, die unter Stalin umgekommen waren, und gab Einblicke in die politische und geistige Entwicklung Rußlands und Europas im 20. Jahrhundert. Die Grenzen zwischen Literatur und Journalistik sind bei Erenburg oft fließend. Unverkennbar ist sein dynamischer, aphoristischer Stil, der gefühlsmäßige Anteilnahme mit ironischer Distanz verbindet. Wie kein anderer sowjetischer Schriftsteller spiegelt Erenburg in seinem Schaffen die kulturellen und gesellschaftlichen Tendenzen der Zeit.

Aus: Dreißig neue Erzähler des neuen Rußland. Übers. von Maria Einstein, Elena Frank, Erwin Honig [u. a.]. Reprint Leipzig/Weimar: Kiepenheuer, 1981. (Zuerst Malik Verlag 1927.) S. 115–129.
Russischer Text: *Pivnaja »Krasnyj otdych«*. In: I. Erenburg: Uslovnye stradanija zavsegdataja kafe. Moskau 1926. S. 37–50.

Alexánder Stepánowitsch Grin

*23. 8. 1880 Slobodskoj †8. 7. 1932 Staryj Krym

Erzähler. Sohn eines nach Sibirien verbannten polnischen Aufständischen. Verließ nach düsterer Kindheit sein Elternhaus und durchwanderte Rußland. War unter anderem Matrose, Fischer, Holzfäller, Goldgräber und Soldat. Nach der Jahrhundertwende Kontakte mit den Sozialrevolutionären, Agitationstätigkeit in Armee und Marine, mehrmalige Verhaftung und Verbannung. Aufgrund seiner romantischen Phantasie nimmt Grin in der sowjetischen Literatur eine Sonderstellung ein. Die erste Erzählung, *Das Verdienst des Soldaten Pantelejew* (1906), wurde beschlagnahmt. Erst die dritte Erzählung, *Apfelsinen* (1908), erschien unter dem Namen des Autors. Seit 1912 ärmliches Dasein in Petersburg. 1919 Einberufung zur Roten Armee, 1920 wegen Krankheit entlassen. Bekanntschaft mit Gorkij, der zum Förderer wurde. Nach der Revolution entstanden Grins bedeutendste Werke. Sie befriedigten in den zwanziger Jahren das Bedürfnis des sowjetischen Lesers nach abenteuerlicher Romantik und Exotik. Grin gehörte zu den wenigen Schriftstellern in der Sowjetunion, die sich weigerten, aktuelle Themen aufzugreifen. Trotzdem wuchs seine Popularität. Erst um 1930 sah er sich zunehmender Kritik von offizieller Seite ausgesetzt. Nach 1941 erschien keines seiner Bücher mehr. 1956 erfolgte mit Hilfe Paustowskijs und Oleschas die Rehabilitierung. Die Handlung der längeren Erzählung *Purpurrote Segel* (1923), eines der besten Werke Grins, spielt in einem fiktiven Fischerdorf, dessen Armut und soziale Widersprüche realistisch nachgezeichnet werden. In dem Roman *Die goldene Kette* (1925) ist die Realität von Märchenhaftem durchdrungen. Der Leser wird auf einer wundersamen Seefahrt in das vom Autor erfundene »Grin-Land« geführt. Auch *Eine glänzende Welt* (1924), *Wogengleiter* (1928) und *Weg nach nirgendwo* (1930) sind durch Seefahrerromantik und abenteuerliche Schicksale charakterisiert. Alle diese Werke stehen, was die exotischen Motive und den Bau des Sujets betrifft, unter einem gewissen Einfluß von Poe, Stevenson, Conrad und E. T. A. Hoffmann. Grin entwarf eine Märchenwelt, in der das Gute im Kampf mit dem Bösen siegt. Er glaubte, die humanistischen Traditionen der klassischen russischen Literatur fortsetzend, an den Menschen und den menschlichen Willen. Seine Romane und Erzählungen bilden aufgrund der Themen, der emotionalen Atmosphäre, der Namen der Orte und Charaktere ein homogenes System. Ihre Popularität erwuchs allerdings weniger aus hohem literarischem Wert als aus ihrer Ungewöhnlichkeit innerhalb der Sowjetliteratur.

Der Rattenfänger (1924)
Übers. von Wolfgang Bräuer und Edda Werfel 41

Aus: Alexander Grin: Der Rattenfänger. Phantastische Erzählungen. Übers. von Waltraud Ahrndt, Wolfgang Bräuer, Ingrid Göhringer [u. a.]. Frankfurt a. M.: Suhrkamp, 1986. (Phantastische Bibliothek. Bd. 168.) S. 71–111. – © 1983 Suhrkamp Verlag, Frankfurt a. M. Russischer Text: *Krysolov*. In: A. Grin: Novelly. Alye parusa. Moskau 1964. S. 264–298.

Nikoláj Semjónowitsch Jewdokímow
*26. 2. 1922 Bobr (Minsk)

Erzähler. 1940 Einberufung in die Armee und Dienst im Baltikum. Nach dem Krieg Studium am Gorkij-Institut für Literatur bei Fedin und Leonow. In den fünfziger Jahren schrieb Jewdokimow über Metallarbeiter, Stahlwerker und die Erbauer des Wolga-Don-Kanals. Die Erzählung *Hohes Amt* (1950) ist dafür besonders charakeristisch. Der Roman *Die Sünderin* (1960) wurde Gegenstand heftiger Auseinandersetzungen, weil er sich mit religiösen Fragen und dem Leben in einer Sekte beschäftigt, einem Bereich, der offiziell als nichtexistent betrachtet wird. Geschildert wird der seelische Konflikt der Heldin Xenija, die statt ihres Geliebten einen Sektenbruder heiraten muß. Das Ende, der Selbstmord aus Verzweiflung, verstößt gegen die Forderungen des sozialistischen Realismus. Zu Klassikern der Kriegsprosa wurden einige von Jewdokimows kleinen Erzählungen wie *Mein Sohn Stjopka* (1962). Bezeichnend ist für sie das Spiel zwischen Realität und Irrealität. Mit dem Roman *Das Gewissen hat eigene Gesetze* (1965), der zentrale Lebensfragen und das Vertrauen zum Menschen in verschiedenen Aspekten behandelt, beschreitet Jewdokimow den Weg vom sogenannten »Produktionsroman« zur psychologischen Analyse. Sein Credo »Lieben bedeutet Mitleid haben« thematisiert die Erzählung *Ein unentbehrlicher Mensch* (1966), in der der Held Serafim Frolow aus Liebe, aber auch um eine menschliche Seele für das Leben zu retten, das durch den Krieg erkaltete Herz der Heldin Nastja erwärmen will. Nähe aus Mitleid beschäftigt Jewdokimow erneut in der Erzählung *Es war Beerdigung* (1972). Der Roman *Passionsplatz* (1977) wendet sich gegen moralische Kompromisse,

Passivität und die Versöhnung mit den Lebensumständen. Die Behandlung moralischer Probleme macht Jewdokimow, der durch das Erlebnis des Krieges, die letzten Regierungsjahre Stalins und die »Tauwetter«-Periode geprägt ist, zu einem wichtigen, wenngleich noch nicht genug gewürdigten sowjetischen Gegenwartsautor. Stolz, Gewissen und Verantwortung sind bei ihm keine abstrakten Dogmen, sondern konkrete Verhaltensnormen für den Sowjetmenschen.

Aus: Moderne russische Erzähler. Übers. von Valerian P. Lebedew. München: Goldmann, 1965. S 80–85.
Russischer Text: *Stepka, moj syn.* In: N. Evdokimov: Izbrannye proizvedenija. 2 Bde. Moskau 1983. Bd. 2. S. 382–387.

Iwán Iwánowitsch Katájew

*27. 5. 1902 Moskau †2. 5. 1939 in Haft

Erzähler. Der Vater war Professor für Geschichte. Besuch des Gymnasiums in Moskau und Susdal. 1919 freiwillige Meldung zur Roten Armee und Mitgliedschaft in der Kommunistischen Partei. Seit 1921 Studium der Wirtschaftswissenschaften an der Moskauer Universität. Bis 1927 journalistische Tätigkeit. 1923 Eintritt in die »Russische Assoziation proletarischer Schriftsteller«, 1926–32 einer der führenden Köpfe der marxistisch orientierten literarischen Vereinigung »Der Gebirgspaß«. Der erste Erzählungsband, *Das Herz*, erschien 1928. 1930 als Schriftsteller in das Kubangebiet zur Kollektivierung abkommandiert. Katajew schrieb nur kürzere Prosa. Die Erzählungen *Der Dichter* (1928) und *Milch* (1930) sind von bewegender Menschlichkeit. *Milch* behandelt das Thema der Kollektivierung. Daß darin die verfolgte Bauerngruppe der Kulaken positiv dargestellt wurde, rief seitens der Partei schärfste Kritik hervor. Zustimmung fand dagegen der Band *Bewegung* (1932), der in Form von Skizzen Erfolge und Schwierigkeiten beim Aufbau des neuen Dorfes beschreibt. Die Skizzen sind trotz der Nähe zum dokumentarischen Bericht wegen der für Katajew typischen lyrischen und beschreibenden Passagen nicht ohne künstlerischen Reiz. Eine weitere Erzählung über das Leben auf dem Dorf, *Die Begegnung*, galt 1933 als eines der besten Werke des Jahres. Die letzte Erzählung, *Unter den klaren Sternen* (1937), die erst 1956 in dem berühmten Almanach *Das litera-*

rische Moskau erscheinen durfte, beschreibt das Leben Jugendlicher in einer Kolchose im Altaigebirge und erweitert die Handlung immer wieder zu philosophischen Betrachtungen. Thematisch setzt sich Katajew vor allem mit der Problematik der Kollektivierung und Industrialisierung auseinander, wobei moralische Fragen eine besondere Rolle spielen. Die Schicksale der Einzelgestalten werden stets im Zusammenhang mit der historischen Entwicklung nach der Revolution gesehen. Katajew unterwarf seine Prosa aber nie dem Dogma des sozialistischen Realismus.

Russischer Text: *Leningradskoe šosse.* In: I. Kataev: Izbrannoe. Povesti i rasskazy. Očerki. Moskau 1957. S. 206–239.

Valentín Petrówitsch Katájew

*28. 1. 1897 Odessa

Erzähler, Dramatiker. Offizier im Ersten Weltkrieg, ab 1919 Agitationstätigkeit in Odessa, ab 1922 als Journalist und später als Schriftsteller in Moskau. Im Zweiten Weltkrieg Korrespondent der *Prawda*, dabei zeitweilig an der Front. 1945 Stalinpreis für die Kriegserzählung *Der Sohn des Regiments.* 1955–62 Chefredakteur der literarischen Zeitschrift *Jugend*, Förderer junger Talente wie Axjonow. 1958 Eintritt in die Kommunistische Partei. Bekannt geworden durch den Roman *Die Defraudanten* (1926), eine unterhaltsame Satire auf die Epoche der Neuen Ökonomischen Politik. Vorher Erzählungen über den Bürgerkrieg und Romane, die Abenteuerhandlung und Revolutionsthematik verknüpfen. In der Form des Feuilletons und der humoristischen Kurzgeschichte zeigt sich Katajew als ein an Soschtschenko erinnernder witziger und phantastischer Satiriker. Satirisch ist auch die vielgespielte Verwechslungskomödie *Die Quadratur des Kreises* (1928), die zeittypische Probleme wie Wohnungsnot und Studentenehe auf die Bühne bringt. Der Forderung der Partei, den industriellen Aufbau im Rahmen des Ersten Fünfjahresplans literarisch darzustellen, entspricht der Roman *Im Sturmschritt vorwärts* (1932). Großen Zuspruch bei der Leserschaft fand der stark autobiographische, in Odessa spielende Roman *Es blinkt ein einsam Segel* (1936). Der vierteilige Romanzyklus *Die Wellen des Schwarzen Meeres* (1936–61) entwirft ein lebendiges Bild Rußlands in der Zeit von 1905 bis zum Zweiten Weltkrieg. Katajews Spätwerk setzt sich thematisch wie stilistisch deutlich von den Prinzipien des sozialistischen Realismus ab. *Der heilige Brunnen* (1965) verbindet, eine Amerikareise schildernd, assoziativ Reales und Irreales, Erlebtes und Erdachtes. Am Beispiel der Antipoden Bunin und Majakowskij, seiner Lehrmeister, untersucht Katajew in *Kraut des Vergessens* das Verhältnis von Beobachten und Erschauen, Beschreiben und Erhellen, Distanz und Einmischung. Assoziationstechnik, Vermischung von Zeitebenen und Wechsel der Erzählperspektiven bestimmen auch *Kubik* (1969), ein Prosawerk, in dem Kindheitserinnerungen mit Reiseeindrücken und Reflexionen allgemeiner Art verschmelzen. Katajew gehört zu den formbewußtesten sowjetischen Schriftstellern. Bei aller Experimentierfreude ist jedoch stets sein Grundanliegen deutlich: die Erforschung der großen geschichtlichen Vorgänge und Bewegungen unseres Jahrhunderts.

Aus: Valentin Katajew: Veilchen. Erzählungen. Übers. von Erich Ahrndt, Renate Landa und Maximilian Schick. Berlin: Verlag Volk und Welt, 1978. S. 316–328.
Russischer Text: *Otče naš.* In: V. Kataev: Sobranie sočinenij. 9 Bde. Moskau 1968–1972. Bd. 1. S. 466–475.

Óssip Emíljewitsch Mandelstám

*15. 1. 1891 Warschau †27. 12. 1938 im Lager Wladiwostok

Lyriker, Erzähler, Essayist. Kindheit und Jugend in Pawlowsk und Petersburg. 1907–10 mehrere Auslandsaufenthalte. Studium der Romanistik in Heidelberg (1909–10) und in Petersburg (1911 bis 1915). Bekanntschaft mit Wjatscheslaw Iwanow, Nikolaj Gumiljow und Anna Achmatowa. 1911 Mitglied der akmeistischen »Dichter-Innung«, die sich gegen die Jenseitsbezogenheit des Symbolismus wandte und die Rückkehr zum Irdischen, Organischen, Gegenständlichen und Handwerklichen forderte. Der erste Gedichtband, *Der Stein* (1913), der Motive aus der Welt der griechisch-römischen Antike und der jüdischen Mystik behandelt, trug Mandelstam hohe Anerkennung ein. 1919 erschien das Manifest *Der Morgen des Akmeismus*, 1921 der Essay *Das Wort und die Kultur*, in dem der Akmeismus als neoklassizistische Richtung interpretiert wird, 1922 der zweite Gedichtband, *Tristia*, der die Frage nach dem Sinn und den Möglichkeiten der Dichtung stellt. Danach Beginn der Schwierigkeiten, in sowjetischen Zeitschriften zu publizieren. 1923 begann Mandelstam mit der Arbeit an seinem ersten Prosaband, *Das Rauschen der Zeit*. Die letzten Buchveröffentlichungen zu Lebzeiten erschienen 1928: *Gedichte* (1908–25), die Essaysammlung *Über Poesie* und der zweite Prosaband *Die ägyptische Briefmarke*. Trotz zunehmender politischer Hetze, die sich gegen ihn richtete, durfte Mandelstam 1930 nach Georgien und Armenien reisen. Das Ergebnis waren der Gedichtzyklus *Armenien* und das Prosapoem *Die Reise nach Armenien*, dessen Erscheinen in der Zeitschrift *Swesda* heftigste Polemik auslöste. 1934 wurde Mandelstam verhaftet und für drei Jahre nach Woronesh verbannt, wo er trotz Krankheit, Angstzuständen und Halluzinationen die Gedichte der »Woronesher Hefte« schrieb. 1937 Rückkehr aus der Verbannung, 1938 erneute Verhaftung und Verurteilung zu fünf Jahren Zwangsarbeit wegen (angeblicher) konterrevolutionärer Tätigkeit. Tod in einem Durchgangslager. Mandelstam gehört zu den bedeutendsten russischen Lyrikern. Die Strenge klassischer Formen verbindet sich bei ihm mit suggestiver Sprachmagie und visionärer, oft hermetischer, aber durch wiederkehrende Wortbilder letztlich entschlüsselbarer Metaphorik. Seine Prosa ist seiner Lyrik verwandt. Auf Dissonanz, Vielstimmigkeit und Kontrapunktik basierend, enthält sie Bilder von höchster Intensität und magischer Beschwörungskraft. »Die Reise nach Armenien« wird zur »Reise zwischen grammatischen Formen, Bibliotheken, Worten und Zitaten« (Schklowskij). In der *Ägyptischen Briefmarke* verschmelzen Dichtung, Autobiographie, Zeitbild, Literaturkritik und Kulturphilosophie zu der neuen Einheit eines »Prosadeliriums«.

Aus: Osip Mandelstam: Die ägyptische Briefmarke. Übers. von Gisela Drohla. Frankfurt a. M.: Suhrkamp, 1965. (Bibliothek Suhrkamp. Bd. 94.) S. 9–52. – © 1965 Suhrkamp Verlag, Frankfurt a. M.
Russischer Text: *Egipetskaja marka*. In: O. Mandel'štam: Sobranie sočinenij. 4 Bde. Washington / New York / Paris 1967–1981. Bd. 2. S. 3–42.

Júrij Kárlowitsch Oléscha

*3. 3. 1899 Jelisawetgrad †10. 5. 1960 Moskau

Erzähler, Dramatiker. Gymnasium und Jurastudium in Odessa. 1919 Freiwilliger der Roten Armee. Seit 1921 Journalist in Odessa, Charkow und Moskau. Kommunistische Agitationsgedichte für das Organ des Eisenbahnerverbands *Die Dampfpfeife*. Überraschend berühmt durch den Roman *Neid* (1927), den ersten dichterischen Versuch, den Kommunismus als moralisches Problem zu gestalten. Im Konflikt des Helden, der nach gesellschaftlicher Anerkennung strebt, aber gegen das ausschließliche Nützlichkeitsdenken revoltiert, wird das typische Dilemma eines Großteils der nachrevolutionären Intelligenz veranschaulicht. Mit der Dramatisierung des Romans (*Die Verschwörung der Gefühle*) erwies sich Olescha, trotz Vergröberung der Psychologie, als ein begabter, an Tschechow orientierter Bühnenschriftsteller. 1931 folgte das Drama *Eine Liste der Wohltaten*, in dem die dramatische Entfaltung des künstlerischen Bewußtseins wichtiger ist als die äußere Handlung. Zu den wenigen Werken, die Olescha außerdem noch schrieb, gehören das Kinderbuch *Die drei Dicken* (1928), Erzählungen wie *Liompa* (1927), *Liebe* (1928) und *Der Kirschkern* (1929) sowie Filmszenarien. In seiner Rede auf dem Ersten sowjetischen Schriftstellerkongreß bekannte er, daß er unfähig sei, Klassenkampf, Industrialisierung, Kollektivierung und andere Themen des sozialistischen Realismus zu behandeln: »Ich hätte gelogen und phantasiert; ich hätte keine Inspiration gehabt. Mir fällt es schwer, den Typ des Arbeiters, des Revolutionärs und des Helden zu verstehen.« Seine Aufrichtigkeit und der dadurch bedingte Zwiespalt ließen Olescha verstummen, ehe er ein Opfer der Geheimpolizei wurde, die ihn ins Gefängnis und ins Lager brachte. Nach 1945 lebte er ohne Wohnberechtigung armselig und vergessen in Moskau. Rehabilitierung durch den XX. Parteikongreß. Die posthum erschienenen autobiographischen Gedankensplitter *Kein Tag ohne eine Zeile* (1965) zeigen ein Erlöschen der schöpferischen Kraft. In seinen besten Werken zeichnet sich Olescha durch eine subtile Kunst des künstlerischen Sehens und der zugespitzten Bewußtseinsdarstellung aus. Er entwickelte eine Optik, die der Welt neue, wechselnde Farben und Formen verleiht und in den Dingen, Tieren, Pflanzen und Menschen durch vergrößernde Momentaufnahmen ungeahnte Bewegungen entdeckt. Wie im Surrealismus geraten die Gegenstände oft in ein traumhaftes Gleiten und beginnen, das aufnehmende Bewußtsein zu beherrschen. Oleschas Prosa ist klar, gedrängt und geschliffen, von elastischer Nervosität und voll treffender Metaphern und symbolischer Bedeutung.

Liebe (1928)
Übers. von Gisela Drohla 117

Aus: Jurij Olescha: Neid. Roman. Ausgewählte Erzählungen. Aufzeichnungen. Übers. von Gisela Drohla. Wiesbaden: Insel Verlag 1960. S. 170–181. – © 1960 Insel Verlag, Wiesbaden.
Russischer Text: *Ljubov'*. In: Ju. Oleša: Povesti i rasskazy. Moskau 1965. S. 267–275.

Andréj Platónowitsch Platónow

*1. 9. 1899 Woronesh †5. 1. 1951 Moskau

Erzähler, Dramatiker, Kritiker. Sohn eines Lokomotivschlossers. Mußte mit fünfzehn Jahren die Schule verlassen, um zum Lebensunterhalt seiner armen, kinderreichen Familie beizutragen. Arbeit als Schlossergehilfe, Lokheizer, Gießer und Elektromonteur. 1918 Beginn des Studiums am Polytechnischen Institut in Woronesh. 1919/1920 Meldung zur Roten Armee. 1921 Fortsetzung des Studiums. Gleichzeitig Vorsitzender einer Bezirkskommission, die sich mit künstlicher Bewässerung und der Trockenlegung von Sümpfen befaßte. Nach Beendigung des Studiums 1923 Tätigkeit als Ingenieur für Elektrifizierung und Melioration. 1927 Berufung ins ZK der Gewerkschaft für Boden- und Waldwirtschaft. Im selben Jahr entschloß sich Platonow, der seit 1918 in lokalen Zeitschriften regelmäßig Gedichte, satirische Miniaturen und journalistische Arbeiten veröffentlicht hatte, Berufsschriftsteller zu werden. Der Erzählungsband *Die Epifaner Schleusen* (1927) fand Gorkijs Anerkennung und erreichte ein breites Publikum. 1929 rief die Erzählung *Makar im Zweifel* scharfe Kritik hervor. Der bereits gedruckte Roman *Tschewengur* wurde nicht ausgeliefert. Wie die Erzählung *Die Baugrube* (1930) ist er bisher nur im Ausland erschienen. Nachdem Platonow 1931 in *Zum Vorteil* die negativen Seiten der Zwangskollektivierung aufgezeigt hatte, erhielt er kaum noch Gelegenheit zu Veröffentlichungen. Er publizierte unter wechselnden Pseudonymen vor allem literaturkritische Aufsätze (über Puschkin, Majakowskij, Achmatowa, Grin, Paustowskij, Hemingway). Vom Herbst 1942 an war Platonow als Frontberichterstatter der Zeitschrift *Krasnaja swesda* tätig. Seine Kriegserzählungen zeigen den russischen Soldaten als den

»Arbeiter des Krieges«, von dem viel Opferbereitschaft und ein Höchstmaß an Ethik verlangt werden. Anläßlich der Erzählung *Die Rückkehr* kam es 1946, aufgrund der verschärften Kulturpolitik, erneut zu heftigen Angriffen. Platonow schrieb nur noch Kindererzählungen und starb vereinsamt. Erst seit 1958 wurden seine Werke wieder aufgelegt. 1964 erschien *Dshan* (1933–35), die Geschichte eines verarmten Wüstenvolks, das sich auf der Suche nach Nahrung, Obdach und Glück befindet. Realistisches verbindet sich mit Phantastischem und verleiht dem Erzählten einen hintergründigen, parabelhaften Sinn. Platonow entwickelte sich vom Satiriker und Milieuschilderer zu einem »Künstler der menschlichen Psyche« (Gladkow), der auf seinen früheren effektvollen Stil verzichtete und mit einem Minimum an gestalterischen Mitteln ein Maximum an persönlicher Aussage erstrebte. Stets den Prinzipien der Wahrheit und Aufrichtigkeit verpflichtet, erforschte er die Persönlichkeit des einfachen Menschen in der sozialistischen Gesellschaft. Er zeigt, daß die Masse aus komplizierten Individuen besteht und daß auch der Arbeiter reflektiert und nach dem Sinn des Lebens fragt.

Müllwind (1934)
Übers. von Larissa Robiné 214

Aus: Andrej Platonow: Erzählungen. Hrsg. von Lola Debüser. München: Hanser, 1988. Bd. 1: Müllwind. Lizenzausgabe des Carl Hanser Verlags, München/Wien. – © der deutschen Übersetzung Verlag Volk und Welt, Berlin.
Russischer Text: *Musornyj veter*. In: A. Platonov: Sobranie sočinenij. 3 Bde. Moskau 1984/85. Bd. 1. S. 112–128.

Valentín Grigórjewitsch Raspútin

*15. 3. 1937 Ust-Uda (Irkutsk)

Erzähler. Gehört zu der Schriftstellergeneration, die weder Krieg noch Stalinismus direkt erlebt hat. 1959 Abschluß des Studiums an der Historisch-Philosophischen Fakultät der Universität Irkutsk, danach journalistische Tätigkeit in Sibirien. Erster Erzählband 1961. Anfangs Skizzen und Reportagen über das Leben und die Arbeit in Sibirien und über das Verhältnis des Menschen zur Natur. Bekannt geworden mit der Erzählung *Geld für Maria* (1967). In der längeren Erzählung *Die letzte Frist* (1970), die Rasputins Ruf als Schriftsteller festigte, geht es um das Sterben einer achtzigjährigen Bäuerin und die

Gespräche und Konflikte ihrer ans Sterbelager gerufenen Kinder. Der Roman *Lebe und erinnere dich* (1974), die tragische Geschichte eines Deserteurs, der in den letzten Kriegsmonaten zu seiner Frau nach Sibirien zurückkehrt, handelt von den Schwierigkeiten des zwischenmenschlichen Lebens in Ehe, Familie, Dorf, Staat und Armee und erörtert tiefgründige, um Liebe, Schuld und Opfer kreisende Fragen. Eine anhaltende Diskussion löste *Abschied von Matjora* (1976) aus: Die bevorstehende Überflutung eines sibirischen Inseldorfs als Preis für den Bau eines Wasserkraftwerks und das Schicksal der Dorfältesten im letzten Sommer vor der Evakuierung bilden die dramatische Grundsituation des Werkes. Der Abschied von der Insel wird als das Ende einer Lebensordnung gezeigt, in der jeder seinen Platz hatte. Wie hier warnt Rasputin auch sonst vor dem Verlust von Tradition und Kontinuität. Als Vertreter der sogenannten »Dorfprosa« beschwört er das von der Zivilisation noch wenig berührte russische Dorf und den erdverwurzelten russischen Menschen mit seiner unverdorbenen Lebenshaltung. Die Charaktere erscheinen unter extremen Umständen, die ihre psychologische und moralische Verantwortung herausfordern. Rasputin schreibt in einer plastischen, dialektal gefärbten, bäuerlichen Sprache.

Aus: Valentin Rasputin: Wassilij und Wassilissa. Russisch/Deutsch. Hrsg. von Soia Koester. Stuttgart: Reclam, 1984. (Reclams Universal-Bibliothek. 8241 [2].) S. 3–67.
Russischer Text: *Vasilij i Vasilisa.* In: V. Rasputin: Povesti i rasskazy. Moskau 1985. S. 652–673.

Jewgénij Iwánowitsch Samjátin

*1. 2. 1884 Lebedjan †10. 3. 1937 Paris

Erzähler, Dramatiker. Während des Studiums am Polytechnischen Institut politische Aktivität in der bolschewistischen Fraktion der Sozialdemokraten. 1908 Examen als Schiffbauingenieur. Danach erste literarische Publikationen. Die Erzählung *Vom Leben in der Provinz* (1911), eine satirische Schilderung des Spießertums und des Provinzadels, fand größte Beachtung. Der Kurzroman *Am Ende der Welt* (1913) schildert die Zustände in der Garnison einer ostsibirischen Stadt so realistisch, daß die zaristischen Behörden Anklage wegen Subversion und Antimilitarismus erhoben. 1916 lebte Samjatin als Marineingenieur in England, was sich in der Erzählung *Die Inselbewohner* (1918) niederschlug. Nach der Revolution war er eine der führenden Gestalten in Petrograd, gründete Zeitschriften, hielt literarische Kurse ab und übte starken Einfluß auf die Gruppe der »Serapionsbrüder« aus. 1920 entstand sein Hauptwerk, die Anti-Utopie *Wir*, der visionäre Entwurf eines totalitären Einheitsstaats, den die Kritik als »böses Pamphlet gegen den sowjetischen Staat« bezeichnete und der bis heute in der Sowjetunion nicht gedruckt wurde. In allegorischen, stilisierten Erzählungen wie *Mamaj* (1920) und *Die Höhle* (1921) gestaltete Samjatin die Ereignisse des Kriegskommunismus und des Bürgerkriegs und lieferte mit der Dichte der sprachlichen Komposition und der Verbindung bedeutsamer Details und symbolistischer Leitmotive zugleich Modelle einer neuen literarischen Technik. Ein interessanter Beitrag zur Erneuerung des russischen Theaters ist die Komödie *Der Floh* (1925), die stofflich auf Leskows *Linkshänder* zurückgeht und Elemente der heimischen Volkskunst und der Commedia dell'arte verknüpft. Sie wurde im Gegensatz zu dem historischen Drama *Die Feuer des heiligen Dominikus* (1922), das zur Zeit der spanischen Inquisition spielt, mit großem Erfolg am Moskauer Künstlertheater aufgeführt. Als die Angriffe der »Russischen Assoziation proletarischer Schriftsteller« ständig zunahmen, bat Samjatin 1931 Stalin um die Genehmigung zur Ausreise. Samjatin, der seit 1932 in Paris lebte, steht in der Tradition der Erzählkunst Gogols und Leskows. Stilistisch entwickelte er Remisows »ornamentale Prosa« weiter zu einem satirischen, oftmals grotesken Surrealismus, den er selbst als »Neorealismus« bezeichnete. Seine Bemühungen um klare Strukturen und mathematische Metaphern lassen erkennen, daß er ursprünglich Ingenieur war. Er gilt als einer der wichtigsten und einflußreichsten modernen russischen Erzähler.

Aus: Jewgenij Samjatin: Morgen. Erzählungen, Essays, Dokumente. Hrsg. und übers. von Gabriele Leech-Anspach. Wiesbaden: Limes-Verlag, o. J. S. 78–89. –
Russischer Text: *Peščera.* In: E. Zamjatin: Povesti i rasskazy. München 1963. S. 138–147.

Michaíl Micháјlowitsch Sóschtschenko

*9. 8. 1894 Poltawa †22. 7. 1958 Leningrad

Erzähler, Dramatiker. 1913–15 Jurastudium, 1918 freiwillige Meldung zur Roten Armee. Ab 1921 Mitglied der »Serapionsbrüder«, die für die Unabhängigkeit der Kunst gegenüber der Politik eintraten. Vor der Anerkennung als Schriftsteller 1922 wechselnde Berufe in verschiedenen Städten. *Die Erzählungen von Nasar Iljitsch, dem Herrn Sinebrjuchow* (1922) wiesen Soschtschenko als begabten Satiriker aus und machten ihn in der Öffentlichkeit bekannt. Es folgten neben Novellen wie *Apollo und Tamara* (1923) und *Eine schreckliche Nacht* (1925) Hunderte von satirischen Kurzgeschichten über negative Erscheinungen der sowjetischen Alltagswirklichkeit. Bis zu Beginn der dreißiger Jahre gehörte Soschtschenko zu den meistgelesenen Schriftstellern. Eine von Meyerhold für 1930/31 geplante Aufführung der Komödie *Verehrter Genosse* wurde verhindert. *Das blaue Buch* (1934), eine thematisch gegliederte Sammlung pseudohistorischer Anekdoten, leitete die Phase der Anpassung ein. Trotzdem kam es 1943 zu scharfen Angriffen. 1946 brandmarkte das Politbüromitglied Shdanow die Erzählung *Abenteuer eines Affen* als »geschmacklose Verleumdung des Sowjetvolks«. Soschtschenko galt jetzt als »Lakai der Reaktion« und »korrupter literarischer Nichtstuer« und wurde aus dem Schriftstellerverband ausgeschlossen. Zur Bedeutungslosigkeit verurteilt, starb er 1958, ohne daß sein Tod in der Presse erwähnt wurde. Als Satiriker der nachrevolutionären Ära entlarvt Soschtschenko die Routine und die Fäulniserscheinungen im alltäglichen Leben. Sein Protagonist ist die Sowjet-Version des Philisters, jenes mittelmäßigen, engstirnigen Bürgers, den die russische Literatur von Gogol bis Tschechow in zahllosen Varianten dargestellt hat. Die knappen, meist wenige Seiten umfassenden Alltagsschilderungen werden durch das Prisma eines fingierten halbgebildeten Erzählers komisch gebrochen. Hyperbeln, Ellipsen, Neologismen und Alogismen treiben die Komik oft bis ins Groteske und Absurde.

Puschkins hundertster Todestag (1937)
Übers. von Thomas Reschke 235

Aus: Michail Sostschenko: Die Reize der Kultur. Satiren. Ausgew. von Marlies Juhnke. Übers. von Thomas Reschke. Berlin/Weimar: Aufbau-Verlag, 1980. S. 161–167.
Russischer Text: *V Puškinskie dni.* In: M. Zoščenko: Rasskazy i povesti. Leningrad 1959. S. 106–110.

JEFÍM DAWÝDOWITSCH SOSÚLJA

*10. 12. 1891 Moskau †3. 11. 1941 Rybinsk

Erzähler, Kritiker. Kindheit in Łódź. Als Vierzehnjähriger Kontakte mit Parteiarbeitern, die 1905 die Aufstände in den polnischen Industrierevieren organisierten. Kurzfristige Verhaftung. 1911–18 Reporter und Redakteur in Odessa und Petrograd. 1919 ging Sosulja nach Moskau, wo er zusammen mit Michail Kolzow die satirische Zeitschrift *Ogonjok* gründete und maßgeblich am Aufbau des sowjetischen Presse- und Verlagswesens beteiligt war. Seine Kurzgeschichten, die vor der Revolution unbeachtet in Zeitungen und Zeitschriften erschienen, kamen seit 1923 in Form von Einzelveröffentlichungen und Sammelbänden heraus und fanden eine immer größere Leserschaft. Nach dem Erscheinen der dreibändigen Werkausgabe (1928 bis 1929) war Sosulja eine Zeitlang so bekannt wie Babel, Soschtschenko und Pilnjak. Im Verlauf der dreißiger Jahre ließ seine Produktivität langsam nach. 1933 verfaßte er eine Swift-Biographie, 1937 beteiligte er sich an der Herausgabe einer Anthologie von Gedichten und Liedern über Stalin. Zwei Romane über den Einfluß der Revolution auf die Psychologie des Menschen blieben unvollendet. Sosulja starb 1941 im Lazarett, nachdem er sich kurz vorher freiwillig an die Front gemeldet hatte. Nach dem Krieg geriet er völlig in Vergessenheit. Nur einmal, 1962, erschien in der Sowjetunion ein schmaler Auswahlband. Charakteristisch für Sosulja ist die komprimierte, psychologische Erzählweise und die genaue, das Typische in den Zufälligkeiten des Lebens enthüllende Beobachtungsgabe. Sein Hauptinteresse galt zunächst, an Tschechow anknüpfend, den zwischenmenschlichen Beziehungen im städtischen Alltag. Später gewann die Darstellung sozialer Konflikte und Abläufe an Bedeutung. In Erzählungen wie *Der Untergang der Hauptstadt* (1918) oder *Die Geschichte von Ak und der Menschheit* (1919) wird unter dem Einfluß Samjatins die realistische Wirklichkeitsschilderung ins Phantastische und Groteske verfremdet. Sosulja ist literarisch schwer einzuordnen. In der Internationalisierung der gesellschaftlichen Probleme und der Erforschung von Grundtypen menschlicher Verhaltensweisen steht er Grin und Olescha am nächsten. Kolzow bezeichnete ihn als »internationalsten« sowjetischen Schriftsteller. Er habe seine Epoche in »analytischen Längs- und Querschnitten« erfaßt.

Aus: Jefim Sosulja: Der Mann, der allen Briefe schrieb. Erzählungen und Porträts. Hrsg. von Fritz Mierau. Berlin: Buchverlag Der Morgen, 1981. S. 190–206.
Russischer Text: *Rasskaz ob Ake i čelovečestve.* In: E. Zozulja: Sobranie sočinenij. 3 Bde. Moskau 1928–1929. Bd. 1. S. 43–58.

Abrám Terz
(Pseudonym für Andréj Donátowitsch Sinjáwskij)
*8. 10. 1925 Moskau

Erzähler, Kritiker, Literaturwissenschaftler. Sohn eines 1951 verhafteten Parteifunktionärs. Im Zweiten Weltkrieg Soldat. Philologiestudium in Moskau, seit 1952 Dozent an der Moskauer Universität und wissenschaftlicher Mitarbeiter des Gorkij-Instituts für Literatur. Beiträge über Gorkij, Babel, Achmatowa, Pasternak u. a. Künstlerische Prosa seit 1955. 1956 entstanden die längere Erzählung *Der Prozeß beginnt* und der Essay *Was ist sozialistischer Realismus?*, in dem die Widersprüchlichkeit des offiziellen Kunstdogmas und seine inhaltliche und geistige Nähe zum Klassizismus des 18. Jahrhunderts nachgewiesen werden. Seit 1959 ließ Sinjawskij seine Werke pseudonym in Frankreich erscheinen. 1965 wurde er als Abram Terz identifiziert, zusammen mit Julij Daniel (Arshak) verhaftet und nach einem aufsehenerregenden Prozeß zu sieben Jahren verstärkter Lagerhaft verurteilt. 1973 emigrierte er nach Paris und lehrt seitdem als Professor der Slavistik an der Sorbonne. Während der Haft entstand neben den literarischen Arbeiten *Promenaden mit Puschkin* und *Im Schatten Gogols* das komplette, aus Aphorismen, Anekdoten, Szenen, Liedern und Gedichten bestehende Buch *Eine Stimme im Chor*. Bauern und Intellektuelle, Gottlose und Sektierer, Unschuldige und Schwerverbrecher leihen dem Verfasser ihre Stimmen und bilden einen Chor, in dem das Ewige ebenso zur Sprache kommt wie das Menschlich-Allzumenschliche. Sinjawskij setzt sich immer wieder mit der Unaufrichtigkeit der sowjetischen Wirklichkeit auseinander. Als Schüler Gogols und Dostojewskijs benutzt er dazu eine Technik, die er »phantastischen Realismus« nennt. Traum, Wahn und Halluzination sind wesentliche Elemente dieser Technik. In Erzählungen wie *Du und ich* (1959), *Die Graphomanen* (1960) oder *Glatteis* (1961) vermischen sich Realität und Irrealität bis zur Ununterscheidbarkeit. Der Roman *Ljubimow* (1962), der politische Satire und zeitlose Anti-Utopie verbindet, stellt dem rational gesteuerten Glück das philosophisch begründete Recht auf das Irrationale entgegen. Als bislang wichtigstes Werk betrachtet Sinjawskij den großen autobiographischen Roman *Gute Nacht* (1984), in dem er in sprunghafter, assoziativer Form seine Verhaftung, seinen Prozeß und seine Lagerzeit beschreibt und die Wahrheit durch Steigerung der Darstellung ins Groteske und Absurde zu fassen sucht.

Aus: Abram Terz: Phantastische Geschichten. Sämtliche Erzählungen. Übers. von Eduard Suslik und Anna Moravec. Wien/Hamburg: Zsolnay, 1967. S. 235–253. – © 1967 Paul Zsolnay Verlag Gesellschaft m. b. H., Wien/Hamburg.
Russischer Text: *Kvartiranty*. In: A. Terc: Fantastičeskie povesti. Sud idet. Ljubimov. Čto takoe socialističeskij realizm. New York 1967. S. 64–76.

JÚRIJ VALENTÍNOWITSCH TRÍFONOW
*28. 8. 1925 Moskau †28. 3. 1981 Moskau

Erzähler. Sohn eines hohen Parteifunktionärs, der 1937 ein Opfer der Stalinschen »Säuberungen« wurde. Zuerst Schlosser und Werkzeitungsredakteur. 1944–49 Studium am Gorkij-Institut für Literatur in Moskau bei Fedin und Paustowskij. 1950 Stalinpreis für den Kurzroman *Studenten*. Aufenthalte in Turkmenien 1956–63 lieferten den Stoff für Erzählungen und den Roman *Die Befriedigung des Durstes* (1963), in dem aktuelle Probleme der wissenschaftlich-technischen und geistig-ideologischen Entwicklung aufgegriffen werden. Der Roman *Im Widerschein des Lagerfeuers* (1965) dokumentiert das tragische Schicksal des ermordeten Vaters und verbindet persönliche Erlebnisse mit historischen Geschehnissen der Oktoberrevolution und des Bürgerkriegs. Große Resonanz bei den Lesern fanden 1969–71 *Der Tausch*, *Zwischenbilanz* und *Langer Abschied*, psychologisch subtile Schilderungen des Moskauer Alltagslebens. Einer Tendenz der Zeit zur Darstellung revolutionärer Bewegungen des 19. Jahrhunderts entspricht der historische Roman *Ungeduld* (1973), der die Ermordung des Zaren Alexander II. im Jahre 1881 behandelt. In dem Roman *Der Alte* (1978) wird die Bürgerkriegszeit aus der Sicht eines alten Manns geschildert. Von der historischen Notwendigkeit der Revolution überzeugt, ist Trifonow dennoch ein kritischer Beobachter und unbestechlicher Chronist der Entwicklungen und Verhältnisse in der Sowjetunion. Sein besonderes Augenmerk gilt den familiären Problemen der intellektuellen Kreise Moskaus. Er zeigt das alltägliche Leben des Sowjetbürgers in der Stadt und läßt Menschen in typisch sowjetischen Konfliktsituationen erscheinen. Formal ist der erinnernde Rückblick und der Wechsel der Zeitebenen charakteristisch. Bis in das letzte Prosawerk, *Zeit und Ort* (1981), sind autobiographische Züge und Bezüge nicht zu übersehen. Die Tonart des sozialistischen Realismus fehlt völlig. Von der offiziellen Kritik wurde daher oft die gesellschaftspolitische Einordnung und parteigemäße Beurteilung vermißt.

Aus: Jurij Trifonow: Kleine Prosa. Ausgew. von Werner Kämpfe und Ralf Schröder. Übers. von Ingrid Göhringer, Charlotte Kossuth, Renate Landa [u. a.]. Berlin: Verlag Volk und Welt, 1981. S. 74 bis 84.
Russischer Text: *Igry v sumerkach*. In: Ju. Trifonov: Izbrannye proizvedenija. 2 Bde. Moskau 1978. Bd. 1. S. 218–225.

Nachwort

Die vorliegende Anthologie enthält 20 Erzählungen von 20 Autoren. Das erste Beispiel stammt aus dem Jahr 1918, das letzte aus dem Jahr 1981. Damit ist fast der ganze Zeitraum erfaßt, in dem sich die bisherige Entwicklung der sowjetrussischen Literatur vollzogen hat. Dieser Zeitraum wird nicht gleichmäßig und lückenlos dokumentiert. Die zwanziger Jahre sind am stärksten, die dreißiger bis fünfziger Jahre am schwächsten vertreten. Das eine Mal handelt es sich um die künstlerisch produktivste, das andere Mal um die künstlerisch unproduktivste Periode. Stand jene noch im Zeichen weitgehender Freiheit, so mußte sich diese schon dem Dogma des sozialistischen Realismus unterordnen. Die sechziger und siebziger Jahre, die eine Phase der Entdogmatisierung einleiteten, ohne die Freiheit der zwanziger Jahre zu erreichen, bilden den zweiten Schwerpunkt der Anthologie.

Die Erzählungen erscheinen in chronologischer Anordnung. Ihre Themen sind vielfältig. Aber immer geht es direkt oder indirekt um Rußland. Wie in der russischen Literatur des 19. Jahrhunderts ist hier alles, selbst das Privateste, eingebettet in die geschichtliche und gesellschaftliche Wirklichkeit. Vielfalt begegnet auch bei den Formen. Unter dem Oberbegriff »Erzählung« ist so Verschiedenartiges zusammengefaßt wie Skizze, Reportage, Anekdote, Parabel, Novelle und Kurzgeschichte. Sogar eine Art Roman en miniature findet sich. Dementsprechend variiert der Umfang der Texte. Kürzere Texte folgen auf längere, längere auf kürzere. Der kürzeste umfaßt drei, der längste fast fünfzig Seiten. Zu der Vielfalt der Formen und Themen kommt die Vielfalt im stilistischen Bereich. Der Bogen spannt sich vom realistischen bis zum phantastischen Erzählen. Es fehlt weder Groteskes noch Absurdes. Komisches wechselt mit Ernstem; Ernstes gewinnt Züge des Tragischen. Das Epische öffnet sich nicht nur dem Lyrischen und dem Dramatischen, sondern auch dem Essayistischen und dem Dokumentarischen. Und die Sprache, die aus vielen Quellen schöpft, nutzt alle Möglichkeiten zwischen Hohem und Niedrigem, zwischen Norm und Jargon.

Bei der Auswahl der Erzählungen war die literarische Qualität das wichtigste Kriterium. Deshalb wurde auch eine Reihe von Namen aufgenommen, die den meisten Lesern in Deutschland unbekannt sein dürften: Jefim Sosulja, Alexander Grin, Iwan Katajew oder Nikolaj Jewdokimow. Selbst in der Sowjetunion gehören die Genannten nicht zu den Bekanntesten. Grin und Katajew, dessen *Leningrader Chaussee* für diese Anthologie zum erstenmal ins Deutsche übersetzt wurde, galten bis 1956 als geächtete Gestalten. Sosulja war Ende der zwanziger Jahre so berühmt wie Babel und Soschtschenko. Mit der Aufnahme seiner *Geschichte von Ak und der Menschheit*, die Wieland Herzfelde 1929, in der Sammlung *Dreißig neue Erzähler des neuen Rußland*, vorgestellt hatte, soll an einen zu Unrecht vergessenen Schriftsteller erinnert werden. Es sind also Entdeckungen zu machen. Auch bei den Autoren, die jeder kennt, wurde häufig auf das Erwartete und Geläufige verzichtet. Ein klassisches Prosastück wie Samjatins *Höhle* läßt sich kaum ersetzen. Im Falle Babels aber ist ein Beispiel des frühen Schaffens nicht weniger interessant als ein Text aus dem Zyklus *Die Reiterarmee*, der, oft gedruckt, leicht zugänglich ist. Das Interessante verbindet sich in vielen Fällen mit dem Ungewöhnlichen. Dies gilt im besonderen für die Werke von Erenburg und Mandelstam, von Platonow, Charms und Terz. Mandelstams *Ägyptische Briefmarke*, einer der längsten Texte der Anthologie, zeigt noch etwas Weiteres: daß der Verfasser nicht nur ein bedeutender Lyriker, sondern auch ein bedeutender Erzähler ist.

I

Seit der Jahrhundertwende hatte die erzählende Dichtung in Rußland an Bedeutung verloren. Die neuen Richtungen, Symbolismus, Akmeismus und Futurismus, waren lyrische Richtungen. Nach dem Oktoberumsturz behielt die Lyrik noch eine Zeitlang ihre Dominanz. Sie ließ sich von allen dichterischen Gattungen am leichtesten in den Dienst des Tages stellen. Als Mittel der Instruktion und Agitation eroberte sie die Podien und Tribünen. Sie erschien auf Plakaten und Transparenten, fand sich an Zäunen, Türen und Häuserwänden. Lyrisch ist auch das bedeutendste Werk aus der Anfangsphase der sowjetrussischen Literatur: Bloks *Zwölf*. Die Versdichtung vom Januar 1918, die sich den Zwecken des propagandistischen Gebrauchs entzieht, schildert in zwölf Kapiteln, wie zwölf Männer schreiend, singend, schießend und tötend im Schneesturm durch die Straßen des revolutionären Petrograd marschieren. Am Ende nimmt die Geschichte eine Wendung ins Mythische: Jesus Christus schreitet, unsichtbar und unerklärlich, mit einer blutigen Fahne an der Spitze des Trupps. Die seltsamen Apostel der Revolution haben ihre realen Vorbilder in den Rotgardisten, die zusammen mit den Soldaten der Roten Armee die Aufgaben der alten Polizei übernahmen und Personen und Fahrzeuge kontrollierten oder öffentliche Gebäude besetzten und bewachten. Der starke Realitätsgehalt, der Bloks Dichtung auszeichnet, betrifft nicht nur das Milieu und das Personal, sondern auch die Sprache. Es handelt sich um die Sprache der Zeit, genauer, der Revolutionsmonate, also um den politischen Jargon, wie er auf Plakaten, Spruchbändern und Flugblättern, in Befehlen, Parolen, Dekreten und in der Tagespresse begegnete. Neben einzelnen phraseologischen Wendungen werden ganze literarische Formen übernommen. Diese Formen, Volks-, Zigeuner- und Gaunerlieder, Tschastuschki, Romanzen, Tänze und Märsche, sind trotz ihres älteren Ursprungs von gleicher zeittypischer Relevanz. Sie wurden damals als Kontrast zur hohen Literatur entdeckt und aus ideologischen Gründen für verschiedenste Zwecke benutzt. Die Verse Bloks erhielten durch sie wie durch die Wendungen des politischen Jargons eine eigentümliche Vielstimmigkeit. Charakteristisch ist dabei, daß die Stimmen keine chorartige Geschlossenheit gewinnen. Sie stehen neben- und gegeneinander. Das Nebeneinander und Gegeneinander der Stimmen erweist sich als die sprachliche Aktualisierung der neuen Epoche, einer Epoche, die Werte wie Harmonie, Gleichgewicht und Einheitlichkeit verachtet und verwirft. Dennoch gibt es bei Blok solche Werte. Nur finden sie sich weniger in der Handlung als in der Komposition. Der Widerspruch ist beabsichtigt. In der Handlung herrscht sichtbar das Chaotische der Revolution. In der Komposition waltet, verdeckt und versteckt, das Gesetzmäßige der Tradition.

Bloks komplexes Werk, das von Anfang an viele beschäftigte, Leser, Kritiker und Schriftsteller, hatte einen großen Einfluß auf die sich entwickelnde Erzählkunst. Es zeigte beispielhaft, wie sich geschichtliche Gegenwart aus dem unmittelbaren Erleben heraus ins dichterisch Gültige verwandeln ließ. Das Verfahren, die Zeit vor allem durch ihre Sprache zu vergegenwärtigen, fand zahlreiche Nachahmer. Die Straße wurde zum bevorzugten Schauplatz der Handlung. Ihre Atmosphäre und ihr Rhythmus bestimmten auch das Erzählen. Erzählen hieß in den ersten Jahren von den Schauplätzen der Revolution und des Bürgerkriegs zu berichten. Leid, Unrecht und Gewalt wurden dabei ebensowenig verschwiegen wie bei Blok. Die Verklärung und Verherrlichung der Ereignisse fällt in eine spätere Phase der Entwicklung.

Fast gleichzeitig mit Blok beobachtete ein junger Schriftsteller, der vierundzwanzigjährige Isaak Babel, die Straßen des revolutionären Petrograd. Was er sah, zeichnete er auf. Das Ergebnis waren sechzehn kurze Prosatexte. Sie erschienen von Februar bis Juli 1918 in der Tageszeitung *Nowaja shisn*, die Gorkij im Auftrag der Sozialdemokratischen Partei herausgab. Die Texte haben den Charakter von Reportagen. Sie führen den Leser in Paläste, Kirchen, Fabriken, Kanzleien, Schlachthöfe, Fürsorgeheime und Leichenschauhäuser. Geschildert werden Begegnungen mit Müttern, Kindern und Greisen, mit Priestern, Soldaten und Prostituierten, mit Wächtern, Kutschern und Ladenbesitzern. Überall registriert Babel einen gravierenden Mangel. Die Marktstände sind leer. Stillende Mütter haben zu wenig Milch. In den Fabriken gibt es keinen Stahl, in den Schlachthöfen keine Tiere. Es fehlt an Benzin, an Kohle, an Geld, an Arbeit, an Arznei. Der Mangel ist das eine, die Grausamkeit und Gewalttätigkeit das andere Merkmal der dargestellten Zeit. Menschen verhungern, erfrieren oder kommen bei der Evakuierung um. Invaliden und Kriegsblinde, in Viehwagen aus der Stadt gebracht, kehren zurück und drängen in die überfüllten Heime. Vor den Toren der Schauhäuser türmen sich die Leichen der Erschossenen und Erschlagenen, die unbekannte Helfer jeden Tag zu Dutzenden von den Schlitten werfen. Entflohene Häftlinge werden von kräftigen Männern in knirschenden Stiefeln eingeholt, mit dem Gewehrkolben auf den Kopf geschlagen und hinter geschlossenen Türen liquidiert. Babel berichtet dies alles sachlich, nüchtern und lakonisch. Seine Sicht ist die des unbeteiligten Reporters. Auch das Schrecklichste wird ohne jegliche Gefühlsäußerung mitgeteilt. Zu dem Verzicht auf Subjektivität gehört bei Babel die Sparsamkeit der Mittel. Kein Wort ist überflüssig. Die Sprache, stets dicht und gedrängt, zeichnet sich durch treffende Direktheit aus. Bilder und Vergleiche werden nur ganz selten benutzt. Die Sätze, meist parataktisch konstruiert, sind von äußerster Kürze und Einfachheit. *Der Grusinier, der Kerenskij-Rubel und die Generalstochter* ist ein Musterfall solcher Stilökonomie. Kurze und kürzeste Hauptsätze führen stakkatoartig in den Text ein: »Zwei traurige Grusinier gehen ins Restaurant ›Palmira‹. Der eine ist alt, der andere jung. Der Junge heißt Owanes. Die Geschäfte gehen schlecht. Der Tee ist dünn. Der Junge betrachtet die russischen Frauen. Er hat Frauen gern. Der Alte betrachtet das

Orchestrion. Dem Alten ist traurig zumute, und es ist ihm warm.« Im gleichen Telegrammstil wird dann erzählt, daß der junge Owanes eine orientalische Konditorei eröffnet, die schöne Gymnasiastin Galitschka, die Tochter eines zaristischen Generals, erobert und nach einer Weile geschäftlichen Erfolgs durch die Denunziation des Arztgehilfen Burischkin im Gefängnis endet. Die Geschichte vom Aufstieg und Fall des Grusiniers spiegelt die allgemeine Unsicherheit des Lebens in der Zeit nach der Revolution. Es ist eine Zeit des Umbruchs und des Aufbruchs. Nichts hat Bestand. Glück und Unglück liegen nah beieinander. Der Grusinier, der durch Geschick zu Ansehen und Vermögen gelangt, stürzt über eine Nichtigkeit. Er weigert sich, auf einen Kerenskij-Rubel herauszugeben. »›Haben Sie das Dekret über das Wechselgeld nicht gelesen?‹ fragt Burischkin. ›Ich spucke auf die Dekrete‹, erwidert der Grusinier. ›Ich habe kein Kleingeld‹, flüstert Burischkin. ›Wenn du kein Kleingeld hast, dann gib die Gusinaki zurück.‹ ›Willst du zur Roten Armee?‹ ›Ich spucke auf die Rote Armee!‹ ›Aha!‹« Der hochmütig gewordene Konditoreibesitzer verkennt, daß freies Unternehmertum ohne Achtung der Dekrete und der Roten Armee nicht möglich ist. Zeittypisch sind auch die anderen Gestalten, von der Generalstochter, die als Kassiererin arbeitet, über den Arztgehilfen, der aus Opportunismus denunziert, und den Kommissar, der fünfzig Mann zur Hausdurchsuchung schickt, bis zu dem Instrukteur, der sich an der Front eine Geschlechtskrankheit holt. Von allen Reportagen Babels strebt die vorliegende am stärksten ins Erzählerische. Fiktion und Dokumentation vermischen sich bis zur Ununterscheidbarkeit.

Auch Jewgenij Samjatin ging zwei Jahre später, als er die *Höhle* schrieb, von der erlebten Wirklichkeit aus. Wieder ist Petrograd der Schauplatz, die »Stadt des Todes und des Elends«, wie es bei Babel heißt. Jetzt handelt es sich aber um eine geschlossene Erzählung, die keine Übergänge zur Reportage aufweist. Der Entwurf einer Welt tritt an die Stelle des Beobachtens und Beschreibens. Zwei Verfahren, Metaphorisierung und Mythisierung, spielen dabei eine wichtige Rolle. Gleich die ersten Sätze metaphorisieren und mythisieren die Stadt: »Eisberge, Mammute, Einöden. Nächtliche, schwarze, an Häuser erinnernde Felsen. In den Felsen sind Höhlen, und man weiß nicht, wer nachts auf dem Steinpfad zwischen den Felsen trompetet und, die Spur schnüffelnd, den weißen Schneestaub aufwirbelt, vielleicht ein graurüsseliges Mammut, vielleicht der Wind, vielleicht ist auch der Wind das eisige Geheul eines Über-Mammuts.« Urzeitliches wird evoziert. Die Stadt erscheint als felsige, menschenleere Schneelandschaft, die, ins Nächtliche getaucht, nur von Mammuten bevölkert und vom Geheul des Windes erfüllt ist. Mit den Höhlen in den Felsen sind die infolge des Brennstoffmangels vereisten Wohnungen der Petrograder Mietshäuser gemeint. Das Leben ist zum Höhlenleben geworden. In Felle, Decken und Lumpen gehüllt, ziehen die Menschen von Wohnung zu Wohnung, von Zimmer zu Zimmer. Die Hauptpersonen der Erzählung, Martin Martinytsch und seine kranke Frau Mascha, sind aus dem Arbeitszimmer ins Eßzimmer und aus dem Eßzimmer ins Schlafzimmer gezogen. Jetzt haben sie, nachdem das Mobiliar jeweils zerhackt und verheizt worden ist, das letzte Refugium erreicht. »Aushalten oder sterben«, lautet die Alternative. Doch die Alternative besteht in Wirklichkeit nicht. Denn es fehlt das nötige Heizmaterial. Martin Martinytsch entwendet zwar dem Nachbarn einige Holzscheite, aber diese reichen nur für einen Tag, Maschas Namenstag. Beglückt und dankbar wärmen sich die Eheleute an dem eisernen Ofen, dem gierigen »Gott« ihrer dunklen Höhle. Der Gott »singt laut«, dann verlischt er »gleichmütig«. Mascha nimmt das Giftfläschchen, das nur für eine Person reicht; Martin Martinytsch verläßt die Wohnung und begibt sich in die eisige Winterkälte. Die Situation, die Samjatin darstellt, ist eine Endsituation.

Samjatin hatte, anders als Babel, keine Hoffnung. Für ihn ist Rußland nach der Revolution in die Vorgeschichte zurückgefallen. »Zwischen den Felsen, wo Ewigkeiten früher Petersburg war, trottet nachts das graurüsselige Mammut.« Der Mensch lebt auf der Stufe des Tieres. Ständig im Kampf um das nackte Dasein, ist er unfähig, Ideen zu entwickeln oder sich dem Nächsten zuzuwenden. Ohne den Halt von Geist, Moral und Recht bleibt ihm letztlich nur der Tod. In Alexander Grins *Rattenfänger* (1924) dagegen entkommt der Held gerade noch einmal der tödlichen Gefahr. Erneut erweist sich das hungernde und frierende Petrograd der Revolutions- und Bürgerkriegsperiode als ein Ort höchster existentieller Bedrohung. Der Held und Ich-Erzähler gerät an einem Frühlingstag des Jahres 1920 in das verlassene Gebäude der Zentralbank, durchschreitet einen Raum nach dem anderen und verliert zunehmend die Orientierung. Alles wiederholt sich: die Türen, die Treppen, die Gänge, die Möbelstücke, die Haufen von Kalk und Papier auf dem Boden. Der Ort wird zum Labyrinth, der Aufenthalt zum Alptraum. Zu dem Gefühl des Gefangenseins kommt die panische Angst vor den Ratten, die, fuchsrot, riesigen Eidechsen gleich, aus einem Schrank mit Lebensmitteln springen und die später in Menschengestalt, lachend, schreiend, quiekend, zischend, zu einem Ball, einem Bankett oder einem Jubiläum versammelt, unter flammenden Lüstern den Hauptsaal der Bank bevölkern. Als diese den Eindringling entdecken, muß der Entdeckte, von allen Seiten gehetzt, um sein Leben laufen. Über knarrende Dielen, endlose Korridore, dunkle Stiegen und das Gerümpel der Mansarden erreicht er, durch das Dachfenster kletternd, mit knapper Not das rettende Freie. Was ihn rettet, ist weniger der Gedanke an sich selbst als der Wille, den gefährdeten Rattenfänger zu warnen. Auch die Liebe zu der Tochter des Rattenfängers hat ihren Anteil am Gelingen der Flucht. Sie vollbringt zuvor schon das Wunder, die Stimmen durch die Apparate des stillgelegten Telephonnetzes zu verbinden. Menschlichkeit und Sittlichkeit sind hier im Gegensatz zur Welt Samjatins nicht völlig zerstört. Beides behauptet sich. Von einem Triumph aber kann keine Rede sein. Die Ratten lassen sich nicht, wie in der Sage, aus der Stadt locken und im Fluß ertränken. Angezogen durch Krieg, Chaos und Seuchen, haben sie sich offensichtlich auf Dauer eingenistet. Sie leben im Überfluß, während es den Menschen an allem fehlt. Aus dem Dunkel und dem Luxus heraus erzeugen sie Angst und Schrecken. Ständig ihre Gestalt wechselnd, verkörpern sie das Gefährliche und Unheimliche des Lebens in den Zeiten der Not und des Übergangs.

Grin gibt keine Lösung. Er läßt offen, wer am Ende siegt. Indem er die Erlebnisse seines Helden als Fieberwahn, das heißt als Folge von Hunger, Schwäche, Schlaflosigkeit und nervlicher Zerrüttung gestaltet, rückt er selbst den Realitätsgehalt der Erzählung ins Vieldeutige. Eine eindeutigere Form literarischer Phantastik schuf Jefim Sosulja mit der *Geschichte von Ak und der Menschheit* (1919). Im Unterschied zu seinem Lehrer Samjatin glaubte er an die rettende Kraft der Vernunft. Um dies zu veranschaulichen, spielte er das Ungeheuerliche durch: Ein Gremium unter Aks Vorsitz überprüft bei jedem Einwohner einer Stadt das »Recht auf Leben« und vernichtet Tausende, die als »wertlos« beurteilt wurden, innerhalb von vierundzwanzig Stunden. Auf dem Höhepunkt der Handlung erfolgt der Umschlag. Während die Maschinerie auf Hochtouren läuft und die Trupps der Urteilsvollstrecker in der Hauptverwaltung ein- und ausmarschieren, verschwindet Ak im Grauen Schrank und denkt, auf den Akten der Vernichteten sitzend, über den bisherigen Verlauf der Unternehmung nach. Am Ende verkündet ein Spruch allen Bürgern, daß das Leben von nun an unantastbar ist. Der Spruch wird wie am Anfang durch Plakate bekanntgegeben.

Sosuljas Erzählung handelt von der Diktatur der Ideologie. Die Kritik zielt auf die Führer der Revolution, die im Namen weltanschaulicher Konzepte wie Götter über Leben und Tod entscheiden. Enthüllt wird, daß sich hinter Fortschrittsoptimismus und Glücksverheißung eine totale Menschenverachtung verbirgt. Szenen und Protokolle führen diese Verachtung eindringlich vor Augen. Dabei zeigt sich zugleich die

Gefahr des bürokratischen Apparats, der zur Verselbständigung neigt: »Es kam vor, daß wenige Spezialisten binnen einer Stunde ein gutes Hundert Leute ins Jenseits beförderten. Und in den Grauen Schrank flogen dann hundert Beurteilungen, in denen die Prägnanz des Ausdrucks mit der absoluten Selbstsicherheit der Autoren wetteiferte.« Töten wird zum Verwaltungsakt. Da die normale, durchschnittliche Existenz als das Wertlose gilt, ist ein Ende des Tötens nicht abzusehen. Der Autor aber hält, um der parabelhaften Wendung willen, den Vorgang an. Er läßt seinen Helden zur Besinnung kommen. Ak leitet, nachdem er einige Zeit verschwunden war, die Umkehr ein. Als er eines Tages das Verlangen spürt, die frühere Schreckensherrschaft fortzusetzen, muß er erkennen, daß die neue Ordnung inzwischen so reibungslos funktioniert wie die alte. Diesmal verschwindet er für immer. Zurück bleiben die Menschen, die er zuerst vernichtete, danach bemitleidete und schließlich wieder vernichten wollte. »Sie leben bis zum heutigen Tage immer noch so, als hätte es Ak niemals gegeben und als hätte niemand je die große Frage nach dem Recht auf das Leben berührt.« Sosulja stellt den wechselnden Theorien von der Veränderbarkeit der Welt seinen festen Glauben an das Ewige und Unveränderbare der Menschheit entgegen. Das Bild, das er vom Menschen hat, ist keineswegs idealisierend. So sind die Einwohner der Stadt nicht nur unschuldige Opfer, sondern auch Wesen voller Fehler, Schwächen und Irrtümer. Einige billigen sogar den Terror. »Man muß weiter säubern, säubern und nochmals säubern!« sagt ein Bürger, und ein anderer, rückblickend: »Ganz umsonst ist dieses Gelichter damals nicht beseitigt worden.« Deshalb gewinnt die Erzählung, die das Realistische immer wieder ins Groteske steigert, am Ende, bei der Darstellung des sich normalisierenden Lebens, betont satirische Züge: »Von morgens bis abends kreischten die Grammophone. Auch Geige, Klarinette und Gitarre wurden gespielt. Die Männer zogen abends die Jacketts aus, saßen mit gespreizten Beinen auf den Balkons und rülpsten vor Wohlbehagen.« Die Darstellung gipfelt in den Sätzen: »Die Leute kauften Spiegel und besahen sich darin mit Genugtuung. Die Maler und Fotografen bekamen Aufträge, Porträts anzufertigen. Die Porträts wurden gerahmt, und dann schmückte man die Wände der Zimmer damit. Dieser Porträts wegen kam es sogar zu einem Mord, über den in den Zeitungen viel geschrieben wurde. Ein junger Mann, der in einer Wohnung ein Zimmer gemietet hatte, verlangte, daß die Inhaber der Wohnung die Bilder ihrer Eltern aus seinem Zimmer entfernten. Die Wirtsleute, die sich gekränkt fühlten, brachten den jungen Mann um, indem sie ihn – aus dem vierten Stockwerk – hinauswarfen.«

Die eigentliche Zeit der Satire kam jedoch erst in den zwanziger Jahren. Sie setzte eine Besserung der allgemeinen Lage voraus.

II

In den Wintermonaten 1919/20 und 1920/21 hatten die Schrecken des Alltagslebens ihren Höhepunkt erreicht. Zu Beginn des Jahres 1921 war der Bürgerkrieg bis auf vereinzelte Kämpfe im Fernen Osten beendet. Die Sowjetregierung konnte sich mit der Linderung der größten wirtschaftlichen Not befassen. Lenin, der die Errungenschaften der Revolution gefährdet sah, führte im März 1921 gegen den Widerstand des linken Flügels seiner Partei die »Neue Ökonomische Politik« ein. Privathandel und Privatwirtschaft wurden, wenn auch in begrenztem Umfang, wieder zugelassen. Ein schneller Aufschwung war die Folge. Statt der Revolutionäre, Volksredner, Rotarmisten und Partisanen bestimmten jetzt die Händler, Geschäftsleute, Fabrikanten, Buchhalter und Bürokraten das Bild der Zeit. Das Funktionieren der Marktgesetze, verbunden mit der Lockerung der staatlichen Kontrollen und Restriktionen, hatte aber auch negative Begleiterscheinungen. Der Erwerb von Geld und Besitz bildete eines der erstrebenswertesten Ziele. Materialismus und

Utilitarismus verdrängten den Idealismus und Utopismus der Revolutionsepoche. Überall herrschten Eigennutz und Habgier. Rücksichtslosigkeit und Skrupellosigkeit breiteten sich immer weiter aus. Die Kriminalität wuchs. Zugleich stieg das Verlangen, sich nach den jahrelangen Entbehrungen zu zerstreuen und zu vergnügen. Eine regelrechte Vergnügungssucht erfaßte die Menschen. All dies war ein weites und ergiebiges Feld für den Satiriker. So wurde die Satire in kürzester Zeit zur beliebtesten literarischen Gattungsform. Mit ihr gewann die Erzählkunst ihre frühere Bedeutung zurück.

Schon 1923 stellte Majakowskij fest: »Anzahl und zum Teil auch Niveau der Gattungsform Satire sind gestiegen.« Und er antwortete auf die Frage, womit das zu erklären sei: »Zuallererst natürlich mit unserem politischen Sieg und mit einer Reihe unserer ökonomischen Siege. Da hat sich die Möglichkeit ergeben, das sowjetische ›Interieur‹ ernsthafter zu reinigen.« Mit der Reinigung des »sowjetischen ›Interieurs‹« begannen Bulgakow, Erenburg und Soschtschenko. Ilf, Petrow, Katajew, Olescha, Platonow und andere fuhren fort. Erdman und Majakowskij beteiligten sich auf dramatischem Gebiet. Alle hatten ein und denselben Lehrmeister: Nikolaj Gogol. Die Erneuerung der Gogolschen Tradition stieß beim Lesepublikum auf große Resonanz. Zu dem Erfolg trugen auch die Zeitschriften und Verlage bei, die in wachsender Zahl gegründet wurden. Gegen Ende der zwanziger Jahre erhoben sich die ersten kritischen Stimmen. Die »Russische Assoziation proletarischer Schriftsteller« nahm die radikalste Position ein und erklärte, als eine Form, die stets die bestehende Ordnung angegriffen habe, sei die Satire für die Entwicklung des Sozialismus »schädlich« und »überflüssig«. Einige Jahre später lehnte ein Moskauer Verlagslektor den Druck einer satirischen Erzählung Michail Kolzows mit den Worten ab: »Zum Lachen ist es für das Proletariat noch zu früh. Mögen unsere Klassenfeinde lachen!«

Keiner der frühen sowjetischen Satiriker wollte das System prinzipiell in Frage stellen. Jeder verstand Kritik als konstruktive Kritik. Das gemeinsame Ziel war die Entlarvung des inneren Feindes. »Der Feind, das sind nicht mehr die Heerhaufen der Weißgardisten«, erläuterte Lenin 1921, »das ist der Alltag der Ökonomik in einem kleinbäuerlichen Land mit einer ruinierten Großindustrie. Der Feind, das ist das kleinbürgerliche Element, das uns wie die Luft umgibt und sehr stark in die Reihen des Proletariats eindringt.« Das Kleinbürgerliche und der Alltag der Ökonomik finden sich bei Bulgakow, Erenburg und Soschtschenko genauso wie andere Erscheinungen von der Bürokratisierung bis zur Verplanung des Menschen und des Lebens. Die gleichen Themen werden jedoch auf verschiedene Weise, mit verschiedenen Mitteln und von verschiedenen Aspekten her dargestellt. Auch der einzelne Autor ändert seine Methoden. So gelangte Michail Bulgakow zu Konzeptionen, die sich durch eine immer stärkere künstlerische Geschlossenheit auszeichnen. Am Anfang stehen die *Notizen auf Manschetten* (1921), tagebuchartige Aufzeichnungen eines Ich-Erzählers, der weitgehend mit dem Verfasser identisch ist. Den Endpunkt der Entwicklung bildet die Traumnovelle *Die Abenteuer Tschitschikows* (1926), in der weniger die Wirklichkeit als die Literatur den Stoff für eine Satire auf die eigene Zeit bereitstellt. Dort ist alles erlebt, hier (fast) alles erfunden. Dort schildert Bulgakow, additiv und dokumentarisch, seine Erlebnisse als Dramaturg und Volkshochschullehrer in Wladikawkas sowie seine anschließenden Erfahrungen mit dem Moskauer Ämterapparat. Hier läßt er, unerschöpflich an Erfindungsgeist, den Helden von Gogols *Toten Seelen* auferstehen und ins zeitgenössische Rußland zurückkehren. Die »Neue Ökonomische Politik« ermöglicht es dem alten »Erwerber« und »Unternehmer«, nachdem er, in Moskau angekommen, die Kutsche mit dem Automobil vertauscht hat, seine dunklen Geschäfte fortzusetzen und noch weit größeren Erfolg zu haben als früher. »Tschitschikows Karriere nahm einen schwindelerregenden Charakter an. Was er alles anstellte, ging auf keine Kuhhaut. Er gründete einen Trust zur Eisengewinnung aus Sägespänen und bekam auch darauf ein Darlehen. Er trat als Teilhaber in eine riesige Genossenschaft ein und verpflegte ganz Moskau mit Wurst aus dem Fleisch krepierter Tiere. Die Gutsbesitzerin Korobotschka, als sie hörte, jetzt sei in Moskau ›alles erlaubt‹, wünschte Liegenschaften zu erwerben; daraufhin bildete Tschitschikow mit Samuchryschkin und Uteschitelnyj eine Gesellschaft und verkaufte ihr die Manege gegenüber der Universität.« Der einstige Seelenaufkäufer, der sich schon immer mit Witz und Pfiffigkeit durchs Leben schlug, durchschaut auch jetzt die Mechanismen der Gesellschaft. Wie damals nutzt er seine Einsicht bedenkenlos zum eigenen Vorteil. Daß er Eisen aus Sägespänen gewinnen will und Wurst aus Tierkadavern herstellen läßt, gehört zu den satirischen Übertreibungen, die über den einzelnen hinaus auf das Ganze der Zeit, des Volkes und des Staates zielen. Denn Tschitschikow ist bei Bulgakow, was er bereits bei Gogol war, die Inkarnation der Welt, in der er lebt, einer Welt der Banalität, der Gemeinheit und der Hohlheit. Seine Methoden sind im Prinzip die gleichen geblieben. Gleichgeblieben sind auch die Menschen und ihre Verhaltensweisen. Sogar in dem Gasthaus, in dem Tschitschikow vor hundert Jahren gewohnt hat, ist »alles wie früher«: »Aus den Ritzen lugten Schaben, und es schienen ihrer noch mehr geworden.« Die wenigen Veränderungen sind äußerlicher Art: »So hing statt des Schildes ›Gasthaus‹ ein Plakat mit der Aufschrift ›Gemeinschaftswohnung Nummer soundso‹, und selbstverständlich war da so viel Dreck und Müll, daß selbst Gogol sich das nicht hätte vorstellen können.« Schulgins berühmte zeitkritische Formel »Alles dasselbe, nur etwas schlechter« wird durch Bulgakows Satire bestätigt.

Auch in einem Werk überbordender Phantasie wie den *Abenteuern Tschitschikows* ist die Wirklichkeit, auf die sich die satirische Intention richtet, von Anfang an gegenwärtig. Die »erstaunliche« Geschichte, die der Prolog und der Epilog als »wunderlichen Traum« enthüllen, spielt unverkennbar während der Aufbauphase der Sowjetgesellschaft. Diese Phase manifestiert sich in der Bedeutung der Betriebe, in der Neigung zu Abkürzungen, in der Wichtigkeit von Stempeln, Formularen und Fragebögen und nicht zuletzt in der Vielzahl und Vielfalt der Ämter, Gremien und Kommissionen. Am deutlichsten tritt die Eigenart der Zeit und des Systems dort zutage, wo die Handlung umschlägt und Tschitschikows Betrügereien ans Licht kommen: »Telefone klingelten, Beratungen begannen ... Es tagten die Baukommission mit der Kontrollkommission, die Kontrollkommission mit dem Wohnungsamt, das Wohnungsamt mit dem Volkskommgesund, das Volkskommgesund mit der Hauptverkleinindust, die Hauptverkleinindust mit dem Volkskommaufklär, das Volkskommaufklär mit dem Proletkult und so weiter.« So typisch diese Kommissionen für die Zeit und das System sind, sie besitzen bei Bulgakow keine entscheidende Handlungsfunktion. Als das eigentlich Erzählenswerte erscheint das Unwahrscheinliche im Alltäglichen. Es war Ilja Erenburg, der die Kommissionen und Institutionen, vor allem das »geradezu poetische Mißverhältnis« zwischen ihren Projekten und der Realität, zu einem zentralen Thema machte. Er entlarvte die Illusion von der Allmacht der Dekrete und die voluntaristische Vorstellung, der Mensch und das Leben ließen sich exakt berechnen. Der Held seiner Erzählung *Der VKM* (1921), ein Volkskommissar für Fragen der Planung und Koordinierung, entwirft auf dem Reißbrett den »Vervollkommneten Kommunistischen Menschen«. Das Leben dieses Idealmenschen soll von der Wiege bis zur Bahre in Planquadrate eingeteilt und vorherbestimmt werden. Doch das Geschöpf wendet sich gegen seinen Schöpfer. Es beginnt ein Eigenleben als Doppelgänger und treibt den Kommissar zuerst in den Wahnsinn und dann in den Tod. Das Gelobte Land ist bei Erenburg, der das Abstrakt-Phantastische der Ideen enthüllt, ebenso fern wie bei Bulgakow, der sich auf das Konkrete der alltäglichen Konflikte konzentriert.

Gegen die Ideenwelt der Zeit polemisierte Erenburg auch in der Erzählung *Die Bierstube »Zur Roten Rast«* (1926), einer

Fortsetzung und Verallgemeinerung der Doppelgängergeschichte. Im Mittelpunkt steht der Kunsttischler Sacharow, der sich »Bürger Adamant« nennt und nichts mehr liebt als das Analysieren. In der Bierstube, wo er der häufigste Gast ist, gehen ihm beim Bier, das er zur »Förderung des Denkprozesses« trinkt, die kühnsten Gedankenexperimente durch den Kopf. Er möchte das Leben auf einen »hohen Nenner« bringen und durch Tabellen einer »vernünftigen Kontrolle« unterwerfen. Nicht nur die Bevölkerungszahl und das Verhältnis von Geburt und Tod, sondern auch die Umdrehung der Erde soll »in bestimmte Bahnen« gelenkt werden. Als eine »gewisse metaphysische Rundung der Formen« erkennen läßt, daß die Wirtin Nachwuchs erwartet, ergreift Adamant die Gelegenheit, den »Geist der Forschung« in der Praxis zu erproben. Er betrachtet den Embryo als seinen »Homunkulus« und bespricht ihn mit Formeln aus dem »Lehrbuch der Trigonometrie«. Der Name, den er gegen den Willen der Eltern durchsetzt, lautet deshalb »Number«, was soviel bedeutet wie unendliche Zahl und endlicher Sieg. Die Erwartungen sind groß: »Er wird die Umdrehung der Erde regeln und beherrschen.« Doch das Experiment findet ein schreckliches Ende – sowohl für Adamant als auch für das neugeborene Leben. Als das Kind nicht einschlafen will und »in seinem Sanskrit oder Zukunftsvolapük etwas von der Summe der Summen und von der vom Wahnsinn seitwärts gedrehten Acht, der vorausgesetzten Unendlichkeit«, schreit, reißt ihm der Vater, »als handle es sich um die Stanniolkapsel an einer Bierflasche«, ganz einfach den Kopf ab. »Wenn die Acht auf der Seite liegt«, hatte Adamant zuvor versichert, »dann gibt es kein Ende.« Der Erzähler begnügt sich mit einem lakonischen Kommentar: »Die Erde hatte den Helden verloren, der ihre Umdrehung regulieren sollte.« Die Ironie ist offensichtlich. Aber sie weist auch auf eine tragische Situation. Nur durch verzweifelte Gegenwehr gelingt es dem einfachen Menschen, sich den Versuchen der mathematischen Berechnung des Lebens zu entziehen. Der überzogene

Anspruch wird auf grausame Weise von der Wirklichkeit eingeholt. Die reale Lebensdialektik rächt sich triumphierend an der ausgeklügelten Logik eines universalen Geistes. Schritt für Schritt und mit zunehmendem Spott werden im Lauf der Geschichte die Auffassungen Adamants und seiner »Schüler« als Hirngespinste entlarvt. Erenburg scheut dabei keine Drastik: »Trotz der Intrigen der Achrowzen«, läßt er einen Konstruktivisten sagen, »dringen wir in die Produktion ein! Man sagt, auf meinem Stuhl könne man nicht sitzen. Unsinn! Er ist genau berechnet. Es stimmt alles, wie in einem mathematischen Lehrsatz. Schuld ist nur der Hintern, der menschliche Hintern, dieses stumpfsinnige, formlose Stück Fleisch. Nicht den Anforderungen des Sitzfleisches sollen wir unsere Konstruktionen anpassen, sondern das Leben in Produktionsvorgänge verwandeln und die Form des schlappen Fleisches umgestalten, den Hintern zu einem dynamischen Dreieck machen!«
An der Entlarvung der überspannten Ideen und Ideale, die Beginn und Mitte der zwanziger Jahre bestimmten, war Erenburg entscheidend beteiligt. Michail Soschtschenko dagegen blickte weniger auf die Ideen und Ideale als auf die kleinen Mängel des Alltags von der Wohnungsnot über Schlamperei, Korruption und Vetternwirtschaft bis zum Verfall der Sitten. Der Protagonist seiner meist kurzen, anekdotisch zugespitzten Texte ist dementsprechend der sowjetische Normalbürger. Wir treffen auf Boten und Wächter, Verkäufer und Angestellte, Tagelöhner und Werkmeister, Busschaffner und Depotverwalter, Uhrmacher und Messerschleifer, Kassiererinnen, Sekretärinnen und Stenotypistinnen. Kaum ein Beruf fehlt. Auch Ärzte, Architekten und Künstler begegnen. Doch in der Regel geht es um die Vertreter der unteren Mittelklasse, die, engstirnig und von mäßigem Verstand, vor allem nach bürgerlichem Wohlstand streben. Die trivialen Mißgeschicke, in die der Autor sie stellt, werden von ihnen zu bedeutenden Ereignissen aufgebauscht. Aus der Tatsache, daß ein Schaffner versehentlich zu wenig Wechsel-

geld herausgibt, entsteht ein Streit, und der Streit endet mit dem Schrei nach Freiheit für alle. Übertreibungen und Verzerrungen verdeutlichen die satirische Absicht. Oft erreicht das Geschilderte die Grenze zur Absurdität. Ein Mann lebt mit Frau und Kind und Schwiegermutter in einem herrschaftlichen Badezimmer. Abend für Abend muß die Familie so lange im Korridor warten, bis sich die zweiunddreißig anderen Mieter der Kommunalwohnung gewaschen haben. Die »durchschnittlichen Ungeheuerlichkeiten« sind Soschtschenkos Thema. In ihnen konnte jeder etwas von seiner Situation und seinen Problemen erkennen. Hinzu kam, daß auch die Sprache der Geschichten zur Identifikation einlud. Es war eine Sprache, in der nach Soschtschenkos eigenen Worten der »Mann auf der Straße« denkt und redet. Zu ihr gehören die vertrauliche Leseranrede, der Gebrauch von Floskeln, der Abbruch der Gedanken, die Benutzung vulgärer Wörter, die Nachlässigkeiten in Syntax, Phonetik und Grammatik. In Wirklichkeit sprach niemand so. Aber alle hatten den Eindruck von größtmöglicher Authentizität. Es handelt sich bei Soschtschenko um eine kunstvoll stilisierte Mündlichkeit voll komischer Effekte und entlarvender Implikationen. Der sprachliche Primitivismus, der das Resultat höchsten Kunstwollens ist, spiegelt die Beschränktheit der Menschen und die Wirrnis der Zeitläufte. Eine fiktive Rede (*Puschkins hundertster Todestag*) sagt in ihren Um- und Abwegen bezeichnenderweise mehr über den Redner und seine Zuhörerschaft als über den Gegenstand, den Verfasser des *Jewgenij Onegin*.

III

Mit dem Ende der »Neuen Ökonomischen Politik« verstummte auch das große Gelächter in der Literatur der zwanziger Jahre. 1928 entschloß sich die Sowjetregierung, die Politik der Kompromisse aufzugeben und die Wirtschaft des Landes zentral zu lenken und zu kontrollieren. Der erste

Fünfjahresplan trat in Kraft. Kollektivierung und Industrialisierung waren die beiden Hauptaufgaben. Sie riefen bei vielen Begeisterung hervor, erforderten aber zugleich eine Fülle härtester Maßnahmen. Andersdenkende sahen sich sofortiger Verfolgung ausgesetzt. Bei der gewaltsamen Einführung der Kolchosen wurden Millionen Kulaken eingesperrt, verschleppt oder hingerichtet. Das geistige Leben, das sich bislang in relativer Freiheit entwickelt hatte, sollte dem gleichen Mechanismus der Planung und Überwachung unterworfen werden wie die Produktion von Maschinen, Werkzeugen oder Kleidungsstücken. Die »Russische Assoziation proletarischer Schriftsteller«, die jetzt den Führungsanspruch auf dem Gebiet der Literaturpolitik erhob, forderte alle Autoren auf, ihr Schaffen in den Dienst des Fünfjahresplans zu stellen, und empfahl dazu, Fabriken, Kolchosen, Baustellen, Staudämme, Kraftwerke und andere Stätten des Aufbaus zu besuchen. Wer sich nicht anpaßte und das Erwartete lieferte, hatte kaum noch Möglichkeiten der Veröffentlichung. Einige Autoren zogen sich ins Schweigen zurück. Andere setzten ihren Weg unbeirrt fort. Zu diesen wenigen gehörte Jurij Olescha.

»In Ihren Werken, Genosse Olescha, gibt es immer noch keine Arbeiterklasse. Sie haben bisher unsere Produktion nirgendwo dargestellt«, schrieb 1932 eine Gruppe literarisch interessierter Arbeiter. Der Schriftsteller gestand in seiner Antwort, daß ihm die Notwendigkeit der Umerziehung bewußt sei, beharrte aber auf der Pflicht, zuallererst sich selbst treu zu bleiben: »Es gibt für einen Künstler nichts Wichtigeres als seine eigenen Wege.« Zwei Jahre später legte Olescha auf dem Ersten sowjetischen Schriftstellerkongreß noch einmal seine Haltung dar. »Ich hätte auf eine Baustelle fahren und in einer Fabrik unter den Arbeitern leben können«, sagte er, »aber das war nicht mein Thema. Es war nicht das Thema, das mir im Blut lag und das mir aus der Seele sprach. Ich wäre dabei kein echter Künstler gewesen. Ich hätte gelogen und erfunden.« Seine Inspiration entzündete sich an den Dingen. Die »Fähigkeit, den Dingen andere Namen zu geben«, bezeichnete Olescha im Rückblick als seine eigentliche Lebensleistung. Diese Fähigkeit, die ein neues Sehen impliziert, teilt er mit dem Kind und dem Jugendlichen. Beide Altersstufen spielen deshalb in seinen Erzählungen eine zentrale Rolle. In *Liompa* (1927) fängt ein kleiner Junge gerade an, die dingliche Umwelt bewußt wahrzunehmen. »Er sah die Täfelchen des Parketts, den Staub unter der Fußleiste, die Risse in der Stukkatur. Um ihn herum öffneten und schlossen sich Linien, lebten Körper. Plötzlich entdeckte er einen Brennpunkt und lief darauf zu; doch kaum hatte er einen Schritt gemacht, da löschte die veränderte Entfernung den Brennpunkt aus.« Die Dinge, die der Junge aufnimmt, ohne sie schon benennen und einordnen zu können, haben sich dem alten Mann, der todkrank im Bett liegt, bereits weitgehend entzogen. Dieser Entzug begann lange vor der Erkrankung mit zunehmendem Älterwerden. »Eines Tages hatten ihn die Straße, sein Dienst, die Post und die Pferde verlassen. Und dann ging dieses Verschwinden ganz in seiner Nähe unaufhaltsam weiter: Schon war der Korridor seiner Macht entglitten, und im Zimmer selbst, vor seinen Augen, verloren Mantel, Türriegel und Stiefel ihre Bedeutung.« Nichts ist ihm geblieben bis auf die Arznei, den Löffel, das Licht und die Tapete. Sterbend begreift der Alte die Vielgestaltigkeit der Welt, die der Junge zur gleichen Zeit erstmals voller Staunen erfährt. Der Junge besitzt die Dinge, bevor sie für ihn einen Namen haben. Der Alte besitzt am Ende nur noch die Namen der Dinge. Für den einen erweitert sich das Zimmer zur Welt, für den anderen verkleinert sich die Welt zum Zimmer.

Die Sensibilität, die das kindliche Dasein auszeichnet, findet Olescha in gesteigertem Maß beim Verliebten. Nur erfolgt die Dingwahrnehmung jetzt stärker durch den Filter des reflektierenden Bewußtseins. Schuwalow, der Held der Erzählung *Liebe* (1928), macht eine Reihe erstaunlicher Entdeckungen, während er im Park auf seine Freundin Lelja wartet: »Die Insekten schwirrten. Die Grashalme zitterten. Der Flug der Vögel, Mücken und Käfer bildete eine imaginäre Architektur, doch man konnte feine, punktierte Linien erkennen, Bogen, Brücken, Türme und Terrassen – eine Stadt, die immer wieder an einen andern Ort verlegt wurde und alle Sekunden ihre Form änderte.« Nach Leljas Ankunft verlieren für Schuwalow die Naturgesetze ihre Gültigkeit. Der Verliebte sieht an der Stelle, wo der Stein einer Aprikose zur Erde gefallen ist, ein »dünnes, schimmerndes Bäumchen« wachsen. Später spürt er keinen Boden unter den Füßen und glaubt, »in der Luft« zu schweben. Das Gesetz der Schwerkraft hört auf, für ihn zu existieren. In der Nacht fällt die Trennung zwischen Realität und Phantasie. Die »Schnörkel« und »Kränzchen« der Tapete nehmen die Gestalt eines »Kochs« und einer »Ziege« an. Und am Morgen nach der Liebesnacht hat sich die Welt vollends verändert: »Er erwachte auf einer neuen Erde. Der strahlende Morgen erfüllte das Zimmer. Er sah das Fenstersims und darauf die Blumentöpfe mit den bunten Blüten. Lelja schlief und kehrte ihm den Rücken zu. Sie lag zusammengekauert da, ihr Rücken war gerundet, unter der Haut zeichnete sich die Wirbelsäule ab, ein dünnes Rohr. ›Wie eine Angelrute‹, dachte Schuwalow, ›Bambus.‹ Auf dieser neuen Erde war alles rührend und komisch.« Eine ähnliche Erfahrung schildert Pasternak in seiner autobiographischen Prosa *Der Geleitbrief* (1929). »Veränderte Dinge umgaben mich«, heißt es im fünften Kapitel des zweiten Teils, »der Morgen erkannte mein Gesicht und schien gekommen, um bei mir zu sein und mich nie mehr zu verlassen.« Voraus ging hier allerdings eine Liebesenttäuschung. Es handelt sich um jene Enttäuschung, die das Gedicht *Marburg* aus dem Jahr 1915 zum Ausgangspunkt hat. Auch dort ist von der Veränderung der umgebenden Dinge die Rede. »Jedes Detail lebte.« Die Dinge vom »glühenden Pflasterstein« bis zum »Wind, der wie ein Ruderer die Linden durchpflügte«, sind aber nur Bilder und Zeichen. Sie symbolisieren die Wiedergeburt des lyrischen Ich, um die es

Pasternak in erster Linie geht. Olescha geht es um die Dinge selbst und ihren Realitätsgehalt. Seine neue Art des Sehens, die Optik des Kindes, des Verliebten oder des »imaginären Fernglases«, enthüllt durch vergrößernde Momentaufnahmen die anatomischen, physikalischen und psychologischen Gesetzmäßigkeiten der Dinge, Pflanzen, Tiere und Menschen. Genauigkeit ist mehr als bloße Kunst der Beschreibung. Sie hat den Rang einer eigenen Qualität.

Ebenso unzeitgemäß wie die Prosa Oleschas, wenn auch auf andere Weise, war die Prosa Ossip Mandelstams. Das gilt vor allem für die *Ägyptische Briefmarke*. Dieser Text, der im selben Jahr entstand wie Oleschas *Liebe*, hat wenig von der typischen Prosa eines Lyrikers. Statt dessen trägt er viele Züge des modernen Romans, zu dem er auch vom Umfang her tendiert. Das beginnt mit der Entfabelung. Es gibt nur noch einen Rest von erzählbarer Geschichte: Parnok, ein »kleiner Mann mit Lackschuhen«, stellt am Morgen fest, daß der am Abend über die Lehne eines Stuhls gehängte neue Cutaway verschwunden ist. Die Suche führt ihn zum Friseur, in die Wäscherei und zum Zahnarzt. Unterwegs trifft er auf eine wütende Menschenmenge, die im Begriff ist, einen Lynchmord zu begehen. Sein Versuch, die Polizei zu alarmieren, scheitert genauso wie die Suche nach dem Cutaway. Das noch nicht bezahlte Kleidungsstück, das von dem Schneider Merwis entwendet wurde, ist inzwischen in den Besitz des Rittmeisters Krzyżanowski übergegangen. Diese Geschichte wird nicht lückenlos und kontinuierlich erzählt. Immer wieder verliert die Handlung ihren Vorwärtsdrang. Wie im modernen Roman üblich, dringen Beschreibungen, Reflexionen und Erörterungen ein und lösen das Ganze in eine Vielzahl von Splittern und Bruchstücken auf. Mandelstam weist durch den Mund des Ich-Erzählers ausdrücklich auf dieses Verfahren hin: »Ich fürchte weder den Mangel an Zusammenhang, noch fürchte ich Streichungen. Ich zerschneide Papier mit einer langen Schere. Ich klebe Zettel wie Fransen an das Manuskript. Ein Manuskript ist immer ein

Sturm; es ist zerzaust, von Vogelschnäbeln zerhackt.« So modern wie die Auffassung, Dichten sei »Flickarbeit«, ist die Kommentierung des Dichtens. Durchgehend macht Mandelstam die Eigenart seiner Erzählung und die der erzählenden Prosa überhaupt zu einem der Themen. Dabei weiß er sich einer Prosa zugehörig, von der es einmal heißt: »Sie ist aller Sorge um Schönheit und Ebenmaß enthoben.«

Ein Merkmal literarischer Modernität ist der Verlust kohärenter Charaktere. Das ergibt sich aus dem Fehlen der Handlung im herkömmlichen Sinn. Auch Mandelstams Parnok ist kein geschlossenes, in sich stimmiges Individuum. Äußerlich nicht näher beschrieben, weder vom Beruf noch vom Wesen her definiert, entzieht er sich der Greifbarkeit. Seine Erscheinung wird auf wenige Kennzeichen reduziert. Das wichtigste ist das der Lackschuhe. In diesen Schuhen huscht Parnok durch das phantasmagorische Petersburg, selbst eine Art von Phantasmagorie. Dieser Mann ohne Eigenschaften erweist sich, bei aller Nähe zu berühmten zeitgenössischen Romanfiguren, als Abkömmling jener »kleinen Leute«, die von Gogol bis Tschechow die russische Literatur des 19. Jahrhunderts bevölkern. Wie sie ist er ein Gekränkter, ein Erniedrigter, ein ewiger Verlierer. Mit Gogols Akakij Akakijewitsch hat er sogar noch Weiteres gemeinsam. Er wird ebenfalls das Opfer eines Raubes. Mit dem Mantel dort und dem Cutaway hier kommt jeweils das gleiche abhanden: ein Objekt, das Fetisch und Geliebte in einem ist. Parnok verkörpert in exemplarischer Weise das Ausgeliefertsein des einzelnen. Das drückt auch der Name »ägyptische Briefmarke« aus, den ihm spottlustige Schulkameraden nachzurufen pflegten. Mit der Briefmarke teilt er das Schicksal, gestempelt, entwertet und eines Tages weggeworfen zu werden. Um so reicher ist sein inneres Leben. Tagträume, Erinnerungen, Vorstellungen, Assoziationen wirbeln wild durch Parnoks Kopf. »Fieberbilder« stellen sich ein. Zunehmend ergreift das Fieber auch den Erzähler, und es wird deutlich, daß dieser Zustand die Struktur seines Erzählens bestimmt. Das Zersplitterte, Fragmentarische, Sprunghafte ist eine Folge der entgleitenden Kontrolle beim Schreiben: »Meine Feder gehorcht mir nicht: Sie ist gespalten und spritzt ihr schwarzes Blut nach allen Seiten.« Das Ich folgt, »das Thermometer zerbrechend«, der Feder und bewegt sich »entschlossen durch das Infektionslabyrinth«. Mandelstams »Erzählung ohne Fabel und ohne Held« kommt »aus dem heißen Gestammel von Abschweifungen, aus dem Petersburger Influenzadelirium«.

Mandelstam wußte, daß sein Schaffen »gegen den Strom der Zeit« gerichtet war. »Ich fühle mich als Schuldner der Revolution«, erklärte er, »bringe ihr jedoch Gaben dar, die sie vorläufig noch nicht benötigt.« Sein »Prosadelirium« von 1928 war so eine Gabe. Es gehört zu den suggestivsten Erzähltexten des 20. Jahrhunderts.

IV

»Den Schriftstellern, die im voraus genehmigte Dinge schreiben, möchte ich ins Gesicht spucken«, schrieb Mandelstam 1930 in der autobiographischen Schrift *Vierte Prosa*. Es gab zu Beginn der dreißiger Jahre in der Sowjetunion noch einige Autoren, auf die der Vorwurf nicht zutraf. Aber keiner von ihnen stand so quer zum Zeitgeist wie Olescha und Mandelstam. Andrej Platonow und Iwan Katajew zeigen, wie man sich, ohne Zugeständnisse in moralischer und künstlerischer Hinsicht zu machen, auf die bewegenden Probleme der Epoche einlassen konnte. Beide stellten den Vorgang der Kollektivierung und den Prozeß des sozialistischen Aufbaus keineswegs im verklärenden Licht dar. Katajew entwirft in seiner Erzählung *Die Leningrader Chaussee* (1932) ein realistisches Bild des neuen Rußland. Der Makrokosmos erscheint im Mikrokosmos einer Familie. Bei der Darstellung der Familie wählte Katajew nicht die Form des chronikalischen Berichts, sondern die der tableauartigen Konzentration auf eine Grundsituation. Diese Situation ist die Situation einer Beerdigung. Der Tod des Vaters, des alten Sawwa Pantelejew, führt die verstreuten Familienmitglieder für kurze Zeit an einem Ort zusammen. Geschildert wird nichts anderes als diese Zusammenkunft. Das sukzessive Eintreffen und der gemeinsame Aufbruch der Trauergäste bilden den Rahmen. Dazwischen stehen die Zeremonie auf dem Friedhof und der Leichenschmaus im Haus, der zum Höhepunkt wird und mit einem Eklat endet. Die Ausweitung der konkreten Vorgangsschilderung erfolgt zunächst von der Charakteristik der Personen her. Jede Gestalt wird beim ersten Auftritt mit wenigen Strichen umrissen, ehe sie sich dann später in ihrem Reden, Handeln und Verhalten selber weiter charakterisiert. Bei aller Kürze eröffnen die Porträtminiaturen tiefreichende Einsichten. Sie enthüllen den zeitgeschichtlichen Hintergrund, vor dem das Geschehen spielt und dem die Personen in vielfältiger Weise verhaftet sind. Da gibt es den Brigadier in einer Uhrenfabrik und die Ingenieurin in der Chemieindustrie. Da gibt es die Komsomolzin, die gerade die Fachschule für Normtechniker absolviert hat, und da gibt es die Dichterin und Journalistin, die als geschiedene Frau mit einer kleinen Tochter die »biologischen Instinkte« und die »gesellschaftlichen Pflichten« in Einklang zu bringen weiß. Bis auf Alexej, den ältesten Sohn, der ins Elternhaus zurückgekehrt ist und bei der Bahn als Lokführergehilfe arbeitet, sind alle erfolgreich. Am erfolgreichsten ist Sergej, einst Moskauer Rotgardist, Kommissar einer Nachrichtenkompagnie und Hörer einer Arbeiterfakultät, jetzt Ingenieur und Direktor eines Forschungsinstituts, in dem vierzig Professoren und Doktoranden beschäftigt sind. Dieser Karrierist, der, eine »Autorität im Volkskommissariat und im Stadtbezirkskomitee«, seine ganze Kraft der »staatlichen und internationalen Existenz seiner Klasse« widmet, demonstriert durch seinen Lebensweg, welche Möglichkeiten die Gesellschaft den Jüngeren bietet. Von hier aus erscheint der verstorbene Vater vor allem als Kontrastfigur zu den Kindern. Der alte Sawwa, Gerber von Beruf, findet, nach zweimaliger Umsiedlung an den Stadtrand Moskaus verschlagen, nur noch eine Anstellung als Fabrikwächter. Später lebt er von der kleinen Rente und der Vermietung eines Zimmers. Nutzlos geworden für den Staat, richtet er die verbliebene Energie auf die Instandhaltung des gepachteten Häuschens und das Sammeln, Reparieren und Verkaufen weggeworfener Gegenstände. Schwach und ohne Schutz, stirbt er vorzeitig, eingeschüchtert durch die Intrigen seines Untermieters. Der Untermieter, ein bekannter »Verfasser von Couplets und Gewerkschaftsgedichten«, erhält, wegen nachweisbarer »Verdienste an der Front der Künste«, selbst noch im Unrecht den Beistand amtlicher Stellen. Gestalten wie Sawwa oder der Kutscher, der sich als ehemaliger Kulak erweist, bleiben dagegen Fremdkörper der Gesellschaft.

Die Personen der Erzählung agieren in einem fast bühnenmäßig geschlossenen Raum. Durch den hohen Anteil des Dialogischen und den Verzicht auf Kommentare und Reflexionen entsteht die Illusion von Dramatik. Ihre epische Dimension gewinnt die Erzählung, außer im Eingang, in den Beschreibungen jener Straße, die der Titel nennt. Diese Beschreibungen enthalten eine weitere, über die Personencharakteristiken hinausgehende Verallgemeinerung der dargestellten Grundsituation. Die Leningrader Chaussee hat eine reale und eine symbolische Bedeutung. Auf ihr kamen einst die Pantelejews. Jetzt kommen und gehen auf ihr die Trauergäste. Und der Trauerzug mit dem Sarg muß sie überqueren, um vom Wohnhaus zur Friedhofskirche zu gelangen. Die Chaussee ist außerdem eine Straße, die nach Moskau führt. Schon von fern sieht man die Stadt, »aufgetürmt wie eine Gebirgslandschaft«. Einige Kilometer weiter beginnt Moskau selbst. Gegenwärtiges fliegt vorüber, »Wandflächen eines Großküchenbetriebs«, »viele Lücken aufweisende Wohnviertel«, »feierlich flatternde rote Fahnen«, »leere Schaufenster mit Porträts und Büsten«. Auch Vergangenes wird lebendig: »Stärker als irgendwo sonst begriff man hier voller Schwermut das Nächste: die zerquetschten Leichen von Chodynka im gelben, staubigen Dunst, die letzte Krönungsfahrt durch das Tor des Petrowskij-Schlosses, das, was die heute Lebenden noch gesehen hatten, das dem Untergang Geweihte, aus dessen geschwollenen, von den Manschetten zusammengepreßten Händen die Geschichte gerissen worden war.« »Hier«, heißt es weiter, »waren Jahrzehnte des Gründerstils verrauscht, der Grammophonschallplatten der Wjalzewa, der Einfuhr des Kapitals, des Kabarett-Cafés, der Gutsverpfändungen, der fetten Aufträge, der ersten Automobile zum ›Jar‹, die das Pferdegespann mit seinen Schellen ablösten, und der ersten Salven aus Kudrino über die ganzen Grusiny.« So führt die Leningrader Chaussee, längst zur Jamskaja und Twerskaja geworden, in eine Stadt, die, neue Hauptstadt und »Mutter« Rußlands, Gegenwart und Vergangenheit verbindet. Sie symbolisiert damit sowohl die russische Gegenwart als auch die russische Vergangenheit, und zwar beides in seinen positiven wie in seinen negativen Erscheinungsformen. Doch darin erschöpft sich ihre Bedeutung noch nicht. An der Stelle, wo der Erzähler die Überquerung der Straße schildert, sagt er von dem gelben Sarg, es sei, »als schwämme er gegen die Strömung«. Die Strömung – das ist die Chaussee. Sie wird deshalb als etwas Dynamisches und Lebendiges beschrieben. Nicht nur die Autos eilen auf ihrem Asphalt dahin. Die Chaussee selber eilt, läuft, saust, fließt – ein »rasendes Fließband des Lebens«. Ein Symbol des strömenden Lebens, entscheidet sie über Schicksale. Wer sich auf sie begibt, wird mitgerissen oder kommt unter die Räder. Sie bringt Aufsteiger wie Sergej oder Versager wie Alexej hervor. Sie führt ins Leben, und sie führt in den Tod. Das ist die Spannweite einer Erzählung, die von Zeit, Raum und Geschehen her so begrenzt erscheint. Mit dem Bild einer Familie und einer Straße gibt Katajew ein Bild des menschlichen Daseins zwischen Jugend und Alter, zwischen Leben und Tod. Auf Rußland angewandt, bedeutet dies, daß das neue Rußland im Grunde nichts anderes ist als das alte. Der Mensch bleibt letztlich

unverändert. Das Leben ist eine ewige Wiederkehr des Gleichen.
Auch Platonow war fasziniert von der »Idee des Lebens«. Sie beherrschte sein Denken und sein Dichten. Stärker noch als bei Katajew war sie eingebettet in persönliche Erlebnisse und Erfahrungen. Und Platonow, der vor seiner journalistischen und schriftstellerischen Tätigkeit als Gießer, Lokheizer, Elektromonteur und Schlossergehilfe arbeitete, hat viel erlebt und erfahren. Paustowskij nannte ihn einen »Menschen, der Rußland wie sein Vaterhaus bis in die verborgensten Schlupfwinkel durchforscht hat«. Alles ist bei ihm daher konkret und anschaulich. Die Romantik und Phantastik seines Zeitgenossen Grin lehnte er entschieden ab. »Grins Menschen«, schreibt Platonow, »müssen in einem ›besonderen‹ Land leben, das vom ewigen Ozean umspült und von der Mittagssonne beschienen wird, weil der Autor, tief besorgt um die Charakteristik seiner originellen Helden, diesen jegliche widerwärtige Konkretheit der Umwelt fernhalten muß.« Die »widerwärtige Konkretheit der Umwelt« ist das, was Platonow in immer neuer Abwandlung vorführt. Als Demonstrationsobjekt dienen ihm die »kleinen Leute«. Sie werden bei ihren Problemen in Beruf, Alltag, Familie und Liebe gezeigt. Viele der Probleme, wie etwa die Geburt eines Kindes, die Impotenz des Mannes, der Prozeß des Alterns oder die Tatsache des Sterbens, stehen im direkten Zusammenhang mit der Idee des Lebens. An ihnen begreift der Mensch, daß er ein Teil der Natur und das Glied eines ewigen Kreislaufs ist. Platonow sieht deshalb die Mutter und die Kinder als entscheidende Gestalten. Nicht zufällig demonstriert er den Vorgang der Beerdigung, im Unterschied zu Katajew, am Beispiel einer alten Frau. In der Kurzgeschichte *Der dritte Sohn* (1936) kommen sechs Söhne aus allen Teilen des Landes, um von der verstorbenen Mutter, die ihnen ein »reiches, gesundes Leben« geschenkt hat, Abschied zu nehmen. Der drittälteste bringt sein sechsjähriges Töchterchen mit, das der Großvater bisher noch nicht gesehen hat. Alle sind tüchtige,

erfolgreiche Männer. Zwei fahren als Schiffskommandanten zur See, einer ist Physiker, ein anderer Schauspieler in Moskau, der jüngste studiert Agronomie, der älteste hat es zum Abteilungsleiter in einem Flugzeugwerk gebracht. Die Trauer um die Mutter, die seit vier Tagen aufgebahrt auf dem Tisch liegt, vereint die »Vertreter der neuen Welt«. Ihre »Erinnerungen an die Kindheit und an das verlorene Glück der Liebe, das immerwährend und uneigennützig im Herzen der Mutter geboren wurde«, mildern den Schmerz und rufen ein Gefühl der Erleichterung hervor. Nach der Totenmesse, die ein alter Pope in Zivil liest, legt der Großvater seine Enkelin in das Bett, in dem vierzig Jahre lang seine Frau geschlafen hat. Dann geht er zu dem offenen Sarg, der im selben Zimmer steht. Während er Hände, Stirn und Lippen der Verstorbenen küßt, dringt aus dem Nebenzimmer das laute Gelächter der Söhne, die sich wie übermütige Kinder balgen. Das Leben nimmt seinen Lauf. Alles greift auf natürliche Weise ineinander. Am Ende ist der Vater froh bei der Vorstellung, »daß diese sechs kräftigen Männer auch ihn zu Grabe tragen werden und nicht schlechter als im jetzigen Fall«.

Eingeordnet in den großen Ablauf des Lebensprozesses, ist der Mensch bei Platonow letztlich frei, nicht determiniert durch Staat und Gesellschaft. Das Gefühl seiner Freiheit und Einzigartigkeit erlebt er selbst in der Härte des Arbeitsalltags. Bei keiner Gestalt wird dies so deutlich wie bei der des Lokführers. »Malzew jagte die Lok vorwärts«, heißt es in der *Schönen und grimmigen Welt* (1941), »er hatte den Regler bis zum Anschlag geöffnet und die Steuerung voll ausgelegt. Wir rollten jetzt einer mächtigen Gewitterwolke entgegen, die am Horizont heraufgezogen war. Von unserer Seite her strahlte die Sonne das Gewölk an, in dem wilde, gereizte Blitze aufzuckten. Die Blitze bohrten sich Schwertern gleich in die stumme, ferne Erde, und dieser fernen Erde stürmten wir in rasendem Lauf entgegen, als wollten wir ihr zu Hilfe eilen.« Wer so das Leben feiert und von der Freiheit und Einzigartigkeit des Menschen überzeugt ist, der muß die Unterdrückung und Erniedrigung des Individuums durch die Totalisierung des Staates wie nichts anderes fürchten. Ein Dokument dieser Furcht ist die Erzählung *Müllwind*. Sie handelt von einem arbeitslosen Physiker, der an den menschenunwürdigen Zuständen in einer Diktatur derart leidet, daß er erkrankt und dem Wahnsinn verfällt. Eines Morgens wacht er auf und sieht seine Frau verwandelt: »Statt des Flaums wuchsen auf ihren Wangen Borsten«, und »ihr entblößtes Bein war mit den Eiterbeulen eines unsauberen Tieres bedeckt.« Der Fortgang der Geschichte wird wie der Beginn aus der Perspektive des Helden, also der des Wahnsinnigen erzählt. Das Ganze gewinnt dadurch die Züge eines Alptraums oder einer Schreckvision. Dies ist ungewöhnlich für Platonow, den Realisten des konkreten Alltags. Ebenso ungewöhnlich ist die Verlegung der Handlung auf einen Schauplatz außerhalb Rußlands. Die Erzählung, die 1934 entstand, spielt in einer süddeutschen Stadt wenige Monate nach der Machtergreifung Hitlers. »Heil-Hitler!«-Rufe einer jubelnden Menge und die Errichtung eines Adolf-Hitler-Denkmals, »in Essen aus Qualitätsbronze gegossen«, beschwören die Atmosphäre der Zeit. Als Albert Lichtenberg, wie Platonows Held heißt, von ohnmächtiger Wut erfüllt, mit seinem Stock das Denkmal zertrümmern will, wird er auf brutalste Art und Weise zusammengeschlagen. Er landet im Müllhaus eines finsteren Hinterhofs, wo er, sich von den Küchenabfällen ernährend, ein immer tierähnlicheres Aussehen annimmt. »Infolge der Wunden und der Verschmutzung zog sich über den ganzen Körper ein lupusartiger dunkler Ausschlag, darüber wuchs dichte Wolle, die alles verdeckte.« Nachdem die »Abfälle des Lebens« verbraucht sind, verzehrt er eine Ratte, die zuvor an seinem Bein genagt hat. Später gräbt er sich, ins Lager gebracht, eine Höhle unter den Wurzeln eines Baumes. Wie bei Samjatin ist der Mensch in den Urzustand zurückgekehrt. Was aber dort eine Folge zeitbedingter Not war, ist hier das Ergebnis totalitärer Machtausübung. Viele sind schon durch Leid und Elend in stumpfsinnige Tiere verwandelt. Doch

Lichtenberg wehrt sich gegen diese Verwandlung. Er revoltiert bis in die letzte große Wahnvorstellung und bestätigt damit die Gültigkeit seines Eingangsschwurs: »Er würde immer, bis ans Grab, ein Mensch bleiben, ein Physiker des kosmischen Raumes, und wenn der Hunger seinen Magen bis zum Herzen quälte, bis über den Hals würde er nicht steigen, und das Leben würde sich in die Höhle des Kopfes verkriechen.«

Das »Leben in der Höhle des Kopfes«, das Platonows Helden als einziges verbleibt, entzieht sich dem Zugriff des Machtapparats. Der Müllhaus- und Erdlochbewohner erträgt selbst das Schlimmste, weil er, wie einst Descartes nach seinem Publikationsverbot, am Denken festhält. Das macht ihn stark in der Schwäche und verleiht ihm Macht in der Ohnmacht. »Lichtenberg wunderte sich, daß man ihm die Zunge gelassen hatte, das war eine Nachlässigkeit des Staates: Das Gefährlichste am Menschen ist nicht das Geschlechtsorgan – es ist immer ein gleichförmiger, ruhiger Reaktionär –, sondern das Denken – es ist eine Hure, und noch schlimmer: Es treibt sich stets da herum, wo man es gar nicht brauchen kann, und gibt sich nur dem hin, der ihm nichts zahlt!« Von hier aus gewinnt die Erzählung, die erst 1966 veröffentlicht wurde, ihren stärksten Rückbezug auf die Situation im Land des Verfassers. Auch in der Sowjetunion galt zunehmend Lichtenbergs Satz »Denken ist verbotenes Leben«. Stalins Aufmerksamkeit richtete sich nach Abschluß der Kollektivierung verstärkt auf die Intellektuellen. Die Jahre des Terrors und der »Säuberungen« begannen. Von den Schriftstellern, die diese Anthologie versammelt, kamen Babel, Mandelstam, Charms und Iwan Katajew in Haft und Lager um, während Samjatin, Olescha und Soschtschenko unter Repressalien anderer Art zu leiden hatten. Ein weiterer Satz aus Platonows *Müllwind*, »Hitler denkt nicht, er arretiert«, beschreibt, tauscht man den Namen des Diktators aus, treffend die Lage der russischen Intellektuellen zur Zeit der stalinistischen Gewaltherrschaft. Daniil Charms, der 1931 zum erstenmal abgeholt worden

war, gab im Oktober 1940 mit der dialogisierten Kürzestgeschichte »Störung« das Protokoll einer Verhaftung. Er schildert die Verhaftung als unerwarteten Einbruch in die Alltäglichkeit. Eine ironisierte Liebesszene wird mitten im Ritual des Entkleidens durch energisches Klopfen an der Tür abrupt beendet. Vom Eintritt eines Mannes in schwarzem Mantel und hohen Stiefeln, dem zwei bewaffnete Soldaten und der Hausmeister folgen, über die Aufforderung »Ziehen Sie Ihren Mantel an. Sie müssen mitkommen« bis zu dem Geräusch der laut ins Schloß fallenden Wohnungstür hat der Ablauf des Geschehens etwas Mechanisches und Selbstverständliches. Es gibt keine Widerrede. Es gibt keine Gefühlsäußerung. Es gibt nur die aufs äußerste reduzierte sprachliche Verständigung. Was die zweieinhalb Textseiten so erschrekkend macht, ist die Lakonie, mit der das Furchtbarste vermittelt wird. Charms verzichtet auf das Erklären und begnügt sich wie Kafka mit dem bloßen Zeigen und Beschreiben. Und wie bei dem Verfasser des *Prozesses* wächst das Unheimliche aus dem scheinbar Natürlichen. Die Realität selbst ist hier wie dort das Bodenlose.
Postskriptum: Am 23. August 1941 erfuhr Charms erneut das Schicksal, das er elf Monate vorher dargestellt hatte. Diesmal ließ man ihn nicht wieder frei. Er starb am 2. Februar 1942 entkräftet im Gefängnis. 1983 wurde in Leningrad der Herausgeber seiner Gesamtausgabe, Michail Mejlach, nach dem Erscheinen des dritten der geplanten neun Bände ebenfalls verhaftet.

V

Im Frühjahr 1932 faßte das Zentralkomitee der Kommunistischen Partei den Beschluß, die zahlreichen literarischen Vereinigungen aufzulösen und durch einen offiziellen Sowjetischen Schriftstellerverband zu ersetzen. Auf dem Ersten Kongreß des Verbands 1934 erklärte der Regierungssprecher Andrej Shdanow, daß künftig der »sozialistische Realismus«

die grundlegende Methode der Literatur und der Literaturkritik sei. Von den Schriftstellern verlangte er eine »wahrheitsgetreue, historisch-konkrete Darstellung der Wirklichkeit in ihrer revolutionären Entwicklung«. Im Mittelpunkt der Werke sollten stets die »aktiven Erbauer des neuen Lebens« stehen: Arbeiter, Kollektivbauern, Parteifunktionäre, Wirtschaftler, Ingenieure, Komsomolzen, Pioniere. »Optimismus« und »Enthusiasmus« müßten aus innerer Überzeugung heraus die allein bestimmenden Haltungen beim Schreiben sein. Die zu einer Formel zusammengefaßte Erklärung Shdanows galt zwanzig Jahre lang fast uneingeschränkt. Sogar ein Autor wie Wsewolod Iwanow, der Verfasser der *Partisanengeschichten* (1923), der als Mitglied der »Serapionsbrüder« für die Freiheit und Autonomie der Künste eingetreten war, bekannte sich jetzt zum Prinzip der Tendenzhaftigkeit. Erst nach Stalins Tod 1953 begann eine Entwicklung, die zur kontinuierlichen Ablösung des sozialistischen Realismus führte. Die Doktrin als solche wurde offiziell nie außer Kraft gesetzt. Im Gegenteil, ihre Gültigkeit wird bis heute von Zeit zu Zeit bestätigt. In der literarischen Praxis aber zeigt sich, nachdem Pomeranzew, zurückblikkend, von der »Lackierung der Wirklichkeit« gesprochen hatte, eine neuartige Breite der Themen und eine wachsende Vielfalt der Formen und Verfahren.

1954 erschien Erenburgs Kurzroman *Tauwetter*, der einer ganzen Epoche den Namen gab. Darin werden, zum erstenmal seit langer Zeit, weder Kriegshelden noch Helden des industriellen und landwirtschaftlichen Fortschritts geschildert. Statt dessen geht es um die Schicksale normaler Sowjetbürger. Eine Frau bricht aus der langweiligen Ehe mit einem Bürokraten aus. Ein älterer Mann verbirgt seine tiefe Zuneigung zu einer unglücklichen Ärztin. Ein schüchterner Ingenieur wagt nicht, sich der Frau, die er liebt, zu offenbaren. Zwei junge Leute ruinieren einander fast durch eine Folge von Mißverständnissen. Immer sind die Personen an moralische und gesellschaftliche Konventionen gebunden. Erst

nach dem Entschluß, diese Bindungen abzustreifen, finden sie zu einer Lösung ihrer Probleme. Erenburgs Werk hat trotz seiner künstlerischen Schwächen, die in der Fortsetzung *Der Frühling* (1956) noch deutlicher zutage treten, eine beträchtliche Signalwirkung gehabt. Die Sphäre des Privaten und Intimen trat im Lauf der nächsten Jahre immer stärker an die Stelle des Kontexts von Staat und Gesellschaft. Gleichzeitig wurde der positive Held durch lebendige Menschen mit all ihren Fehlern und Unzulänglichkeiten verdrängt. Individuen ersetzten die typisierten, auf kollektive Merkmale reduzierten Figuren. »Mich interessieren Charaktere«, entgegnete Jurij Trifonow, als einige Kritiker bei ihm die Darstellung von Typen vermißten, »und jeder Charakter ist etwas Einmaliges und Einzigartiges, ein unwiederholbares Zusammenspiel von großen und kleinen Wesenszügen.«
Bevor Trifonow seine Charaktere schuf, meist Angehörige der städtischen Intelligenz, entdeckte eine neue Generation von Schriftstellern den Jugendlichen als selbständige Persönlichkeit. Orientiert an westlichen Vorbildern, insbesondere an Salingers *Catcher in the Rye*, wandten sich Bitow, Axjonow, Gladilin und andere Ende der fünfziger, Anfang der sechziger Jahre den spezifischen Problemen des pubertären Bewußtseins zu. Um Vorgänge wie die kritische Selbsterforschung des jugendlichen Ichs und dessen Auflehnung gegen die Autorität der Erwachsenen glaubhaft zu gestalten, verzichteten sie in der Regel auf das distanzierte Erzählen in der dritten Person, das der sozialistische Realismus bevorzugt hatte. Statt des auktorialen Er-Erzählers, der häufig als Sprachrohr des Autors diente, benutzten sie den Ich-Erzähler, der selber zu der Welt der Heranwachsenden gehört und sich einer saloppen, von Slang-, Jargon- und Dialektelementen durchsetzten Umgangssprache bedient. Diese Art des Erzählens, bei der das Ich nicht handelnd, sondern erlebend, erinnernd, beobachtend und reflektierend in Erscheinung tritt, tendierte zur Form des gesprochenen inneren Monologs. Andrej Bitows *Nichtsnutz* (1962) ist der Monolog eines

jungen Mannes an der Schwelle zum Berufsleben. Vitja reflektiert über sich und seine Schwierigkeiten mit dem Chef und den Eltern. Nachdem er mehrere Abschlußprüfungen nicht bestanden hat, flüchtet er vor dem Andrang neuer Probleme in Träume, Phantasien und den Genuß von Alkohol. Er weiß um seine psychische Labilität. Er weiß, daß er einen schwachen Willen hat und außerstande ist, sich zu der erwarteten Lebenstüchtigkeit zu zwingen. Nach und nach erkennt der Leser den Zusammenhang, der zwischen dem äußeren Mißerfolg und dem reflektierenden Bewußtsein besteht. Vitja denkt nach, im Unterschied zu vielen Altersgenossen. Nachdenkend kann er aber keinen Sinn in der Welt der Erwachsenen entdecken. Am Ende seines Monologs erscheint er so zweifelnd und voller Widersprüche wie am Anfang. Bitow begnügt sich mit dem Aufdecken des Mangels und der Widersprüche. Er bietet nirgendwo eine Lösung an. Dieses Ausbleiben der Lösung verstößt nicht weniger gegen die offizielle Literaturauffassung als das Feststellen der fehlenden Perspektive.

Mitte der sechziger Jahre hatte sich die erneuernde Kraft der »jungen Prosa« erschöpft. Bitow wie Axjonow wandten sich der Welt zu, gegen die ihre jugendlichen Helden protestieren. Viele folgten, unter ihnen Trifonow und Rasputin, der eine als Vertreter der »Stadtprosa«, der andere als Vertreter der »Dorfprosa«. Beide griffen die Neuerungen auf und setzten die Wiederentdeckung der Persönlichkeit fort, wobei sie die Skepsis gegenüber den autoritären Wahrheiten mit einer prinzipiellen Analyse der menschlichen Daseinsbedingungen verknüpften. Trifonow beschreibt den privaten Alltag der Städter. Er zeigt, wie Natalja Baranskaja, die sich vor allem der Darstellung der Frau widmet, gewöhnliche Menschen in gewöhnlichen Situationen. Der Schauplatz ist Moskau, könnte aber auch jede andere Großstadt sein. Die Handlung reduziert sich auf ein Minimum. Ein Wohnungstausch reicht als Motiv, um das Zerbrechen einer Familie zu illustrieren und die Lebenslüge einer Ehe zu entlarven. Der Prozeß der

Entlarvung geht bei Trifonow stets leise, fast lautlos vonstatten. Es gibt keine betonten Höhepunkte und keine dramatischen Peripetien. Die Katastrophe stellt sich unbemerkt ein, genauer gesagt, sie ist immer schon da. Denn alles ist Gleichlauf, Wiederkehr, Zuständlichkeit. Zuständlichkeit, Wiederkehr, Gleichlauf bestimmen auch das bäuerliche Leben in den Dörfern Sibiriens, die den Schauplatz der Romane und Erzählungen Valentin Rasputins bilden. Dementsprechend steht in *Wassilij und Wassilissa* (1967) nicht das Einmalige und Besondere im Zentrum der Handlung. Wichtiger als die Szene, in der Wassilij seine Frau im Alkoholrausch mit der Axt bedroht, ist das, was der unerhörte Vorfall auslöst: die Trennung der Eheleute. So schildert Rasputin das Leben, das Wassilij und Wassilissa getrennt, aber nebeneinander führen, sie im Haus, er in der Scheune. Wassilij wird beim Trinken mit dem Sohn, bei der Jagd in der Taiga, bei der Heumahd auf dem Mähplatz, Wassilissa beim Aufsetzen des Samowars, beim Melken der Kühe, beim Sortieren der Kartoffeln, beim Gespräch mit der Nachbarin und den Kindern gezeigt. Dreißig Jahre lang führt nur das Ritual des wortlos eingenommenen Morgentees die Eheleute zusammen. Nicht einmal Wassilijs Rückkehr aus dem Krieg kann Wassilissa dazu bewegen, ihren Mann wieder im Haus aufzunehmen. Erst am Totenlager Wassilijs kommt es zur Versöhnung. Die Eheleute ziehen das Fazit ihres Lebens: »›Wir haben nicht gut miteinander gelebt, Wassilissa‹, flüstert Wassilij, ›und nur ich bin daran schuld.‹ ›Gar so schlecht war es auch nicht‹, Wassilissa schüttelt dabei den Kopf. ›Die Kinder sind erwachsen, sie arbeiten.‹« Wassilissa hält die Aufgabe der Familie und den Sinn ihres Lebens trotz allem für erfüllt. Sie wirkt starr, stolz, unfähig zur Vergebung. In Wirklichkeit aber verzichtet sie auf persönliches Glück, um sich in den Dienst eines umfassenden Ganzen zu stellen. Dieses Ganze ist die Natur, nicht die Gesellschaft. Von hier aus erklärt sich die Dominanz der weiblichen Gestalten in Rasputins Werk. Rasputin sieht die Frau als Bewahrerin der Natur, vor allem in einer Zeit, in der die Natur, zu der nicht nur die intakte Landschaft, sondern auch das intakte menschliche Zusammenleben gehört, auf das höchste gefährdet ist. Sie ist gefährdet durch Krieg und moderne Technik, und sie ist gefährdet durch den Menschen selber in seiner Unzulänglichkeit. Bei aller Verschiedenheit der dargestellten Lebensbereiche behandeln Dorfprosa und Stadtprosa letztlich die gleichen Probleme: Liebe, Eifersucht, Rivalität, Entfremdung, Angst, Alter, Tod.

Die Stadtprosa und die Dorfprosa verbindet auch die Neigung zur erinnernden Rückschau. Dahinter steht die Auffassung, daß unser Leben nicht denkbar ist ohne Vergangenheit. In Jurij Trifonows Erzählung *Spiele in der Dämmerung* (1968) beschwört der Ich-Erzähler den Sommer, den er als Elfjähriger auf dem Tennisplatz eines Moskauer Datschenvororts verbracht hat. Hier werden Kindheitserlebnisse erinnert; in anderen Fällen sind es Ehekrisen, Familienprobleme, Berufskarrieren, Kriegsereignisse oder ganze Lebensläufe. Die erinnerte Zeit ist immer persönlicher Art. Nie werden fremde Schicksale oder geschichtliche Prozesse und gesellschaftliche Zusammenhänge rekonstruiert. Der Rückschauende versucht, Klarheit über das eigene Ich zu gewinnen. Sein Mittel ist das der schonungslosen Analyse. So dient das retrospektive Verfahren der Hauptabsicht des neuen Erzählens: der Darstellung des Individuums, das sich selbst entdeckt, erforscht, erkennt und definiert. Bei Nikolaj Jewdokimow verbindet sich das Verfahren der Retrospektion mit der bestimmenden Rolle der Phantasie. Der Ich-Erzähler von *Mein Sohn Stjopka* (1962) lebt völlig in der Vergangenheit. Er stellt sich vor, das zu besitzen, was ihm der Krieg genommen hat: den Sohn, der nicht das Licht der Welt erblicken konnte, weil die schwangere Geliebte von einem Granatsplitter getroffen wurde. Auch hier ist alles persönlich. Der Krieg erscheint nicht in seiner historischen Dimension. Er hat eine existentielle Bedeutung; denn er zerstört Glück, Hoffnung und Zukunft des einzelnen. Jewdokimow erweitert und verallgemeinert, wie auf andere Weise schon Valentin Katajew

mit *Vater unser* (1946), den verbreiteten, bis heute lebendigen Typus der Kriegserzählung.
Realität und Irrealität sind bei Jewdokimow, sosehr sie auch, den Leser täuschend, immer wieder ineinander übergehen, letztlich deutlich getrennt. Andrej Sinjawskij dagegen verläßt die Realität, um, an die Grinsche Tradition anknüpfend, Handlung, Personal und Schauplatz ins Irreale zu verlegen. Phantasie wird zur Phantastik und Phantastik zum Mittel der Kritik. Die Erzählung *Die Mieter* (1959) läßt in der Form des gesprochenen Monologs eine groteske Tier-, Hexen- und Teufelswelt entstehen. Der Monologsprecher, der sich abwechselnd als »alter Mann«, »Hausgeist« und »Hausverwalter« bezeichnet und ständig Kognak trinkt, hat, in seiner Gemeinschaftswohnung von Ratten, Nixen, Hexen und Waldschraten umgeben, kein dringenderes Verlangen als das, den bisherigen Aufenthaltsort so schnell wie möglich zu verlassen. Bleiben hieße wahnsinnig werden. Die Sowjetunion als Alptraum, als System, das den Menschen zum Tier degeneriert, das ging zu weit. Trifonow und anderen wurde wegen der Abkehr vom Optimismus und der positiven Figurengestaltung des sozialistischen Realismus vorgeworfen, die »staatsbürgerliche Aufgabe« zu vernachlässigen. Doch sie durften ihre Werke veröffentlichen. Sinjawskij mußte seine phantastischen Erzählungen unter dem Pseudonym Abram Terz ins Ausland geben. Bei der Kritik am System selber gelangt die neue Freiheit der Literatur nach Stalins Tod an ihre Grenzen.

Bodo Zelinsky

Russische Literatur

IN RECLAMS UNIVERSAL-BIBLIOTHEK

Sergej Aksakow, *Familienchronik.* 7743 [4]

Isaak Babel, *So wurde es in Odessa gemacht.* Geschichten. 9952

Fjodor Dostojewskij, *Arme Leute.* 8047 [2] – *Aufzeichnungen aus dem Kellerloch.* 8021 [2] – *Der Doppelgänger.* 8423 [3] – *Der Großinquisitor.* 6256 – *Die Sanfte.* 6570 – *Weiße Nächte.* 2126

Nikolaj Gogol, *Die Geschichte, wie sich Iwan Iwanowitsch mit Iwan Nikiforowitsch zerstritt.* 1767 – *Die Heirat.* 7687 – *Der Mantel. Aufzeichnungen eines Verrückten.* 1716 – *Die Nase. Der Sorotschinsker Jahrmarkt.* 1892 – *Der Revisor.* 837

Maxim Gorki, *Das Ehepaar Orlow.* 9877 [3] – *Die Kleinbürger.* 8096 [2] – *Nachtasyl.* 7671 – *Sommergäste.* 9791 [2]

Nikolaj Karamsin, *Briefe eines russischen Reisenden.* 8349 [3]

Michail Lermontow, *Ein Held unserer Zeit.* 968 [3]

Nikolaj Leskow, *Der Gaukler Pamphalon.* 7788 – *Die Geschichte von dem stählernen Floh und dem Linkshänder aus Tula. Das Tier.* 8215

Wladimir Majakowskij, *Gedichte.* 9324

Alexander Ostrowskij, *Der Wald.* 7673 [2]

Boris Pasternak, *Sicheres Geleit.* 7968 [2]

Alexander Puschkin, *Boris Godunow.* 2212 – *Eugen Onegin.* 427 [4] – *Die Hauptmannstochter.* 1559 [2] – *Der Posthalter.* Die Erzählungen Bjelkins. 7469

Russische Erzählungen von der Jahrhundertwende bis zur Oktoberrevolution. 8474 [5] (auch geb.)

Russische Erzählungen von der Oktoberrevolution bis zur Gegenwart. 8475 [5] (auch geb.)

Leo Tolstoi, *Herr und Knecht.* 3373 – *Leinwandmesser.* 8571 – *Der Tod des Iwan Iljitsch.* 8980 – *Und das Licht scheinet in der Finsternis.* 5434 – *Volkserzählungen und Legenden.* 2556 [3]

Anton Tschechow, *Der Bär. Der Heiratsantrag. Die Hochzeit.* 4454 – *Drei Schwestern.* 4264 – *Erzählungen.* 9901 [4] – *Iwanow.* 7740 – *Der Kirschgarten.* 7690 – *Die Möwe.* 4319 – *Onkel Wanja.* 8738

Iwan Turgenjew, *Aufzeichnungen eines Jägers.* Erzählungen. 2197 [6] – *Ein Monat auf dem Lande.* 7685 [2]

Zweisprachige Ausgaben

Leonid Andrejew, *Der große Schlemm. Es waren einmal…* 7689 [2]

Iwan Bunin, *Der Herr aus San Francisco.* 9788 [2]

Wsewolod Garschin, *Die rote Blume. Das Signal.* 4866 [2]

Nikolaj Gogol, *Der Mantel.* 9489 [2]

Iwan Gontscharow, *Oblomows Traum.* 2244 [2]

Nikolaj Karamsin, *Die arme Lisa.* 7861

Jurij Kasakow, *Arktur, der Jagdhund.* 9833

Nikolaj Leskow, *Die Lady Macbeth aus dem Landkreis Mzensk.* 7619 [2]

Alexander Puschkin, *Mozart und Salieri.* 8094 – *Pique Dame.* 1613 [2]

Valentin Rasputin, *Wassilij und Wassilissa. Französischstunden.* 8241 [2]

Russische Lyrik. Von den Anfängen bis zur Gegenwart. 7994 [9]

Michail Saltykow-Schtschedrin, *Die idealistische Karausche.* Satirische Märchen. 7957 [2]

Alexander Solschenizyn, *Matrjonas Hof.* 7945 [2]

Leo Tolstoi, *Herr und Knecht.* 8276 [2]

Anton Tschechow, *Die Dame mit dem Hündchen.* 5290 – *Der Tod des Beamten. Der Dicke und der Dünne. Der Mensch im Futteral.* 5308

Iwan Turgenjew, *Erste Liebe.* 1732 [3] – *Gedichte in Prosa.* 1701 [2]

Philipp Reclam jun. Stuttgart

Russische Lyrik

Von den Anfängen bis zur Gegenwart. Russisch/Deutsch
Hrsg. von Kay Borowsky und Ludolf Müller
Universal-Bibliothek Nr. 7994 [9]

Die Anthologie vereinigt über 270 Gedichte von 90 Autoren

Hohes Lob dieser großen zweisprachigen Anthologie. Sie ist Studenten der russischen Sprache ebenso nützlich, wie sie dem Liebhaber russischer Literatur Freude bereitet. Als besonderen Vorzug dieser Anthologie empfinde ich es, daß die Gedichte in Prosa übertragen worden sind, daß also nicht der (zumeist scheiternde) Versuch unternommen wurde, sie adäquat in Reim und Metrum wiederzugeben. Den Herausgebern kam es auf »die gedankliche Entwicklung des Gedichts« und auf »die Genauigkeit der Bilder« an. So wird dem Leser Dichtung nahegebracht, deren Qualität in notgedrungen mangelhafter Nach-Dichtung unerkennbar bleibt. In seiner ausführlichen Einleitung gibt Ludolf Müller einen ausgezeichneten Überblick über Geschichte und Entwicklung der russischen Poesie von ihren historisch feststellbaren Anfängen bis in die Gegenwart. Ein umfangreicher Anhang, bescheiden »Anmerkungen« betitelt, gibt außer den biographischen Angaben zu jedem Autor wichtige historische und literaturwissenschaftliche Kurzkommentare. Daß die Auswahl hervorragend ist, braucht bei dem Herausgebergespann Müller/Borowsky nicht betont zu werden.

Heddy Pross-Weerth (Die Zeit)

Kay Borowsky, der die Autoren ausgewählt hat, ist mit der schweren Aufgabe hervorragend fertig geworden: einerseits sind alle bekannten und berühmten russischen Lyriker vertreten, so daß diese Reclam-Anthologie zum bleibenden Standardwerk werden wird – auch findet man meist die häufiger zitierten Gedichte –, anderseits bietet Borowsky Eigenes, bietet Ausnahmen vom Kanon des zu Recht Tradierten. Selbst Erstveröffentlichungen sind einbezogen.

Wolfgang Kasack (Neue Zürcher Zeitung)

Philipp Reclam jun. Stuttgart

